工业和信息化普通高等教育"十二五"规划教材立项项目

21世纪高等院校经济管理类规划教材

管理学基础

（第2版）

□ 牛三平 主编
□ 杨斌 副主编

人民邮电出版社
北京

图书在版编目（CIP）数据

管理学基础 / 牛三平主编. -- 2版. -- 北京 : 人民邮电出版社, 2015.9(2023.8重印)
21世纪高等院校经济管理类规划教材
ISBN 978-7-115-39908-3

Ⅰ. ①管… Ⅱ. ①牛… Ⅲ. ①管理学－高等学校－教材 Ⅳ. ①C93

中国版本图书馆CIP数据核字(2015)第167185号

内 容 提 要

管理学作为管理学科体系中的基础学科，其主要任务是研究管理活动的共性，总结和提炼管理工作的一般规律。为此，本书用管理概述、管理理论的演变与发展、计划管理、组织管理、领导工作、管理控制、战略管理与决策、管理激励、管理沟通、人力资源管理、管理创新共11个章节来阐述管理学相关内容。

本书既可作为经济管理类应用型本科和专科学生的教学用书，也可作为企业培训、成人教育教材及在职人员的自学参考用书。

♦ 主　　编　牛三平
副 主 编　杨　斌
责任编辑　刘　琦
责任印制　张佳莹　杨林杰

♦ 人民邮电出版社出版发行　　北京市丰台区成寿寺路 11 号
邮编　100164　　电子邮件　315@ptpress.com.cn
网址　http://www.ptpress.com.cn
北京天宇星印刷厂印刷

♦ 开本：787×1092　1/16
印张：16.75　　2015 年 9 月第 2 版
字数：418 千字　　2023 年 8 月北京第 12 次印刷

定价：37.50 元

读者服务热线：(010)81055256　印装质量热线：(010)81055316
反盗版热线：(010)81055315
广告经营许可证：京东市监广登字 20170147 号

第 2 版前言

管理学是一门专门研究管理活动的规律和一般方法的学科。管理的规律与方法来源于实践，同时又用以指导实践，可以说管理学是一门将科学性和艺术性有机结合在一起的，实用性很强的学科。

本书是编者参考国内外最新出版的各种管理学著作和教程，根据我国管理学发展的要求，结合自身教学、科研的实际经验与体会编写而成的，旨在阐述管理学的基本理论和实务，力求体系完整、内容精简、深入浅出。本书以“激发管理兴趣、夯实管理基础，提升管理素质、培育管理能力”为宗旨，在教学内容和编写体系上注重素质教育和培养创新能力，力求使知识、能力和素质协调发展。本书取材适合，深度适宜，分量恰当，具有较强的实际使用价值和可操作性，符合认知规律，具有启发性。

本书在参考和吸收同行同类教材优点的基础上，取长补短，设计了符合学习者学习规律的教材体例。书中各栏目的特点介绍如下。

- 学习目标——明确学习目的，提高学习针对性。
- 案例导入、案例分析——从感性认识到理论认识，以经典案例引出理论知识。
- 相关链接、小案例——教师在传授知识的同时，扩大学生的相关知识面。
- 重要概念——本章应该重点掌握的知识与核心概念。
- 本章小结——对各知识点进行总结归纳，强化学习记忆。
- 综合练习——测试学生对本章知识的掌握程度。

本书以管理职能为框架，包括管理概述、管理理论的演变与发展、计划管理、组织管理、领导工作、管理控制、战略管理与决策、管理激励、管理沟通、人力资源管理、管理创新共 11 章内容。全书由山西工商学院牛三平校长担任主编，杨斌特约研究员担任副主编并负责全书的统稿；山西财经大学杨金风副教授，山西经济管理干部学院姚月娟副教授，山西工商学院潘燕讲师、唐娟讲师、宋治国讲师、王敏讲师、邓彦芬讲师、卜艳芳讲师也参与了本书的编写。具体分工是：牛三平编写第一章、第六章、第九章；杨金风编写第二章，王敏编写第三章，杨斌编写第四章，潘燕编写第五章，宋治国编写第七章，唐娟编写第八章；卜艳芳、姚月娟编写第十章，邓彦芬编写第十一章。

本书在第 2 版的修订中，参阅了最新的相关著作、教材、案例资料及国内外研究成果，谨在此向作者、译者表示由衷的感谢。

由于编者水平有限，书中难免存在错误和不足之处，恳请广大读者批评指正。

编　者

2015 年 5 月

目　录

第一章 管理概述

知识目标

- 理解管理的含义；
- 掌握管理的基本概念、职能和属性；
- 掌握管理者的层次、技能和角色。

能力目标

- 运用二重原理分析管理活动和管理行为；
- 认识管理者角色转换；
- 培养管理技能。

吴经理的困境

宏达建筑公司原本是一家小企业，仅有10多名员工，主要承揽一些小型建筑项目和室内装修工程。大家齐心协力，干劲十足，经过多年的艰苦创业和努力经营，目前已经发展成为员工过百的中型建筑公司。虽然目前公司经营状况尚好，但有许多问题已经开始让吴经理感到头疼。

创业初期，公司人手少，吴经理和员工不分彼此，工作内容并没有具体分工，经常是一个人项几个人用——拉项目、与工程队谈判、监督工程进度，谁在谁干。大家不分昼夜，不计较报酬，有什么事情饭桌上就可以讨论解决。吴经理为人也很随和，十分关心和体贴员工。由于吴经理如此的工作作风以及员工工作具有很大的自由度，使得大家工作热情非常高涨，公司也因此取得快速发展。

然而，随着公司业务的发展，特别是经营规模不断扩大之后，吴经理在管理工作中不时感觉到不如以前得心应手了。首先，让吴经理感到头痛的是那几位与自己一起创业的“元老”。这些“元老”们自恃劳苦功高，对后来加入公司的员工，不管他们在公司的职位高低，一律不放在眼里，且工作散漫，不听从主管人员安排。这种散漫的作风很快在公司内部蔓延开来，对新来者产生了不良的影响。宏达建筑公司再也看不到创业初期的那种工作激情了。其次，吴经理经常感觉到公司内部的沟通不顺畅，大家谁也不愿意承担责任，一遇到事情就来向他汇报，而且也提不出解决问题的建议，许多棘手的工作都得吴经理亲自去处理。另外，吴经理还感到，公司人员的质量意识开始淡化，对工程项目的管理大不如以前，客户抱怨也逐渐增多。

吴经理焦急万分，他认识到必须进行管理整顿。但如何整顿呢？吴经理想抓纪律，想建立更加规范的管理，想把“元老”们请出公司，想改变现有的分配制度，想加强全面质量管理……可是，这么多工作，应从何处入手？特别是对待那些与自己一起“打江山”的“元老”们更是难“下手”。他陷入了困境……

思考：以上现象揭示了一个什么共性问题？想一想什么是管理。

第一节　管　　理

一、管理的概念

管理是人类生活中最常见、最普遍和最重要的活动之一，也是人类特有的一种社会现象。管理无处不在，大到一个国家的治理，包括建立一个完整的法律体系、制定和完善各项法律与各种规章制度、处理与其他国家的关系；小到要处理好与周围同事的关系，都必须要结成团体去实现共同的目标，这个团体目标需要依靠全体成员长期的努力。如何把团体中每个成员的分力组织成一个方向一致的合力？——答案是管理。怎样才能实行有效的管理？这是当前企业、社会所关注的问题。

（一）管理的含义

管理作为一种人类社会最普遍的活动，广泛存在于现实社会生活的各个领域。人类历史的实践证明，有效的管理可以改变社会和经济结构，是任何国家及组织走向成功的基础。正如著名管理学家彼得•德鲁克所言，在人类历史上，几乎没有一种制度能像管理那样迅速兴起并产生巨大影响。有人认为管理是一门科学，也有人认为管理是一种艺术；有人把“管理”看成是一种职业，也有人把管理看成是实践活动。管理可以说是科学与艺术的结合，也可以说是一种实践活动，难以统一出一个精确而标准解释。

管理活动自古即有，但什么是“管理”，从不同的角度出发，可以有不同的理解。从字面上看，管理有“管辖”“处理”“管人”“理事”等意思，即对一定范围的人员及事务进行安排和处理。但是这种字面的解释并没有严格地表达出管理本身所具有的完整含义。较全面概括“管理”这个概念的内涵和外延的定义是：管理就是管理者通过计划、组织、领导、控制等职能，对组织成员的活动进行协调并有效地运用一切资源，以实现组织目标的活动过程。

（二）管理的基本特征

为了更全面地理解管理的概念，理解管理学研究的特点、范围和内容，我们可以从以下几个方面来进一步把握管理的一些基本特征。

1. 管理是一种社会现象或文化现象

只要存在人类社会，就会有管理的存在。从科学的定义上讲，管理必须具备以下两个必要条件：

（1）必须是两个人以上的集体活动，包括生产、行政等方面的活动；

（2）有一致认可的、自觉的目标。

2. 管理的“载体”——组织

管理活动在人类现实的社会生活中广泛存在，而管理总是存在于一定的组织之中。正因为现实世界中普遍存在着组织，管理也才存在和有必要。由两个或两个以上的人组成的，为一定目标而进行协作活动的集体就形成了组织。马克思认为：许多人在同一生产过程中，或在不同的但互相联系的生产过程中，有计划地一起协同劳动，这种劳动形式叫作协作。有效的协作需要有组织，需要在组织中实施管理。管理就是在组织中，由一个或者若干个人通过行使各种管理职能，对组织中以人为主体的各种要素进行合理配置，从而达到实现组织目标的活动。

3. 管理的核心是处理各种人际关系

管理不是个人的活动，它是在一定的组织中实施的。对主管人员来讲，管理是要在其职责范围内协调下属人员的行为，是要让别人同自己一道去完成组织目标的活动。组织中的任何事都是由人来传达和处理的，所以主管人员既管人又管事，而管事实际上也是管人，管理活动自始至终，在每一个环节上都要与人打交道。因此，管理的核心是处理组织中的各种人际关系，包括主管人员与下属之间的关系，这是各种人际关系的主导与核心。

（三）管理的对象

管理对象是管理者为实现管理目标，通过管理行为作用其上的客体。管理的对象包括各类社会组织及其构成要素与职能活动，资源或要素是构成组织的细胞，其动态组合与运行构成了职能活动，资源与活动又构成了完整的组织及其行为。资源、活动、组织是管理对象的不同形态，它们都受管理行为的作用，共同影响着管理的成效和组织目标的实现。

1. 组织形态

社会组织是为了达到特定目的、完成特定任务而结合在一起的群体，一般指具有法人资格的群体。

社会组织可以有不同的分类方法。一般按组织的社会功能性质划分为以下几种：政治组织，如党组织、共青团、政府等；经济组织，主要是工商企业，即以营利为目的的从事生产或服务性业务的社会组织；文化组织，包括教育和各种文化事业单位，如学校、图书馆、文艺团体；其他社会组织。以整个社会组织为对象进行管理，主要是指组织的上级领导或社会组织的高层管理者。

2. 资源要素

任何管理组织若要维持自己的生存发展，首先要拥有一定的资源，其次是将有限的资源进行合理配置以达到最佳的使用效果，支持组织目标的实现。这些资源就是组织为了其存续必须拥有一些生产要素，包括人员、资金、物资设备、时间和信息。资源或要素作为管理的直接对象，各有其特定的属性与功能。只有对这些资源或要素进行科学的配置与组织，才能有效发挥其作用，以保证目标的实现。管理者必须了解这些资源或要素的属性与功能，以便加以科学的组织和协调。

（1）人员。人是管理对象中的核心要素，所有管理要素都是以人为中心存在和发挥作用的。管理者要在人与人之间的互动关系中，通过科学的领导和有效的激励，最大限度地调动人的积极性，以保证目标的实现。管理人是管理者最重要的职能。

（2）资金。资金是任何社会组织，特别是营利性经济组织极为重要的资源，是管理对象的关键性要素。要保证职能活动正常进行，经济、高效地实现组织目标，就必须对资金进行科学的管理。对资金筹措、资金运用、经济分析、经济核算等过程加强管理，以降低成本，提高效益，是管理者重要的经常性管理职能。

（3）物资设备。物资设备是社会组织开展职能活动，实现目标的物质条件与保证。通过科学的管理，充分发挥物资设备的作用，也是管理者的一项经常性工作。物资设备是社会组织开展职能活动，实现目标的物质条件与保证。

（4）时间。时间是组织的一种流动形态的资源，也是重要的管理要素。管理者必须重视对时间的管理，真正树立“时间就是金钱”的意识，科学地运筹时间，提高工作效率。

（5）信息。在已步入信息化社会的今天，信息已成为极为重要的管理对象。现代管理者，特别是高层管理者，已越来越多地不再直接接触事物本身，而是同事物的信息打交道。信息既是组织运行、实施管理的必要手段，又是一种能带来效益的资源。管理者必须高度重视，并科学地管理好信息。

3. 职能活动

管理者最经常、最大量的管理对象是社会组织实现基本职能的各种活动。管理是使组织实现目标的过程效率化、效益化的行为，管理的功效主要体现在组织的各种职能活动在管理的作用下更有秩序、更有效率、更有效益。管理者正是在对各种活动进行筹划、组织、协调和控制的过程中，发挥着管理的功能。

管理目标是组织实现基本职能管理活动的努力方向和所要达到的目的。凡是管理活动都必然有目标，尽管各种管理活动的主体不同、客体不同、内容不同，甚至具体的目标也有很大差别，但不会没有目标，否则，就不成为管理活动。管理目标具有层次性。低层的管理目标是指一项具体的管理活动或管理工作的目标，如企业的利润管理就是要通过增加企业的销售收入，降低产品成本，以达到利润增加的目标；市场营销管理就是要通过市场调查，生产市场所需的产品，在满足消费者需求的基础上实现组织盈利的目标。

二、管理的职能

管理职能是指管理所发挥的基本效能，也可以理解为管理者在管理活动中所应有的职责和功能，它表示管理者对管理对象影响的能力和程度。

相关链接

管理者应该管什么？

蒋华是某新华书店的邮购部经理。该邮购部每天要处理大量的邮购业务，在一般情况下，登记订单、按订单备货、发送货物等都是由业务人员承担的。但在前一段时间里，书店接连发生了多起A要的书发给了B、B要的书发给了A的事件，引起了顾客的不满。今天又有一大批书要发送，蒋华不想让这种事情再次发生。

他应该亲自核对这批书，还是由业务员们来处理？管理者应该管什么？

（一）管理的基本职能

管理职能是管理者实施管理的功能或程序，管理者在实施管理中所体现出的具体作用及实施程序或过程。在前人研究的基础上，本书采用罗宾斯的观点，即管理具有计划、组织、领导和控制四项基本职能。

1. 计划

计划（Planning）职能是管理的首要职能，它是指对未来发展目标及实现目标的活动所进行的具体设计、谋划及具体的部署安排。管理工作都是从计划开始的，它包括对组织所拥有的和可能拥有的人力、物力、财力所进行的设计和谋划，从而找到一条合适的实现组织目标的途径。

“凡事预则立，不预则废”，对于任何一个组织及其活动来说都是一样。若没有计划，组织中的各项工作就会陷入混乱状态。对组织而言，计划具有以下几点重要作用。

（1）计划为组织成员指明方向，协调组织活动。计划过程是人们对组织的目标、当前的现状及由现实过渡到目标状态的途径进行安排，以使行动获得明确的指导。

（2）计划为组织预测未来变化，减少冲击。面对未来，无论是组织的生存环境还是组织自身，都具有一定的不确定性和变化性。计划工作的重要性就在于如何适应未来的不确定性。

（3）计划有利于改善组织运行的效率。良好的计划能通过设计好的流程来避免组织在实现目标过程中前后协调不一、联系脱节等现象的发生，使人力、物力和财力得到有效利用。

（4）计划有利于控制。组织在实现目标过程中离不开控制，计划是控制的基础。没有既定的目标和规划作为衡量的标准，管理者就无法检查目标的实现。

2. 组织

组织（Organizing）职能是指确定所要完成的任务、由谁来完成任务以及如何管理和协调这些任务的过程，也就是配置和利用资源的过程。它是在组织结构的基础上，组织运作所发挥出来的功能，或者说是通过组织工作体现出来的。组织工作是组织为实现其目标而对组织自身进行结构的设计与调整、业务活动的分类、管理人员职位的设置、管理职权的分配以及对组织成员的行为进行规范和协调的过程。具体来说组织工作的内容包括以下几个方面。

（1）明确实现目标所必需的各项业务工作或活动，并加以分类。

（2）进行工作设计和部门划分。根据组织目标的各项任务和活动，进行工作设计和部门划分，再将各类业务活动分配给各个职位的人员。

（3）配备人员。在进行工作设计和部门划分之后，根据组织结构和职位的需要配备各个职位的人员。

（4）为各类人员授予执行任务的职权和职责，即将业务工作或活动所必需的职权授予各类人员。

（5）协调配合。规定组织结构中纵向和横向的相互配合关系。通过职权关系和信息系统，把各层次、各部门连接成为一个有机的整体。

（6）动态调整。组织要根据内外部环境的变化，实时调整组织结构。

3. 领导

领导（Leading）职能是管理者依据组织所赋予的影响力去指挥、命令、引导和激励下属，进行有效的沟通和协调，从而有效实现组织目标的行为。领导是管理的基本职能，它贯穿于管理活动的整个过程。领导活动是领导者运用权力或权威对组织成员进行引导或施加影响，以使组织成员自觉地与领导者一同去实现组织目标的过程。只有通过卓有成效的领导，组织的目标才有可能实现。领导者不仅要进行有效的沟通和激励，还要富有想象力，能够预见未来。

领导工作不同于管理工作，它是指一个人向其他人施加影响的过程。它们的共同之处在于从行为方式来看，两者都是在组织内部通过影响他人来协调活动，实现组织目标，但是两者也有较大区别。

（1）领导是高层次的管理。管理的层次有基层、中层、高层之分，企业组织一般把中层和高层的管理称为领导。

（2）领导是战略性的管理。战略是指全局的，在一段较长时间内相对稳定不变的方针和原则。

（3）领导者追求的是效能。管理者追求的目标是效率，有效率的管理者是成功的管理者。而领导者追求的是效能，效能取决于决策目标是否正确和执行政策是否有效率这两大因素。只有决策目标正确，执行决策又有效率，才是成功的领导者。

4. 控制

控制（Controlling）是指由管理人员对当前的实际工作是否符合计划进行测定，并促使组织目标实现的过程。控制主要体现在计划的执行过程中，是一种不断地对照计划来检查现有的作业状况的活动。控制的目的是要保证实际工作与计划一致，管理活动的控制过程也就是管理人员对下属部门或个人的工作进展、实际结果进行统辖，找出偏差并加以纠正的过程。

为了保证目标及为此而制订的计划得以实现，就需要对组织活动进行控制。控制是促使组织活动按照计划规定的要求开展的过程。控制系统越完善，管理者实现组织目标就越容易。

控制是管理工作过程中的一个重要环节。控制和计划既相互区别，又紧密联系。具体体现在如下几方面。

（1）计划为控制工作提供标准，没有计划，控制就没有依据。

（2）有些计划本身的作用就已经具有控制的意义，如政策、程序和规则，它们在规定人们行动准则的同时，也对人的行为起到了极大的制约作用。

（3）控制职能包含了对计划在其执行期间内的修订或修改。

虽然组织中处于不同层次的管理者在四项职能上所花费的实践是不一样的，随着管理者职位的提升，他们从事更多的计划工作和更少的直接领导工作，如高层管理者要花更多的实践来考虑组织的发展战略和整个组织的设计，而基层管理者则要更多地考虑如何激励下属和小组或个人的工作设计。

处于组织不同层次的管理者在各项管理职能上的时间分布如表 1-1 所示。

表 1-1　处于组织不同层次的管理者在各项管理职能上的时间分布

单位：%

职能管理者	计　划	组　织	领　导	控　制
基层管理者	15	24	51	10
中层管理者	18	33	36	13
高层管理者	28	36	22	14

计划、组织、领导和控制是最基本的管理职能，它们回答了一个组织要做什么和怎么做、靠什么做、如何做得更好等基本问题，它们之间相互联系、相互影响形成了一个有机的整体，是一个动态的循环过程。

（二）管理职能的发展

计划、组织、领导和控制这四个基本职能，早在 20 世纪初管理界就已有认识，随着管理理论的深化和客观环境对管理工作的变化，人们对管理职能有了进一步的认识。人们对原有四个职能的某些方面加以强调，从中分离出新的职能，比较引人注目并得到认可的是决策、创新和协调三个职能。

1. 决策

决策理论学派的代表人物西蒙提出了决策职能，将决策职能从计划职能中分离出来。他认为决策贯穿于管理的过程当中，管理的核心是决策。20 世纪 50 年代开始决策受到人们重视。管理就是决策，因为无论是计划、组织、领导还是控制，其过程都是由决策的制定和决策的执行两大部分活动组成的。决策渗透到管理的所有职能中，在某种程度上管理者被称为决策者。

2. 创新

创新是指适应组织内外部环境条件的变化，打破系统的原有平衡，创造系统新的目标、结构和功能状态，以实现新的系统平衡的活动。创新可以使组织的作业工作和管理工作不断革新和变化。管理界对于创新职能的重视始于 20 世纪 70 年代，由于科学技术迅猛发展，社会经济活动空前活跃，许多企业感到不创新就难以生存下去，所以有不少管理者认为应该把创新作为管理的一项新的职能。

3. 协调

协调是指组织的一切要素、工作或活动都要和谐地配合，以便于组织的整体目标得到顺利实现。

协调是管理活动要实现的根本宗旨。管理者的任务，归根到底就是协调该组织的各个部分以及与环境的关系，以便更好地实现组织目标。协调包括组织内部各个方面的协调、组织与外部环境的协调以及组织的现实需要与未来需要之间的协调。

三、管理的性质

为了更好地发挥管理的作用,除了需要完整地掌握管理的定义外,还要正确了解管理的性质。

（一）管理的二重性

管理具有二重性，这是马克思在研究资本主义社会化大生产的过程中提出来的。后来列宁发展了这一理论，认为无论从国民经济总体来看还是从企业局部来看，管理都具有二重性。所谓二重性，是指事物所具有的双重特征。管理同样具有两种属性，即管理的自然属性和社会属性。管理既有同生产力、社会化大生产相联系的自然属性，又有同生产关系、社会制度相联系的社会属性。

1. 管理的自然属性

自然属性是指管理过程中要处理好人与自然的关系。管理是由许多人进行协作劳动而产生的，要合理组织生产力，故自然属性又称为生产力属性。管理具有同生产力相联系的一面，属于合理组织生产力的范畴，体现了劳动过程的一般要求。第一，管理是社会劳动过程的一般要求；第二，管理在社会劳动过程中具有特殊的作用，与生产关系、社会制度没有直接联系。

2. 管理的社会属性

管理体现着生产资料所有者指挥劳动、监督劳动的意志，因此，它又有同生产关系和社会制度相联系的社会属性。管理作为一种社会活动，它只在一定的社会历史条件下和一定的社会关系中进行。它与生产关系、社会制度紧密相连，具有维护和巩固生产关系、实现特定生产目的的功能。任何社会生产总是在一定的生产方式下进行的，任何一种管理都离不开一定的生产关系，生产关系的特殊性必然制约和影响管理。管理的对象不光是物资、设备，更主要的管理对象是人。人们在共同活动中形成了一定的社会关系，社会关系中最基本的是生产关系，因此，对人的管理就是对生产关系的调节和管理，使之更能适应生产力发展的需要。

3. 管理二重性的关系

管理的二重性理论作为马克思主义经济管理的重要原理，揭示了管理的一般原理，对我国的管理理论和实践的发展有着重要的指导意义。管理的二重性的关系是辨证的。一方面管理的自然属性总是在一定的社会形式、社会生产关系条件下发挥作用，管理的社会性也不可能脱离管理的自然属性而存在，否则，管理的社会属性也就成为没有内容的形式；另一方面，二者又是相互制约的，管理的自然属性要求具有一定的“社会属性”的组织形成和生产关系与其相适应，管理的社会属性也必然对管理的科学技术等方面产生积极影响和制约作用。

（二）管理的科学性与艺术性

管理作为一个实践活动过程，其间存在着一系列的客观规律，体现在它有系统的管理概念、原理、原则和方法。

1. 管理的科学性

管理既具有科学性特征又具有艺术性特征。科学是反映自然、社会、思维等客观规律的分科的知识体系。管理作为一门科学，是指把管理的规律性揭示出来，形成原则、程序、方法等系统化的理论体系，对管理者进行管理活动予以普遍性指导，分析、解决管理中的问题。人们在长期的管理实践活动中，从中抽象总结出一系列反映管理活动过程中客观规律的管理理论和一般方法。人们利用这些理论和方法来指导自己的实践，又以管理活动的结果来衡量这些理论和方法是否正确，是否行之有效，从而使管理的科学理论和方法在实践中得到不断验证和丰富。因此，说管理是一门科学，是指它以反映管理客观规律的管理理论和方法为指导，有一套分析问题、解决问题的科学的方法论。

2. 管理的艺术性

管理是一种艺术，也是一种创造。管理学科与其他学科不同。例如，学会了数学分析，就能解微分方程；掌握了建筑原理与技术，就能画出建筑图形。而管理学则不然，背会了管理学原理，不一定能进行有效管理。管理知识在运用时，具有较大的技巧性、创造性和灵活性，很难用陈规戒律把它禁锢起来，它具有很强的实践性和艺术性。管理的艺术性是指在掌握一定理论和方法的基础上，灵活运用这些知识和技能。管理知识的运用只有通过实践才能真正掌握。

管理的艺术性强调的是管理人员必须在管理实践中发挥积极性、主动性和创造性，因地制宜地将管理知识与具体的管理活动相结合，才能进行有效的管理。管理的科学性是艺术性的前提和基础，艺术性是科学性的突破和创新，管理的科学性和艺术性是互为条件的、可互相转化的有机统一体，有着各自发挥作用的场合和实际，既有科学又有艺术的管理才是成功的管理。

四、管理的基本原理

（一）人本原理

人本原理是管理的首要原理。人本原理是指管理者要达到组织目标，则一切管理活动都必须以人为中心，以人的积极性、主动性、创造性的发挥为核心和动力来进行。人本管理原理以人为中心、以人为目的的管理理念，强调人是管理中最主要的因素或决定因素，是管理活动的最终目的，管理既是“依靠人的管理”，也是“为了人的管理”。

人本原理要求管理者研究人的行为规律，掌握激励、沟通和领导艺术，真正地做到了解人、关心人、尊重人、信任人和激励人，努力开发和利用人的创造力，充分实现人的社会价值。从人的本质出发，分析考虑和满足人的各种合理需要，开发人的潜能，实现人的自我价值。

（二）系统原理

系统原理是从系统论角度认识和处理问题的理论和方法。管理的系统原理不仅为认识管理的本质和方法提供了新的视角，而且它所提供的观点和方法广泛地渗透到其他各个管理原理职能中，从某种程度上说，在管理体系中起着统帅的作用。

（三）效益原理

“做正确的事”是追求效益的前提。“用正确的方法做正确的事”则是实现效益的保证。因此，要提高管理活动的效益，管理者必须提高自已和下属两种能力，其一是做正确事的能力，其二是用正确方法做事的能力。

（四）权变原理

现实中的管理不存在普遍适用的、一成不变的某种固定的模式，管理的有效性总是与特定的管理对象和环境相联系的。当组织环境发生变化时，组织管理也应相应地做出适度的调整。任何管理都要根据所处的内外部条件随机应变，实行动态管理。管理者不能将某一种场合下使用成功的管理模式照搬到另一种场合，而应根据管理工作所面临的特定情境，开发或选用合适的管理模式，这是管理中的权变原理。

五、管理的作用

管理是人类活动中最基本的活动之一，是组织活动的一个极为重要的组成部分。人类对管理的需要随着社会经济的发展和组织规模的不断壮大而日益明显。从社会角度来说，社会经济和各方面的发展都依赖组织的贡献，因而管理是相当重要的。

（一）管理是经济发展的需要

管理的重要性首先体现在推动社会经济不断地发展进步。社会经济的细胞是企业，企业的技术水平、生产水平和经营水平是决定社会经济发展的基础，而企业生产经营活动的成就越来越依赖于企业自身的管理活动，只有成功的管理才能使企业的各种资源有效地发挥它们的作用。管理是促进企业不断创新、不断发展的重要推动力。

企业的经济活动是微观经济，而国家以及国际的经济活动是宏观经济。当社会化大生产的规模越来越大时，企业微观经济的发展也越来越受到宏观经济的制约。宏观经济管理对社会经济的发展日益重要，同时为微观经济活动——地区和企业的经济活动创造良好的外部环境，使整个社会经济充满活力。

（二）管理是建立正常的社会及组织秩序的需要

社会是一个由众多因素组成的综合体。不同的利益集团、不同的阶层、不同的群体，由于不同的价值观、不同的利益，形成各种矛盾和冲突。为了使整个社会不因这些矛盾和冲突而倒退，以至崩溃，必须建立正常的社会政治、经济秩序。现代社会的政治、经济秩序是通过法律建立的，但是法律自身无法真正建立起秩序。法律仅仅是对社会秩序给予了规范，秩序要靠法律的实施和在实施过程中的管理才能确立。政府的基本职能就是执行法律和对法律执行过程进行管理，没有政府及其机构的有效管理，社会秩序是无法建立的。所以说，无管理就无秩序。正常的社会政治、经济秩序是社会经济发展、人民生活不断改善的基础条件，也是社会成员能够得以发挥个人的才能，为社会做出贡献的必要保证。

随着科学技术的进步、生产力的发展，人们越来越追求既安定又充满活力的社会政治、经济局面，没有有效的管理，人们的良好愿望就只能是空想。一个企业或一个组织的效率也取决于其内部的秩序。因此，建立正常的生产经营秩序和组织工作秩序，是微观管理的重要内容。一个充满矛盾冲突、秩序混乱的企业或组织是没有成效可言的。我们所看到的那些为社会做出较突出贡献的优秀企业和组织，它们往往具有超乎寻常的良好内部纪律和秩序。

（三）管理是提高社会生活质量水平的需要

社会生活的质量首先取决于满足人们生活在社会上的物质资料需要，人们需要衣、食、住、行，这些物质条件的满足，主要通过社会生产来加以解决。对社会生产进行有效管理，才能使各个企业不断地生产出品质优良、能满足社会各方面需求的产品，并使这些产品顺利地流通到消费者和用户手中。实现社会总需求与总供给的平衡，对企业生产经营活动的有效管理和对社会经济活动的有效管理是提高社会生活质量水平的最基本保证。

社会生活的质量还取决于满足精神生活需要的产品。伴随着物质产品的生产，社会也要进行精神产品的生产。电影、电视、音乐、图书、杂志、报纸等有形的产品，道德、观念、价值观、习惯、行为规范等无形的“产品”，对社会生活质量的影响比物质产品的影响更大、更深远。对这些精神产品的生产和推销同样需要管理，从而使精神产品的产出更能适应社会经济发展的需要、社会稳定的需要和人类社会进步与健康发展的需要。如果不能对精神产品的生产进行有效的管理，不仅人们的精神生活不能得到合理的满足，而且还会受到污染和毒害，以至物质生活水平的提高也失去了意义。

（四）管理有助于实现资源的有效配置

只有通过有效的管理，才能使科学技术真正转化为生产力，协调高度专业化分工的社会，建立和实现共同目标。管理是生产力，是共同劳动的产物，是极为重要经济资源，它也是一切组织与事业成功的关键要素和管理专业大学生最基本的职业生存能力。

第二节 管 理 学

一、管理学的概念

20 世纪最重要的创新是管理学的诞生，泰勒（F.W.Taylor）于 1911 年出版了《科学管理原理》，这本书标志着管理科学的诞生。20 世纪，管理学科的发展提升了工作效率。对于管理的思想和智慧可以从广义和狭义两个角度加以把握。

广义的管理学是指人类所有集体化、社会化行为中积累起来的一般人文科学。自从有了人的社会生活，就出现了管理实践，也就产生了关于管理的学说。

狭义的管理学是指近一个世纪以来，特别是近代工业革命以来，主要通过自然科学分析方法调查、实验、研究、提炼、归纳形成的理论知识体系。本书所指的管理学是狭义的管理学，即管理学是研究管理活动的基本规律、普遍原理及其应用的学科。

二、管理学研究的内容

管理学的研究对象是管理活动和管理过程。管理活动是普遍存在的，虽然不同性质的组织活动有差异，方法不尽相同，在此基础上进行科学总结和概括形成各具特色的管理办法，但是，现代管理学所研究的是管理中的一般规律和一般原理，它不是研究某一特殊领域的管理活动，而是研究共同的原理和共同的原则，管理学是各类活动的基础理论。

管理学研究的内容广泛，大体上有三个层次：一是根据管理活动总是在一定的社会生产方式下进行的特点，将研究内容分为生产力、生产关系和上层建筑三个方面；二是从历史的角度研究管理实践、管理思想和管理理念的形成与演变过程；三是着重从管理者的工作或职能出发，系统研究管理活动的原理、规律和方法问题。

人类社会产生后，人们的社会实践活动表现为集体协作劳动的形式。而有集体协作劳动的地方就有管理活动。在漫长而重复的管理实践中，管理思想逐渐形成，而随着社会生产力的发展，人们把各种管理思想加以归纳和总结后就形成了管理理论。管理理论是管理思想的提炼、概括和升华，是较成熟、系统化程度较高的管理思想。人们反过来又运用管理理论去指导管理实践，以取得预期的效果。同时，管理理论又受到管理实践的检验，并且在管理实践中修正和完善管理理论。

（一）管理思想

管理思想在管理实践的基础上进行科学分析而得出的，研究这些管理思想在管理的各个过程中是如何发生作用的，有利于把握管理思想、理论和方法及其演变的历史脉络，以便总结管理的经验教训。

（二）管理理论

管理的基本原理及原则是管理者在实践中掌握行动的准则。通过这种研究，提示管理全过程的内在联系，实现最优化的管理。

（三）管理实践与管理创新

管理原理、原则的运用及管理职能的发挥都要受限于管理的环境条件，不同的国家有不同的管理特色，各国之间应相互学习、借鉴管理经验，但要从各国实际出发，不可生搬硬套。管理的移植要与管理创新相结合。环境差异分析与管理的新方向研究是取得管理成效的保证。

三、管理学的特点

一般来说，管理学具有以下特点。

（一）一般性和综合性

一方面，管理学作为一般管理学区别于“宏观管理学”和“微观管理学”，具有一般性的特点。它是研究所有管理活动中的共性原理的基础理论学科，无论“宏观管理”还是“微观管理”，都需要将管理学的原理作为基础来加以学习和研究，管理学是各门具体的或专门的管理学科的共同基础。

另一方面，管理学也表现出综合性的特点，具体表现为：内容上，它需要从社会生活的各个领域、各个方面及各种不同类型组织的管理活动中概括和抽象出对各门具体管理学科都具有普遍指导意义的管理思想、原理和方法；方法上，它需要综合运用现代社会科学、自然科学和技术科学的成果，来研究管理活动过程中普遍存在的基本规律和一般方法。

管理活动是很复杂的活动，影响这一活动的因素是多种多样的。想要做好管理工作，必须考虑到组织内部和组织外部的多种错综复杂的因素，利用经济学、数学、生产力经济学、工程技术学、心理学、生理学、仿真学、行为科学等的研究成果和运筹学、系统工程、信息论、控制论、电子计算机等最新成就，对管理进行定性描述和定量预测，从中研究出行之有效的管理理论，并用以指导管理的实际工作。从管理学与许多学科的相互关系来看，管理学是一门交叉学科或边缘学科，但从它需要综合利用上述多种学科的成果，才能发挥自己的作用来看，它又是一门综合性的学科。

（二）科学性

任何一门理论学科只要是来源于社会实践，同时又被实践证明是正确的，那么就成为一门科学。管理学的基本思想来源于人们的生产实践，经过科学的抽象和概括，同时吸取了其他门类的科学思想，这种抽象和概括反映了管理工作的内在规律，又在实践中得到了验证，因此，管理理论具有科学性。经过近百年的发展，管理学形成了完整的学科体系。

管理学科广泛运用数学知识实现其更高程度的科学化与精确化，这就构成了管理定量化的一面。但是，管理学所涉及的众多因素中具有非常大的不确定性，有许多不能量化的东西，只能进行定性分析。因此，管理学是一门定性分析和定量分析相结合的科学。

同时，管理学又是一门不精确的学科。用管理学术语来解释这种现象，就是在投入的资源完全相同的情况下，其产出可能不同。因为影响管理效果的因素很多，许多因素是无法完全预知的，也是无法精确度量的，如自然环境的突变与企业的经营决策等。如果说其他自然科学是硬科学，那么管理学就是一门软科学。

（三）历史性

任何一种理论都是实践和历史的产物，管理学尤其如此。管理学是对前人管理实践、经验和管理思想、理论的总结、扬弃和发展。割断历史，不了解管理前人对管理经验的理论总结，不进行历史考察，就很难理解建立管理学的依据。

（四）实践性

管理学是为管理者提供从事管理的有用的理论、原则和方法的实用性学科。管理的实践性表现为它具有的可行性，而它的可行性标准是通过经济效益和社会效益来加以衡量的，因此，管理学又是一门实用学科，只有把管理理论同管理实践相结合，才能真正发挥这门学科的作用。

由此可见，作为从事管理学的研究者和管理实践的管理者仅掌握某一方面的知识是远远不够的，只有具备广博的知识才能对各种管理问题应对自如。以企业为例，厂长要处理有关生产、销售、计划、组织等问题，他就要熟悉工艺、预测方法、计划方法、授权的影响因素等，这里包括了工艺学、统计学、数学、经济学、心理学等内容。

无论在管理学体系内，还是在管理实践中，管理的科学性和实践性并不是相对立的，而是存在内在的辩证统一性。追求科学、追求真理是人所特有的行为，科学、真理表现着人的本性，而人的本性，按照马克思的观点，从根本上说就是实践性。因此，人们追求管理的科学性，不应简单地视为一种认知活动，而应是一种实际的创造活动。

四、管理学的研究方法

（一）系统分析法

要进行有效的管理活动，必须对影响管理过程中的各种因素及其相互之间的关系进行总体的、系统的分析研究，这样才能形成可行的管理基本理论和合理的决策活动。总体的、系统的研究和学习方法，就是用系统的观点来分析、研究和学习管理原理和管理活动。所谓系统，是指由相互作用和相互依赖的若干部分组合而成的、具有特定功能的有机整体。系统本身又是它所从属的一个更大系统的组成部分。根据这个定义，管理过程是一个系统，管理的概念、理论和技术方法也是一个系统。这样，从管理的角度来看，系统具有两个含义：一是指系统是一种实体；二是指系统是一种方法或手段。二者既有区别，又有密切联系。

在分析和研究管理过程这个系统时，要把握其作为一种实体所具有的以下特征。

（1）整体性。管理过程是由各个管理职能相互联系、相互作用构成的有机整体，而不是各个要素的简单叠加。

（2）目的性。管理系统的目的就是要使组织中的各个要素得到合理配置，以创造价值和提供服务，从而取得最优的经济效益和社会效益。

（3）开放性。管理过程本身是一个系统，但它又是社会系统的组成部分，因此，它在不断地与外部社会环境进行物质、能量和信息的交换，因而具有开放性的特点。

（4）交换性。管理过程中各种因素都不是固定不变的，因此，管理系统可以转换被管理的各种因素，使管理取得更大的功效。

（5）相互依存性。不仅管理的各要素之间相互依存，而且管理活动与社会其他活动也是相互依存的。

（6）控制性。管理过程具有信息反馈的机制，以使各项工作能够及时、准确地被控制，从而使它们得到有效的管理。

系统作为一种方法、手段或理论，要求在研究和解决管理问题时必须具有整体观点、“开放的”与相对“封闭的”观点、反馈信息的观点、分级观点和等效观点等有关系统的基本观点。

学习管理的概念、理论和方法也要用系统的观点来进行指导。通过管理过程中管理职能的展开来系统研究管理活动的过程、规律、原理和方法，这是一种对管理人员来说比较切合实际的研究和学习的方法，而且易学、易懂、易用。因此，学习管理学，绝不能把各项职能工作割裂开来，应把它们当作整个管理过程的有机组成部分来系统地分析和思考，从而真正认识到作为一个管理人员应该做些什么工作，怎样把工作做好，以及有哪些相关的知识。

（二）归纳法

归纳就是通过对客观存在的一系列典型事物进行观察，从掌握典型事物的典型特点、典型规律入手，进而分析、研究事物之间的因果关系，从中找出事物变化发展的一般规律。这种从典型到一般的研究方法也称为实证研究。由于管理过程十分复杂，影响管理活动的因素极多，并且相互交叉，人们能观察到的往往只是综合结果，很难把各个因素的影响程度分解出来，所以大量的管理问题就只能用归纳法进行实证研究了。

归纳法的局限性表现在以下三个方面。

（1）一次典型调查只是近似于无穷大的总体中的一个样本，所以必须对足够多的对象进行研究才有价值。如果选择的研究对象没有代表性，归纳出的结论就很难反映出事物的本质。

（2）研究事物的状态不能人为地重复，管理状态也不可能完全一样，所以研究出的结论只是近似的。

（3）研究的结论不能通过实验加以证明，只能用过去发生的事实来证明，但将来未必就是过去的再现。

（三）试验法

管理中的许多问题，特别是微观组织内部的一些管理问题，如企业生产管理、设备布置、工作程序、操作方法、现场管理、流程的改造、全面质量管理指标的确立、工资奖励条例的推广等，都可以采用试验方法进行研究。泰勒的一些科学管理理论以及后来人的人际关系学说，都是在试验中得到多次证明后才被人们认可的、具有普遍适用性的理论。利用试验方法进行管理问题研究的要点是，首先为某一管理试验样本创造一定的条件或在管理中采取相应的变革措施，然后观察其实际试验结果，再与试验样本的实际结果进行比较分析，寻求在施加了外加条件或管理变革措施之后的试验样本与对比试验样本结果之间的因果关系，从而得出客观的试验结论。如果做过多次试验，总能得到相同的结果，那就可以得出结论，这里存在某种普遍适用的规律性。著名的霍桑研究采用的就是试验法研究管理中人际关系的成功例子。

试验方法的应用具有普遍意义，但是，管理中也有许多问题，如高层所进行的风险性决策管理，由于问题的复杂性和环境变化的不确定性，很难通过试验进行研究。由此可见，试验方法的应用也是有条件限制的。

（四）演绎法

演绎法是从普遍性结论或一般性事理推导出个别性结论的论证方法。对于复杂的管理问题，管理学家可以从某种概念出发，或从某种统计规律出发，也可以在实证研究的基础上，用归纳法找到一般的规律性，并加以简化，形成某种出发点，建立起能反映某种逻辑关系的经济模型。这种模型与被观察的事物并非完全一致，它反映的是简化了的事实。而演绎法与归纳法相反，它是在简化事实前提下推广得来的，完全合乎逻辑的推理，所以这种方法称为演绎法。

演绎法的局限性：演绎法是创造性较小的思维方法；演绎法的主要作用在于逻辑证明，而不在于科学发现；演绎法的结论受到前提的制约；由于演绎法的结论的正确性取决于前提的正确性，前提一般是通过归纳法得到的一般原理，所以演绎法结论并不是绝对可靠，还需要时间来检验。

上述四种方法是学习管理学的基本方法。除此以外，还有其他的一些方法，如比较研究方法、数学分析方法、要素分析法、决策分析方法等。

小案例

“管”和“理”双管齐下看收效

A 企业是一家房地产公司，近日来 HR 正为员工的考勤情况堪忧。公司整体的考勤状况始终不理想，尤其是公司的售楼部，且有愈演愈烈之势！看来，加强员工考勤管理势在必行。故 HR 对原公司的

《员工考勤管理制度》加大了执行力度。三个月下来，员工的考勤情况确有很大改观，行政人员已经基本上杜绝了迟到现象。可是售楼部的情况却仍然不是很尽如人意，尤其是一到雨雪天，迟到现象依然如故。看来，不加大惩罚力度是不行了！于是，在原《员工考勤管理制度》的基础上，公司除了加大经济上的处罚外，视情节还加上了行政上的处罚。原以为可以收到令行禁止之效，可没想到的是售楼部反应冷淡，你罚你的，我晚我的。这下HR可犯难了，几经思索，多方求证后，做出了如下决定："售楼部的接单为排号接单，而排号的顺序将遵循到岗的顺序势。"势新规定一经落实，顿收奇效，不但日常的考勤有了保障，而且越是天气恶劣员工的考勤时间反而越准时。

解析：管理由"管"和"理"两部分组成。其中"管"从本质上讲就是一种约束、控制、支配；而"理"从本质上讲则应该是疏通、理顺、引导。在管理中，"管"的核心为"事"，正所谓管其所违；"理"的核心为"人"，正所谓顺其心而理其行。

在日常管理过程中，我们是通过"管"来约束、控制、支配员工的行为，以确保员工与组织之间的同向和同步。那么，在此之前，我们是否应该先通过"理"来疏通、理顺、引导员工的心，使我们"管"得明理、有理、合理，使员工接受、认同、支持。

本案例HR前期两次严肃纪律，反复加大惩罚力度，强调的是管理中的"管"，而后期反复调研修改规则，侧重的则是管理中的"理"。而最终解决售楼部考勤问题的关键作用，并非是"管"得如何，即惩罚有多重，恰恰是"理"清员工心里最在乎的是什么，约束和引导并用，收到水到渠成之效。

第三节 管 理 者

一、管理者的概念

1. 管理者的定义

任何组织内的工作都可以分为两类，一类是完成具体任务的工作，另一类是指挥别人完成任务的工作。在此基础上组织成员就分成了两种类型，即操作者和管理者。这两种成员扮演着不同的角色，承担着不同的职责和任务，在各自的岗位上为组织的发展做出自己的贡献。

操作者是直接从事某项工作或任务，不具有监督其他人工作职责的组织成员。管理者是拥有组织的制度和权力，并以权力为基础指挥他人完成具体任务的人。通常管理者是组织的领导人员，他们虽然有时也做一些具体的工作，但其主要职责是指挥下属工作。

管理者具有以下几个特征：

（1）管理者拥有制度化的权力，特别是奖惩他人的权力；

（2）管理者必须执行一定的管理职能；

（3）管理者的人格通常是双重的。

2. 管理者与操作者的区别

操作者是指在组织中直接从事具体的业务，且对他人的工作不承担监督职责的人，如工厂里的工人、饭店里的厨师、商店的营业员等。

管理者区别于其他管理人员的显著特征是管理者拥有直接下属，负有直接指挥下属开展工作的职责。

相关链接

不同领域的管理人才

CEO: Chief Executive Officer	首席执行官
COO: Chief Operating Officer	首席运营官
CFO: Chief Financial Officer	首席财务官
CTO: Chief Technology Officer	首席技术官
CIO: Chief Information Officer	首席信息官
CHRO: Chief Human Resource Officer	人力资源总监
CBO: Chief Business Officer	首席商务官
CCO: Chief Communication Officer	首席沟通官

二、管理者的分类

组织的规模性、工作的复杂性和管理人员能力的有限性决定了组织内要进行分工，从而产生了各种各样的管理者，由于他们的层次、责任和权限不同，就产生了不同的划分方法。

（一）按管理层次划分

按管理者在组织中所处的位置即管理层次划分，管理者可分为高层管理者、中层管理者和基层管理者。

1. 高层管理者

高层管理者对组织负全责，主要侧重于沟通组织与外部的联系，负责制定企业的现行政策，并计划未来的发展方向。他们是负责决定组织的方针政策，主要把精力放在组织全局性或战略性问题的考虑上，负责制定组织的发展战略和行动计划，并有权分配组织拥有的一切资源的管理人员。例如，西方企业中的 CEO、COO、CFO，我国工商组织中的总经理、厂长等都属于高层管理者。

2. 中层管理者

中层管理者承上启下，执行企业组织政策，指挥一线管理人员或操作人员工作。他们的主要职责是贯彻高层管理者所制定的方针、政策，指挥基层管理者的活动。他们的主要管理对象是基层管理者，如部门经理、学校里的系主任、机关里的处长等。中层管理者负责制订具体的计划及有关细节和程序，贯彻执行高层管理者做出的决策和计划的管理人员。例如，大型组织的地区经理、分部负责人、生产主管等都属于中层管理者。

3. 基层管理者

基层管理者一般只限于督导操作人员的工作，不指挥其他管理人员，是组织中最下层的管理者。他们主要负责具体任务的完成，直接指挥和监督现场作业人员，关心的是具体任务的完成，如工厂里的班组长，运动队里的教练等。基层管理者即一线管理人员，他们的主要职责是传达上级的计划、指示，直接分配每一个成员的工作任务，随时协调下属的活动，控制工作进度，解答下属提出的问题，反映下属的要求。例如，工厂的班组长属于基层管理者。

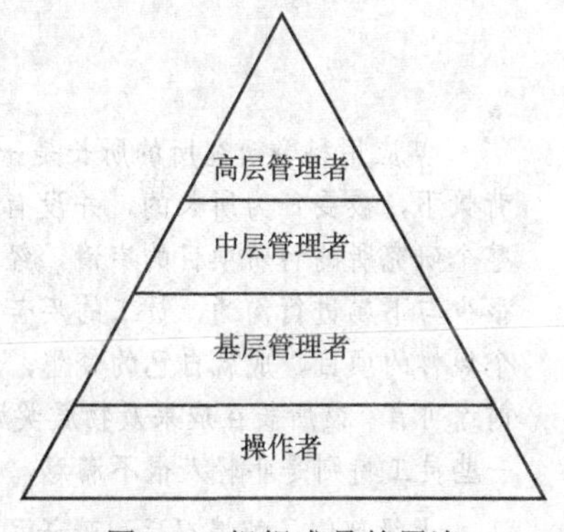

图 1-1　组织成员的层次

（二）按管理范围与职责领域划分

按管理范围与职责领域划分，管理者可分为综合管理者和职能管理者。

1. 综合管理者

综合管理者是指负责整个组织或部门全部管理工作的管理人员。他们是一个组织或部门的主管，对整个组织或该部门目标实现负有全部的责任；他们拥有这个组织或部门所必需的权力，有权指挥和支配该组织或该部门的全部资源与职能活动，而不是只对单一资源或职能负责。例如，工厂的厂长、车间主任、工段长等。

2. 职能管理者

职能管理者是指负责组织某一专门管理职能的管理人员，如计划管理人员、财务管理人员、生产管理人员等。这类管理者只对组织中某一职能或专业领域的工作目标负责，只在本职能或专业领域内行使职权、指导工作。职能管理者大多具有某种专业或技术专长，如一个工厂的总工程师、办公室主任、财务处长等。就一般工商企业而言，职能管理者主要包括计划管理、生产管理、技术管理、市场营销管理、物资设备管理、财务管理、行政管理、人事管理、后勤管理、安全保卫管理等类别。

（三）按职权关系的性质划分

按职权关系的性质划分，管理者可分为直线管理人员和参谋人员。

1. 直线管理人员

直线管理人员是指有权对下级进行直接指挥的管理者。他们与下级之间存在着领导隶属关系，是一种命令与服从的职权关系。直线管理人员的主要职能是决策和指挥。直线人员主要指组织等级链中的各级主管，即综合管理者。例如，企业中的总经理、部门经理、班组长等都是典型的直线管理者。

2. 参谋人员

参谋人员指为各级决策指挥人员提供决策建议的智囊人员，通常也被称为管理人员。参谋人员通常是各级职能管理者，其职责是收集、整理、提供与决策相关的各种信息，为决策者提供合理的建议和方案。他们与上级的关系是一种参谋、顾问与主管领导的关系，与下级是一种非领导隶属的专业指导关系，其主要职能是咨询、建议和指导。参谋人员通常是指各级职能管理者。例如，对企业而言，计财处长、总工程师、公关部经理等，都属于参谋人员。他们既向最高层领导提供咨询、建议，又对整个企业各部门及人员进行其所负责的专业领域内的业务指导。直线人员与参谋人员，只是依职权关系进行的大致区分，在实际管理中两者经常转化，有时甚至难以严格划分。

相关链接

有效的管理

某应用科学研究所的所长是一位有较大贡献的专家，他是在“让科技人员走上领导岗位”的背景下，被委任为所长的，并没有什么领导工作的经验。上任后，他只是潜心搞自己的研究，对整个研究所的科研项目的申请、经费的来源、职称评定政策等根本不关心，且对员工也不关心，很少与下属进行沟通，员工的疾苦也不去了解。之前很多人本以为跟着他可以大干一番，做出几个像样的项目，成就自己的梦想，但是现在看到此种现象后很失望，感觉到跟着他的话，没什么前途可言。该所长在成果及物质奖励等问题上则搞平均主义，也不考虑员工对研究所的实际贡献，一些员工特别是年轻人很不满意，研究所里人心涣散。

上级部门了解情况后，聘任了一位成绩显著的家用电器厂厂长当所长，该厂长是一位转业军人，是当地号称整治落后单位的铁腕人物。新所长一上任，立即实施一系列新的规章制度，包括

“坐班制”，并把中青年科技人员集中起来进行“军训”，以提高其纪律性；在提升干部、奖励等问题上，向“老实、听话、遵守规章制度”的人倾斜。这样一来，涣散的状况有所改变，但大家还是无事可做，在办公室看看报纸，谈谈天，要求调离的人不继增加，员工与所长之间也经常出现矛盾。一年后，该所长便辞职而去，并留下了“知识分子太难管了”的感叹。

上级部门进行仔细分析和研究后，又派一位市科委副主任前来担任所长。该所长上任后，首先进行周密的调查，然后在上级的支持下，进行了一系列有针对性的改革，把一批有才能、思想好、有开拓精神的人提升到管理工作岗位，权利下放到科室、课题组；奖励、评职称实行按贡献大小排序的原则；提倡“求实、创新”的工作作风；在完成指定科研任务的同时，大搞横向联合，制定优惠政策，面向市场。从此，研究所的面貌焕然一新，原来的一些不正常现象自然消失，科研成果、经济效益成倍增长，成了远近闻名的科研先进单位。

三、管理者的角色

美国著名管理学家彼得•德鲁克 1955 年首先提出“管理者角色”这个概念。管理者角色是指管理者在组织体系内从事各种活动时的立场、行为表现等的一种特性。他认为管理者大体上扮演一个组织管理下属、管理工人和工作三种角色。

20 世纪 70 年代，加拿大管理学家亨利、明茨伯格等人开创了“经理角色”学派，他以对经理所担任的角色的分析为中心来考查经理的职务和工作。经过长期研究，明茨伯格认为，管理者扮演着十种不同但却高度相关的角色。这十种角色可以归纳为人际关系、信息传递和决策制定三个方面，如表 1-2 所示。

表 1-2　　明茨伯格的管理者角色理论

角色		描述	特征活动
人际关系方面	挂名首脑	象征着首脑，必须履行许多法律性或社会性的例行义务	接待来访者，签署法律文件
	领导者	负责激励和管理下属，负责人员配备、培训和交往的职责	实际上从事所有的外部委员会工作，从事其他有外部人员参加的活动
	联络者	维护自行发展起来的外部接触和联系网络，向人们提供消息和信息	发感谢信，从事外部委员会工作，从事其他有外部人员参加的活动
信息传递方面	监听者	需求和获取各种特定的信息，以便透彻地了解组织内部和外部信息的“神经中枢”	阅读期刊和报告，保持私人接触
	传播者	将从外部人员和下属那里获得的信息传递给组织其他人	举行信息交流会，以打电话的方式传达信息
	发言人	向外界发布有关组织的计划政策、行动、结果等信息；作为组织所在产业方面的专家	举行董事会议向媒体发布信息
决策制定方面	企业家	寻求组织和环境中的机会，制订改进方案以发起变革，监督某些方面的策划	制定战略，检查会议决议执行情况，开发新项目
	混乱驾驭者	当组织面临重大的意外动乱时，负责采取补救行动	制定战略，检查陷入混乱和违纪的时期
	资源分配者	负责分配组织的各种资源	调动、询问、授权、从事涉及预算的各种活动和安排下级的工作
	谈判者	在主要的谈判中作为组织的代表	参与工作，进行合同谈判

四、管理者的技能

由于管理者担负着特殊的职能，因此对他们的能力也有着特殊的要求。管理者能否有效地开展工作，很大程度上取决于他们是否具备了管理所需要技能。通常而言，管理技能主要包括技术技能、人际技能和概念技能。

（一）技术技能

技术技能（专业技能）是指管理者掌握和熟悉特定专业领域中的过程、管理、技术和工作的能力，如监督会计人员的管理者必须懂会计。技术技能对于基层管理者最重要，对于中层管理者较重要，对于高层管理者较不重要。运用其所监督的专业领域中的过程、惯例、技术和工具的能力。例如，生产车间主任、办公室管理人员、财务科长应具备的技术技能。

（二）人际技能

人际技能（人际交往技能）是成功地与别人打交道并与别人沟通的能力，包括联络、处理和协调组织内外人际关系的能力，激励和诱导组织内人员的积极性和创造性的能力，正确地指导和指挥组织成员开展工作的能力。

处理与他人的关系也包括个人和团体的关系。管理最主要的任务是管理人，这就要求管理人员必须具有识别人、任用人、团结人、组织人和调动人的积极性以实现组织目标的能力。对各个层次的管理人员来说，人事技能都同样重要。管理人员不仅要处理好与下级的关系，学会影响和激励下级的工作，还要处理好与上级、同级之间的关系，学会如何说服领导，如何与其他部门有效合作。

（三）概念技能

概念技能是指对事物的洞察、判断、抽象和概括的能力，产生新想法并加以处理，以及将关系抽象化的思维能力。具体包括：把握全局的能力，理解事物的相互关联性，从而识别关键因素的能力；权衡方案优劣及其内在风险的能力。概念技能对高层管理者最重要，对中层管理者较重要，对基层管理者较不重要。概念化技能是对问题进行思考和推理的能力。在这里，我们将概念化技能理解为一种将组织视为一个整体，对组织所面临的复杂问题建立起适当的分析框架，设想组织如何适应外部环境变化的能力，即分析、判断和决策能力。因而，概念化技能也称为“决策技能”。

一个成功的管理者必须具备上述三个技能，但是，不同层次的管理者在技能的掌握上并不完全相同。例如，高层管理者的技术技能要求就要比基层管理者低一些，而概念技能对高层管理者来说要求就更高。

基层管理者		中层管理者	高层管理者
概	念	技	能
人	际	技	能
技	术	技	能

图 1-2　管理者的技能与管理层次之间的关系

图 1-2 所示为管理者的技能与管理层次之间的关系。

五、管理者的素质

管理者要成功地扮演好角色，正确地行使权力，有效地履行职责，必须具备相应的能力素质。管理者的素质是指管理者与管理相关的内在基本属性与质量。它是管理者要成功地执行管理工作，实现管理的目标所要具备的条件。

管理者的素质主要表现为政治素质、品德素质、知识素质、业务素质、身心素质与创新素质。

（一）政治素质

管理者的政治思想修养水平和文化基础，包括政治坚定性、敏感性，事业心、责任感，思想境界与品德情操，人文修养与广博的文化知识等。对于管理者，特别是对领导干部政治素质的要求主要包括三个方面：一是要精通马克思主义的基本原理；二是要坚持党的基本路线；三是要全心全意为人民服务。

（二）品德素质

作为现代管理者应具备的品德素质主要包括：强烈的事业心和高度的责任感；公道正派，

与人为善；谦虚谨慎；以身作则，清正廉洁。责任心是促使管理者做好管理工作的内在动力。

（三）知识素质

对于一个管理者应力求掌握三个方面的知识：一是自然科学知识；二是社会科学知识；三是专业知识。

（四）业务素质

业务素质是管理者在所从事工作领域内的知识与能力。作为管理者所应具备的专业素质主要是指管理知识与技能，如科学决策能力、知人善任能力、组织协调能力、开拓创新能力等。

（五）身心素质

身心素质是指管理者本人的身体状况与心理条件，包括健康的身体，坚强的意志，开朗、乐观的性格，广泛而健康的兴趣等。

（六）创新素质

创新素质包括创新意识、创新精神、创新思维、创新能力等，不具备创新素质的管理者不能称之为优秀的管理者。

管理者的素质是由多种要素共同构成的有机统一体，各要素之间相互联系、相互制约。提高管理者素质要从整体推进，从各个角度思考、学习、掌握和提高。

小案例

他是天生的管理者吗

章豪是一位车间主任，当他从厂长办公室向外观望时说道："费方真是一个天生的领导者。"

厂长点头道："是的，木工间的工人就是听他的，我相信那些木匠永远会跟他走的。"

费方是某铸件公司运输部门木工间的管理员。他是个大个子，身高1.8米，体重90公斤，嗓音洪亮。他那高大的身躯，坚定而又刚毅的黑眼睛，和他随和的脾气简直无法相称。他很少与人发生冲突，对待下属很有耐心，且富有同情心。他和6位组员负责制造装运铸件的木箱。这种工作虽然技术性不强，但却是该厂的一个重要部门。

在费方就任之前，木工间是个老大难部门，经常耽误运输，有时甚至达数日之久，虽然调换工人也无济于事，似乎该部门的木工家庭问题也特别多。

费方就任后，立刻发生了变化，数天之内，工作大为改观，耽误运输的事不再发生了。木工们也都很高兴。有一天费方正在计划次日所需的木箱，他想："我得和其他人一样努力工作，只能多干不能少干。"在和新来的副手朱建强一起巡视车间前，费方还问了问他家新生婴儿的情况，昨天他在干完了本职工作后请假提前回家的。

思考：你认为木工间为什么能成功？请说明理由。

重要概念

管理　管理者　管理者技能　管理者角色　管理职能　管理对象　管理方法

本章小结

1. 管理就是管理者通过计划、组织、领导、控制等职能，对组织成员的活动进行协调并有效地运用一切资源，以实现组织目标的活动过程。

2. 管理是一种社会现象或文化现象，管理的"载体"是组织，管理的核心是处理各种人际关系。

3. 管理具有自然性和社会性双重属性，管理又是科学与艺术的结合。

4. 管理职能是管理者实施管理的功能或程序，即管理者在实施管理中所体现出的具体作用及实施程序或过程。管理基本职能包括计划、组织、领导和控制。任何管理者为实现目标实施有效管理都要履行计划、组织、领导、控制的职能。

5. 管理者是指履行管理职能，对实现组织目标负有贡献责任的人。管理者是指组织中指挥他人完成具体任务的人。

6. 管理者的技能可概括为技术技能、人际技能和概念技能。

7. 管理对象是管理者为实现管理目标，通过管理行为作用其上的客体，管理的对象应包括各类社会组织及其构成要素与职能活动。

综合练习

一、填空题

1. 管理者按层次可分为________、________和________。
2. 管理者角色分别是指________、________和________。
3. 管理职能的最新发展有________、________和________。
4. 管理者一般需要具备的技能为________、________和________。
5. 管理的对象包括________、________和________。
6. 管理的二重性是指管理的________和________。
7. 管理的首要职能是________。
8. 管理的基本职能是________、________、________和________。
9. 管理学的研究内容有________、________和________。
10. ________于1911年出版的《科学管理原理》一书标志着管理科学的诞生。

二、简答题

1. 什么是管理，它有哪些特征？
2. 简述管理的重要性。
3. 管理的职能是什么？它们之间有什么关系？
4. 简述管理者的角色。
5. 简述管理者需要具备的技能。
6. 简述管理的方法。
7. 如何理解管理是科学和艺术的统一？

三、案例分析

事故发生后的部门间扯皮

A公司是一家制造企业，其产品以大型工程机械为主，其品牌和价格均具有市场竞争力，拥有不少老用户。自从2003年和银行合作开展了工程机械购买"按揭业务"，市场需求被进一步激发出来，订单接连不断。A公司的车间也一直处于加班加点的生产状态。

然而，乐极生悲。2004年5月的一天，上午10点，销售部王经理突然接到某地区经销商徐某打来的电话："王经理，有个客户反映他们不久前购买的你们公司生产的工程机械车，在使用过程中吊车的车臂突然断裂，而当时吊车承载量并未超过额定的最大承载量。我们现在已经派维修人员赶到事故现场了，我估计需要把机车拖回来，重新修理才行。现在我最担心的是其他的工程机械车会不会有问题？这个月我们销售了六台同型号的机车，你们赶紧让质量部门查查，要确保没有问题才行。万一让其他客户知道了，那些还没有提货的机车肯定会被退货的。”

放下电话，销售部王经理一时不知道该怎么办才好：“不向上汇报吧，这么大的事情，自己做不了主，也不知道该怎么办；向上汇报的话，公司肯定要闹翻天的。”思来想去，王经理决定还是应该往上报，“把这个难题交给总经理去处理吧，反正自己是销售部门，应该没有什么责任。”

总经理邵洋得到消息后，立即通过办公室把这次的产品事故告知各相关部门负责人，并通知全体中高层管理人员于下午2点在一层的会议室召开紧急会议，集中讨论这件事情的处理办法。但随着事故的内部公开，几乎所有人都知道了这件事情，A公司立刻炸开了锅。

下午2点未到，各个部门的莅会者都已集中在了会议室里，议论声、争论声不断，这情景大别于以往的任何会议。随着总经理邵洋的到来，会议室也霎时安静下来。邵洋先是扫视了一遍各个部门的负责人，在沉默了几秒钟之后说：“这次的机车断臂事故想必大家都已清楚，我不再多言，只想听听各部门负责人关于这个事故的看法。”

会议室一阵沉默。半分钟后，质量部张经理首先发言：“我先来说一下。听到这件事情后，质量部立即把之前的检验记录重新翻看了一遍。根据检验记录，我们完全是按照标准的检验程序以及设计部给出的技术参数进行检验的，所有的检验记录都非常完善。所以从检测上来讲肯定是符合规范的，我们随时可以接受检查。至于为什么会出现这种质量事故，质量部的确没有找到原因。”

请根据上述案例分析：

1. 结合管理学有关理论，分析部门间扯皮的原因是什么？
2. 你认为销售部王经理的做法对吗？

四、实践训练

模拟组建公司

实训目的

培养初步运用管理系统的思想建立现代企业的能力。

实训内容与要求

1. 根据所学知识与对实际企业调查访问所获得的信息资料，组建模拟公司。
2. 情景模拟一：全班6人为一组，组建“×××模拟公司”，自定公司名称，列出一年的工作计划。
3. 情景模拟二：假设公司由于对市场信息把握不准，年度销售业绩不理想，出现亏损。假设你是公司总经理，请进行一段鼓舞士气的演讲。
4. 管理者基本素质测试：人际交往能力测试、压力应变能力测试、经营管理能力测试。

实训考核

1. 由团队成员进行投票选举，选出公司总经理。
2. 各小组将情景模拟中的演讲提纲列出。
3. 各组将测试结果报告提交上来。
4. 由教师与学生对各公司组建情况和成员现场表现进行打分。

第二章 管理理论的演变与发展

知识目标

- 能够运用科学的管理理论和思想处理实际管理问题；
- 能够从发展的角度看待我国当代企业管理状况。

能力目标

- 了解我国古代管理思想；
- 了解西方管理思想的形成与发展；
- 掌握古典理论与行为管理理论的主要思想；
- 掌握现代管理理论的主要思想；
- 了解现代管理理论的新思潮。

古代中西管理思想和成就光芒万丈

中国有许多世界历史上的伟大工程，长城就是其中最令人赞叹不已的例子。早在春秋战国时期，各国为了互相防范，在形势险要的地方开始修筑长城，后来经过秦、明历代修缮，于明万历年间（1573年）终于将各国修筑的长城连为一体，形成了西起嘉峪关，东至山海关，总长6 700多公里的万里长城。这一工程历时2 000多年，投入的劳动力达数百万人，动用的土石方如筑成一条一米高一米宽的墙可以绕地球13.5圈。筑城所用的砖都按统一规格由全国各地烧制后运送到工地。为了监督检查制砖的质量责任，每块砖上都刻有制造州府县及制造者的名字。要完成如此浩大的工程，在科学技术尚不发达的当时，其计划、组织、领导、控制等管理活动的复杂程度是现代人难以想象的。

西方文化起源于希腊、罗马、埃及、巴比伦等文明古国，它们在公元前6世纪左右即建立了高度发达的奴隶制国家，在文化、艺术、哲学、数学、物理学、天文学、建筑等方面都对人类做出了辉煌的贡献。埃及金字塔、罗马水道、巴比伦“空中花园”等伟大的古代建筑工程与中国的长城并列为世界奇观。这些古国在国家管理、生产管理、军事、法律等方面也都曾有过许多光辉的实践。公元3世纪后，随着奴隶制的衰落和基督教的兴起，基督教所包含的伦理观念和管理思想，对以后西方封建社会的管理实践起着指导性的作用。

思考：说一说你所了解的中西方管理思想。

第一节 管理思想与理论的历史沿革

一、中国管理思想的历史演进

尽管中国管理学在近期才逐渐形成一个比较完善的体系，但中国管理学存在的历史非常悠久。中国传统管理思想萌芽于夏、商、周，繁荣于春秋战国，定型于汉、唐，止步于宋、元，盛行于明清，衰落于清末，振兴于现当代。在浩如烟海的古代典籍所述的实践活动中，记载着我国古代杰出思想家、军事家、政治家关于国家管理、军事管理、经济管理等方面的学说和主张，蕴藏着丰富的管理智慧和实践经验。

（一）传统管理时期（1840 年前）

先秦时期是中国管理思想的萌芽、兴起时期。《周易》包含的“变异”思想直到今天仍然具有重要的启示意义。先秦诸子集中了古代管理智慧的精华，这些思想的影响一直延续至今。孔子、孟子、荀子的经典著作中，仁义礼智的儒家体系蕴涵着丰富的管理思想。老子的管理思想博大精深，无为而治是其管理思想的核心。法家直接影响历代政治统治，其核心是法、术、势思想。《孙子兵法》是战略思想的跨时代巨著，在国际上享有很高声誉，并发挥着巨大的影响。墨子的尚同、节用思想对现代管理具有相当重要的参考价值。

秦汉时期是中国管理思想发展的重要阶段。秦朝是中国历史上第一个大一统的封建王朝，其所采取的各项管理措施，涉及政治、经济、军事、文化、社会等方面，均被秦后历代王朝所沿袭。秦始皇推崇法家，而汉代则“霸王道杂之”。到汉武帝时，采用了董仲舒的“罢黜百家，独尊儒术”的建议，使儒家学说成为绵延中国整个封建王朝的正统意识形态。汉代通过盐铁专卖等一系列经济措施，形成了全国经济调控体系。

隋唐时期是中国管理思想发展的又一个重要阶段。隋朝重新统一全国，大唐帝国把中国封建王朝推向顶峰，中国传统管理思想也得到了充分发展。隋唐时期进一步强化了国家治理和中央集权，隋文帝在推行三省六部制和精简地方行政机构的同时，还别开生面地创立了科举制度；唐太宗知人善任，善于纳谏，建立了议事制度，推广和完善隋朝所创的科举制度，组织编纂了“贞观唐律”。隋唐时期，对土地和赋税管理制度进行了变革，出现了均田制和租庸调制，“劝农桑，薄赋徭”，人民得以修养生息，经济快速复苏发展。

宋元时期是中国管理思想的承接时期。这一时期尽管社会经济持续向前发展，但社会矛盾日益尖锐。统治阶级中的部分人士从维护和巩固其统治的角度出发，主张采取一定的改革措施来缓和各种社会矛盾。王安石即是其中的一个杰出代表。王安石以理财和抑制兼并作为实施的手段，以增加政府的财政收入为改革的目标，力图改变当时政府的积弱现象。而元朝耶律楚才的“以儒治国”则有利于缓和民族矛盾、巩固统一的封建政权。

明末清初是我国历史上又一个大动荡时期，社会矛盾和民族矛盾相互交织，尖锐异常。这一时期出现了黄宗羲、顾炎武和王夫之三位思想家，他们对明朝灭亡的教训进行了总结和反思，在继承了中国古代朴素唯物主义传统的基础上提倡与宋明理学不同的实学思潮。其主要的思想包括限制君权，改革国家治理；改革土地和田赋制度，促进农业发展；重视商业，强调增加社会财富。

清前期是清王朝的巩固上升时期。帝王从巩固自身统治角度出发，采取了一系列休养生息的政策，改革田赋和科举制度使中国封建社会出现了最后一个盛世，即康乾盛世。同时，商业进一步发展，出现了著名的十大商帮，即山西帮、宁波帮、陕西帮、山东帮、广东帮、福建帮、洞庭帮、龙游帮、江右帮、徽州帮。各个地方商帮有一些共同的特点，如团结互助、诚信勤勉，但由于受到当地文化的影响，各具不同的特征。

（二）近现代管理时期（1840—1949 年）

鸦片战争后，中国人开始爱国救亡运动，出现了魏源、康有为、梁启超等改良派。一些开明的清朝官员力主“师夷长技以制夷”，推行洋务运动，兴办企业，如曾国藩的安庆内军械所、李鸿章的上海制炮局等。而一些实业人士也开始眼看世界，实业救国，创办了如南海继昌隆巢丝厂、烟台张裕酿酒厂等企业。这些企业购进外国先进设备，向海外探寻管理之道，积累了丰富的生产、经营、销售等方面的先进经验。

1911 年辛亥革命爆发，孙中山先生将西方资本主义国家行政管理体制介绍到中国，也逐步形成了“救穷防不均”“开放”等经济管理理念。同期，一批留学欧美的学者开始回国，带回了泰勒的科学管理思想，并进行经营管理实践。

（三）当代管理时期（1949 年至今）

新中国成立之初，主要参照苏联的管理模式，同时部分吸收西方与中国传统管理思想，实行计划管理制度、按劳分配制度、经济核算制度、生产技术责任制度、劳动保护制度、思想政治工作制度等。在经济管理的实践过程中，中国共产党认识到不能完全照搬苏联的管理模式，需要积极探索中国自己的管理体系。毛泽东的《论十大关系》是此方面的最初探索。之后党中央实行“调整、巩固、充实、提高”的方针，全面开展经济管理的新尝试，扭转了工业生产的被动局面。

十一届三中全会后，党中央明确提出要以经济建设为中心，同时开始进行经济管理体制改革。从此，我国开始进入经济管理思想与实践创新的黄金时期。无论是宏观的经济管理领域，还是中观的产业经济管理领域，或是微观的企业管理领域，均在吸收西方管理科学的同时，积极探索中国特色的管理模式和方法。中国管理开始走入新的时代。

二、西方管理理论的形成与演变

（一）西方管理思想与理论的演化

管理活动是一种历史范畴，是与一定历史条件下人类的生产实践相联系的。因此，管理思想理论的形成和发展与时代特征密切相关。根据信息流动方式、人和物流动方式、生产方式和国际政治经济关系，我们把工业化开始迄今分为工业化初期、工业化中期、工业化后期和后工业化时期（新经济初期）四个历史时代，如表 2-1 所示。

表 2-1 管理思想与理论的演化与时代背景

时　　间	时代	时代特征	主要管理理论	代表人物和著作
18 世纪 60 年代至 19 世纪末	工业化初期	电报、电话、信件、单据、铁路、马车、轮船、蒸汽机、机械； 殖民地统治（英国成为日不落帝国）	工厂代替作坊； 劳动分工能够提高生产率	亚当·斯密《国富论》（1776）， 查理·巴贝奇《论机器和制造业的经济》（1832）

续表

时　间	时代	时 代 特 征	主要管理理论	代表人物和著作
20 世纪初至 1950 年	工业化中期	电话、电报、信件、单据、汽车、铁路、轮船、飞机；电气化、机械化、流水线生产；殖民地纷纷独立，殖民体系瓦解（经历两次世界大战）	科学管理；一般行政管理；行为管理；定量管理	泰勒《科学管理理论》(1911)；法约尔《工业管理与一般管理》(1916)；梅奥《工业文明中人的问题》(1933)；麦格雷戈《企业的人性面》(1960)；统计学、运筹学等
1960 年至 1980 年	工业化后期	计算机网络、传真、电话、电视飞机、高速公路、高速铁路、轮船；电子化、自动化；冷战时期（美、苏两大阵营对峙）	过程管理；系统管理；权变管理；精益生产；全面质量管理；大规模定制	哈罗德·孔茨《管理理论的丛林》(1961)；系统管理学会《经营系统》(1975)；弗雷德·费德勒的权变理论；大田耐一《丰田的生产系统》(1978)；威廉·大内《Z 理论》(1981)
1990 年至今	后工业化时期	光缆及国际互联网；高速大型飞机、高速公路、高速铁路；世界级制造系统；知识经济蓬勃发展；全球经济一体化；苏联解体冷战结束	公司再造；ERP；虚拟组织；核心能力理论；学习型组织	迈克尔·哈默《再造革命》(1994)；威廉·戴维陶、麦克·马隆《虚拟企业》(1992)；普瑞斯、戈德曼、内格尔《敏捷竞争者与虚拟组织》(1995)；彼得·圣吉《第五项修炼》(1994)

（二）早期的西方管理理论

18 世纪中期的工业革命产生了工厂和企业，在长期的企业管理实践的基础上，以研究企业管理为主，对其他各种类型的组织具有指导意义的管理理论出现了。

英国工业革命开创了机器生产的先河。家庭作坊式的手工作业时代结束了，一些先进机器的发明者和富商开始在城镇和交通便利的地方开办工厂、招募工人、组织生产经营活动，一种新的生产方式——工厂制诞生了。工厂的产生，需要加强管理，需要建立一套科学的管理制度，并采取新的生产技术和方法。这种需要带来了早期科学管理的繁荣。

早期的科学管理实践发源于欧洲，主要集中在英国。这一时期技术的革新刺激着管理实践的推进。例如，1767 年，由于工厂对动力的需求，博尔顿认识了詹姆斯·瓦特。瓦特非常希望索霍工厂能发展其蒸汽机技术的优势。1775 年，博尔顿和瓦特正式成为合伙人，博尔顿倾其所有精力和财力使瓦特的蒸汽机梦想成为现实。此后，博尔顿透过国会将瓦特的专利保护从 1769 年延长到 1799 年。到了 1800 年这两位合伙人都退休后，将整个企业交给他们的下一代詹姆斯·小瓦特和马修·博尔顿。他们着手进行一些管理改革。再如“空想社会主义者”罗伯特·欧文，他经过一系列试验，首先提出在工厂生产中要重视人的因素，要缩短工人的工作时间，提高工资，改善工人住宅。他的改革试验证实，重视人的作用和尊重人的管理理论的产生和发展，都有积极的影响。由于他在人事管理方面做出了突出的贡献，他被人们誉为“人事管理之父”。

当管理实践在英国繁荣一时之后，其中心又随着工业革命移向了美国，进而在美国出现了许多有名的科学管理实践先驱。丹尼尔·麦卡勒姆提出了岗位责任制、工作报告制、考核晋级制度等一系列铁路管理制度；长期担任《美国铁路日报》的编辑亨利·普尔发展了麦卡勒姆的思想，提出了组织、通信联系（信息报告制度）和资料（记录下的通信联系）三条基本管理原则。

英国的科学管理实践集中于纺织业，而美国则集中于铁路，这充分说明了管理与经济发展的密切联系。这一时期重要的管理思想先驱者包括亚当·斯密和巴贝奇。

相关链接

亚当·斯密的劳动分工理论

最早对经济管理思想进行系统论述的学者，首推英国经济学家亚当·斯密。他在 1776 年（当时正值英国的工场手工业开始向机器工业过渡时期）出版了《国民财富的性质和原因研究》一书，系统地阐述了劳动价值论及劳动分工理论。

亚当·斯密认为，劳动是国民财富的源泉，各国人民每年消费的一切生活日用必需品的源泉是本国人民每年的劳动。这些日用必需品供应情况的好坏，决定于两个因素：一是这个国家的人民的劳动熟练程度、劳动技巧和判断力的高低；二是从事有用劳动的人数和从事无用劳动人数的比例。他同时还提出，劳动创造的价值是工资和利润的源泉，并经过分析得出了工资越低，利润就越高，工资越高，利润就会降低的结论。这就揭示出了资本主义经营管理的本质。

亚当·斯密在分析增进"劳动生产力"的因素时，特别强调了分工的作用。他对比了一些工艺和一些手工制造业实行分工前后的变化，对比了易于分工的制造业和当时不易分工的农业的情况，说明分工可以提高劳动生产率。他认为，分工的益处有以下几点：

（1）劳动分工可以使工人重复完成单项操作，从而提高劳动熟练程度，提高劳动效率；

（2）劳动分工可以减少由于变换工作而损失的时间；

（3）劳动分工可以使劳动简化，使劳动者的注意力集中在一种特定的对象上，有利于创造新工具和改进设备。

他关于劳动分析的分析和主张，不仅符合当时生产发展的需要，而且也成为以后企业管理理论中的一条重要原理。

（三）古典管理理论

19 世纪末 20 世纪初形成了古典管理理论。美国工程师弗雷德里克·泰勒对前人的管理实践进行了分析总结，同时进行了大量的管理实践，撰写了《科学管理原理》一书，从而使个人的经验上升为理论；与泰勒同时代的法国实业家亨利·法约尔对管理理论的形成也做出了开拓性的贡献，他为管理理论研究构建了基本框架体系，被人们誉为"经营管理之父"；德国的马克斯·韦伯的行政组织理论，重点分析了管理工作的运行机制和基本原则。

（四）近代管理理论

近代管理理论以行为科学研究为重点。行为科学作为一种管理理论，始于 20 世纪 20 年代末 30 年代初的霍桑实验，真正发展于 20 世纪 50 年代。行为科学的研究，基本上可以分为两个时期。前期以人际关系学说（或人群关系学说）为主要内容，从 20 世纪 30 年代梅奥的霍桑试验开始，到 1949 年在美国芝加哥讨论会上第一次提出行为科学的概念为止。在 1953 年美国福特基金会召开的各大学科学家参加的会议上，正式定名为行为科学。到了 20 世纪 60 年代，行为科学理论的发展达到了鼎盛时期。影响较大的行为科学理论有：马斯洛的需求层次论、佛隆的期望值理论、麦克利兰的成就需要理论、布莱克·莫顿的管理风格理论等。

行为科学主张从社会学、心理学的角度研究管理实践中人的问题，强调企业管理中人的因素的重要性；重视社会环境，人们的相互关系对劳动效率的影响；认为行为是人的思想、感情、欲望在行动上的表现；管理的作用在于使人们因措施的刺激而产生一种行为动机。

（五）现代管理理论

第二次世界大战以后，管理理论得到了飞速的发展与繁荣，美国的哈罗德·孔茨教授最早提出了管理丛林的概念，并分别于 1961 年和 1980 年发表了两篇颇有价值的学术论文《管理理论的丛林》和《再论管理理论的丛林》，把各种管理理论和学说归纳为 11 个学派，分别为经验或案例学派、人际关系学派、群体行为学派、社会系统学派、社会技术系统学派、决策学派、系统学派、管理科学学派、权变学派、管理角色学派和经营管理学派。

20 世纪 80 年代，比较管理及企业文化兴起。进入 20 世纪 70 年代，特别是石油危机之后，美国经济持续增长的势头骤然停滞，而日本经济却保持着快速的增长，并一跃成为世界第二大经济强国。强大的反差使美国企业界和管理学界的专家学者纷纷涌向日本，开始对美国和日本企业的管理方法进行比较研究，进而引发了一场轰轰烈烈的美、日企业管理比较研究热潮。《Z 理论——美国企业界如何迎接日本的挑战》《追求卓越——美国优秀企业的成功经验》《日本企业的管理艺术》《美国企业文化》被称为企业文化“四重奏”。

20 世纪 90 年代，管理学界开始重视战略管理问题，哈佛大学教授迈克尔·波特在 20 世纪 80 年代出版的《竞争战略》《竞争优势》等著作在管理学界产生了巨大的影响，并全面带动了战略研究热潮。1990 年普拉赫拉德和哈默在《哈佛商业周刊》上发表文章，将研究的视角从竞争优势转向核心竞争力；另一方面，管理学界出现了一股重新思考、重新设计的热潮，强调公司再造、组织再造、再思考、再设计等的管理著作纷纷出版，管理学界更加突出信息社会、全球化和企业伦理方面的研究工作；学习型组织、标杆管理、六西格玛管理方法等也成为人们探讨的热点。

进入 21 世纪以来，企业家精神成为管理理论与实践的一个核心主题，许多管理活动与企业家精神联系到一起，人们从企业家精神的本质出发，重新审视管理理论、谋求创新；学习型组织、企业再造、核心能力理论也应运而生。

第二节　古典管理理论

一、科学管理思想

早期管理思想实际上是管理理论的萌芽。管理理论比较系统的建立是在 19 世纪末 20 世纪初。这个阶段所形成的管理理论称为“古典管理理论”或“科学管理理论”。

在早期管理阶段，出现了专门的管理阶层。同时，管理工作也成为人们专门研究的一门学问，并产生了称为“科学管理”的理论。美国工程师弗雷德里克·泰勒对前人的管理实践进行了分析总结，同时进行了大量的管理实践，提出了《科学管理理论》，从而使个人的经验上升为理论。

相关链接

“科学管理”理论的创始人——泰勒

弗雷德里克·泰勒（Frederck Taylor，1856—1915 年），出生于美国费城一个富有的律师家庭，中学毕业后考入哈佛大学法律系，但因眼疾而被迫辍学，而后进入费城的一个小机械厂开始学徒。他迷恋于科学调查、研究和实验，强烈要求按照事实改进和改革事物。例如，他曾仔细研究过棒球游戏；发现了越野慢跑中最不易疲劳的方法；还发明过一些精巧的器具。这些都是他求实、求好和细心性格的早期见证。这种性格无疑对他以后的成功起到了决定性的作用。

泰勒于 1879 年转到费城米德维尔钢铁公司当工人。由于他的出色工作，泰勒在米德维尔升迁很快。在 6 年时间内，他由一名普通工人升为计时工，再升为机械工、工长、领班、助理工程师、总工程师。他在米德维尔钢铁公司的 12 年，是从事试验的 12 年，这些试验给他的工厂管理制度奠定了基础。

在逐步升迁的过程中，泰勒不得不面对工厂管理中的问题，主要包括工人的工作、报酬以及劳动生产率等。泰勒的经历使他对生产现场很熟悉，对生产基层很了解。他认为单凭经验进行管理的方法是不科学的，必须加以改变。泰勒利用自己取得的地位，开始了管理方面的革新活动。

泰勒终身致力于科学和管理研究，取得了引人瞩目的成就。他在管理方面的著作主要有《计件工资制》（1895 年）、《工场管理》（1903 年）、《科学管理原理》（1911 年）等。泰勒以其突出的贡献在管理史上取得了十分重要的地位，被誉为“科学管理之父”。

（一）泰勒科学管理理论的主要内容

1. 工作定额研究

科学管理的核心问题是提高劳动生产率。当时，工人中间普遍存在“磨洋工”现象。泰勒认为，解决磨洋工问题的关键在于要为每一项任务制定出完善而公正的日标准，以便客观地确定工资率，于是泰勒用科学的方法来确定工人用他们现有的设备和原料应能完成的任务。

2. 实行标准化管理

标准化原理是要使工人掌握标准化的操作方法，使用标准化的工具、机器和材料，并使作业环境标准化。

1898 年，泰勒受雇于伯利恒钢铁公司期间，进行了著名的“铁锹试验”。铁锹试验是系统地研究各种材料能够达到标准负载的锹的形状、规格，以及各种原料装锹的最好方法的问题。为了让不同的铲子适合不同的情况，他还建立了一间大库房，里面存放各种工具，每个的负重都是 21 磅。同时，他还设计了一种有两种标号的卡片，一张说明工人在工具房所领到的工具和该在什么地方干活，另一张说明他前一天的工作情况，上面记载着干活的收入。工人取得白色纸卡片时，说明工作良好，取得黄色纸卡片时就意味着要加油了，否则的话就要被调离。使用标准铁锹后，工人的工作效率大大提高。堆料场的工人从 400～600 名降为 140 名，平均每人每天的操作量提高到 59 吨，工人的日工资从 1.15 美元提高到 1.88 美元。而工厂也受益很大，据说这一项变革可为工厂每年节约 8 万美元。

3. 能力与工作相匹配

为了提高劳动生产率，泰勒在制定工作定额时，提倡要寻求一种第一流工人，即工作定额不是以突击活动或持续紧张为基础的，而是以工人能维持的速度为基础的。泰勒指出“管理人员的责任是细致地研究每一个工人的性格、脾气和工作表现，找出他们的能力。另外，更重要的是发现每一个工人向前发展的可能性，并且逐步地、系统地训练、帮助和指导每个工人，为他们提供上进的机会。这样使工人在雇佣他的公司里能担任最高、最有兴趣、最有利、最适合他们能力的工作。”

4. 实行差别计件付酬制

泰勒的差别计件工资制，包括以下三个方面的内容。

（1）设立专门的制定定额部门。这个部门的主要任务是通过计件和工时的研究，进行科学的测量和计算，制定出一个标准制度，以确定合理的劳动定额和恰当的工资率，从而改变过去那种以估计和经验为依据的方法。

（2）制定差别工资率，即按照工人是否完成定额而采用不同的工资率。如果工人能够保质保量地完成定额，就按高的工资率付酬，以资鼓励；如果工人的生产没有达到定额就将全部工作量按低的工资率付给，并给予警告，如不改进，就要被解雇。

（3）工资支付的对象是工人，而不是职位和工种，也就是说，每个人的工资尽可能地按他的技能和工作所付出的劳动来计算，而不是按他的职位来计算。要对每个人在准时上班、出勤率、诚实、快捷、技能及准确程度方面做出系统和细微的记录，然后根据这些记录不断调整他的工资。

5. 使管理和劳动分离

泰勒首次将管理和劳动分离，把管理工作称为计划职能，工人的劳动称为执行职能 。把管理从生产中分离出来，是管理专业化、职业化的重要标志，管理因此被公认为一门需要独立研究的科学。

以上这些改革，形成了科学管理理论的基本组成部分。这些现在看来似乎非常平常的早已为人们所熟悉的常识，在当时却是重大的变革。实践证明，这种改革收到了很好的效果，生产效率得到了普遍提高，出现了高效率、低成本、高工资和高利润的新局面。

1903 年，泰勒开始把自己的实践经验和研究成果上升到理论高度，著书立说。他的代表作是 1911 年出版的《科学管理原理》。

（二）泰勒的管理哲学

泰勒的主要观点是："只有劳资双方协作并在所有的共同工作中应用科学方法，才能使整个社会得到最大的利益。"泰勒在美国国会听证会上的证词中说："科学管理的实质是一切企业或机构中的工人们的一次完全的思想革命——也就是这些工人，在对待他们的工作责任，对待他们的同事，对待他们的雇主态度的一次完全的思想革命。同时，也是管理方面的工长、厂长、雇主、董事会，在对他们的同事、他们的工人和对所有的日常工作问题责任上的一次完全的思想革命。没有工人与管理人员双方在思想上的一次完全的革命，科学管理就不会存在。"这个伟大的思想革命就是科学管理的实质。

（三）对泰勒的评价

1. 泰勒科学管理的贡献

（1）它冲破了百多年沿袭下来的传统的、落后的经验管理办法，将科学引进了管理领域，并且创立了一套具体的科学管理方法来代替单凭个人经验进行作业和管理的旧方法。

（2）由于采用了科学的管理方法和科学的操作程序，使生产效率提高了两三倍，推动了生产的发展，适应了资本主义经济在这个时期发展的需要。

（3）由于管理职能与执行职能的分离，企业中开始有一些人专门从事管理工作。这就使管理理论的创立和发展有了实践基础。

2. 泰勒科学管理的局限性

（1）坚持"经济人"假设。泰勒认为工人最关心的是提高自己的金钱收入，他把工人看成是会说话的机器，只能按照管理人员的决定、指示、命令进行劳动，在体力和技能上受最大限度的压榨。

（2）泰勒的科学管理仅重视技术的因素，忽视企业成员之间的交往及工人的感情、态度等社会因素对生产效率的影响。

（3）"泰勒制"主要是解决工人的操作问题，生产现场的监督和控制问题，即仅解决了个别具体工作的作业效率问题，而没有解决企业作为一个整体如何经营和管理的问题。

（四）其他科学管理研究者

与泰勒同时代的对管理改革做出过贡献的还有亨利·甘特、吉尔杰布雷斯夫妇、福特等。

甘特（1861—1919 年）曾是泰勒的同事，后来独立创业，从事企业管理技术咨询工作。他的重要贡献之一是设计了一种用线条表示的计划图表，称为甘特图。这种图现在常用于编制进度计划。甘特还提出了"计件奖励工资制"，即除了支付日工资外，超额完成定额部分，再计件给予奖金；完不成定额的，只能拿到日工资。这种制度比泰勒的"差别计件制"好，可使工人感到收入有保证，从而激发劳动积极性。这个事实第一次说明，工资收入有保证也是一种工作动力。甘特的代表作是1916年出版的《工业的领导》和1919年出版的《工作组织》。

相关链接

甘特图

甘特图即生产计划进度图。甘特图表的实质是为了表明如何通过各种活动来恰当安排工作的程序和时间，以完成该项工作。管理人员能够从甘特图表所提供的信息中看出哪一项工程或产品落后于预定的计划，然后加以纠正，以便使工程赶上计划的安排，或者将货物延运的时间以及预计能够完成的日期通知雇主。

管理学界有人认为，甘特用图表帮助管理进行计划与控制的作法是当时管理技术上的一次革命。有了它，管理部门就可以从一张事先准备好的图表上，看到计划执行的进展情况，并可以采取一切必要行动使计划能按时完成，或使计划在预期的许可延误范围内得以完成。

甘特图是一个被世界各地企业广泛使用的管理工具，日本的日产汽车就应用了这一工具，并发挥了它的最大效用，它已经成为管理者们随时都可能用到的一个简单而有效的工具。

机械师弗兰克·吉尔布雷斯（1868—1924年）和他的妻子——心理学者莉莲·吉尔布雷斯（1878—1972年）两个人以进行“动作研究”而著称。他们开始是在建筑行业分析研究用哪种姿势砌砖省力、舒适、效率高。经过试验，制定出了一套砌砖的标准作业方法，可使每人每日砌砖量增加两倍。他们还在其他行业进行过动作研究，并把工人劳动时手和臂的活动分解成了17项基本动作。他们的研究方法是，在工人的手臂上绑上小灯泡，将工人劳动时的动作拍摄成带有时间指针的图组，然后对照相片与其他人一起分析哪些动作是合理的、应该保留的，哪些动作是多余的、可以省掉的，哪些动作需要加快速度，哪些动作应该改变次序，然后定出标准的操作程序。他们的动作研究比泰勒的研究更为细致和广泛。他们的研究成果反映在1911年出版的《动作研究》一书中。

亨利·福特（1863—1947年），美国汽车大王，汽车工程师与企业家，被尊称为“为世界装上轮子的人”。1913年，福特创立了全世界第一条汽车流水装配线。将原装配底盘所需的12小时30分钟减少到2小时40分钟，从而提高了整个企业的生产效率，并使成本明显降低（车价由850美元/辆降为360美元/辆）。这种流水作业法后来被称为“福特制”，并在全世界广泛推广。福特为了利于企业向大量生产发展，还进行了多方面的标准化工作。

泰勒及其他同期先行者的理论和实践构成了泰勒制。可以看出泰勒制着重解决的是用科学的方法提高生产现场的生产效率问题。所以，人们称以泰勒为代表的这些学者所形成的学派为科学管理学派。

（五）科学管理思想的特点

从上述各学派的观点看，科学管理思想与传统管理思想相比呈现出以下几个特点。

（1）管理研究的重点是如何提高效率。泰勒他们注重于运用科学方法提高工人的劳动效率和管理人员的工作效率，提出了标准化制度、流水线作业等一系列方法。

（2）用科学管理来代替单纯的经验管理。这一阶段在传统的经验管理所积累的经验基础上，向标准化、科学化发展，在企业管理的操作规程、劳动定额、生产组织、作业计划、成本核算等方面，形成了一系列科学管理的原理和方法，为现代管理思想的发展奠定了科学基础。

（3）管理作为一种专业为社会所承认。一方面，随着企业规模的不断扩大和新问题的出现，使资本家越来越感到由自己管理企业已力所不能及；另一方面，管理理论的出现促进了管理教育的发展（到 1911 年，美国已有 30 所工商管理学院），在社会上出现了一批受过专门训练的经营管理专家。管理者作为一个独立的阶层为社会所承认，为管理学科的进一步发展奠定了牢不可破的基础。①

二、古典管理理论

与泰勒同时代的法国实业家亨利·法约尔对管理理论的形成也做出了开拓性的贡献，他为管理理论研究构建了基本框架体系，被人们誉为“经营管理之父”；德国的马克斯·韦伯的行政组织理论，重点分析了管理工作的运行机制和基本原则。他们的工作奠定了古典组织理论的基础。

（一）法约尔的组织管理理论

法国的亨利·法约尔（Henri Fayol，1841—1925 年）和泰勒虽是同时代人，但个人经历不同。法约尔曾长时间担任法国一个大煤矿公司的领导工作和总经理职务，积累了管理大企业的经验。与此同时，他还在法国军事大学任过管理教授，对社会上其他行业的管理进行过广泛的调查。退休后，他还创办了管理研究所。法约尔的经历决定了他的管理思想要比泰勒开阔。他的管理理论发表在 1916 年法国工业协会的刊物上，1925 年出版的《一般管理与工业管理》一书是他的代表作。法约尔的管理思想包含以下三大方面的内容。

1. 经营与管理

法约尔首先区分了经营（Govern）和管理（Administer）两个基本概念。法约尔认为，“经营”是指导或引导一个组织趋向某一既定目标；而“管理是普遍的一种单独活动，有自己的一套知识体系，由各种职能构成，管理者通过完成各种职能来实现目标的一个过程。”法约尔首先从工业企业出发归纳了经营所包含的六类活动：

（1）技术活动：指生产、制造和加工；

（2）商业活动：指进行采购、销售和交换；

（3）财务活动：指确定资金来源及使用计划；

（4）安全活动：指保证员工劳动安全及设备使用安全；

（5）会计活动：指财产清点，制作资产负债表，进行成本考核、统计等；

（6）管理活动：指计划、组织、指挥、协调、控制。

法约尔认为，这六项活动是任何一个工业企业实现它的目标中不可缺少的。通过对企业全部活动的分析，法约尔将管理活动从经营活动（包括技术、商业、业务、安全和会计五大活动）中提炼出来，成为经营活动中一种最为重要的活动。

2. 管理的五大职能

法约尔认为，作为经营活动之一的管理包括计划、组织、指挥、协调和控制五大管理职能，并对每一个职能都进行了相应的分析和讨论。

（1）计划。法约尔认为管理意味着展望未来，预见是管理的一个基本要素，预见的目的就是制订行动计划。行动计划既规定了所要达到的结果（即目标），又指出了所遵循的行动路线、通过的阶段和所使用的手段。

（2）组织。组织就是为企业的经营提供所必需的原料、设备、资本和人员。因此，它应

① 邢以群. 管理学. 浙江大学出版社，1997 年 3 月第一版，第 38 页.

包括两项内容：一是建立组织结构，明确组织中的各种关系，并制定相应的规章制度；二是职工的招聘、评价和培训。后来有的管理学者把这两项内容分解为组织和人事两大职能。

（3）指挥。指挥是对下属的活动给予指导，使企业的各项活动互相协调配合。当社会组织建立以后，接下来就要让它动作起来——这就是指挥的任务。这种任务要分配给企业的各种领导者，每个领导者都承担他自己那个单位的任务和职责。对每个领导者而言，指挥的目的就是通过指挥的协调，使本单位的所有人做出最大的贡献，实现本企业的利益。

（4）协调。协调就是指企业的一切工作者要和谐地配合，以便于企业经营的顺利进行，并且有利于企业取得成功。

（5）控制。法约尔认为，控制就是要证实企业的各项工作是否已经与计划相符，其目的在于指出工作中的缺点和错误，以便纠正并避免重犯。对人可以控制，对活动也可以控制，只有控制了才能更好地保证企业任务顺利完成，避免出现偏差。

3. 管理的十四条原则

法约尔还提出了管理人员解决问题时应遵循的十四条原则。

（1）分工。劳动专业化是各个机构和组织前进和发展的必要手段。由于减少了每个工人所需掌握的工作项目，故可以提高生产效率。劳动的专业化，使实行大规模生产和降低成本成为可能。同时，每个工人工作范围的缩小，也可使工人的培训费用大为减少。

（2）权力与责任。法约尔认为，权力即“下达命令的权利和强迫别人服从的力量”。权力可区分为管理人员的职务权力和个人权力。职务权力是由职位产生的；个人权力是指由担任职务者的个性、经验、道德品质以及能使下属努力工作的其他个人特性而产生的权力。法约尔特别强调权力与责任的统一，有责任必须有权力，有权力就必然产生责任。

（3）纪律。法约尔认为，纪律的实质是遵守公司各方达成的协议。要维护纪律就应做到：① 对协议进行详细说明，使协议明确而公正；② 各级领导要称职；③ 在纪律遭到破坏时，要采取惩罚措施，但制裁要公正。

（4）统一命令。一个员工在任何活动中只应接受一位上级的命令。违背这个原则，就会使权力和纪律遭到严重的破坏。

（5）统一领导。为达到同一目的而进行的各种活动，应由一位首脑根据一项计划开展，这是统一行动、协调配合、集中力量的重要条件。

（6）员工个人要服从整体。法约尔认为，整体利益大于个人利益的总和。一个组织谋求实现总目标比实现个人目标更为重要。协调这两方面利益的关键是领导阶层要有坚定性和做出良好的榜样。协调要尽可能公正，并经常进行监督。

（7）人员的报酬要公平。报酬必须公平合理，尽可能使职工和公司双方满意。对贡献大、活动方向正确的职工要给予奖赏。

（8）集权。集权就是降低下级的作用。集权的程度应视管理人员的个性、道德品质、下级人员的可靠性以及企业的规模、条件等情况而定。

（9）等级链。“等级链”即从最上级到最下级各层权力所形成的等级结构。它是一条权力线，用以贯彻执行统一的命令和保证信息传递的秩序。

（10）秩序。秩序即人和物必须各尽其能。管理人员首先要了解每一个工作岗位的性质和内容，使每个工作岗位都有称职的职工，每个职工都有适合的岗位。同时，还要有条不紊地精心安排物资、设备的合适位置。

（11）平等。即以亲切、友好、公正的态度严格执行规章制度。雇员们受到平等的对待后，会以忠诚和献身的精神去完成他们的任务。

（12）人员保持稳定。生意兴隆的公司通常都有一批稳定的管理人员。因此，最高层管理人员应采取措施，鼓励职工尤其是管理人员长期为公司服务。

（13）主动性。给人以发挥主动性的机会是一种强大的推动力量。必须大力提倡、鼓励雇员们认真思考问题和培养创新精神，同时也应使员工的主动性受到等级链和纪律的限制。

（14）集体精神。职工的融洽、团结可以使企业产生巨大的力量。实现集体精神最有效的手段是统一命令。在安排工作、实行奖励时不要引起嫉妒，以避免破坏融洽的关系。此外，还应尽可能直接地交流意见等。

法约尔的十四条管理原则具有独创性的见解，对于管理理论研究和实际工作都具有很大的启发性。法约尔的贡献是在管理的范畴、管理的组织理论、管理的原则方面提出了崭新的观点，为以后管理理论的发展奠定了基础。

（二）马克斯·韦伯的行政管理理论

马克斯·韦伯（Max Weber，1864—1920 年），德国社会学家，他在管理理论上的研究主要侧重于组织理论，提出了“理想的行政组织体系”，是古典组织理论学派的杰出代表，被后人尊为“组织理论之父”。他是一位与泰勒、法约尔齐名的管理思想家。

韦伯对社会学、宗教、经济学和政治学都有着广泛的兴趣，且取得了丰富的研究成果，主要代表作有：《新教伦理与资本主义精神》（1905 年）《经济与社会》（1910 年）《一般经济史》《社会和经济组织理论》《社会学论文集》等。他的博学使他能从多个侧面观察和分析问题，提出了许多新的观点和独特的思想。

在管理学方面，韦伯的贡献是提出了行政组织理论，该理论涉及组织的制度、权力基础、组织结构、管理原则等不同方面。

1. 理想的行政组织的权力基础

韦伯把社会所接受的权力分成了三类。第一类是理性——法律的权力。这种权力是由社会公认的法律所规定或者掌有职权的那些人下命令的权力。第二类是传统的权力。这是由历史沿袭下来的惯例、习俗而规定的权力，它是以对古老传统的不可侵犯性和按传统执行权力的人的地位的正统性为基础的。第三类是超凡的权力。它是以对某人的特殊和超凡的神圣、英雄主义或模范品质的崇拜为基础的。

2. 理想行政组织结构的特征

韦伯就理想的行政组织体系的管理制度、组织结构提出了具有深刻影响的思想。他认为，理想行政组织结构应具有以下特征。

（1）任何机构组织都应有确定的目标。机构是根据明文规定的规章制度组成的，并具有确定的组织目标。人员的一切活动，都须遵守一定的程序，其目的是为了实现组织的目标。

（2）劳动分工。工作应当分解为简单的、例行的和明确定义的任务。

（3）职权等级。把各种公职或职位按权力等级组织起来形成一个责权分明、层层控制的等级制度。个人的等级取决于他在履行与其职位相适应的责任时所能行使的合法权力。为了保证秩序和职责分明，每个人只向其直接上级报告。

（4）正式的选拔。所有职务的候选人都是通过考试或表明其技术训练的证件或者两者兼而有之来挑选的。人员必须是称职的，同时也是不能随便被免职的。

（5）人员实行委任制。所有的管理人员都是委任的，而不是选举的（有一些特殊的职位必须通过选举的除外)。

(6)正式的规则和制度。行政管理人员必须严格地遵守组织中的法规和纪律，这些规则不受个人感情的影响，而适用于一切情况。组织对每个成员的职权和协作范围都有明文规定，使其能正确地行使职权，从而减少内部的冲突和矛盾。

(7)非人格性。规则和控制的实施具有一致性，避免掺杂个性和雇员的个人偏好。

(8)职业定向。管理者是职业化的官员而不是他所管理的单位的所有者，他们在组织中追求他们职业生涯的成就。

(9)行政管理人员有固定的薪金，且有明文规定的升迁制度和严格的考核制度。管理人员的升迁是完全由他的上级来决定的，下级不得表示任何意见，以防止破坏上下级的指挥系统，通过这种制度来培养组织成员的团队精神，要求他们忠于组织。

韦伯是第一个对正式组织进行系统分析的学者，他所描述的行政组织体系，成为20世纪大规模生产的工业组织建设的蓝本，他所设计的组织体系理论为组织理论的发展提供了基本的框架。

(三)其他古典管理理论

在法约尔、韦伯等人从不同方面创立了古典管理理论之后，西方许多学者亦对古典管理理论进行了深入的研究和广泛的传播。特别值得瞩目的是林德尔·厄威克，他曾从事过管理方面的多种领导工作和咨询工作。他的著作甚多，有《管理的要素》《组织的科学原则》《组织中的委员》《行政管理原理》等，在管理学界是一位颇有影响的人物。厄威克的贡献是把法约尔、穆尼和泰勒的思想加以归纳并使之有机地结合起来，创造出一个新的体系——综合概念结构，这种综合起来的古典管理理论，如图2-1所示。

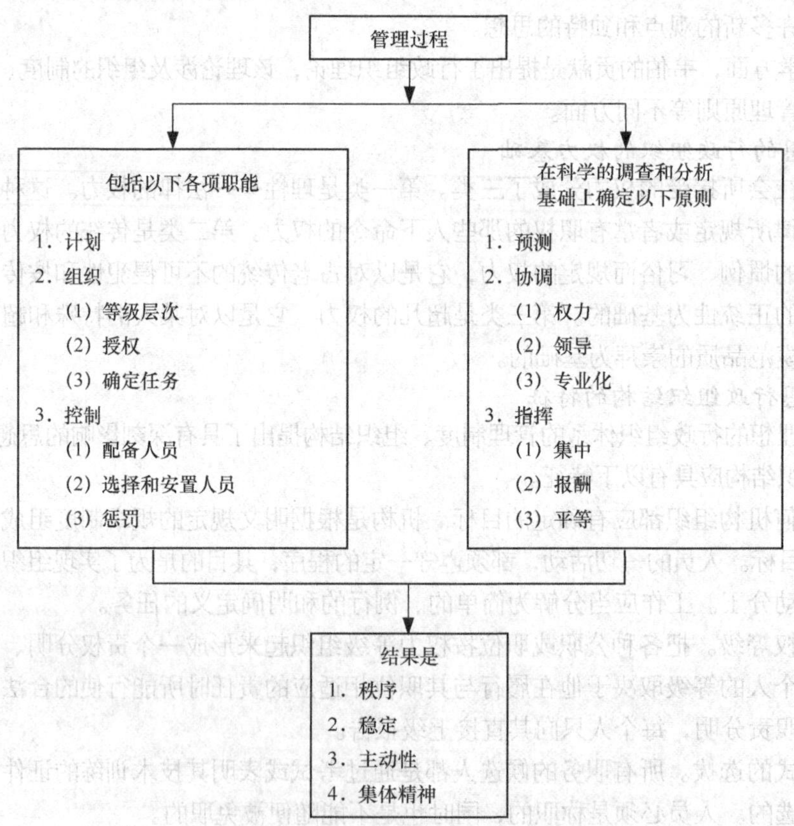

图2-1 厄威克管理理论综合概念结构图

厄威克把科学管理与古典组织理论综合起来成为一个整体，反映了古典管理理论的本质，使古典管理理论得以最终完成。

（四）古典管理理论的意义

（1）古典的管理理论建立了一套有关管理的原理、原则、方法等方面的理论，并且主张这些原则和职能是管理工作的基础，对企业管理有着很大的指导意义，也为总结管理思想史提供了极为重要的参考价值。

（2）古典管理学家建立了有关的组织理论。韦伯提出行政管理理论（也称官僚组织理论）是组织理论的基石。韦伯与法约尔还就建立组织的结构，以及维护这种组织结构的正常运行，提出了一系列的原则。今天企业管理的组织结构虽然变得更加复杂，但是古典组织理论设计的基本框架仍未失去其存在的意义。

（3）古典管理理论为后来的行为科学和现代管理学派奠定了管理学理论的基础，当代许多管理技术与管理方法皆来源于古典管理理论。古典管理学派所研究的问题有一些仍是当今管理上所要研究的问题，是对古典管理思想的继承和发展。

第三节　近代管理理论

科学发展到20世纪，学科越分越细，学科之间的联系也越来越广泛，因而相继出现了不少边缘学科。在此基础上，科学家们开始考虑如何利用有关的各种科学知识来研究人的行为。

行为科学是一门研究人类行为规律的科学。管理学家试图通过行为科学的研究，掌握人们行为的规律，找出对待工人、职员的新手法和提高工效的新途径。

一、人际关系理论

“行为科学”的发展是从“人际关系理论”开始的。人际关系理论的代表人物是乔治·埃尔顿·梅奥（George Elton Mayo，1880—1949年），美国管理学家，原籍澳大利亚，美国艺术与科学院院士。

梅奥参加了在芝加哥西方电气公司霍桑工厂进行的试验工作，即引起管理学界重视的“霍桑试验”。该实验是一项以科学管理的逻辑为基础的实验，从1924年开始到1932年结束，在将近8年的时间内，前后共进行过两个回合：第一个回合是从1924年11月至1927年5月，在美国国家科学委员会赞助下进行的；第二个回合是从1927年至1932年，由梅奥主持进行。整个实验前后经过了四个阶段。试验的目的是要找出工作条件对生产效率的影响，以寻求提高劳动生产率的途径。

相关链接

霍桑实验

霍桑实验是心理学史上最出名的事件之一。这一系列实验是在美国芝加哥西部电器公司所属的霍桑工厂进行的。其中的心理学研究由哈佛大学心理学教授梅奥主持。

霍桑工厂是一个制造电话交换机的工厂，具有较完善的娱乐设施、医疗制度和养老金制度，但工人们仍愤愤不平，生产成绩很不理想。为找出原因，美国国家研究委员会组织研究小组开展实验研究，霍桑实验共分五个阶段。

一、照明实验（1924 年 11 月—1927 年 4 月）

当时关于生产效率的理论认为影响工人生产效率的是疲劳、单调感等，于是当时的实验假设便是“提高照明度有助于减少疲劳，使生产效率提高”。可是经过两年多的实验发现，照明度的改变对生产效率并无影响。具体结果是：当实验组照明度增大时，实验组和控制组都增产；当实验组照明度减弱时，两组依然都增产，甚至实验组的照明度减至 0.06 烛光时，其产量亦无明显下降；直至照明减至如月光一般、实在看不清时，产量才急剧降下来。

二、福利实验（1927 年 4 月—1929 年 6 月）

实验目的总的来说是查明福利待遇的变换与生产效率的关系。但经过两年多的实验发现，不管福利待遇如何改变（包括工资支付办法的改变、优惠措施的增减、休息时间的增减等），都不影响产量的持续上升，甚至工人自己对生产效率提高的原因也说不清楚。后经进一步的分析发现，导致生产效率上升主要有以下几个原因。

（1）参加实验的光荣感。实验开始时 6 名参加实验的女工曾被召进部长办公室谈话，她们认为这是莫大的荣誉。这说明被重视的自豪感对人的积极性有明显的促进作用。

（2）成员间良好的相互关系。

三、访谈实验

研究者在工厂中开始了访谈计划。此计划的最初想法是要工人就管理当局的规划和政策、工头的态度、工作条件等问题做出回答。工人想就工作提纲以外的事情进行交谈，工人认为重要的事情并不是公司或调查者认为意义重大的那些事。访谈者了解到这一点，及时把访谈计划改为事先不规定内容，每次访谈的平均时间从 30 分钟延长到 1～1.5 个小时，多听少说，详细记录工人的不满和意见。访谈计划持续了两年多，工人的产量大幅提高。

四、群体实验

梅奥等人在这个实验中是选择 14 名男工人在单独的房间里从事绕线、焊接和检验工作。对这个班组实行特殊的工人计件工资制度。实验者原来设想，实行这套奖励办法会使工人更加努力工作，以便得到更多的报酬。但观察的结果发现，产量只保持在中等水平上，每个工人的日产量平均都差不多。经过深入调查发现，这个班组为了维护他们群体的利益，自发地形成了一些规范。他们约定，谁也不能干得太多，突出自己；谁也不能干得太少，影响全组的产量，并且约法三章，不准向管理当局告密，如有人违反这些规定，轻则挖苦谩骂，重则拳打脚踢。梅奥由此提出“非正式群体”的概念，认为这种群体有自己的特殊的行为规范，对人的行为起着调节和控制作用。

五、态度实验

对两万多人次进行态度调查，规定实验者必须耐心倾听工人的意见、牢骚，并做详细记录，不做反驳和训斥，而且对工人的情况要深表同情。结果产量大幅度提高。因为谈话内容缓解了工人与管理者之间的矛盾冲突，形成了良好的人际关系。从而得出人际关系比人为的措施更能有力的结论。

梅奥等人就实验及访问交谈结果进行了总结，得出的主要结论是：人不是“经济人”，而是“社会人”，是处于一定社会关系中的成员；企业中存在非正式的组织；生产效率主要取决于工人的工作态度以及他和周围人的关系。在其基础上，梅奥分别于 1933 年和 1945 年出版了《工业文明的人类问题》和《工业文明的社会问题》两部名著，其观点主要包括以下四点。

1. 企业的职工是“社会人”

从亚当·斯密到科学管理学派都把人看作是仅仅为了追求经济利益而进行活动的“经济人”，或者是对于工作条件的变化能够做出直接反应的“机器的模型”。但是，霍桑实验表明，物质条件的改变，不是劳动生产率提高或降低的决定性原因，甚至计件制的刺激工资制对于产量的影响也不及生产集体所形成的一种自然力量大。因此，梅奥等人创立了“社会人”的假说，即认为人不是孤立存在的，而是属于某一工作集体并受这一集体影响的。他们不是单纯地追求金钱收入，还要追求人与人之间的友情、安全感、归属感等社会和心理的欲望的满足。梅奥等人曾经用这样一句话来描绘人：人是独特的社会动物，只有把自己完全投入到集体之中才能实现彻底的“自由”。

2. 满足工人的社会欲望

提高工人的士气是提高生产效率的关键。科学管理理论认为，生产效率与作业方法、工作条件之间存在着单纯的因果关系，只要正确地确定工作内容，采取恰当的刺激制度，改善工作条件，就可以提高生产效率。可是，霍桑实验表明，这两者之间并没有必然的直接的联系；生产效率的提高，关键在于工作态度的改变，即工作士气的提高。梅奥等人从人是社会人的观点出发，认为“士气”高低决定于安全感、归属感等社会、心理方面的欲望的满足程度。满足程度越高，“士气”就越高，生产效率也越高。“士气”又取决于家庭、社会生活的影响以及企业中人与人之间的关系。

3. 企业中实际存在着一种“非正式组织”

“人的组织”可分为“正式组织”和“非正式组织”两种。所谓“正式组织”，是指企业组织体系中的环节，是指为了实现企业总目标而承担着明确职能的机构。这种组织对于个人有强制性。这是古典组织论者所强调和研究的。人际关系理论认为：企业职工在共同工作、共同生产中必然产生相互之间的人群关系，产生共同的感情，自然形成一种行为准则或惯例，要求个人服从，这就构成了“非正式组织”。这种非正式组织对于工人的行为影响很大，是影响生产效率的重要因素。

正式组织与非正式组织在本质上是不同的。正式组织以效率和成本为主要标准，要求企业成员为了提高效率、降低成本而确保形式上的协作。非正式组织则以感情为主要标准，要求其成员遵守人际关系中形成的非正式的不成文的行为准则。

人际关系论者认为：非正式组织不仅存在于工人之中，而且存在于管理人员、技术人员之中，只不过效率与成本对于管理人员、技术人员比之对于工人更为重要，而感情一般来说，在工人中比在管理人员、技术人员中占有更为重要的地位。如果管理人员、技术人员仅仅依据效率与成本的要求来进行管理而忽略工人的感情，那么两者之间必将发生矛盾冲突，妨碍企业目标的实现。

4. 企业应采用新型的领导方法

新型的领导方法主要是要组织好集体工作，采取措施提高士气，促进协作，使企业的每个成员能与领导真诚持久地合作。例如，建立邀请职工参加企业各种决策的制度，借以改善人与人之间的关系，提高职工士气；实行上下意见交流，上级交代任务必须详加说明，并允许下级向上级提意见，尊重下级的意见和建议；建立面谈制度，给职工以表达感情、不满和争论的机会，以消除不良的人与人之间的关系；美化工作环境，建设宿舍等福利设施，组织娱乐、体育活动等。

霍桑实验对管理理论有相当大的贡献：它让工人了解自己不只是机械的延伸；它引发产业界与学术界进行了一系列的相关研究；它为管理学开了一扇通往社会科学领域的门；它同时也令研究者检讨实地调查（Field Research/Field Study）不能与标的物太接近，否则会影响实验的结果（称之为霍桑效应，Hawthorne Effect）。

二、行为科学理论

到了20世纪60年代，行为科学在吸收和借鉴相关学科成果的基础上形成了完善的学科体系，其发展达到了鼎盛时期。

这一时期的研究突出对人的行为研究。许多管理学家、社会学家和心理学家吸收了心理学、社会学、人类学等学科的科学知识，应用社会调查、观察测验、典型试验、案例研究等科学方法，从行为的特点、行为的环境、行为的过程、行为的原因等多种角度开展对人的行为研究，希望找出产生不同行为的影响因素，探讨如何控制人的行为以达到预定目标。由此形成了一系列的理论，使行为科学成为现代西方管理理论的一个重要流派。

（一）需求层次理论

行为科学认为人的各种行为都是由一定的动机引起的，而动机又产生于人们本身存在的各种需要。人们为了满足自己的需要，就要确定自己行为的目标。人都是为了达到一定的目标而行动的。这种从一定的需要出发，为达到某一目标而采取行动，进而实现需要的满足，而后又为满足新的需要产生新的行为的过程，是一个不断的激励过程。只有尚未得到满足的需要，才能对行为起激励作用。

尚未得到满足的需要是些什么内容呢？许多早期管理者强调，金钱是激励个人的主要手段，因为人们追求的就是合理的经济目标，但人们希望满足的不仅仅是经济需要。至于应该是些什么需要，需要之间的关系怎样，美国人亚伯拉罕·马斯洛（Abraham Maslow，1908—1970 年）提出了需求层次理论。

1. 马斯洛的需求层次理论的论点

马斯洛的需求层次理论有两个基本论点。一是人的需求取决于他已经得到了什么，尚缺少什么，只有尚未满足的需求能够影响行为。二是在特定的时刻，人的一切需求如果都未得到满足，那么满足最主要的需求就比满足其他需求更迫切。只有排在前面的那些需求得到了满足，才能产生更高一级的需求。而且只有当前面的需求得到充分的满足后，后面的需求才显出其激励作用。

2. 马斯洛的需求层次理论的内容

1943 年在《人类激励理论》论文中，马斯洛将人的需求分为五级，即生理需求、安全需求、社交需求、尊重需求、自我实现需求，如图 2-2 所示。

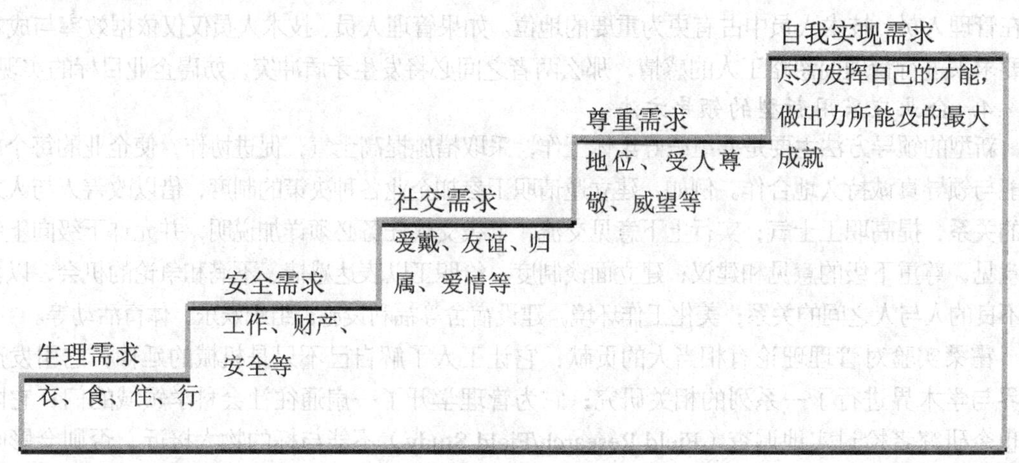

图 2-2 马斯洛的需求层次图

（1）生理需求：包括人体生理上的主要需要，即衣、食、住、行、医药等生存的基本条件。

（2）安全需求：包括工作、财产、安全等方面的需要。

（3）社交需求：包括友谊、爱情、归属感等各方面的需要。

（4）尊重需求：这类需要包括自尊和受别人尊敬。

（5）自我实现需求：这是最高一级的需要。马斯洛认为这种需要就是“人希望越变越完美的欲望。”

3. 马斯洛需求层次理论的价值

（1）马斯洛提出人的需求有一个从低级向高级发展的过程，这在某种程度上是符合人类需求发展的一般规律的。

（2）马斯洛的需求层次理论指出了人在每一个时期，都有一种需求占主导地位，而其他需求处于从属地位。这一点对于管理工作具有启发意义。

马斯洛的需求层次理论，虽然在发表后为不少人所接受，并在实际工作中得到了应用，但对它的层次排列是否符合客观实际还有许多争议，有人认为这一理论对人的动机没有完整的看法，没有提出激励的方法。它只说明了需求与激励之间的一般关系，没有考虑到不同的人对相同需求的反应方式往往是不相同的。此外，这一理论也没注意到工作和工作环境的关系。

（二）双因素理论

这也是一种激励模式理论，是由美国心理学家弗雷德里克·赫茨伯格（Frederick Herzberg，1923—2000 年）于 1959 年提出的。20 世纪 50 年代后期，赫茨伯格为了研究人的工作动机，对匹兹堡地区的 200 名工程师、会计师进行了深入的访问调查，提出了许多问题，如在什么情况下对工作特别满意，在什么情况下对工作特别厌恶，原因是什么等。调查结果发现，使他们感到满意的因素都是工作的性质和内容方面的，使他们感到不满意的因素都是工作环境或者工作关系方面的。赫茨伯格把前者称作激励因素，后者称作保健因素。

1. 双因素理论的内容

1959 年，赫茨伯格在广泛调查的基础上出版了《工作与激励》一书，正式提出了激励的双因素理论。

（1）保健因素。这类因素对职工行为的影响类似卫生保健对人们身体的影响。当卫生保健工作达到一定的水平时，可以预防疾病，但不能治病。同理，当保健因素低于一定水平时，会引起职工的不满；当这类因素得到改善时，职工的不满就会消除。但是，保健因素对职工起不到激励的积极作用。保健因素可以归纳为 10 项，即企业的政策与行政管理、监督、与上级的关系、与同事的关系、与下级的关系、工资、工作安全、个人生活、工作条件、地位。

（2）激励因素。这类因素具备时，可以起到明显的激励作用；当这类因素不具备时，也不会造成职工的极大不满。这类因素归纳起来有 6 种，即工作上的成就感、受到重视、提升、工作本身的性质、个人发展的可能性、责任。

分析一下上述两类因素可以看到，激励因素是以工作为中心的，即以对工作本身是否满意，工作中个人是否有成就，是否得到重用和提升为中心的；而保健因素则与工作的外部环境有关，属于保证工作完成的基本条件。研究中还发现，当职工受到很大激励时，他对外部环境的不利能产生很大的耐性；反之，就不可能有这种耐性。

2. 双因素理论的价值

（1）赫茨伯格的双因素理论与马斯洛的需求层次理论有很大的相似性。马斯洛的高层需求即赫茨伯格的主要激励因素，而为了维持生活所必须满足的低层需求则相当于保健因素。可以说，赫茨伯格对需求层次理论做了补充。

（2）双因素理论划分了激励因素和保健因素的界限，分析出各种激励因素主要来自工作本身，这就为激励工作指出了方向。促使企业管理人员注意工作内容方面因素的重要性，特别是它们同工作丰富化和工作满足的关系，因此是有积极意义的。赫茨伯格告诉我们，满足各种需要所引起的激励深度和效果是不一样的。物质需求的满足是必要的，没有它会导致不满，但是即使获得满足，它的作用往往是很有限的、不能持久的。要调动人的积极性，不仅要注意物质利益、工作条件等外部因素，更重要的是要注意工作的安排，量才录用，各得其所；注意对人进行精神鼓励，给予表扬和认可；注意给人以成长、发展、晋升的机会。随着温饱问题的解决，这种内在激励的重要性越来越明显。

（三）X、Y 理论

在行为科学理论中，还有研究者对人们的工作原动力展开了研究。

1. X 理论和 Y 理论

X、Y 理论实质上是 X、Y 假设，是由美国麻省理工学院教授道格拉斯·麦格雷戈（Douglas M·McGregor，1906—1964 年）于 1957 年在他所著的《企业的人性面》一书中首次提出来的，故后人称他为“X、Y 理论管理大师”。

麦格雷戈的 X 理论主要有以下观点。

人的本性是坏的，一般人都有好逸恶劳、尽可能逃避工作的特性；由于人有厌恶工作的特性，因此对大多数人来说，仅用奖赏的办法不足以战胜其厌恶工作的倾向，必须进行强制、监督、指挥并惩罚威胁，才能使他们付出足够的努力去完成给定的工作目标；一般人都胸无大志，通常满足于平平稳稳地完成工作，而不喜欢具有“压迫感”的创造性的困难工作。

与 X 理论相反的是 Y 理论。麦格雷戈认为，Y 理论是较为传统的 X 理论的合理替换物。Y 理论的主要观点是：人并不是懒惰，他们对工作的喜欢和憎恶决定于这工作对他是一种满足还是一种惩罚；在正常情况下人愿意承担责任；人们都热衷于发挥自己的才能和创造性。

对比 X 理论及 Y 理论可以发现，它们的差别在于对工人的需要看法不同，因此采用的管理方法也不相同。按 X 理论来看待工人的需要，进行管理就要采取严格的控制、强制方式；如果按 Y 理论看待工人的需要，管理者就要创造一个能多方面满足工人需要的环境，使人们的智慧、能力得以充分发挥，以更好地实现组织和个人的目标。

2. 超 Y 理论

在麦格雷戈提出 X 理论和 Y 理论之后，美国的乔伊·洛尔施（Joy Lorsch）和约翰·莫尔斯（John Morse）对此进行了试验。他们选了两个工厂和两个研究所作为试验对象，其中一个工厂和一个研究所按照 X 理论实施严密的组织和督促管理；另一个工厂和另一个研究所则按照 Y 理论实施松弛的组织和参与管理，并以诱导和鼓励为主，如表 2-2 所示。

表 2-2　X 理论、Y 理论的实验结果

管理思想	试验对象性质	
	任务易测定的工厂	任务不易测定的研究所
X 理论	效率高（亚克龙工厂）	效率低（卡美研究所）
Y 理论	效率低（哈特福工厂）	效率高（史托克顿研究所）

从表 2-2 中可以看出，采用 X 理论的单位和 Y 理论的单位都有效率高和效率低的。可见 Y 理论不一定都比 X 理论好。那么，对于不同的情况到底应选用哪种理论呢？洛尔施等人认为，管理方式要由工作性质、成员素质等来决定，并据此提出了超 Y 理论。

超 Y 理论的主要观点是，不同的人对管理方式的要求不同。有人希望有正规化的组织与规章条例来要求自己的工作，而不愿参与问题的决策去承担责任，这种人欢迎以 X 理论指导管理工作。有的人却需要更多的自治责任和发挥个人创造性的机会，这种人则欢迎以 Y 理论指导管理工作。此外，工作的性质、员工的素质也影响到管理理论的选择。不同的情况应采取不同的管理方式。

（四）Z 理论

美国加州大学管理学院日裔美籍教授威廉·大内（William Ouchi）在研究分析了日本的企业管理经验之后，提出了他所设想的 Z 理论。1981 年，他出版了《Z 理论——美国企业界怎样迎接日本的挑战》一书。Z 理论认为企业管理当局与职工的利益是一致的，两者的积极

性可融为一体。

按照Z理论，管理的主要内容如下。

（1）企业对职工的雇佣应是长期的而不是短期的。企业在经济恐慌及经营不佳的状况下，一般也不采取解雇职工的办法，而是动员大家“节衣缩食”共渡难关。这样，就可使职工感到职业有保障而积极地关心企业的利益和前途。

（2）上下结合制定决策，鼓励职工参与企业的管理工作。从调查研究、反映情况，到参与企业重大问题的决策，都启发、支持职工进行参与。

（3）实行个人负责制。要求基层管理人员不机械地执行上级命令，而要敏感地体会上级命令的实质，创造性地去执行。强调中层管理人员对各方面的建议要进行协调统一，统一的过程就是反复协商的过程。这样做虽然费些时间，但便于贯彻执行。

（4）上下级之间关系要融洽。企业管理当局要处处显示对职工的全面关心，使职工心情舒畅、愉快。

（5）对职工要进行知识全面的培训，使职工有多方面工作的经验。如果要提拔一位计划科长担任经营副经理，就要使他在具有担任财务科长、生产科长的能力之后，再选拔到经营副经理的位置上。

（6）相对缓慢的评价与稳步提拔。强调对职工进行长期而全面的考察，不以“一时一事”为根据对职工表现下结论。

（7）控制机制要较为含蓄而不正规，但检测手段要正规。

（五）行为管理理论的特点

行为管理理论重点是运用心理学知识研究管理实践中人的问题，其特点在于改变了人们对管理的思考方法，它把人看作是宝贵的资源，强调从人的作用、需求、动机、相互关系、社会环境等方面研究其对管理活动及其结果的影响，研究如何处理好人与人之间的关系、做好人的工作、协调人的目标、激励人的主动性和积极性，以提高工作效率。但是，由于个人行为的复杂性，使得对行为进行准确的分析和预测非常困难，因此行为管理思想要在实践中得到广泛的应用，尚有待于理论的进一步完善与发展。[②]

第四节　现代管理理论

第二次世界大战以后，管理理论得到了飞速的发展与繁荣，美国的哈罗德·孔茨教授最早提出了管理丛林的概念，并分别于1961年和1980年发表了两篇颇有价值的学术论文《管理理论的丛林》和《再论管理理论的丛林》，把各种管理理论和学说归纳为10余个学派，分别为管理科学学派、管理过程学派、经验学派、社会系统学派、决策理论学派、系统管理学派、经理角色学派、权变理论学派、企业文化学派、企业战略管理学派等。

一、现代管理理论的丛林

（一）管理科学学派

管理科学学派的代表人物和著作有：美国莫尔斯和金博尔合写的《运筹学方法》，拉塞尔·阿

② 邢以群. 管理学. 浙江大学出版社，1997年3月第一版，第42页。

考夫（Russell L. Ackoff）和莫·里斯·萨西尼（Maurice W. Sasieni）合著的《运筹学入门》，乔治·丹齐茨（George B. Dantzig）的《线性规划及扩展》，萨缪尔·里奇蒙（Samuel B. Richmond）的《用于管理决策的运筹学》，埃尔伍德·伯法（Elwood S. Buffa）的《生产管理基础》《生产管理基础》《现代生产管理》及《管理学与运筹学》（与旨姆斯·戴尔合著）等。

管理科学学派的科学管理方法最初应用于军事领域。第二次世界大战结束后，由于战后恢复和经济建设的需要，英、美对管理科学（运筹学）的研究逐步由军事扩展到了民用企业的应用。特别是电子计算机技术的飞速发展使“管理科学”在管理工作中得到了更加广泛而深入的运用。目前，管理科学不仅运用于工商企业中，还应用于研究城市交通管理、能源的合理分配和利用，国民经济计划的编制等。

（二）管理过程学派

管理过程学派又叫管理职能学派或经营管理学派。这一学派是继古典管理理论学派和行为科学学派之后影响最大、历史最久的一个学派。这一学派的特点是把管理学说与管理人员的职能，也就是与管理人员从事管理工作的过程联系起来。这一学派的代表人物有法约尔、哈罗德·孔茨、奥唐奈等人。

管理过程学派是以管理的职能及其发挥作用的过程为研究对象，认为管理就是通过别人或同别人一起完成工作的过程。管理过程与管理职能是分不开的，管理的过程也就是管理的诸职能发挥作用的过程。以这一认识为出发点，管理过程学派试图通过对管理过程或管理职能的研究，把管理的概念、原则、理论和方法加以理性概括，从而形成一种“一般性”的管理理论。在研究方法上，这一学派一般是首先把管理人员的工作划分为各种职能，然后对这些职能进行分析研究，并结合管理实践探索管理的基本规律和原则。

（三）经验学派

经验学派，又称案例学派。这一学派的代表人物主要有彼得·德鲁克（Peter F. Drucker），大企业的顾问，大学教授，著有《管理实践》《管理：任务、责任与实践》《有效的管理者》等；欧内斯特·戴尔（E. Dale），大公司的董事、大企业的顾问，著有《企业管理的理论与实践》等书；威廉·纽曼（W. Newman），大学教授，著有《经济管理活动·组织和管理的技术》等书；艾尔弗雷德·斯隆（A. P Sloan），曾长期担任美国通用汽车公司的董事长。

经验学派认为，管理应侧重于实际应用，而不是纯粹的理论研究。管理学如同医学、法律、工程学一样，是一种应用学科，而不是纯知识的学科。但管理又不是单纯的常识、领导能力或财务技巧的应用，管理的实际应用是以知识和责任为依据的。

（四）社会系统学派

社会系统学派是从社会学和系统论的观点来研究管理问题，并以组织理论为研究重点，认为社会的各级组织都是一个协作系统。社会系统学派的创始人是美国的管理学家彻斯特·巴纳德（C. I. Barnard，1886—1961 年）。社会系统学派的主要内容可以归纳为以下几个方面。

（1）组织是一个是由个人组成的协作系统，个人只有在一定的相互作用的社会关系下，同他人协作才能发挥作用。

（2）巴纳德认为组织作为一个协作系统包含三个基本要素：能够互相进行信息交流的人们；这些人们愿意做出贡献；实现一个共同目的。因此，一个组织的要素为信息交流、做贡献的意愿和共同的目的。

（3）组织是两个或两个以上的人所组成的协作系统，管理者应在这个系统中处于相互联系的中心，并致力于获得有效协作所必需的协调。

（4）经理人员的作用就是在一个正式组织中充当系统运转的中心，并对组织成员的活动进行协调，指导组织的运转，实现组织的目标。

（五）决策理论学派

决策理论学派是管理学科的一个重要学派。其主要代表人物是曾获 1978 年度诺贝尔经济学奖的美国著名经济学家、管理学家赫伯特·A·西蒙（H. A. Simon，1916—2001 年）。西蒙在经济学、管理学、心理学、计算机科学等方面都有所造诣，一生著述颇多，主要著作有《管理行为》（1976 年第三版副标题《管理性组织决策过程研究》）、《管理决策的新科学》《经济学和行为科学中的决策理论》等。

西蒙对决策的作用、过程、类型、标准等都做了深入的研究。西蒙根据一个组织的决策活动是否反复出现，将决策分为程序化决策和非程序化决策。经常性的活动的决策应程序化以降低决策过程的成本，只有非经常性的活动，才需要进行非程序化的决策。西蒙对非程序性决策的方法进行了细致的研究，用心理学的观点和运筹学的手段，提出了一系列指导企业管理人员处理非程序化决策的技术，从而在西方企业界产生了重要影响。

（六）系统管理学派

系统管理学派产生于 20 世纪 60 年代初，它是在一般系统理论的基础上发展起来的。该学派侧重以系统观点考察组织结构及管理基本职能，代表人物是美国的弗理蒙特·卡斯特（F. E. Kast）、罗森茨威克（J. E. Rosenzweig）。两人的代表作是合著的《组织与管理：系统与权变的方法》（1973 年出版）。

系统管理理论是用系统理论的范畴、原理，全面分析和研究企业和其他组织的管理活动和管理过程，重视对组织结构和模式的分析，并建立起系统模型以便于分析，其理论要点如下。

（1）组织是由许多子系统组成的，组织作为一个开放的社会技术系统，是由五个不同的分系统构成的整体。这五个分系统分别为目标与价值分系统、技术分系统、社会心理分系统、组织结构分系统、管理分系统。五个分系统之间既相互独立，又相互作用，不可分割，从而构成一个整体。

（2）企业是由人、物资、机器和其他资源在一定的目标下组成的一体化系统，它的成长和发展同时受到这些组成要素的影响，在这些要素的相互关系中，人是主体，其他要素则是被动的。管理人员应力求保持各部分之间的动态平衡、相对稳定、一定的连续性，以便适应情况的变化，达到预期目标。

（3）如果运用系统观点来考察管理的基本职能，可以把企业看成是一个投入—产出系统，投入的是物资、劳动力和各种信息，产出的是各种产品（或服务）。运用系统观点使管理人员不至于只重视某些与自己有关的特殊职能而忽视了大目标，也不至于忽视自己在组织中的地位与作用，可以提高组织的整体效率。

（七）经理角色学派

经理角色学派是 20 世纪 70 年代才出现的一个管理学派，代表人物是加拿大管理学家亨利·明茨伯格（Henry Mintzbery）。这一学派著有《经理工作的性质》一书。这一学派之所以被人们叫作经理角色学派，是由于该学派以对经理所担任角色的分析为中心来考虑经理的职务和工作，以求提高管理效率。

明茨伯格将经理所担任的角色分为互相联系、不可分割的三类，共十种。

（1）人际关系方面，有挂名首脑、领导者、联络者三种。

（2）信息方面，有监督者、传播者、发言人三种。

（3）决策方面，有企业家、故障排除者、资源分配者、谈判者四种。

（八）权变理论学派

权变理论是继系统理论之后，于 20 世纪 70 年代在西方出现的另一个试图综合各个管理学派的理论。代表人物有劳伦斯（P. R. Lawrence）和洛希（Jay W. Lorsch），他们被称为权变理论的创始人。1967 年，他们合写了《组织和环境》一书，深入研究了组织与环境的问题，为权变理论的建立提供了依据和指导。其后，弗雷德・卢桑斯（Fred Luthans）于 1973 年发表了《权变管理理论：走出丛林的道路》等，这标志着权变理论学派正式产生。权变学派的代表人物还有英国女管理学家伍德沃德、莫尔斯、费德勒、卡斯特、罗森茨韦克等。

权变理论的核心是在变化的环境中灵活运用管理的理论和方法，强调管理的适应性和灵活性。权变理论认为，在企业管理中要根据企业所处的内外条件随机应变，没有什么一成不变、普遍适用的“最好的”管理理论和方法，“权变”的意思就是权宜应变。它强调在管理中要根据组织所处的内外部条件随机应变，针对不同的具体条件寻求不同的最合适的管理模式、方案或方法。

（九）企业文化学派

企业文化学派又称公司文化学派、管理文化学派。企业文化理论是 20 世纪 70 年代以来管理理论丛林中分化出来的一个新理论。企业文化学派的主要观点如下。

（1）企业文化的差异导致了经济效益的差异。日本企业文化比美国企业文化更能激励企业的活力和竞争力。企业文化学派经过比较研究认为美国公司，强调个人主义、进度、数字、利润，显得急功近利而缺乏远见；而日本公司却有团队意识。威廉•大内在《Z 理论》一书中对“A 型”的美国式管理和“J 型”的日本式管理进行了多视角、多方面比较，如表 2-3 所示。

表 2-3 大内观察到美日企业的不同特点

日本企业	美国企业
终身雇佣	短期雇佣
缓慢评价和提升	迅速评价和提升
非专门化的职业发展方向	专门化的职业发展
含蓄的控制机制	明确的控制机制
集体决策	个人决策
集体责任	个人责任
整体的关注	部分的关注

（2）没有强大的企业文化，即价值观、信仰等，再高明的经营战略，也无法获得成功。企业文化不仅对企业员工的思想和行为具有强大的导向功能、约束功能、激励功能、凝聚功能等，而且企业文化对企业所在社区、企业产品所覆盖的地区具有辐射功能。

尽管各国所处的环境和发展历史不同，使企业文化表现出很大差异性。但是，企业文化作为凝聚职工、协调关系、激励职工士气的现代管理理论，正在发挥着巨大作用。这表明现代企业管理已进入“情感经济”和“软性管理”的时代。

（十）企业战略管理学派

企业战略管理作为一个学派诞生于 20 世纪 60 年代。60 年代企业战略管理研究的主要代表人物及观点有两个：一是钱德勒的“结构跟随战略”（Chanler's Structure Follows Strategy）命题（Chandler，1962）；二是安东尼—安索夫—安德鲁斯范式（Anthony-Ansoff-Andrews

Paradigm)。钱德勒从案例研究入手，给出了企业战略的定义，分析了企业成长方式与结构变革的关系，得出了“结构跟随战略”假说，为以后的研究奠定了基础。

综上所述，战略管理思想的演变始终是与市场竞争紧密相连的。不同的战略管理思想都是围绕着如何制定和实施竞争战略，获得竞争优势这一核心问题而展开的；战略管理的研究呈现出强调理论的动态化、强调从实践中学习、各学派进一步整合等特点。

二、现代管理理论的特点

现代管理理论是近代所有管理理论的综合，是一个知识体系，是一个学科群。它的基本目标就是要在不断急剧变化的现代社会面前，建立起一个充满创造活力的自适应系统。要使这一系统能够持续高效率、低消耗地输出高功能，不仅要有现代化的管理思想和管理组织，还要有现代化的管理方法和手段来构成现代管理科学。

纵观管理学各学派虽各有所长，各有不同，但不难寻求其共性。管理学的共性实质也就是现代管理学的特点可概括为以下几点。

（一）强调系统化

系统化即运用系统思想和系统分析来指导管理的实践活动，解决和处理管理的实际问题。系统化，就是要求人们要认识到一个组织就是一个系统，同时也是另一个更大系统中的子系统。所以，应用系统分析的方法，就是从整体角度来认识问题，以防止片面性和受局部的影响。

（二）重视人的因素

霍桑实验对古典管理理论进行了大胆的突破，第一次把管理研究的重点从工作上和从物的因素上转到人的因素上来，不仅在理论上对古典管理理论做了修正和补充，开辟了管理研究的新理论，还为现代行为科学发展奠定了基础，而且对管理实践产生了深远的影响。管理实践日益表明，人是最主要的管理对象和最重要的资源，一切管理活动要以人为核心。把员工作为企业最重要的资源，以员工的能力、特长、兴趣、心理状况等综合性情况来科学地安排最合适的工作，并在工作中充分地考虑到员工的成长和价值，使用科学的管理方法，通过全面的人力资源开发计划和企业文化建设，使员工能够在工作中充分地调动和发挥工作积极性、主动性和创造性，从而提高工作效率、增加工作业绩，为达成企业发展目标做出最大的贡献。

（三）重视非正式组织的作用

非正式组织是人们以感情为基础而结成的群体，这个群体有约定俗成的信念，人们彼此感情融洽。利用非正式组织，就是在不违背组织原则的前提下，发挥非正式群体在组织中的积极作用，有助于组织目标的实现。

（四）加强信息工作

信息是智慧的源泉，是管理的灵魂。信息是一种重要的资源，信息与物质和能源一起被看作是社会发展的三大支柱。随着计算机科学和网络技术的发展，管理跃上了一个新的发展平台，企业的各项管理都将向信息化方向扩展。所以，对信息的采集、分析、反馈等的要求越来越高。主管人员越来越强调利用现代技术，建立信息系统，有效、及时、准确地传递信息和使用信息，促进管理的现代化。

（五）把效率和效果结合起来

效率、效果问题一直是管理理论和管理实践追求的目标。不管怎样的管理理论，它的终极目标就是如何提高管理效率与效果。

以泰勒为代表的管理者们，把做事的过程分解，使用大规模流水线，把工作分解成片段，再通过动作研究，让操作者把这些动作熟练掌握，进而完成结果，产生绩效。作为一个组织，管理工作不仅要追求效率，更重要的是要从整个组织的角度来考虑组织的整体效果以及对社会的贡献。因此，要把效率和效果有机地结合起来，从而使管理的目的体现在效率和效果之中，也即通常所说的绩效。

（六）重视理论联系实际

研究和发展管理学理论，进行管理实践，对实践归纳总结，找出规律性的东西，是每个管理者应尽的责任。现代管理理论来自于实践，并将不断发展，管理者日益乐于接受新思想新技术，并运用于自己的管理实践，把诸如质量管理、目标管理、价值分析、项目管理等新的成果运用于实践，并在实践中创造出新的方法，形成新的理论，促进管理学的发展。

（七）强调预见能力

预见能力就是指当事人根据事物的发展特点、方向、趋势进行预测、推理的一种思维能力。强调要有很强的预见能力来进行管理活动。社会是迅速发展的，客观环境在不断变化，这就要求人们用科学的方法进行预测，以"一开始就不出差错"为基点，进行前馈控制，从而保证管理活动的顺利进行。

（八）强调不断创新

创新对于组织来说是至关重要的，因为创新是组织发展的基础，是组织获取经济增长的源泉。在过去的一个世纪中，人类的经济总量获得了迅猛地增长，20 世纪大部分时期的增长率超过了第一次工业革命时期。这种发展和增长的根源就是熊彼特所说的创新。创新是经济发展的核心，创新使得物质繁荣增长更加便利。管理就意味着要创新，就是在保证"惯性运行"的状态下，不满足于现状，利用一切可能的机会进行变革，使组织更加适应社会环境的变化。

重要概念

管理思想　科学管理理论　行为科学　管理科学　决策科学　泰勒制　人际关系运动
管理理论丛林　第五项修炼　虚拟企业　企业再造

本章小结

1. 管理思想就是人们在社会实践中对管理活动的思考所形成的观点、想法和见解的总称。它是人们对管理实践中种种社会关系及其矛盾活动自觉的和系统的反映。在人类历史上，自从有了有组织的活动，就有了管理活动。

2. "科学管理"理论的创始人是美国的弗雷德里克·泰勒。他认为单凭经验进行管理的方法是不科学的，从而开始了管理方面的革新活动。泰勒所创立的管理理论有五个方面的内容。

3. 霍桑实验表明：职工是社会人；企业中存在着"非正式组织"；企业应采用新型的领导方法。

4. 行为科学理论主要包括需求层次理论、双因素理论和 X、Y 理论等。

5. 现代化管理理论的另一重要学派是"管理科学"学派。这一学派的理论与泰勒的科学管理理论实际上属于同一思想体系，但它又不是泰勒理论的简单延续，而是在它的基础上有新的发展。

综合练习

一、填空题

1. ________被称为“科学管理之父”。
2. 英国古典经济学家亚当·斯密以手工制造业为例说明了________的好处。
3. 在德国韦伯创建了________理论。
4. 泰勒是________理论的主要倡导者。
5. 管理过程学派的创始人是________。
6. 被称为“组织管理之父”的管理学家是________。
7. 人际关系学说的创始人是________。
8. 人际关系学说把人视为________。
9. 迈克尔·哈默和詹姆士·钱皮的代表作是________。
10. 彼得·圣吉的代表著作是________。

二、简答题

1. 泰勒所提出的科学管理理论有哪些主要内容？
2. 如何客观评价泰勒制？
3. 简述法约尔所提出的管理原则，并谈谈这些原则对现代管理的启示。
4. 简述马斯洛的需求层次理论的主要论点。
5. 简述Z理论的主要内容。
6. 试比较麦格雷戈的X理论和Y理论。

三、案例分析

联合邮包服务公司的科学管理

联合邮包服务公司（UPS）雇佣了15万名员工，平均每天将900万包裹发送到美国各地和180个国家。为了实现他们的宗旨“在邮运业中办理最快捷的运送”，UPS的管理当局系统地培训他们的员工，使他们以尽可能高的效率从事工作。UPS的工业工程师们对每一位司机的行驶路线都进行了时间研究，并对每种运货、暂停和取货活动都设立了标准。这些工程师记录了红灯、通行、按门铃、穿过院子、上楼梯、中间休息喝咖啡的时间，甚至上厕所的时间，将这些数据输入计算机，从而给出每一位司机每天中工作的详细时间标准。

为了完成每天取送130件包裹的目标，司机们必须严格遵循工程师设计的程序。当他们接近发送站时，他们松开安全带，按喇叭、关发动机、拉起紧急制动、把变速器推到1挡上，为送货完毕的启动离开做好准备，这一系列动作严丝合缝。然后，司机从驾驶室出溜到地面上，右臂夹着文件夹，左手拿着包裹，右手拿着车钥匙。他们看一眼包裹上的地址把它记在脑子里，然后以每秒3英尺的速度快步走到顾客门前，先敲一下门以免浪费时间找门铃。送货完毕后，他们在回到卡车的路途中完成登录工作。

这种刻板的时间表是不是看起来有点烦琐？也许是，它真能带来高效率吗？毫无疑问！生产率专家公认，UPS是世界上效率最高的公司之一。举例来说，联邦捷运公司平均每人每天不过取送80件包裹，而UPS却是130件。在提高效率方面的不懈努力，看来对UPS的净利润产生积极的影响。UPS为获得最佳效率所采用的程序并不是UPS创造的，它实际上是科学管理上市公司的成果。

请根据上述案例分析：

1. 科学管理理论为什么能够成为管理学产生的标志？
2. 科学管理理论在现代管理实践中的应用价值如何？

四、实践训练

应用马斯洛需求层次理论

实训目的

1. 熟练掌握马斯洛需求层次理论的主要内容。
2. 能够将需求层次理论运用于现代企业管理中。

实训内容与要求

1. 以小组为单位，每组6～10人，讨论马斯洛的5层需求层次理论。
2. 每小组运用头脑风暴法，快速总结出需求理论在现代企业中运用的要点。
3. 可在班级组织交流。
4. 每小组要深入掌握需求层次理论的主要内容。
5. 应充分查阅资料，找出需求层次理论在企业实际运用的案例。
6. 教师记录并总结。

实训考核

1. 每小组在课后写出书面总结报告。
2. 所列举的运用案例应在企业中有实际的应用。
3. 教师根据每组的课堂表现及报告的优劣进行评分。

第三章 计划管理

知识目标

- 理解计划的概念、特点、种类及作用；
- 了解计划编制的程序和方法；
- 了解计划书内容的基本构成和写法。

能力目标

- 培养学生的计划性、目标性和编制计划书的能力；
- 掌握计划编制的程序及计划书的运用；
- 培养学生站在管理者的角度，用决策方法初步分析和解决企业经营管理过程中遇到的预测和决策问题。

联想集团的世界500强之路

1984年11月1日，一个仅靠20万元开办费起家的自负盈亏的计算机公司成立了，它就是闻名全国的联想集团。1988年4月，联想集团宣布开始向海外进军，首先准备在中国香港设立一个贸易公司，目的在于为创办产业积累资金；第二步决定于1995年以前，建立科、工、贸一体化的跨国集团；第三步在20世纪末形成经济规模，使联想股票在海外上市，公司的营业额达到10亿美元。2004年12月8日，联想演绎了一出新的IT版的蛇吞象的惊人故事，联想以12.5亿美元的价格兼并了IBM公司的全球PC及笔记本业务，只不过这次吞下的只是大象的一条腿。

由于联想集团从成立至今，每一步都有清晰地发展计划，所以它已发展成为我国IT产业的领头羊。目前该集团正向世界500强企业迈进！

思考：

1. 在经营自己的模拟公司中，计划对公司的发展起着什么作用？
2. 制定公司的发展计划时应遵循哪些的计划工作程序？

第一节 计划概述

一、计划的概念

（一）计划的含义

计划（Planning）是管理的首要职能。经济社会的发展是有序的，经济发展的资源相对稀缺，这种有序性和稀缺性决定了经济工作的计划性。经济活动的效益取决于管理水平，管理水平越高，经济活动的效益越大。而计划工作是一切管理活动的开始，并贯穿于整个管理活动过程。

管理学家罗宾斯认为，计划是一个确定目标和评估实现目标最佳方式的过程。计划的含义有狭义和广义之分。广义的计划指制订计划、执行计划和检查计划执行情况的工作过程。狭义的计划是指制订计划，即提出在未来一定时期内要达到的目标及实现目标的途径。

人们对计划的认识经历了两个阶段。

最初，计划是由一般管理理论的创始人法约尔提出的，他认为计划“是所有管理职能中最基本的职能”，“是管理的基础”。美国管理学家孔茨的解释是“计划工作就是预先决定做什么，如何做和谁去做。计划工作就是在我们所处的地方和要去的地方之间铺路搭桥。”孔茨将组织的宗旨、方针政策、目标、程序、规章、预算等的制定和实施都纳入计划工作，使计划的含义广泛而丰富。为了未来的目的而把组织的各种活动统一起来，为了相互调节而具体地规定经营目的、制定政策、决定经营计划、选择准则程序等活动都属于计划工作。

当今，研究管理职能的学者一致将计划列入管理的职能，并把计划看作主要管理职能。计划是根据组织内、外部的实际情况，权衡客观的需要和主观的可能，通过科学的预测，提出在未来一定时期内组织所需达到的具体目标以及实现目标的途径。它是使组织中各种活动有条不紊进行的保证。计划工作还是一种需要运用智力和发挥创造力的过程，它要求高瞻远瞩地制定目标和战略，严密地规划和部署，把决策建立在反复权衡的基础之上。

总之，计划是组织未来的蓝图，是对组织在未来一段时间内的目标、达标途径和达标策略的筹划和安排。

（二）计划的特点

（1）目的性。各种计划及其所有的派生计划，都应该有助于实现企业的目的和目标。计划工作是最明白地显示出管理的基本特征的主要职能活动。

（2）首位性。计划工作相对于其他管理职能是处于首位的。把计划工作摆在首位的原因，不仅是因为从管理过程的角度来看计划工作先于其他管理职能，而且因为在某些场合，计划工作是付诸实施的唯一管理职能。计划工作的结果可能得出一个决策，即无须进行随后的组织工作、领导工作、控制工作等。

（3）普遍性。计划工作是所有管理者无法回避的职能工作。高层管理者不可能也没必要对自己组织内的一切活动做出确切的说明，他的任务应该是负责制订战略性计划，而那些具体的计划由下级完成。

（4）效率性。计划的目的就是促使组织的活动获得良好的经济效益与社会效益。计划工作的任务不仅是为了确保组织目标的实现，而且要在实现目标的若干方案中进行选优，以减少组织活动的无序和浪费，提高组织的工作绩效。正如通常说的“既要做正确的事又要正确地做事”。

（5）持续性。计划应当是承前启后地将组织的宗旨和目标贯穿其中，从时间的推移中持续地体现出来，过去的计划可以作为现在计划的参考，现在的计划也必须与以后的计划相衔接，这样才不至于前后冲突，难以推行。

（6）创新性。计划是关于组织未来的蓝图，未来往往充满着各种不确定的因素，计划总是针对需要解决的新问题和可能发生的新变化、新机会而做出的决定，因而计划是一个创新性的管理过程。

“我们争取在 2014 年前达到较高的市场占有率。”

“我们争取把损失减少到最低程度。”

思考：请你分析这两句话中存在的问题。

（三）计划的种类

根据计划的不同特征，计划可分为不同类型。

1. 按计划的时间分类

按计划所涉及的时间不同，可将计划分为长期计划、中期计划、短期计划。

① 长期计划是确定组织今后发展的方向，一般计划期为 5 年（含）以上。

② 中期计划主要是确定组织具体的目标和战略，一般计划期是 1～5 年。

③ 短期计划主要是确定组织在短期内要完成的目标和任务，具有比较具体的方法和程序，一般是指一年（含）以下的计划，如年度的财务预算就是一种典型的短期计划。

2. 按计划的广度分类

按计划的广度，可将计划分为战略计划、战术计划和作业计划。

① 战略计划是由高层管理者制定的，它涉及组织的宗旨、目标以及资源在各部门如何合理配置等重大问题。它具有长期性、普遍性和权威性三个显著特点。一旦战略计划失误，组织的生存与发展必将受到严重的影响。

② 战术计划是指将战略计划转化为有确定时间期限的目标和措施的计划，通常也称业务计划，以年度计划为主。战术计划是由中层管理者编制的。

③ 作业计划是通过生产进度、产量、销售量、利润、预算等生产运作及财务管理的具体指标，来保证管理计划中所规定目标的实现。它是管理计划如何实施的细节计划，计划期限较短。作业计划一般由基层管理者制定，计划中指标具体，任务明确。

3. 按部门职能分类

按部门职能不同，可将计划分为生产计划、营销计划、财务计划、新产品开发计划、人事计划、后勤保障计划等。这些计划通常是由各职能部门编制和执行的计划，因此，按职能分类的计划体系一般是与组织中按职能划分的管理部门的组织体系并行的。

4. 按计划的内容分类

按计划的内容情况，可将计划分为专项计划与综合计划。

① 专项计划又称专题计划，是指为完成某一特定任务而拟定的计划，如人才培养计划、基本建设计划等。

② 综合计划是指对组织活动所做出的整体安排。综合计划与专项计划之间的关系是整体与局部的关系。

5. 按组织层次分类

按组织层次划分，可将计划分为高层管理计划、中层管理计划与基层管理计划。

① 高层管理计划一般属于战略计划，着眼于组织的长远安排，注重组织在环境中的定位。

② 中层管理计划是战术计划，用于协调组织内部各部门之间的关系及各部门的分目标。

③ 基层管理计划着眼于每个岗位、每个员工、每个工作时间的工作安排和协调，基本是作业性内容。

6. 按组织活动分类

按组织活动分类，可将计划分为程序性计划与非程序性计划。西蒙把组织活动分为两类。一类是例行活动，指一些重复出现的工作。有关这类活动的决策是经常重复的，而且具有一定的结构，因此可以建立一定的决策程序。每当出现这类工作或问题时，就利用既定的程序来解决，而不需要重新研究，这类决策叫作程序化决策，与此对应的计划是程序性计划。另一类活动是非例行活动，不重复出现。处理这类问题没有一成不变的方法和程序，因为这类问题在过去尚未发生过，或因为其确切的性质和结构捉摸不定或极为复杂，再或因为这类问题十分重要而需用个别方法加以处理。解决这类问题的决策叫作非程序化决策，与此对应的计划是非程序性计划。

7. 按计划的明确程度分类

按计划的明确程度，可将计划分为指导性计划与具体性计划。

① 指导性计划只规定一般主要方针或指出重点，不把管理者限定在具体目标或特定方案中，只为组织指明议程、统一方向，并不提供实际操作指南，给予行动者较大自由处置权。

② 具体计划必须具有明确的可衡量的目标以及一套可操作的行动方案。

8. 按计划的层次分类

美国当代最著名的管理学家哈罗德·孔茨和美国旧金山大学国际管理和行为科学教授海因茨·韦里克从抽象到具体把计划分为一种层次体系：目的或使命、目标、战略、政策、程序、规划、方案和预算。

二、计划的原理

计划工作的主要原理有限定因素原理、许诺原理、灵活性原理和改变航道原理。

（一）限定因素原理

所谓限定因素，是指妨碍组织目标实现的因素，也就是说，在其他因素不变的情况下，仅仅改变这些因素，就可以影响组织目标的实现程度。限定因素原理的主要内涵：主管人员越是能够了解对达到目标起主要限制作用的因素，就越能够有针对性地、有效地拟定各种行动方案。限定因素与计划有效性的关系如图 3-1 所示。

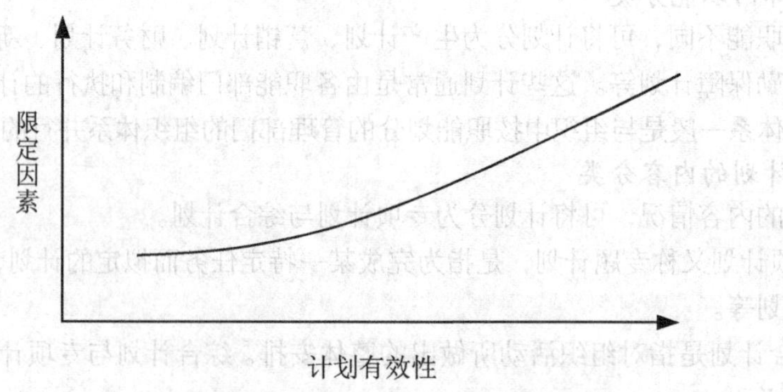

图 3-1 限定因素与计划有效性的关系

限定因素原理是决策的精髓。决策的关键就是解决行动方案所提出的问题，即尽可能地找出和解决限定性的或策略性的因素。

（二）许诺原理

许诺原理的主要内涵：任何一项计划都是对完成各项工作所做出的许诺，因而，许诺越大，实现许诺的时间越长，实现许诺的可能性就越小。因为计划期限过长，环境变化的可能性越大，不可控的因素越多，实现计划的可能性就会变化。这一原理涉及计划期限的问题。计划期限与实现许诺的可能性之间的关系如图 3-2 所示。

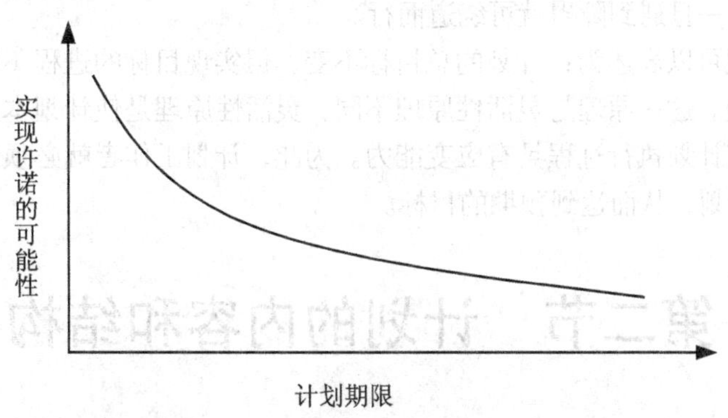

图 3-2　计划期限与实现许诺的可能性之间的关系

这一原理要求制订计划，首先，要有计划期限，事实上计划期限是对计划最严格的要求。没有计划期限，就不是计划。其次，必须合理地确定计划期限，计划期限过长或过短都会影响计划的执行效果。在计划管理过程中，任意提前计划或延长计划都是不可取的。

（三）灵活性原理

计划必须具有灵活性，即当出现意外情况时，有能力改变方向而不必花太大的代价。灵活性原理可以表述为：计划中体现的灵活性越大，由未来意外事件引起损失的危险性就越小。必须指出，灵活性原理即制订计划时要留有余地，至于执行计划，则一般不应有灵活性。对管理者来说，灵活性原理是计划工作中最重要的原理，在承担的任务重，而目标计划期限长的情况下，灵活性便显示出作用。

当然，灵活性是有一定限度的，这一原理的限制条件如下。

（1）不能总是以推迟决策的时间来确保计划的灵活性。因为未来的不确定性很难完全预料，如果管理者一味等待收集更多信息，希望将未来可能发生的问题全部考虑周全，当断不断，就会坐失良机，招致失败。

（2）使计划具有灵活性是要付出代价的，甚至由此而得到的好处可能补偿不了它的费用支出，这就不符合计划的效率性。

（3）有些情况往往根本无法使计划具有灵活性。即存在这种情况，某个派生计划的灵活性，可能导致全盘计划的改动甚至有落空的危险。例如，企业销售计划在执行过程中遇到困难，可能实现不了既定的目标。如果允许其灵活处置，则可能危及全年的利润计划，从而影响到新产品开发计划、技术改造计划、供应计划、工资增长计划、财务收支计划等许多方面，以致使企业的管理者经过反复权衡之后，不得不动员一切力量来确保销售计划的完成。

为了确保计划本身具有灵活性，在制订计划时，应量力而行，留有余地。本身具有灵活性的计划又称为“弹性计划”，即能适应变化的计划。

（四）改变航道原理

计划制订出来以后，计划工作者就要管理计划，促使计划的实施，而不能被计划所“管理”，不能被计划框住。必要时可以根据当时的实际情况进行必要的检查和修订。因为未来情况随时都可能发生变化，制订出来的计划就不能一成不变。尽量在制订计划时预见了未来可能发生的情况，并制订出相应的应变措施。但正如前面所提到的，一来不可能面面俱到；二来情况是在不断变化的；三来计划往往赶不上变化，总有一些问题不可能预见到，所以要定期检查计划。如果情况已经发生变化，就要调整计划或重新制订计划。就像航海家一样，必须经常核对航线，一旦遇到障碍就可绕道而行。

改变航道原理可以表述为：计划的总目标不变，但实现目标的进程（即航道）可以因情况的变化随时改变。这一原理与灵活性原理不同，灵活性原理是使计划本身具有适应性，而改变航道原理是使计划执行过程具有应变能力。为此，计划工作者就必须经常地检查计划，重新调整、修订计划，从而达到预期的目标。

第二节　计划的内容和结构

一、计划的内容

计划工作的内容包括六个方面，可以概括为“5W1H”，计划必须清楚地确定和描述这些内容。

（一）做什么（What to do）

“做什么”即要明确计划工作的具体任务和要求，明确每一个时期的中心任务和工作要点。例如，企业生产计划的任务主要是确定生产哪些产品，生产多少，合理安排产品投入和产出的数量和进度，在保证按期、按质和按量完成订单合同的前提下，尽可能地使生产能力得到充分地利用。

（二）为什么做（Why to do it）

“为什么做”即要明确计划工作的宗旨、目标和战略，并论证可行性。实践证明，计划工作人员对组织的宗旨、目标和战略了解得越清楚，认识得越深刻，就越有助于他们在计划工作中发挥主动性和创造性。正如通常所说的“要我做”和“我要做”的结果是大不一样的，其道理就在于此。

（三）谁去做（Who to do it）

“谁去做”即计划不仅要明确规定目标、任务、地点和进度，还应规定由哪个主管部门负责。例如，开发一种新产品，要经过产品设计、样机试制、小批试制和正式投产几个阶段。在计划中要明确规定每个阶段由哪个部门负主要责任，哪些部门协助，各阶段交接时由哪些部门和哪些人员参加鉴定、审核等。

（四）何地做（Where to do it）

“何地做”即规定计划的实施地点和场所，了解计划实施的环境条件和限制，以便合理安排计划实施的空间组织和布局。

（五）何时做（When to do it）

“何时做”即规定计划中各项工作开始和完成的进度，以便进行有效的控制和对能力及资源进行平衡。

（六）怎样做（How to do it）

“怎么做”即制定实施计划的措施，以及相应的政策和规则，对资源进行合理分配和集中使用，对人力、生产能力进行平衡，对各种派生计划进行综合平衡等。

从以上内容可以看出，计划工作既是一项认识工作，又是一项统筹工作。作为一项管理意义上的认识工作，要求对社会化生产过程、社会分工、协作关系、影响社会生产的各因素积极和主动地做出正确的反映；作为一项统筹工作，要求对整个组织以及组织各部门、各岗位的活动，做出精确和高效的合理安排，对组织的各项资源做出最优配置。

这六个方面是任何一项计划必须包含的基本内容，缺乏其中的任何一项，计划都不全面或不完整。

二、计划的基本结构

（一）组织的宗旨

宗旨是一个组织最基本的目标，也是一个组织何以存在的基本理由。例如，日本索尼公司的宗旨是："索尼是开拓者，永远向着那未知的世界探索。"

（二）组织的目标

目标是组织在一定时期内所要达到的预期的具体成果。每个组织都有一个层层分解、互相联系的目标体系。例如，某企业的目标是通过生产某类家用电器而获得某个数量的利润；其制造部门的目标是按照既定成本、既定的设计和质量，生产既定数量的电视机。

（三）组织的战略

战略主要包括组织的发展方向、行动方针和资源分配方案。

相关链接

北玻壳公司新的经营战略计划

北玻壳公司是我国创建较早的国有公司，是生产玻璃与玻壳的大型公司，曾经占据我国 1/4 的平板玻璃市场。自 2008 年开始，其主要的生产线都无法为公司获得利润。公司在不断地失去市场份额，在激烈的市场竞争中陷入困境。

经过管理咨询顾问的诊断及其公司管理层的讨论，一致认为：经营战略与计划需要大的调整。为此，2009 年公司最高领导层制订了一个新的五年战略计划，该计划主要包括三个方面：第一，缩小平板玻璃的生产规模；第二，搞一条较复杂的玻璃用具生产线，并向不发达的国家扩展业务；第三，开辟既有挑战性又具有巨大潜在市场的新产品。

其中，第三方面又包括三个新的领域：一是开辟光波导器生产——用于电话和电缆电视方面的光波导器和网络系统以及高级而复杂的医疗设备等，希望这方面的年销售量能占公司销售计划额的 50%；二是开辟生物工程技术，这种技术在食品行业大有前途；三是利用原来的优势，继续制造医疗用玻璃杯和试管、食品保鲜盒等，希望在这方面能够达到全国同行业中第一或第二的地位。

北玻壳公司正在进行着一个雄心勃勃的全新的战略计划。公司希望通过提高技术、提高效率，以获得更大的利润，实现销售额的快速增长，重振往日雄风。

（四）组织的政策

政策是人们进行决策时思考和行动的指南，明确处理各种问题的一般规定。例如，一个企业的用人政策规定"今后五年内企业管理者要求受教育的程度达到大专以上。"

（五）组织的规则

规章制度是强制性的行为规则。规则是一种最简单的计划，它规定了某种情况下采取或不能采取某种具体行动。例如，上班不允许迟到，销售人员规定范围外的费用开支需由副总经理核准等。

（六）组织的程序

程序规定了某些经常发生的问题的解决方法和步骤。程序是一种经过优化的计划，是通过大量经验事实的总结而形成的规范化的日常工作过程和方法，并以此来提高工作的效果和效率。它规定了某些经常发生的问题的解决方法和步骤。

（七）组织的规划

组织的规划是一份综合性的、粗线条的、纲要性的计划。

规划是根据组织总目标或各部门目标来确定组织分阶段目标或组织各部门的分阶段目标，其重点在于划分总目标实现的进度。

规划有大有小，为实现我国社会经济发展的大目标，国家制订了一个个的五年规划，而一个大学校园里的小零售店为实现向小型超市发展的目标也可以制订一个改变货架的规划。

（八）组织的预算

预算是一种"数字化"的计划，预算作为一种计划，勾勒出未来一段时期的现金流量、费用收入、资本支出等的具体安排。

计划的基本结构层次如图3-3所示。

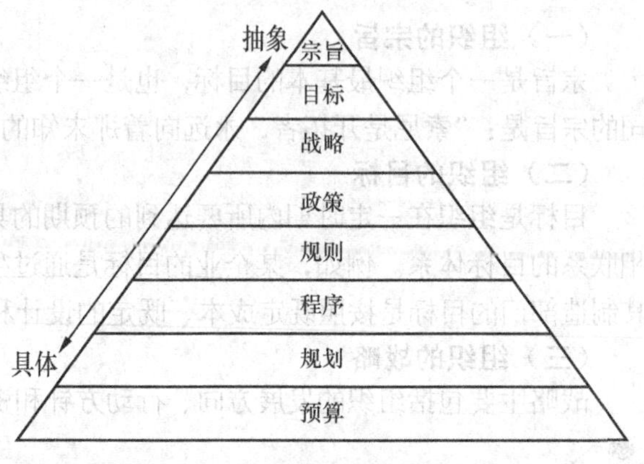

图3-3　计划的基本结构层次图

第三节　计划编制程序和方法

一、计划的编制

（一）计划编制程序

1. 估量机会

估量机会就是根据现实的情况对可能存在的机会做出现实主义的判断。首先管理者应对环境中的机会做一个扫描，确定能够取得成功的机会。管理者应该考虑的内容包括：组织期望的结果，存在的问题，成功的机会，把握这些机会所需的资源和能力，自己的长处、短处和所处的地位。

2. 确定目标

在认识机会的基础上，为整个组织及其所属的下级单位确定目标。目标是指期望达到的成果，它为组织整体、各部门和各成员指明了方向，描绘了组织未来的状况，并且作为标准可用来衡量实际的绩效。计划的主要任务，就是将组织目标进行层层分解，以便落实到各个部门、各个活动环节，形成组织的目标结构，包括目标的时间结构和空间结构。

3. 确定前提条件

选定目标即是确定计划的预期成果，而确定前提条件则是要确定整个计划活动所处的未来环境。计划是对未来条件的一种情景预测，未来环境的内容多种多样，错综复杂，管理者不可能也没有必要对它的每个方面、每个环节都做出预测。组织通常只要对计划内容有重大影响的主要因素做出预测便可满足需要了。一般来说，对以下几个方面的环境因素的预测是必不可少的。

（1）宏观的社会经济环境，包括其总体环境以及与计划内容密切相关的那部分环境因素。

（2）政府政策，包括政府的税收、价格、信贷、能源、进出口、技术、教育等与计划的内容密切相关的政策。

（3）组织面临的市场，包括市场环境的变化，供货商、批发商、零售商及消费者的变化。

（4）组织的竞争者，包括国内外的竞争者、潜在的竞争者等。

（5）组织的资源，包括未来为完成计划目标而向外部获取所需的各项资源，如资金、原料、设备、人员、技术、管理等。

4. 拟定可供选择的可行方案

“条条道路通罗马”，描述了实现某一目标的方案途径有多条。通常，最显眼的方案不一定就是最好的方案，对过去方案稍加修改和略加推演也不会得到最好的方案，一个不引人注目的方案或通常人提不出的方案，效果却往往是最佳的，这里体现了方案创新的重要性。此外，方案也不是越多越好。编制计划时没有可供选择的合理方案的情况是不多见的，常见的不是寻找更多的可供选择的方案，而是减少可供选择方案的数量，以便可以分析最有希望的方案。

5. 评价可供选择的方案

确定了备选方案后就要根据计划的目标和前提条件，通过考察、分析来对各种备选方案进行评价。评估实质上是一种价值判断，它一方面取决于评价者所采用的评价标准，另一方面取决于评价者对各个标准所赋予的权重。评估可供选择的方案时要注意：第一，认真考察每一个计划的制约因素和隐患；第二，要用总体的效益观点来衡量计划；第三，既要考虑每一个计划有形的、可以用数量表示出来的因素，又要考虑无形的、不能用数量表示出来的因素；第四，要动态地考察计划的效果，不仅要考虑计划执行所带来的利益，还要考虑计划执行所带来的损失，特别注意那些潜在的、间接的损失。

6. 选择方案

选择方案是整个计划流程中的关键一步。这一步的工作完全建立在前四步的工作基础之上。为了保持计划的灵活性，选择的结果往往是两个甚至两个以上的方案，并且决定首先采取哪个方案，并将其余的方案也进行细化和完善，作为后备方案。

7. 拟订派生计划

完成方案的选择之后，计划工作并没有结束，还必须帮助涉及计划内容的各个下属部门制订支持总计划的派生计划。几乎所有的总计划都需要派生计划的支持保证，完成派生计划是实施总计划的基础。

8. 编制预算

计划的最后一步工作就是将计划转变为预算，使之数字化。这主要有两个目标的：第一，计划必然要涉及资源的分配，只有将其数量化后才能汇总和平衡各类计划，分配好资源；第二，预算可以成为衡量计划是否完成的标准，这一点还将在后续有关控制的章节里做详细探讨。

9. 执行与检查

计划工作最后还包括实施计划，以及观察计划实施过程是否正常，有无障碍出现。为了按照计划要求执行方案，管理人员必须进行一系列的决策。执行方案需要组织中所有成员相互协调与配合，实现有效协调的途径是鼓励参与编制计划。实施计划还需要制定时间表并对其进行分段，以利于计划的实施。

为了有效地实施计划，还必须制定后续程序和控制机制。这些程序和控制机制能够发现操作中的偏差，有助于采取纠正措施。在计划的每一阶段，都应将实际产出结果与计划进行比较。许多项目和计划失败的原因就在于它们缺少有效的后续程序。

（二）计划编制方法

编制计划有多种方法，每一种都有其特点和应用背景。下面介绍两种主要的方法。

1. 运筹学方法

运筹学是计划工作中最全面的分析方法之一，是管理科学理论的基础。就内容来讲，运筹学又是一种分析、实验和定量的科学方法，用于研究在物质条件（人、财、物）已定的情况下，为了达到一定的目的，如何统筹兼顾整个活动以及各个环节之间的关系，为选择一个最好的方案提供数量上的依据，以便为最经济、最有效地使用人、财、物做出综合性的安排，取得最好的效果。

运筹学实际上起源于 20 世纪初的科学管理运动，如泰勒、吉尔布雷斯夫妇等人首创的时间和动作研究、甘特发明的甘特图，以及丹麦数学家厄兰（A. K. Erlang）1917 年对丹麦首都哥本哈根市电话系统排队问题的研究等，应当看作是最早的运筹学。第二次世界大战中，为适应战争的需要，现代运筹学的一个最成熟的分支——线性规划诞生了。随后，随着计算技术的进步和计算机的普及，如非线性规划、动态规划、整数规划、图论、排队论、对策论、库存论、模拟等一系列重要分支也逐步发展和完善起来。

在计划工作中应用运筹学的一般程序，主要包括以下步骤，如图 3-4 所示。

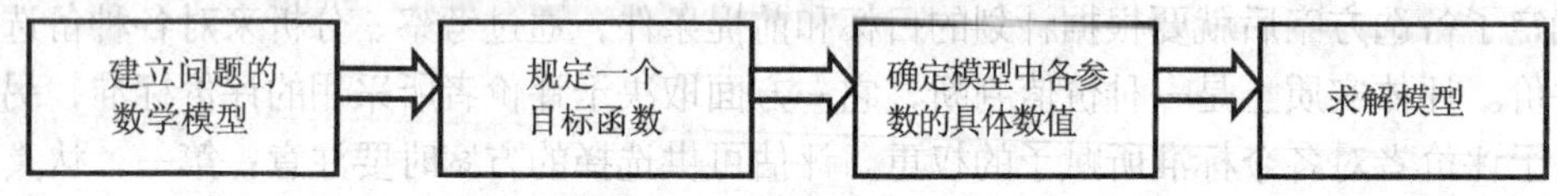

图 3-4　运筹学在制订计划中的应用程序

（1）建立问题的数学模型。首先根据研究目的对问题的范围进行界定，确定描述问题的主要变量和问题的约束条件，然后根据问题的性质确定采用哪一类运筹学方法，并按此方法将问题描述为一定的数学模型。为了使问题简化和突出主要的影响因素，需要做各种必要的假定。

（2）规定一个目标函数，作为对各种可能的行动方案进行比较的尺度。

（3）确定模型中各参数的具体数值。

（4）求解模型，找出使目标函数达到最大值（或最小值）的最优解。

通常，即使是求一个很简单的管理问题模型的最优解，也要编制计算机程序上机运算。20 世纪 50 年代和 60 年代是运筹学研究和应用的鼎盛时期，但也有一些管理学家对运筹学的作用提出怀疑。他们对运筹学的批评多集中在两个问题上：一是任何模型的应用都必须满足一定的条件，在究竟是让模型适合问题还是让问题适合模型这一点上，许多运筹学家实际上是在让管理问题“削足适履”，他们将原始问题加以抽象，直到数学难点或计算难点都被舍去为止，从而使问题的解答失去实际应用价值；二是运筹学最终要得到问题的最优解，而从管理实践的角度来看，由于决策目标通常有多个，且各个目标间又存在冲突，因此，最终的解决方案只能是一种折中性的。所以，只要能给出一个近似的、比不用数学方法而单靠经验和直觉所得出的结果还要令人满意的解。管理者实际需要的是这种“满意解”，而不是附加了各种假定条件的“最优解”。目前，批评者的观点正促使运筹学家们改进运筹学的方法。不过，计划工作人员需要注意的是，认为某个问题在本质上就是定性的，在未做定量分析的尝试之前就武断地认为不可能用数学模型来描述，同样是有害的，甚至是更有害的。

2. 滚动式计划方法

滚动式计划方法是一种编制具有灵活性的、能够适应环境变化的计划方法。其编制方法是：在已编制出的计划的基础上，每经过一段固定的时期（如一年或一个季度等，这段固定的时期被称为滚动期）便根据变化了的环境条件和计划的实际执行情况，从确保实现计划目标出发对原计划进行调整。每次调整时，保持原计划期限不变，而将计划期限顺序向前推进一个滚动期。图 3-5 所示为一个滚动式计划编制过程的示意图。

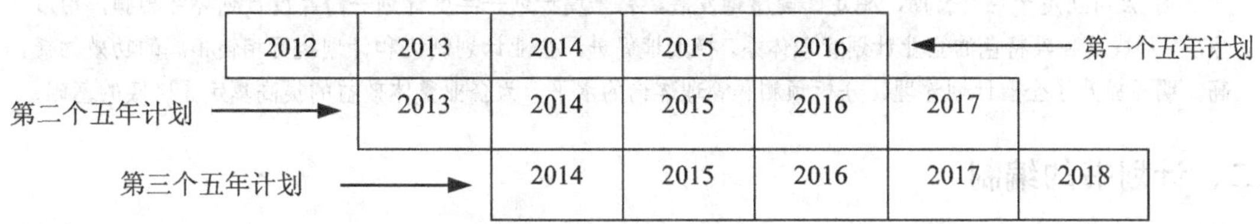

图 3-5　滚动式计划的编制过程

这种计划方法最适合用于长期计划的编制。由于长期计划的计划期较长，很难准确地预测到各种影响因素的变化，因而很难确保长期计划的成功实施。而采用滚动式计划方法，就可以根据环境条件变化和实际完成情况，定期地对计划进行修订，使组织有一个较为切合实际的长期计划作为指导。

滚动式计划方法的主要优点是：将近期计划与远期计划结合起来，保证各时期计划的相互衔接；同时，也保证了计划具有一定的弹性，有助于提高组织的应变能力。这种方法的最大缺点就是计划的工作量很大。

小案例

滚动计划让 S 公司插上成功的翅膀

S 公司是中国东部地区一家知名企业，原有的计划管理水平低下，粗放管理特征显著，计划管理与公司实际运营情况长期脱节。为实现企业计划制订与计划执行的良性互动，在管理咨询公司顾问的参与下，S 公司逐步开始推行全面滚动计划管理。

首先，S 公司以全面协同量化指标为基础，将各年度分解为四个独立的、相对完整的季度计划，并将其与年度紧密衔接。在企业计划偏离和调整工作中，S 公司充分运用了动态管理的方法。

所谓动态管理，就是 S 公司在年度计划执行过程中要对计划本身进行三次定期调整。第一季度的计划执行完毕后，就立即对该季度的计划执行情况与原计划进行比较分析，同时研究、判断企业近期内外环境的变化情况。根据统一得出的结论对后三个季度计划和全年计划进行相应调整。第二季度的计划执行完毕后，使用同样的方法对后两个季度的计划和全年计划进行相应调整。第三季度的计划执行完毕后，仍然采取同样方法对最后一个季度的计划和全年计划进行调整。

S 公司各季度计划是根据近细远粗、依次滚动的原则制订的。这就是说，每年年初都要制订一套繁简不一的四季度计划：第一季度的计划率先做到完全量化，计划的执行者只要拿到计划文本就可以一一遵照执行，毫无困难或异议；第二季度的计划要至少做到 50%的内容实现量化；第三季度的计划也要至少使 20%的内容实现量化；第四季度的计划只要做到定性即可。同时，在计划的具体执行过程中对各季度计划进行定期滚动管理 —— 第一季度的计划执行完毕后，将第二季度的计划滚动到原第一季度计划的位置，按原第一季度计划的标准细化到完全量化的水平；第三季度的计划则滚动到原第二季度计划的位置并细化到至少量化 50%内容的水平，依此类推。第二季度或第三季度计划执行完毕时，按照相同原则将后续季度计划向前滚动一个阶段并予以相应细化。本年度四个季度计划全部都执行完毕后，下年度计划的周期即时开始，如此周而复始，循环往复。

其次，S 公司以全面协同量化指标为基础建立了三年期的跨年度计划管理模式，并将其与年度计划紧密对接。跨年度计划的执行和季度滚动计划的思路一致。S 公司每年都要对计划本身进行一次定期调整，第一年度的计划执行完毕后，就立即对该年度的计划执行情况与原计划进行比较分析，同时研究、判断企业近期内外环境的变化情况，根据统一得出的结论对后三年的计划和整个跨年度计划进行相应调整；当第二年的计划执行完毕后，使用同样的方法对后三年的计划和整个跨年度计划进行相应调整，依此类推。

S 公司立足于企业长期、稳定、健康地发展，将季度计划—年度计划—跨年度计划环环相扣，前后呼应，形成了独具特色的企业计划管理体系，极大地促进了企业计划制订和计划执行相辅相成的功效的提高，明显提升了企业计划管理、分析预测和管理咨询的水平，为企业整体效益的提高奠定了坚实的基础。

二、计划书的编制

（一）计划书的构成

不同计划书的内容结构与具体格式各不相同，甚至有很大的差异。计划书的构成与计划过程的顺序应该是一致的。一般的，企业的计划书大致包括八个部分，如表 3-1 所示。

表 3-1　计划书的基本构成

部　分	内　容	说　明
1. 计划导入	（1）封面	计划书的脸面，应充满魅力
	（2）前言	表明计划者的动机及计划者的态度
	（3）目录	计划书的目录
2. 计划概要	（4）计划概要	概述计划书的整体思路与内容
3. 计划背景	（5）现状分析	明确计划的出发点，说明计划的必要性及其前提
4. 计划意图	（6）目的、目标设定	确定计划的目的、目标，说明计划的意义
5. 计划方针	（7）概念的形成	明确计划的方向、原则，规定计划的内容
6. 计划构想	（8）确定实施策略的结构	明确计划实施的结构及其组织保证，提高计划的效果
	（9）具体实施计划	计划的具体内容，将实现目标的方法具体化
7. 计划设计	（10）确定实施计划	实施计划所需时间、费用及其他资源；预测计划可能获得的效果
8. 附录	（11）参考资料	附加的与计划相关的资料，增加计划的可信度

案例阅读

● 新商品计划书

1. 形成商品的概念

（1）命名；（2）包装、设计。

2. 目标市场（使用者、购买者、推荐者等）

3. 竞争商品

（1）竞争商品；（2）类似商品。

4. 本企业商品的市场定位

5. 顾客化基本战略（顾客计算机信息系统）

6. 产品制造方法（产品图纸、基本功能、安全性等）

7. 产品用途（使用场所、使用机会、使用方法）

8. 渠道

（1）营销渠道；（2）维修服务。

9. 市场导入策略

（1）销售促进策略；（2）市场导入手段等。

10. 广告计划（广告活动计划）

11. 价格（关于成本、价格等）

12. 开发推进（设计、试制、原材料等）

●进入市场计划书

1. 主要商品

（1）对象商品的概要；（2）商品群展开。

2. 目前市场状况

（1）所售商品分析；（2）销售状况分析。

3. 今后的方针与安排

4. 商品对象（目标）

（1）商品××目标；（2）商品××市场。

5. 分销渠道分析

6. 进入市场所存在的问题

7. 广告宣传计划

8. 营业系统

9. 个别工具的设计案

（1）样品方案；（2）价格表。

●促销活动计划书（店内促销）

1. 计划的名称

（1）活动名称；（2）副标题。

2. 计划的目的（销售促进等）

3. 计划的主题（活动主题）

4. 对象商品

5. 计划的内容（如赠品种类、赠品的赠送方法等）

6. 计划的对象（目标顾客）

7. 计划的目标（如到店客人数、促销期间销售量等）

8. 促销场所（店内）

9. 促销时间

10. 店内装饰

11. 制品种类（广告传单、POP、卡片等）

12. 通知方法（广告等）

13. 运营计划

（1）店内任务安排；（2）与以往计划的区别。

14. 计划的效果（顾客数、销量以外的预期效果）

●会议计划书

1. 计划的名称

2. 计划的目的

3. 计划的主题

4. 计划的内容

（1）整个会议；（2）个别计划。

5. 会议的目标人员及人数

6. 会议场所

7. 会议日期

8. 会场设计

（1）会场设计；（2）个别展示；（3）展示品准备。

9. 制品种类（广告、节目单、民意测验等）

10. 宣传方法

11. 运营计划

（1）任务分配（报名、进行、闭会）；（2）人员计划。

12. 计划的效果（费用计划、预想效果等）

13. 相关者一览表（主办者、协办者等）

（二）计划书的写作技巧

计划书和一般的报告文章有所不同，它对可信性和可操作性以及说服力的要求特别高，因此，撰写计划书要遵循以下目标。

1. 寻找一定的理论依据

若要提高计划内容的可信性并使阅读者接受，就必须为计划者的观点寻找理论依据。但是，理论依据要有对应关系，纯粹的理论堆砌不仅不能提高可信性，反而会给人脱离实际的感觉。

2. 适当举例

这里的举例是指通过正反两方面的例子来证明自己的观点。在计划书中适当加入成功的例子和失败的例子，既能起到调整结构的作用，又能增强说服力，可谓一举两得。需要指出，举例以多举成功的例子为宜，选择一些国外先进的经验与做法以印证自己的观点是非常有效的。

3. 利用数字说明问题

计划书是一份指导性文件，其可靠程度如何是决策者首先要考虑的。计划书的内容不能留下查无凭据的漏洞，任何一个论点都要有依据，而数字就是最好的依据。在报告书中利用各种绝对数和相对数来进行比较对照是绝对不可少的。需要注意的是，各种数字都要有出处以证明其可靠性。

4. 运用图表帮助理解

运用图表能有助于阅读者理解计划的内容，同时图表还能提高页面的美观性。图表的主要优点在于有强烈的直观效果，因此，用图表进行比较分析、概括归纳、辅助说明等非常有效。图表的另一优点是能调节阅读者的情绪，有利于阅读者深刻理解计划书的内容。

5. 合理利用版面安排

计划书视觉效果的优劣在一定程度上影响着计划效果的发挥。有效利用版面安排也是撰写计划书的技巧之一。版面安排包括打印的字体、字号大小、字与字的空隙、行与行的间隔、黑体字的采用以及插图、颜色等。如果整篇计划书的字体、字号完全一样，没有层次之分，那么这份计划书就会显得呆板，缺少生气。总之，通过版面安排可以使计划书的重点突出、层次分明、严谨而不失活泼。

6. 注意细节，消灭差错

这一点对于计划书来说十分重要，但却往往被人忽视。如果一份计划书中连续出现错字、别字，阅读者怎么可能对计划者有好的印象呢？因此，对打印好的计划书要反复仔细检查，不允许有任何差错出现，对企业的名称、专业术语等更应仔细检查。

第四节 目标管理

一、目标管理的基本思想

目标管理是以泰勒的科学管理和行为科学管理理论为基础形成的一套管理理论，其概念是管理专家彼得·德鲁克（Peter Drucker）1954年在其名著《管理实践》中最先提出的，其后他又提出“目标管理和自我控制”的主张。德鲁克认为，并不是有了工作才有目标，与之相反，是有了目标才能确定每个人的工作。所以“企业的使命和任务，必须转化为目标”，如果一个领域没有目标，这个领域的工作必然被忽视。因此，管理者应该通过目标对下级进行管理，当组织最高层管理者确定了组织目标后，必须对其进行有效分解，转变成各个部门以及每个人的分目标，管理者根据分目标的完成情况对下级进行考核、评价和奖惩。

目标管理提出以后，便在美国迅速流传。时值第二次世界大战后西方经济由恢复转向迅速发展的时期，企业急需采用新的方法调动员工积极性以提高竞争能力，目标管理的出现可谓应运而生，因此被广泛应用，并很快被日本以及西欧国家的企业所仿效。中国在20世纪80年代初开始在企业中推广目标管理，目前采取的干部任期目标制、企业承包等，都是目标管理方法的具体运用。

相关链接

- 在所有的管理学书籍中，德鲁克的著作对我影响最深。

——微软总裁 比尔·盖茨

- 德鲁克是我心目中的英雄。他的著作和思想非常清晰，在那些对时髦思想狂热的人群中独树一帜。

——英特尔主席 安德鲁·格鲁夫

二、目标和目标管理

（一）目标

1. 目标的概念

目标（Objectives）是管理活动的起点，是组织内部各项管理活动的依据，同时它又是管理活动的终点，是判断一个组织管理合理性和有效性的标准。

目标是组织宗旨的具体化，是组织在一定时期内通过努力争取达到的理想状态或所希望获得的具体成果。

相关链接

知名企业的目标

摩托罗拉公司：我们的目标是为社会的需要提供好的服务，我们用公平合理的价格为客户供应优质的产品和服务；为了公司的整体发展，我们必须做到这一点和赢得适当的利润，并为我们的员工和股东提供机会以达到他们个人合理的目标。

麦当劳公司：我们的目标是占领全球的食品服务业。在全球范围内处于统治地位，以及在建立客户满意度标准的同时，通过执行我们“服务便利、增加价值、履行承诺”的战略，提高我们的市场占有率和盈利率。

2. 目标的作用

组织目标对于组织的存在、发展及组织活动都起着非常重要的作用。

（1）组织目标是衡量组织活动成效的标准

组织中的管理活动是围绕着目标展开的，目标为管理者提供了衡量组织活动成效的依据。组织目标是环境因素、组织系统本身以及组织成员需要三方力量相互协调的产物，因此，目标的完成情况客观上反映着满足三方需要的程度。

（2）组织目标为激发组织活动提供了动力

一个组织不仅有抽象的愿景目标，而且必须制定各阶段的具体实施目标。具体的实施目标往往具有时限性，可以用数量标准加以衡量，体现为阶段性任务和具体定额。组织围绕着这些具体目标开展组织活动，以这些目标激发成员的积极性。在具体目标基础上建立各种奖惩制度以监督和鞭策成员的行动。

（3）组织目标是组织内部分工结构的基础

组织目标必须有一个分解的过程，所谓目标分解是将组织的整体目标划分为功能各异而又互补的子目标。复杂的总体目标往往需要经过多层次的分解，从而形成具有层次性的目标结构。组织内部的分工和专业化结构需要以目标结构为基础。

（4）组织目标影响着组织的管理方式

目标管理是管理方式中的一种。明确的目标可以作为组织成员的激励因素，促进管理过程。组织目标经过分解而具有层次性，对实现不同层次目标的活动往往采取不同的管理方式。高层次的目标同外界环境以及组织的整体适应过程有较强的联系，要处理各种复杂多变的关系，需要较多的内部、外部信息。由于管理的任务很难加以程式化，因此，往往采取灵活多变、因时因地制宜的管理方式，这需要发挥管理人员的创造性和想象力。而低层次的目标往往是一些具体的、能够加以程式化的任务，对完成这类子目标有影响的因素大体上已经得到有效控制。

（二）目标管理

1. 目标管理的概念

所谓目标管理是把目标作为管理手段，通过目标进行管理，以自我控制为主，注重工作成果的管理方法和制度。基于这种程序或过程，它使组织中的上级和下级一起协商，根据组织的使命确定一定时期内组织的总目标，由此决定上、下级的责任和分目标，并把这些目标作为组织经营、评估和奖励每个部门和个人贡献的标准。

目标管理指导思想上是以Y理论为基础的，即认为在目标明确的条件下，人们能够对自己负责。具体方法上则是泰勒科学管理的进一步发展。它与传统管理方式相比有鲜明的特点，可概括为以下几个方面。

（1）目标管理是参与管理的一种形式

目标的实现者同时也是目标的制定者，即由上级与下级一起共同确定目标。上级与下级共同参与选择设定各对应层次的目标，即通过上下协商，逐级制定出整体组织目标、经营单位目标、部门目标直至个人目标，用总目标指导分目标，用分目标保证总目标，形成一个“目标—手段”链。因此，目标管理的目标转化过程既是“自上而下”的，又是“自下而上”的。

（2）强调“自我控制”

大力倡导目标管理的德鲁克认为，员工是愿意负责的，是愿意在工作中发挥自己的聪明才智和创造性的；如果我们控制的对象是一个社会组织中的“人”，则我们应当“控制”的是行为的动机，而不应当是行为本身，也就是说必须以对动机的控制达到对行为的控制。目标管理的主旨在于，用“自我控制的管理”代替“压制性的管理”，组织成员使用自我控制的方式来保证目标的实现。因此，成员会有一种自主工作的感觉，从而更能激发他们的主动性和积极性。

（3）促使下放权力

集权和分权的矛盾是组织的基本矛盾之一，唯恐失去控制是阻碍大胆授权的主要原因。推行目标管理有助于协调这一对矛盾，促使权力下放，有助于在保持有效控制的前提下，把局面搞得更有生机。

（4）注重成果第一的方针

采用传统的管理方法评价员工的表现，往往容易根据印象、本人的思想、对某些问题的态度等定性因素来评价。实行目标管理后，由于有一套完善的目标考核体系，从而能够按员工的实际贡献大小如实地评价一个人。目标管理还力求组织目标与个人目标密切地结合，以增强员工在工作中的满足感。这对于调动员工的积极性，增强组织的凝聚力起到了很好的作用。

（5）强调目标的系统性

目标管理建立了目标锁链与目标体系，通过专门设计的过程，将组织的整体目标逐级分解，转换为各部门、各员工的分目标。在目标分解过程中，权、责、利三者已经明确，而且相互对称。这些目标方向一致，环环相扣，相互配合，形成协调统一的目标体系。只有每个人员完成了自己的分目标，整个组织的总目标才有完成的希望。

2. 目标管理的实施程序

（1）建立目标体系

建立一套完整的目标体系是目标管理最重要的阶段。实行目标管理，首先要建立一套完整的目标体系。这项工作一般从企业的最高管理层开始，然后由上而下地逐级确定目标。上下级的目标之间通常是一种“目的—手段”的关系，某一级的目标，需要用一定的手段来实现，这些手段就成为下一级的次目标，按级顺推下去，直到作业层的作业目标，从而构成锁链式的目标体系。

制定目标的工作如同所有其他计划工作一样，需要事先拟定和宣传前提条件。这些指导方针如果不明确，就不可能指望下级管理人员会制定出合理的目标来。此外，制定目标应当采取协商的方式，应当鼓励下级组织成员根据基本方针拟定自己的目标，然后由上级批准。

目标体系还应与组织结构相吻合，从而使每个部门都有明确的目标，每个目标都有人明确负责。然而，组织结构往往不是按组织在一定时期的目标而建立的，因此，在按逻辑展开目标和按组织结构展开目标之间，时常会存在差异。其表现是，有时从逻辑上看，一个重要的分目标却找不到对此负全面责任的管理部门，而组织中的有些部门却很难为其确定重要的目标。这种情况的反复出现，可能最终导致对组织结构的调整。

建立目标体系可以细分为四个步骤。

① 高层管理者预定目标，这是暂时的、可以改变的目标预案。该目标既可以由上级提出，再同下级讨论；也可以由下级提出，上级批准。无论哪种方式，必须共同协商决定。其次，

高层管理者要根据组织使命和长远战略，估计客观环境带来的机会和挑战，对组织的优劣势有清醒的认识，对组织应该和能够完成的目标心中有数。

② 重新审议组织结构和职责分工。目标管理要求每一个分目标都有确定的责任主体。因此，预定目标之后，需要重新审查现有组织结构，根据新的目标分解要求进行调整，明确目标责任者和协调关系。

③ 确立下级的目标。首先明确组织的规划和目标，然后商定下级的分目标。在讨论中上级要尊重下级，平等待人，耐心倾听下级意见，帮助下级发展一致性和支持性目标。分目标要具体量化，便于考核；分清轻重缓急，以免顾此失彼；既要有挑战性，又要有实现可能。每个员工和部门的分目标要和其他的分目标协调一致，支持组织目标的实现。

④ 上级和下级就实现各项目标所需的条件以及实现目标后的奖惩事宜达成协议。分目标制定后，要授予下级相应的资源配置的权力，实现权责利的统一。由下级写成书面协议，编制目标记录卡片，整个组织汇总所有资料后，绘制出目标图。

（2）实施目标

在确定目标体系后，管理者应放手把权力交给下级成员，完成目标主要靠执行者的自我控制。如果在明确目标之后，作为上级管理者还事必躬亲，便违背了目标管理的主旨，不能获得目标管理的效果。目标管理重视结果，强调自主、自治和自觉。当然，这并不等于管理者可以放手不管，相反由于形成了目标体系，一环失误，就会牵动全局。因此，管理者在目标实施过程中的管理是不可缺少的。首先要进行定期检查，利用双方接触的机会和信息反馈渠道自然地进行；其次要向下级通报进度，便于互相协调；还要帮助下级解决工作中出现的困难问题，当出现意外事件严重影响组织目标实现时，也可以通过一定的手续，修改原定的目标。由此可见，上级的管理应主要表现在指导、协助，提出问题，提供情报以及创造良好的工作环境方面。

（3）评价目标成果

对各级目标的完成情况，要事先规定出期限，定期进行检查。达到预定的期限后，下级首先进行自我评估，提交书面报告；然后上下级一起考核目标完成情况，决定奖惩；同时讨论下一阶段目标，开始新的循环。如果目标没有完成，应分析原因、总结教训，切忌相互指责，以保持相互信任的气氛。

3. 目标管理的优缺点

目标管理开展以后，组织成员都有自己明确的工作目标，而且曾参与过目标的制定过程，这就使目标成为激励人们努力工作的要素。同时，也在一定程度上解决了以工作为中心的管理与以人为中心的管理之间的矛盾。目标管理在实践过程中表现出了其他管理方法所替代不了的优点，但同时也暴露出了一些局限性。

（1）优点

① 目标管理可以提高管理水平。因为目标的确定过程就是一次很好的问题分析过程，在上下共同参与，并经过相互讨论确定目标后，明确了组织中人员的责任，为了更好地实现目标，有关执行者一定要想办法，用尽可能少的付出来实现预定的目标，这本身就是加强管理的过程。组织内的成员都能够用最好的方式以实现目标为已任，管理水平也就能够逐步提高。

② 目标管理有助于克服组织中的许多问题。在目标分解及成果评价过程中，我们会发现组织结构上存在的问题，如因人设事，机构臃肿，互相推诿等；目标管理还可以克服工作上的随意性以及本位主义；目标管理强调以成果为中心，有助于管理者从众多的日常事物性工作中摆脱出来；目标管理较好地体现了分权制的思想，使权力的分配更加合理。

③ 目标管理有助于控制。控制就要有目标，而目标管理不仅仅是组织有一个未来要实现的总目标，而且围绕着总目标，各级各类管理者以至每个职工都有与之配套协调的分支目标和个人目标，这就使考核每个人的工作成为可能。根据每个部门、每个人完成目标的情况划分出等级，奖惩也有了依据。

（2）缺点

① 明确的目标不易确定。确定目标是目标管理的第一步，也是关键的一步。如果目标确定得不合理，目标管理的优点就难以成立了。但是，所谓适当的目标又很难定义。一般认为，组织的目标不宜太高，否则执行者会因难以实现而望之却步。组织目标也不宜太低，否则难以保证资源的优化利用，执行者也缺乏压力。因此，所谓适当的目标是指执行者需要努力才能实现的目标。实践当中，目标分解的过程常常伴有上下级的讨价还价，最终使目标偏低，目标管理的效果大受影响。因此，应该加强对目标管理方法的宣传，进一步认清目标管理能够给组织带来的好处，从而自觉确定平均先进水平的目标。

② 重视了结果但忽视了过程。目标管理重在靠结果说话，最终的评价也是针对结果的，这就有可能造成为了追求结果而忽视对过程的分析研究。例如，为了完成生产计划，将必要的设备维护修理计划取消，虽然目标完成了，但这是以牺牲长期利益为代价的。

③ 目标管理强调的是短期目标。目标管理过程中，为了便于目标的层层分解和落实，一般确定的都是不超过一年的短期目标，但系统理论告诉我们，若干个短期目标的实现，不一定能保证最优长期目标的实现，有时为了保证长远利益不得不牺牲眼前利益。所以，应该加强各个短期目标与长期目标的协调配合问题，在长期目标的基础上，恰当确定各个时期的短期目标。

④ 目标管理是耗时耗资很多的工作。目标确定的过程就是一个艰苦的过程，需要花大力气分析论证，确定了总目标后再层层分解，不是短时间就能够完成的事情。因此，在目标管理的付出和效果之间存在着矛盾，必须认真分析并充分研究这个问题，既不要因花费时间、费用太多削弱了目标管理的效果，也不能为省事草率行事，使目标管理流于形式，失去意义。

重要概念

计划　计划书　目标管理　长期计划　战略计划　滚动计划法　网络计划法

本章小结

1. 计划是根据组织内、外部的实际情况，权衡客观的需要和主观的可能，通过科学的预测，提出在未来一定时期内组织所需达到的具体目标以及实现目标的途径。

2. 计划的作用在于计划是协调组织活动的依据，是降低不确定性的途径，是合理配置组织资源的方法，是控制活动的基础。

3. 计划工作具有目的性、首位性、普遍性、效率性、持续性和创新性六大特征。

4. 计划工作的任务可以概括为六个方面，简称为“5W1H”，即为什么做、做什么、谁去做、何时做、何地做、怎么做。

5. 计划工作的主要原理有限定因素原理、许诺原理、灵活性原理和改变航道原理。

6. 计划工作的程序包括估量机会、确定目标、确定计划工作的前提条件、拟定可供选择的方案、评价各种备选方案、选择方案、拟定派生计划、编制预算和执行与检查。

7. 编制计划的方法有：运筹学方法、滚动式计划方法等。

综合练习

一、填空题

1. 确立目标是________工作的一个主要方面。

2. 从名词意义上说，计划是指用________、________等形式所表述的，组织以及组织内不同部门和不同成员，在未来一定时期内，关于________、________和________的管理文件。

3. ________也被称为数字化的计划。

4. 战略性计划一般由________负责制定。

5. ________是计划工作中最全面的分析方法之一，是管理科学理论的基础。

二、单项选择题

1. 管理的所有职能中最基本的一项是（　　）。

A. 计划　　B. 组织　　C. 人员配备　　D. 控制

2. 狭义的计划指的是（　　）。

A. 计划准备　　B. 制定计划　　C. 执行计划　　D. 检查计划

3. “第十二个五年计划”是（　　）计划。

A. 专项　　B. 长期　　C. 中期　　D. 短期

4. 计划工作的第一步是（　　）。

A. 估量机会　　B. 确定目标　　C. 确定前提　　D. 做好预算

5. 计划是（　　）。

A. 面向未来的　　B. 过去的总结　　C. 现状的描述　　D. 面向行动的

三、简答题

1. 简述计划的类型。
2. 简述计划编制的程序。
3. 计划工作的原理有哪些？
4. 计划工作编制的程序是什么？
5. 简述计划编制常用的方法。

四、案例分析

美国某钢铁公司总裁舒瓦普向一位效率专家请教“如何更好地执行计划的方法”。效率专家声称可以给舒瓦普一样东西，在10分钟内能把他公司业绩提高50%。接着，效率专家递给舒瓦普一张白纸说：“请在这张纸上写下你明天要做的6件最重要的事。”舒瓦普用了约5分钟时间写完。效率专家接着说：“现在用数字标明每件事情对于你和公司的重要性次序。”舒瓦普又花了约5分钟做完。效率专家说：“好了，现在这张纸就是我要给你的，明天早上第一件事是把纸条拿出来，做第一项最重要的，不看其他的，只做第一项，直到完成为止。然后用同样办法对待第2项、第3项……直到下班为止。即使只做完一件事，那也不要紧，因为你总在做最重要的事。你可以试着每天这样做，直到你相信这个方法有价值时，请将你认为的价值给我寄支票。”

一个月后，舒瓦普给效率专家寄去一张2.5万美元的支票，并在他的员工中普及这种方法。5年后，当年这个不为人知的小钢铁公司成为世界最大钢铁公司之一。

根据上述案例分析：

1. 为什么总裁舒瓦普有计划却难以执行？效率专家的方法的关键在哪里？

2. 效率专家执行计划的方法使这个不为人知的小钢铁公司成为世界最大钢铁公司之一。为什么计划能有这么大的作用？

五、实践训练

创业计划书编制

实训目的

培养运用计划书编制写作技巧编写创业计划书。

实训内容与要求

1. 每班同学以6人为一小组，组成创业团队。
2. 运用所学知识与对实际市场调查访问资料，确定创业项目。
3. 以规定格式编写创业计划书（见附件）。

实训考核

1. 团队上交各自的创业计划书，并做项目介绍。
2. 由老师对各组计划书的设计及内容打分。

附件

创业计划书封面

<table>
<tr><td>项目名称</td><td colspan="4"></td></tr>
<tr><td>所处行业</td><td colspan="4"></td></tr>
<tr><td>项目简介</td><td colspan="4">（简要列举项目的定位及业务发展目标等，
可供快速了解项目的整体情况）</td></tr>
<tr><td rowspan="2">项目组负责人
（组长）</td><td>姓名</td><td>学号</td><td>QQ号码</td><td>移动电话</td></tr>
<tr><td></td><td></td><td></td><td></td></tr>
<tr><td rowspan="5">项目组成员
（限定6人）</td><td colspan="2">姓名</td><td colspan="2">学号</td></tr>
<tr><td colspan="2"></td><td colspan="2"></td></tr>
<tr><td colspan="2"></td><td colspan="2"></td></tr>
<tr><td colspan="2"></td><td colspan="2"></td></tr>
<tr><td colspan="2"></td><td colspan="2"></td></tr>
<tr><td>小组编号</td><td colspan="4">第　　组</td></tr>
<tr><td>评分</td><td colspan="4">评语：

计划书得分：　　　　　　指导教师签名：</td></tr>
</table>

第四章 组织管理

知识目标

- 理解组织的含义和类型及其在管理中的重要作用；
- 理解组织结构和组织设计的具体内容；
- 掌握组织结构的特点和应用范围；
- 掌握组织设计的原则及影响因素；
- 掌握组织结构的类型及优缺点。

能力目标

- 掌握组织管理的工作原理；
- 掌握组织设计的内容；
- 掌握企业内部结构的基本框架；
- 学会恰当的集权与分权的设计。

杜邦公司的组织成长

在19世纪，杜邦公司是一个家族公司，基本上实行个人决策式经营，这一点在亨利这一代尤为明显。亨利在公司任职的40年中，挥动军人严厉粗暴的铁腕统治着公司，他实行的一套管理方式被称为“凯撒型经营管理”。公司的主要决策和许多细微决策都要由他亲自制定，所有支票都得由他亲自开，所有契约也都由他签订。他一人决定利润的分配，亲自周游全国，监督公司的数百家经销商。在每次会议上，总是他发问，别人回答。另外，他全力加速回收账款，严格支付条件，促进交货流畅，努力降低价格。亨利接任时，公司负债高达50多万，但亨利后来却使公司成为火药制造业的领头羊。

在亨利时代，个人决策式的经营基本上是成功的。这主要是因为：第一，公司规模不大，直到1902年合资时资产才2 400万美元；第二，产品比较单一，基本上是火药；第三，公司产品质量居于绝对领先地位，竞争者难以超越；第四，市场需求变化不甚复杂。单人决策之所以取得了较高效果，这与亨利的非凡精力也是分不开的。直到72岁时，亨利仍不要秘书的帮助，任职期间，他亲自写的信不下25万封。亨利的侄子尤金是公司的第三代继承人。尤金试图承袭其伯父的经营作风，也采取绝对的控制，亲自处理细枝末节，亲自拆信复函，但他还是陷入公司错综复杂的矛盾之中。1902年，尤金去世，合伙者也都心力交瘁，两位副董事长和秘书兼财务长也相继累死。这一方面是由于他们的体力不胜负荷，另一方面是由于当时的经营方式已与时代不相适应。

正当公司濒临危机、无人敢接重任、家族拟将公司出卖给别人的时候，三位堂兄弟出来以廉价买下了公司，并果断地抛弃了亨利的那种单枪匹马的管理方式，精心地设计了一个集团式经营的管理体制。

集团式经营最主要的特点是建立了“执行委员会”，隶属于最高决策机构董事会之下，是公司的最高管理机构。在董事会闭会期间，大部分权力由执行委员会行使，董事长兼任执行委员会主席。1918年时，执行委员会有10个委员、6个部门主管、94个助理，高级经营者年龄大多在40岁上下。此外，杜邦公司抛弃了当时美国流行的体制，建立了预测、长期规划、预算编制、资源分配等管理方式。在管理职能分工的基础上，建立了制造、销售、采购、基本建设投资、运输等职能部门。在这些职能部门之上，是一个高度集中的总办事处，控制销售、采购、制造、人事等工作。

由于在集团经营的管理体制下，权力高度集中，实行统一指挥、垂直领导和专业分工的原则，所以秩序井然，职责清楚，效率显著提高，大大促进了杜邦公司的发展，公司的资产到1918年增加到3亿美元。

可是，杜邦公司在第一次世界大战中的大幅度扩展，以及逐步走向多角化经营，使组织机构遇到了严重问题。每次收买其他公司后，杜邦公司都因多角化经营而严重亏损。这种困扰除了由于战后通货从膨胀到紧缩之外，主要是由于公司的原有组织没有弹性，对市场需求的变化缺乏适应力。

杜邦公司经过周密的分析，提出了一系列组织机构设置的原则，创造了一个多分部的组织结构。在执行委员会下，除了设立由副董事长领导的财力和咨询两个总部外，还按各产品种类设立分部。在各分部下，则有会计、供应、生产、销售、运输等职能处。各分部是独立核算单位，分部的经理可以独立自主地统管所属部门的采购、生产和销售。新分权化的组织使杜邦公司很快成为一个具有效能的集团，所有单位构成了一个有机的整体，公司组织具有很大的弹性，能适应市场需求的变化。

20世纪60年代初，杜邦公司接二连三地遇到了难题，许多产品的专利权纷纷满期，在市场上受到日益增多的竞争者的挑战，可以说是四面楚歌，危机重重。为了摆脱危机，杜邦公司除了实施新的经营方针外，还不断完善和调整原有的组织机构，进行组织结构的创新。1967年年底，科普兰把总经理一职史无前例地让给了非杜邦家族的马可，财务委员会议议长也让别人担任，自己专任董事长一职，从而形成了一个“三驾马车式”的体制。在新的体制下，最高领导层分别设立了办公室和委员会，作为管理大企业的“有效的富有伸缩性的管理工具”。科普兰说：“‘三驾马车式’的组织体制，是今后经营世界性大规模企业不得不采取的安全设施。”

思考：综合案例思考杜邦公司组织变化的过程？

第一节　了解组织

组织是保证决策目标和计划有效落实的一种管理职能。若要组织高效率地运行，首先是要设计合理的组织结构。组织是管理活动的载体，管理活动存在于组织活动中。组织结构的合理与否、组织工作是否科学高效，对管理活动的效果有着重要的影响。

一、组织的概念

组织的概念有两个含义，即一般意义的组织和管理学意义的组织。

（一）一般意义的组织

组织是为了达到某些特定目标，由分工与合作及不同层次的权利和责任制度而构成的人的集合，是人们进行合作的必要条件。组织主要包括以下工作内容。

（1）组织必须有目标。任何组织都是为目标而存在的，不论这种目标是明确的还是隐含的，目标是组织存在的前提。

（2）组织必须分工合作。没有分工与合作，也不能称之为组织。分工与合作关系是由组织目标限定的。

（3）组织要有不同层次的权利与责任制度。这是由于分工之后，就要赋予每个部门和每个人相应的权利和责任。

（二）管理学意义的组织

在管理学中，组织被看作是反映一些职位和一个人之间的关系的网络式结构。组织可以从静态与动态两个方面来理解：静态方面是指组织结构，即反映人、职位、任务以及它们之间的特定关系的网络；动态方面是指维持与变革组织结构，以完成组织目标的过程。因此，组织被作为管理的一种基本职能。这是按照一定目的和程序而组成的一种权责角色结构，其中有四个重要的概念。

（1）职权。它是指经由一定的正式程序所赋予某项职位的权力。居其位者可以承担指挥、监督、控制，以及惩罚、裁决等工作。这种权力是职位的权力，而不是某个特定的人的权力。

（2）职责。它指某项职位应该完成某项任务的责任。

（3）负责。它反映上下级之间的一种关系。下级有向上级报告自己工作绩效的义务和责任；上级对下级的工作进行必要指导的责任。

（4）组织机构图。它反映组织内机构、岗位间各种相互关系的一种图表。

（三）组织的作用

1. 聚合的作用

在分工的社会条件下，每个人根据自己个人的能力完成专业化的劳动，当需要把这种专业化的劳动聚集在一起，协作就相应地产生了。分工与协作的相互依存和共同发展形成了组织。组织的存在，可以把人聚集在一起，共同学习，共同劳动，提高了生产的效率，扩大了生产的规模，这是组织形成初期的作用。

2. 放大的作用

在组织形成初期的基础上，组织内部分工与协作的关系通过制度化的形式加以确立。根据分工和职能的不同，组织内划分为很多形式的组织，这些组织聚合在一起，产生比聚合更大的力量，实现了产出大于投入的效应，组织的作用也得以放大，这时的组织不是简单意义上的聚合，而是产生 1+1＞2 的功能。这种作用会不断推进组织的发展，推动整个社会的进步。

二、组织的分类

根据不同的划分标准，可以把组织划分为不同的类型。如根据组织目标，可以把组织分为互益组织，即工会、俱乐部、政党等；社团组织，即学会、协会、研究会等；工商组织，即工厂、商店、银行等；服务组织，即学校、医院、社会机构等。对管理者来讲，任何组织都可以根据满足其成员心理需求的差异来分类，将组织分为正式组织和非正式组织。

（一）正式组织

为了有效地实现组织目标，明确规定了组织成员之间的职责和相互关系的一种结构，其组织制度和规范对成员具有正式的约束力的集合。合理健康的正式组织可为组织活动的效率提供重要保证。正式组织有以下特点。

（1）具有专业分工。按照组织整体目标及分解目标和组织工作的特征，正式组织具有明确的内部专业化分工，并按照这些分工设置相应的工作职位和配备资源。

（2）具有明确的层级。根据分工要求，正式组织按照层级设计配置人员，由此形成组织成员之间的层次等级。

（3）具有法定的权威。这种权威性可保证组织意志的贯彻和信息的沟通，对于组织成员具有强制性的约束力。

（4）具有统一的制度性规范。正式组织的组织秩序和结构功能相对稳定，其制度规范和规则程序也相对稳定，因此正式组织具有相对稳定的内部环境。

（二）非正式组织

组织成员在感情相投的基础上，由于观点、爱好、兴趣、习惯、志向、血缘关系等一致而自发形成的结伙关系。非正式组织也有自己的目的，也可能存在分工，但是其目的和分工并不是经过正式计划来确定的，也没有严格的规章制度来保证其目的和分工的实施和实现。非正式组织的基本特征如下。

（1）组织成员自发形成。非正式组织中共同的个人行为虽然有时也能达成某种共同结果，但人们并不是本着有意识的共同目的参与活动的，他们只是由于自然的人际交往而自发地产生交往行为，由此形成一种未经刻意安排的组织状态。

（2）没有成文的制度和规则。非正式组织没有严格的规章制度来约束其长期的行为，但它通过成员的团体意识、团体固有的规范和压力，以及非正式领导者的说明和影响作用而将人们团结在一起，并产生很强的内在凝聚力。

（3）不稳定性。由于非正式组织是自发产生、自由结合而成的，因此呈现出不稳定性。它可以随着人员的变动或新的人际关系的出现而发生改变，从而使其结构表现出动态的特征。

三、组织工作

（一）组织工作的职能

组织工作作为一项管理职能是指在组织目标已经确定的情况下，通过建立一个适于组织成员相互合作、发挥各自才能的良好环境，使组织成员都能在各自的岗位上为组织目标的实现做出应有的贡献。

组织工作职能的内容包括以下四个方面。

（1）根据组织目标设计和建立一套组织机构和职位系统。

（2）确定执行关系，从而把组织各成员联系起来。

（3）与管理的其他职能相结合，以保证所设计和建立的组织结构有效地运转。

（4）根据组织内、外部要素的变化，适时地调整组织结构。

（二）组织工作的过程

设计、建立并维持一种科学的、合理的组织结构，是为成功地实现组织目标而采取行动的一个明显的过程，这个过程由以下一系列的逻辑步骤所组成。

（1）确定组织目标。

（2）对组织目标进行分解，拟定派生目标。

（3）明确为了实现目标所必需的各项业务工作和活动，并加以分类。

（4）根据可以利用的人力、物力及利用它们的最佳途径来划分各类业务工作活动。

（5）授予执行有关各项业务工作或活动的各类人员以职权和职责。

（6）通过职权关系和信息系统，把各层次、各部门连接成一个有机的整体。

一般来说，组织工作同这个过程是相吻合的，主管人员通过这一过程来消除混乱，接触人们在工作职责方面的矛盾和冲突，建立起一种适合组织成员相互默契配合的组织结构。

组织工作的最终结果就是一系列的组织结构系统图和岗位说明书。组织系统图描述的是一个组织内部的各种机构，以及其中相应的职位和相互关系。而岗位说明书则详细规定了各个职务的职权和职责以及与其相关的上下级和同级的关系。

（三）组织工作的原则

组织工作的基本原则包括以下内容。

（1）有效实现目标原则。组织结构的设计，必须从组织要实现的目标和任务出发，并为有效实现目标和任务服务。

（2）专业分工与协作原则。要按专业化的原则设计部门和确定归属，同时要有利于组织单元之间的协作。

（3）指挥统一原则。在设计职权关系中，必须保证指挥的统一性，防止令出多门。

（4）有效管理幅度原则。每个管理者管理幅度大小的设计，必须确保能实现有效原则。

（5）集权与分权相结合原则。要将高层管理者的适度权利集中与放权于基层有机结合起来。

（6）责权利相结合原则。要使每一个组织单元或职位所拥有的责任、权利和利益相匹配。

（7）稳定性和适应性相结合原则。既要保证组织的相对稳定性，又要在目标或环境变化情况下能够适应或及时调整。

（8）决策执行和监督机构分设原则。为了保证公正和制衡，决策执行机构和监督机构必须分别设置。

（9）精简高效原则。机构既要精简，又要有效率。

小案例

凯达公司的问题

凯达公司是一个中型企业，主要业务是为用户设计和制作商品目录手册。公司在A、B两地各设有一个业务中心。A中心内设有采购部和目录部，采购部负责接受用户的订单、选择和定购制作商品目录所需要的材料，其中每个采购员都是独立工作的；目录部负责设计用户定制的商品目录，该部的设计人员因为必须服从采购员提出的要求，因此，常常抱怨受到的约束过大，因而不能实现艺术上的完美性。B中心则专门负责商品目录的制作。最近，根据经营主管的建议，公司在B地又成立了一个市场部，专门负责分析市场需求，挖掘市场潜力，向采购员提出建议。但采购员和设计员都认为成立市场部不但多余，而且干涉了自己的工作。市场部人员则认为采购员和设计员墨守成规、缺乏远见。虽然公司经营主管做了大量的说服工作，并先后调换了有关人员，效果仍不理想。公司总经理很纳闷：问题究竟出在什么地方？

解析：凯达公司的问题不是员工素质差，而是组织设计不合理。组织设计是组织工作中最重要、最核心的一个环节，它着眼于建立一种有效的组织框架，对组织成员的分工协作关系做出正式的规范和安排。组织设计搞不好，组织效率难以提高，各部门之间还会产生矛盾。

要想改进公司的组织结构，需要画出组织结构图，并改进业务流程，让各部门在一个顺畅的流程下工作，从而相互协作，统一协调。

公司在以前的组织结构基础上增加市场部的措施是正确的，但是市场部的职能、职责与职权并不明确。市场部是连接市场需求与生产环节的重要部门，这个部门的职责是将客户的需求转化成生产目标，目标部应并入市场部，并在原有岗位中增加营销经理岗位，在售前营销的过程中，营销经理、设计员要与客户进行充分地沟通，采购部门应该能够对物料采购和原材料成本提供咨询。这样签合同之后的设计和生产制造能够达到用户的需求，业务流程也理顺了。

第二节 组织设计

一、了解组织设计

（一）组织设计的含义

组织设计就是设计清晰的组织结构，规划和设计组织中各部门的职责和职权，确定组织中各种职权的活动范围并编制职务说明书。组织设计是有效管理的必备手段之一，一般根据组织目标划分为若干性质不同的业务工作，形成若干部门，规定各部门的职责，明确上下级关系等。

组织设计的步骤如下。

（1）确立组织目标。通过收集及分析资料，进行设计前的评估，以确定组织目标。

（2）划分业务工作。根据组织的工作目标内容和性质，以及工作之间的联系，将组织活动组合成具体的管理单位，并确定其业务范围和工作量。

（3）形成组织结构的基本框架。按组织设计要求，决定组织的层次及部门结构，形成层次化的组织管理系统。

（4）确定职责和权限。明确规定各层次、各部门以及每一职位的权限和责任。

（5）设计组织运作方式。确定各项管理工作和业务开展的工作程序、工作标准和管理方法，设计各类运行制度，规范各部门沟通与协调手段。

（6）配备人员。按职务、岗位及技能要求选择适合岗位人员，做到人与岗位匹配。

（7）形成组织结构。对组织设计进行评价及修改，确定组织结构及组织运作程序，并颁布实施。

（二）组织设计的原则

企业组织是一个有机系统，要把许多人组织起来，形成一个有机的分工协作体系，不是一件容易的事情，需要遵循一系列基本的原则，从而保证组织正常运转。组织设计应遵循以下原则。

1. 目标导向原则

目标导向原则要求在组织设计和组织形式的选择时必须有利于组织目标的实现。因为存在组织目标，组织成员才会有效地进行分工协作，并最终实现共同的目标。

2. 统一指挥原则

统一指挥原则要求组织的各级机构以及个人必须服从一个上级的命令和指挥。只有在管理中实行统一指挥，消除多头领导、政出多门的现象，才能保证全部活动的有效管理和正常工作。

3. 权责对等原则

权责对等是指在进行组织设计时，赋予某个部门或岗位的权力和其应承担的职责是对应的。组织赋予其多大的权力就应该承担多大的责任。如果权力大于工作的要求，虽然能保证工作任务的完成，但由于权力过大，会导致权力滥用，影响组织系统的正常运转。如果权力小于工作的要求，则责任无法履行，工作任务无法顺利完成。

4. 分工协作原则

分工有两种类型，一种是横向分工，将组织划分为不同的职能部门；另一种是纵向分工，将组织划分为不同的层级。现代企业管理工作量大，专业性强，合理分工可以确定不同的岗位及其承担者，组织结构清晰、明确有利于提高管理工作的效率。在分工的基础上，各职能部门只有加强协作与配合，才能保证各项管理的顺利开展。

5. 优化的原则

任何组织都存在于一定的环境中，组织的生存和发展面临两种环境，即内部环境和外部环境，这两种环境都会对组织的结构形式产生影响，因此，组织结构设计要充分考虑两种环境的影响因素，以实现企业内、外部资源的优化配置。

6. 重点的原则

在企业组织进行结构设计时要突出企业现阶段的重点工作和重点部门。

7. 适应的原则

企业组织结构的重新设计，要根据企业实际情况，以适应企业的执行能力和一些良好的习惯，使企业和员工在执行中方便易行。

（三）组织设计的内容和成果

组织设计的任务是设计清晰的组织结构，规划和设计组织中各部门的职能和职权，确定组织中职能职权、参谋职权、直线职权的活动范围并编制职务说明书。

职务说明书中应包括：该管理职务的工作内容、职责与权力；该职务在组织中与其他职务之间的区别与联系；职务人员具备的专业背景、知识结构、工作经验、管理能力等基本条件。

1. 组织设计的内容

组织在设计时要考虑组织结构中的三个相互联系的问题，即职权如何划分、部门如何确立、管理层次如何划分。由于组织内外环境的变化影响着这三个相互关联的问题，使组织结构的形式不断发生变化，因此，要进行组织设计，首先要处理好这三个关系。组织设计的成果表现为组织结构图、岗位说明书和组织手册。

2. 组织设计者的工作

（1）职能与职务的分析与设计

组织首先需要将总的任务目标进行层层分解，分析并确定完成组织任务究竟需要哪些基本的职能与职务，然后设计和确定组织内从事具体管理工作所需的各类职能部门以及各项管理职务的类别和数量，分析每位职务人员应具备的资格条件、应享有的权利范围和应负的责任。

（2）部门设计

根据每位职务人员所从事的工作性质以及职务间的区别和联系，按照组织职能相似、活动相似或关系紧密的原则，将各个职务人员聚集在“部门”这一基本管理单位内。

（3）层级设计

在职能与职务设计以及部门划分的基础上，必须根据组织内部能够获取的现有人力资源情况，对初步设计的职能和职务进行调整和平衡，同时要根据每项工作的性质和内容确定管理层级并规定相应的职责、权限，通过规范化的制度安排使各个职能部门和各项职务形成一个严密、有序的活动网络。

二、组织结构

（一）组织结构的含义

组织结构是组织的全体成员为实现组织目标，在管理工作中进行分工协作，在职务范围、责任、权利方面所形成的结构体系，表明组织各部分排列顺序、空间位置、聚散状态、联系方式以及各要素之间相互关系的一种模式，是整个管理系统的“框架”。组织结构是组织在职、责、权方面的动态结构体系，其本质是为实现组织战略目标而采取的一种分工协作体系，组织结构必须随着组织的重大战略调整而调整。

（二）组织结构的类型

1. 直线型组织结构

直线型组织结构是一种最简单、最原始的组织结构形式，如图 4-1 所示。这种组织形式没有职能机构，从最高管理层到最底层实现垂直领导，适合那些规模小、任务单一、人员少的组织或者是初创期的组织。

优点：结构简单、指挥系统清晰、统一；责权关系明确；横向联系少，内部协调容易；信息沟通迅速，解决问题及时，管理效率比较高。

缺点：缺乏专业化的管理分工，经营管理事务依赖于少数几个人，要求企业领导人必须是经营管理全才，但这是很难做到的，尤其是在企业规模扩大时，管理工作会超过个人能力所能承受的限度，不利于集中精力研究企业管理的重大问题。

2. 职能型组织结构

职能型组织结构是在“直线型”组织结构的基础上为各级领导设置职能机构，如图 4-2 所示。在该种组织结构中，各级领导既协助上级领导工作，又在自己职责范围内有权向下级发布命令和指示。

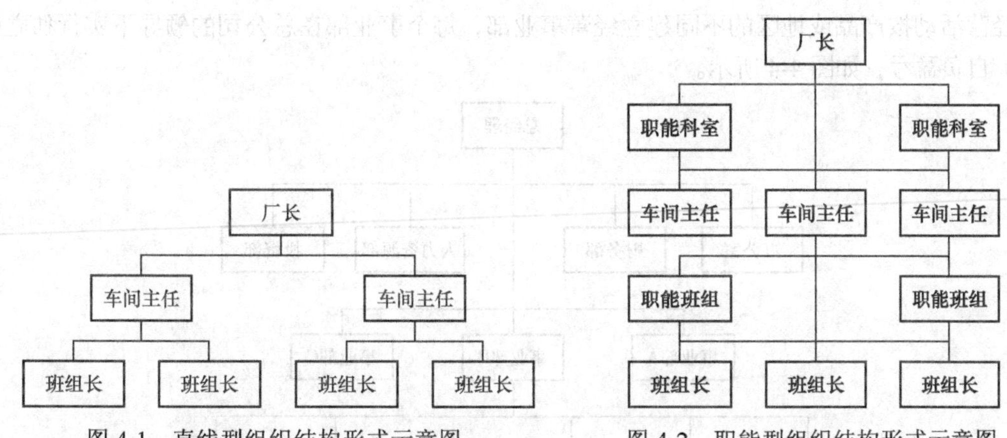

图 4-1　直线型组织结构形式示意图　　图 4-2　职能型组织结构形式示意图

优点：能适应现代化工业企业生产技术比较复杂，管理工作比较精细的特点；能充分发挥职能机构的专业管理作用，减轻直线领导人员的工作负担。

缺点：它妨碍了必要的集中领导和统一指挥，形成了多头领导；不利于建立和健全各级行政负责人和职能科室的责任制，在中间管理层往往会出现有功大家抢，有过大家推的现象；另外，在上级行政领导和职能机构的指导和命令发生矛盾时，下级就无所适从，影响工作的正常进行，容易造成纪律松弛，生产管理秩序混乱。由于职能型组织结构具有明显的缺陷，现代企业一般都不采用该类型。

3. 直线职能型组织结构

直线职能型组织结构是在直线型和职能型的基础上，取长补短，吸取这两种形式的优点而建立起来的。它是各类组织中最常采用的一种组织形式。

这种组织结构的特点是：以直线为基础，在各级行政领导之下设置相应的职能部门（如财务部）从事专业管理。在这种组织模式中，直线部门担负着实现组织目标的直接责任，并拥有对下属的指挥权；职能部门只是上级直线管理人员的参谋与助手，主要负责提供建议、信息，对下级机构进行业务指导，但不能对下级直线管理人员发号施令，除非上级直线管理人员授予他们某种职能权力，如图 4-3 所示。

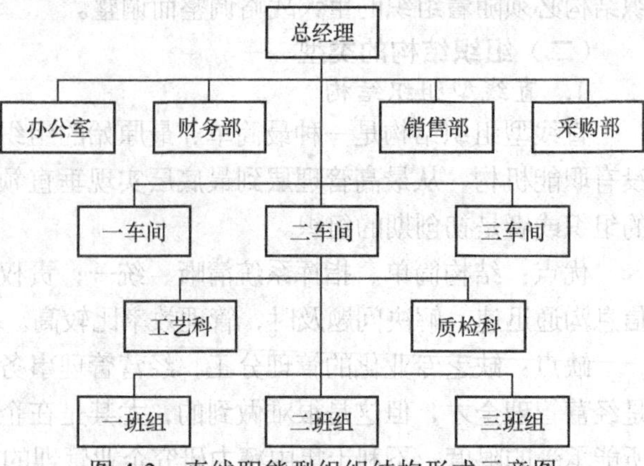

图 4-3　直线职能型组织结构形式示意图

优点：它在保留直线型集中统一的优点上，引入管理工作专业化的做法，既能保证统一指挥，又可以发挥职能型管理部门的参谋、指导作用，弥补领导人员在专业管理知识和能力方面的不足，协助领导人员决策。

缺点：不同的直线部门和职能部门之间的目标不易统一，相互之间容易产生不协调或矛盾，从而增加了高层管理人员的协调工作量；由于职能组织促使管理人员只重视与其有关的专业领域，因而不利于从组织内部培养熟悉全面情况的管理人才；由于分工细，规章多，因而反应较慢，不易迅速适应新情况。

4. 事业部型组织结构

事业部型组织结构也叫联邦分权化，它是一种高层集权下的分权管理体制，将企业的生产经营活动按产品或地区的不同建立经营事业部，每个事业部在总公司的领导下实行独立核算，自负盈亏，如图 4-4 所示。

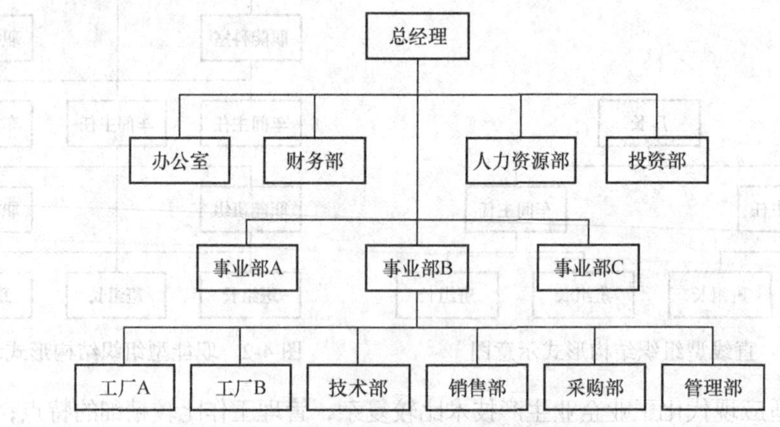

图 4-4　事业部型组织结构形式示意图

优点：既保持了公司管理的灵活性和适应性，又发挥了各事业部的主动性和积极性；可使总公司和最高管理层从繁重的日常事务中解放出来，得以从事重大问题的研究和决策；各事业部相当于公司内部独立的组织，不论在公司内外，彼此都可以开展竞争，比较成绩优劣，从而可克服组织的僵化和官僚化；它也有助于培养高层管理人员。

缺点：资源的重叠和高成本。在一个研究部门中，所有的研究人员可以使用同一设施，而在事业部结构中，可能需要多个相同设施供不同事业部使用，这使组织损失了效率和规模经济。职能机构重复设置，管理人员增多；部门之间相互竞争资源，会导致不利于公司整体的争权夺利行为。另外，在事业部结构下高层管理者的控制在一定程度上被削弱，这也会影响各事业部的工作。

事业部型组织结构在组织规模很大且业务范围广或市场区域大时才比较适宜。

5. 矩阵型组织结构

矩阵型组织结构在组织的同一部分同时综合了职能和事业部两种结构。矩阵结构被发展成一种改善横向联系和信息共享的方式。矩阵组织的特征是具有双重权力链。职能部门的权力分布呈垂直式，而事业部的权力分布则呈水平式。垂直结构可以在职能部门内形式传统的控制，水平结构可以实现跨部门合作。因此，矩阵型组织结构为职能型和事业部型结构关系提供了一条正式的命令链，这种双重结构使得一些员工需同时向两位上司报告，如图 4-5 所示。

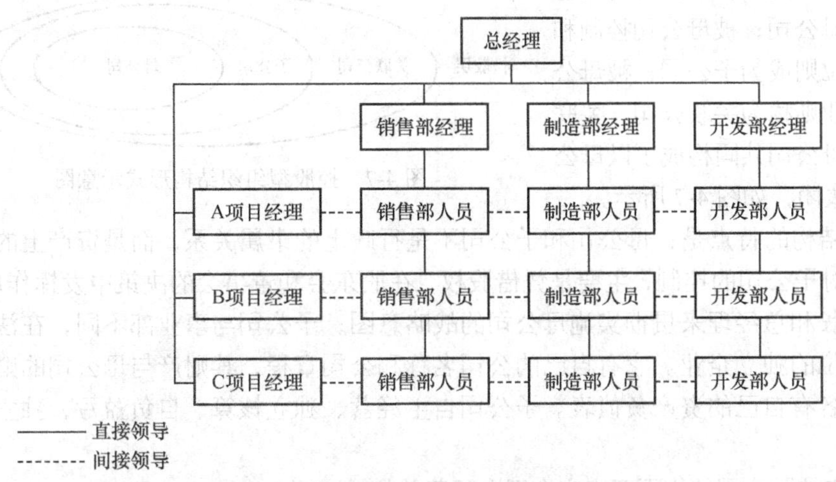

图 4-5　矩阵型组织结构形式示意图

矩阵型组织结构的成功程度依赖处于矩阵关键点的员工能力。他们必须解决矩阵主管之间相互冲突的要求，面对高层经理做出令双方满意的决策。他们需要良好的人际关系技巧来面对不同的经理，解决冲突。

优点：加强了各职能部门之间的配合，有利于加强信息交流；便于集中各种专门的知识和技能，加速完成某一特定项目；有利于发挥专业人员的综合优势；具有较强的灵活性，即可根据需要快速组建，完成任务后又可以撤销；相对于职能结构来说，矩阵结构能给员工更大的任务，因此会挑战和激励员工。

缺点：多重领导容易导致效率低下，协调不当容易产生矛盾。

6. 网络型组织结构

网络型组织又称虚拟组织，是一种以知识经济为背景，利用现代信息技术建立和发展起来的一种新型组织结构。它的运行不靠传统的层级控制，而是在定义成员角色和各自任务的基础上通过密集的多边联系、互利和交互式的合作来完成共同追求的目标。数据和信息在成员企业中通过网络实现共享，它的基本构成要素是众多的节点和节点之间的相互关系。在网络型组织中，节点可以由个人、企业内的部门、企业或是它们的混合体组成，每个节点之间都以平等身份保持着互动式联系。

网络型组织结构比较适用于那些需要相当灵活性的行业，以便对市场的不断变化做出迅速反应。网络型组织也适合于那些制造过程中需要低价劳动力的公司，如服装、玩具制造等小型企业。

网络型组织结构形式如图 4-6 所示。

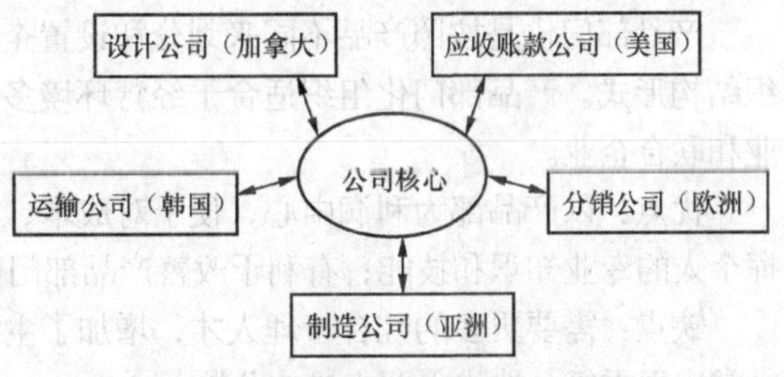

图 4-6　网络型组织结构形式示意图

7. 控股型组织结构

控股型组织结构是在非相关领域开展多元化经营的企业所常用的一种组织结构形式。由于经营业务的非相关或弱相关，大公司不对这些业务经营单位进行直接的管理和控制，而代之以持股控制。这样，大公司便成为一个持股公司，被其持股的单位不但对具体业务有自主经营权，而且还保留着独立的法人地位。

基于持股控制的关系，那些持有股份的大公司便成为母公司；被母公司控制和影响的各企业单位则成为子公司；被母公司一般参股的企业则称为关联公司。关联公司、子公司与母公司共同构成了以母公司为核心的企业集团，如图 4-7 所示。

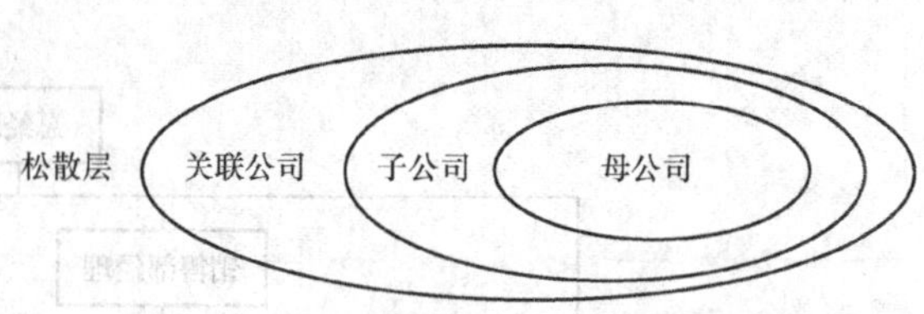

图 4-7 控股型组织结构形式示意图

控股型组织结构的特点是：母公司和子公司不是行政上的隶属关系，而是资产上的联结关系。母公司对子公司的控制，主要是凭借股权，在股东会和董事会的决策中发挥作用，并通过任免董事长和总经理来贯彻实施母公司的战略意图；子公司与事业部不同，在法律上是具有法人地位的独立企业。它有自己的公司名称和公司章程，其财产与母公司的财产彼此独立注册，各有自己的资产负债表。子公司自主经营、独立核算、自负盈亏，独立承担民事责任。

我国法律规定控股公司结构下至少应有五个经营单位。

三、组织部门化

组织设计的内容之一是部门化，主要解决组织的横向结构问题。

随着组织规模的扩大和生产经营活动的复杂化，业务活动的种类越来越多，涉及的专业领域越来越广。因此，为了提高工作效率，管理者必须在劳动分工的基础上，对各项活动进行分类，使性质相同或相似的工作合并到一起组成单位，这样便形成了一个个专业化的部门。

在企业实践中，部门化的形式是多种多样的，典型的有以下几种。

（一）职能部门化

职能部门化是按照组织的各项主要业务工作和主要职能来划分和设置组织的部门，这是最常见的一种部门化组织形式。例如，组织基本的职能部门一般包括生成、研发、质量、销售、财务、人事部门等。这种方法较多应用于管理或服务部门的划分。

优点：有利于发挥个人的专业知识和技能，有利于改善产品部门内部的协调工作。

缺点：需要更多的综合管理人才，增加了主管部门控制与协调的困难，组织的职能部门经常出现重复，造成专业力量分散。

（二）产品部门化

产品部门化是按照产品不同来划分和设置企业组织的部门，也是一种很常见的部门化组织结构形式。产品部门化组织适合于经营环境多变，实行多品种与多系列生产经营的大型企业和联合企业。

优点：以产品部为利润中心，便于对成本、利润和绩效进行测定和评价，有利于充分发挥个人的专业知识和技能；有利于改善产品部门内部的协调工作。

缺点：需要更多的综合管理人才，增加了主管部门控制与协调的困难。组织的职能部门经常出现重复，造成主要力量的分散。

（三）流程部门化

流程部门化将企业的生产或制造过程分成分成几个阶段，按阶段来设置组织的部门和机构，要求每个部门只负责某个过程中某一阶段的工作。

优点：可以充分利用专业技术与技能，便于采用专业化的机械和设备，同时简化了员工的培训。

缺点：一旦衔接出现问题，将直接影响总体目标，各部门之间沟通协作困难，要求高层领导严格控制，同时不利于管理人才的培养。

（四）区域部门化

区域部门是以活动的特定区域作为划分部门的根据，把该地区范围内组织的全部活动集中起来形成一个部门。区域部门化适合目标用户分布区域较大的企业。

优点：有利于特定区域内组织工作的协调和效率的提高，有利于根据当地情况进行活动和管理，有利于管理者综合管理能力和协调能力的加强。

缺点：容易使区域性部门自成一体，增加组织总体控制和管理的难度，不利于各区域之间的合作，同时会造成一些机构重复，增加管理费用。

（五）顾客部门化

顾客部门化以顾客为对象，根据不同顾客的需要或不同顾客群设立部门。这种新型的组织结构形式在激烈的竞争中，迎合了需求多样化发展的趋势，受到当代人的欢迎。

优点：能更好地满足各类顾客的需求，能创造更大的社会效益。

缺点：不利于各部门之间的协调，如果划分过细，会导致人员和设备利用率低。

相关链接

部门划分的典范

下面介绍按组织服务的对象类型来划分部门的典型范例。例如，饭店根据职能化方法可以分为五个独立的部门，即房务部、餐饮部、营销部、人事部和财务部。这五个部门的负责人直接向饭店总经理汇报工作。每个部门又可以分为几个更小的子部门。这种再分是根据每个子部门员工所应具备的知识与技能，为了更好地完成工作而精心设计的。

又如，银行为了给不同的顾客提供服务，设立了商业信贷部、农业信贷部、普通消费者信贷部等；零售商店可通过建立特设部门来迎合不同的顾客阶层，如十多岁的青少年、大学生、新婚夫妇等的需求；一个制造阀门的工业企业分配它的推销人员则是让一部分负责向原设备制造企业进行销售，而另一部分负责配件市场的销售。

四、组织层次化

确定组织层次就是要确定组织中每一个部门的职位等级数。组织层次与管理幅度的反比关系决定了两种基本的管理组织结构形态，即扁平结构形态和金字塔结构形态。

（一）管理幅度与管理层次

管理幅度与管理层次是组织结构的基本范畴。管理幅度与管理层次是影响组织结构的两个决定性因素。幅度构成组织的横向结构，层次构成组织的纵向结构，水平与垂直相结合构成组织的整体结构。在组织条件不变的情况下，管理幅度与管理层次通常成反比例关系，即管理幅度宽，则管理层次少，反之亦然。

1. 管理幅度

管理幅度，又称为管理宽度，是指在一个组织结构中，管理人员所能直接管理或控制的下属数目。这个数目是有限的，当超过这个限度时，管理的效率就会随之下降。因此，主管人员要想有效地领导下属，就必须认真考虑究竟能直接管辖多少下属的问题，即管理幅度问题。在组织内，管理幅度不宜过宽。

有效的管理幅度受到诸多因素的影响，主要有管理者与被管理者的工作内容、工作能力、工作环境与工作条件。

（1）工作内容和性质

① 下属工作的相似性。下属从事的工作内容和性质相近，则对每人工作的指导和建议也大体相同。这种情况下，同一主管对较多下属的指挥和监督是不会有什么困难的。

② 计划的完善程度。下属如果单纯地执行计划，且计划本身制定得详尽周到，下属对计划的目的和要求明确，那么，主管对下属指导所需的时间就短；相反，如果下属不仅要执行计划，而且要将计划进一步分解，或计划本身不完善，那么，对下属指导、解释的工作量就会相应增加，从而减小有效管理幅度。

③ 非管理事务的多少。主管作为组织不同层次的代表，往往必须占用相当长的时间去进行一些非管理性事务。这种现象对管理幅度也会产生消极的影响。

（2）工作能力

主管的综合能力、理解能力、表达能力强，则可以迅速地把握问题的关键，就下属的请示提出恰当的指导建议，并使下属明确地理解，从而可以缩短与每一位下属在接触中占用的时间。同样，如果下属具备符合要求的能力，受过良好的系统培训，则可以根据符合组织要求的主见去解决很多问题，从而减少向主管请示、占用主管时间的频率。这样，管理的幅度便可适当宽些。

（3）主管所处的管理层次

主管的工作在于决策和用人。处在管理系统中的不同层次，决策与用人的比例各不相同。决策的工作量越大，主管用于指导、协调下属的时间就越少，而越接近组织的高层，主管人员的决策职能越重要，所以其管理幅度要较中层和基层管理人员小。

（4）工作条件

① 助手的配备情况。如果有关下属的所有问题，不分轻重缓急，都要主管去亲自处理，那么，必然要花费他大量的时间，他能直接领导的下属数量也会受到限制。如果给主管配备了必要的助手，由助手去和下属进行一般的联络，并直接处理一些明显次要的问题，则可以大大减少主管的工作量，增加其管理幅度。

② 信息手段的配备情况。掌握信息是进行管理的前提，是利用先进的技术去收集、处理、传输信息，不仅可帮助主管更早、更全面地了解下属的工作情况，从而可以及时地提出忠告和建议，而且可使下属了解更多的与自己工作有关的信息，从而更能自如、自主地处理分内的事务。这显然有利于扩大主管的管理幅度。

③ 工作地点的相近性。不同下属的工作岗位在地理上的分散，会增加下属与主管以及下属之间的沟通困难，从而会影响主管直属下属的数量。

（5）工作环境

组织环境稳定与否会影响组织活动内容和政策的调整频度与幅度。环境变化越快，变化程度越大，组织中遇到的新问题越多，下属向上级的请示就越有必要、越经常；相反，上级能用于指导下属工作的时间和精力却越少，因为他必须花更多的时间去关注环境的变化，考虑应变的措施。因此，环境越不稳定，各层主管人员的管理幅度越受到限制。

2. 管理层次

所谓管理层次，就是在职权等级链上所设置的管理职位的级数。当组织规模相当有限时，一个管理者可以直接管理每一位作业人员的管理层次活动，这时组织就只存在一个管理层次。而当规模的扩大导致管理工作量超出了一个人所能承担的范围时，为了保证组织的正常运转，管理者就必须委托他人来分担自己一部分的管理工作，这使管理层次增加到两个层次。随着组织规模的进一步扩大，受托者又不得不委托其他的人来分担自己的工作。

3. 管理幅度与管理层次的关系

在组织规模已定的条件下，管理幅度与管理层次成反比例关系：直接控制的下属越多，管理层次越少；相反，管理幅度减少，则管理层次增加。在管理幅度与管理层次的关系中，管理幅度起主导作用，即管理幅度决定管理层次。这是由管理幅度的有限性所决定的，因为任何主管的知识、经验和精力都是有限的，所以管理幅度总是有限的；同时，管理层次对管理幅度也存在一定的制约作用，因为管理层次过多，沟通难度加大，效率就会下降。

例如，一家企业有员工 4 096 名，假设该企业组合自己各层次管理幅度相同，现有三个设计方案，管理幅度分别为 4、8、16，我们来看看组织的管理层次有什么变化，所需的管理人员数有什么区别，所构成的组织形态又有什么不同，如表 4-1 和图 4-8 所示。

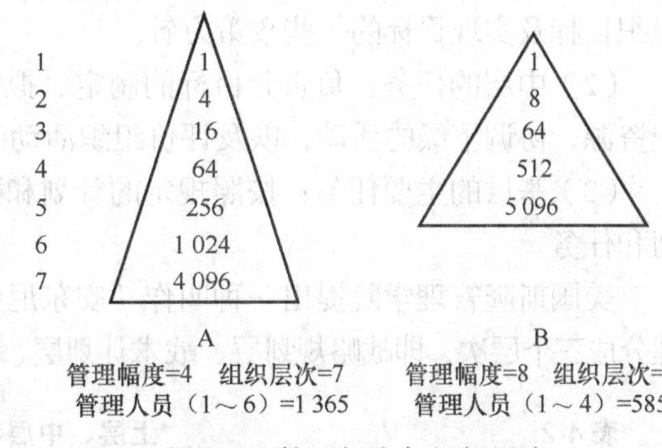

图 4-8　管理幅度与组织层次

表 4-1　管理幅度与管理层次的对应关系

项　目	（1）	（2）	（3）
管理幅度	4	8	16
管理层次	6	4	3
管理人员数	1 365	585	273

（二）扁平结构和金字塔结构

管理层次与管理幅度的反比关系决定了两种基本的管理组织结构形态：扁平结构形态和金字塔结构形态。

1. 扁平结构

扁平结构是指组织规模已定、管理幅度较大、管理层次较少的一种组织结构形态。

优点：由于层次少，信息的传递速度快，从而可以使高层尽快地发现信息所反映的问题，并及时采取相应的纠偏措施；同时，由于信息传递经过的层次少，传递过程中失真的可能性也较小；此外，较大的管理幅度使主管人员对下属不可能控制得过多过死，从而有利于下属主动性和创新精神的发挥。

缺点：由于过大的管理幅度，也会带来一些局限性，如主管不能对每位下属进行充分、有效的指导和监督；每个主管从较多的下属那里取得信息，众多的信息量可能淹没了其中最重要、最有价值者，从而可能影响信息的及时利用等。

2. 金字塔结构

金字塔结构又称锥形结构，是指管理幅度较小，从而管理层次较多的高、尖、细的金字塔形态。

优点：较小的管理幅度可以使每位主管仔细地研究从每位下属那里得到的有限信息，并对每位下属进行详尽的指导。

缺点：过多的管理层次不仅影响了信息从基层传递到高层的速度，而且由于经过的层次太多，每次传递都被各层主管加进了许多自己的理解和认识，从而可能使信息在传递过程中失真；使各层主管感到自己在组织中的地位相对渺小，从而影响积极性的发挥，往往容易使计划的控制工作复杂化。

因此，组织设计要尽可能地综合两种基本组织结构形态的优势，克服它们的局限性。

（三）组织层次的分工

1. 上层、中层、基层分工

一个组织中管理层次的多少，应具体根据组织规模的大小、活动的特点及管理幅度而定。一般来说，大部分组织的管理层可以分成三层，即上层、中层、基层。

（1）上层的任务：从组织整体利益出发，对整个组织实行统一指挥和综合管理，并制定组织目标及实现目标的一些政策方针。

（2）中层的任务：负责分目标的制定、拟定，计划的实施方案、步骤和程序，按部门分配资源，协调下级的活动，以及评价组织活动的成果和制定纠正偏离目标的措施等。

（3）基层的主要任务：按照规定的计划和程序，协调基层员工的各项工作，完成各项计划和任务。

美国斯隆管理学院提出一种叫作“安东尼结构”的经营管理层次结构。该结构把经营管理分成三个层次，即战略规划层、战术计划层、运行管理层。三个层次的情况如表4-2所示。

表4-2　上层、中层和基层的分工

对比内容	战 略 规 划	战 术 计 划	运 行 管 理
层次	上层	中层	基层
主要关心的问题	是否上马项目	怎样上马	怎样干好
时间幅度	3～5年	半年～两年	周或月
视野	宽广	中等	狭窄
信息来源	外部为主，内部为辅	内部为主，外部为辅	内部
信息特征	高度综合	中等汇总	详尽
不肯定性、冒险程度	高	中	低

2. 组织结构中的能及原理

“能级”是现代物理学中的重要概念：物质由分子组成，分子由原子组成，而原子则由原子核和电子组成。电子分布在围绕原子核运转的各电子层上，电子在各电子层上的分布取决于电子能量的大小，在离原子核较远的电子层上的电子能量较大，这种电子之间能量大小的差别成为“能级”。这种具有不同能级的电子在原子中的存在，是使原子具有稳定结构的重要因素。

把物理学中“能级”原理引进管理学中，可以看到，由于组织成员的知识、素质和能力的不同，也可以划分为各种能级。为保证组织具有高效率和高可靠性，不仅要合理地划分人员能级，而且要使不同等级人员有个合理的组合，组合不当、结构不合理和不稳定，就会使结构的效率和可靠性降低。

能级原理的理论和管理实践都证明，稳定的组织结构和人员结构应是正三角形：上层窄、下层宽。从组织结构看，最高层是经营决策层，其次是职能管理层，再次是操作执行层。从人员结构来看，较少的是高级人才、较多的是中层人才、更多的是低级人才。这里所指的高、中、低级的差别，是针对在一个组织内部的成员。

相关链接

现代组织的趋势：扁平化

古典管理学家认为窄小的管理跨度更好，通常不超过6人，这样便于对下属紧密控制。20世纪90年代以来，西方企业面临的经营环境发生了巨大变化，多层次的金字塔形组织已显得笨重、迟缓，缺乏灵活性和人情味。而扁平化组织是组织模式的根本性改变，通过减少管理层次、压缩职能机构，裁减冗余人员而建立企业的纵、横向都比较紧凑的扁平化结构，使组织变得灵活、敏捷、快速、高效，从而使企业在变化莫测的市场经济竞争中立于不败之地，正如科特所评价那样："一个有更多代理及有平坦层次结构的组织，比一个在结构中层有臃肿结构的组织处于更有利的竞争地位。"

组织扁平化是通过破除公司自上而下的垂直高耸的结构，减少管理层次，增加管理幅度，裁减冗员来建立一种紧凑的横向组织，达到使组织变得灵活、敏捷、富有柔性和创造性的目的。它强调系统、管理层次的简化、管理幅度的增加和分权。

现代社会里，越来越多的组织正努力扩大幅度即使组织扁平化。1992年，沃尔玛超过西尔斯公司成为美国的第一号零售商。管理大师汤姆·彼得斯早在几年前就预见到了这一结果。他说"西尔斯没有机会的"，原因是"一个12层次的公司无法与一个只有3个层次的公司抗争。"

第三节　职权分配

一、职权

（一）职权的含义

1. 职权的含义

职权是指管理者所固有的发布命令和希望命令得到执行的一种权力，它是管理者制定决策、发布命令、分配资源以取得组织所期望的结果的正式而合法的权力。职权是主管人员行使职责的一种工具。

2. 职权的特点

（1）职权是由组织结构设计中的权力设计所决定的。职权是一种基于掌握职权的人在组织中所居之位的合法的权力。管理者拥有职权是因为他们所处的职位，其他人处于这样的位置也会拥有同样的职权。

（2）职权与组织的制度有关，如政府制度、法律制度、财产制度等。

（3）通过职权关系上传下达，实现组织内的信息沟通。

（二）职权的类型

1. 直线职权

直线职权即指挥权、决策权，它是某项职位或部门所拥有的包括做出决策、发布命令及执行决策的权力。每一管理层的主管人员都具有这种职权，只不过每一管理层次的功能不同，其职权的大小及范围不同而已。

2. 参谋职权

参谋职权又称辅助性职权，它是指某项职位或某部门所拥有的咨询、建议、指导或提供服务与便利的权力。

3. 职能职权

职能职权是指参谋人员或某部门的主管人员所拥有的原属直线主管的那部分权力。在纯粹参谋的情形下，参谋人员所具有的仅仅是辅助性职权，并无指挥权。但是，随着管理活动的日益复杂，主管人员仅依靠参谋的建议还很难做出最后的决定。为了改善和提高管理效率，主管人员就可能将职权关系做某些变动，把一部分原属自己的直线职权授予参谋人员或某个部门的主管人员，这便产生了职能职权。

4. 三者的关系

直线权力是命令和指挥的权力，参谋权力是协助和建议的权力，参谋的职责是建议而不是指挥，他们的建议只有当被管理者所采纳后并通过等级链向下发布指示时才有效。由此可见，直线权力与参谋权力之间的关系是“参谋建议，直线指挥”的关系。

“参谋建议，直线指挥”有两层意思，一是指直线人员（管理者）在进行重大决策之前要先征询组织成员或参谋人员的意见。管理者和操作者只是为了实现共同目标而进行的一种分工，操作者有权了解管理者的经营策略并对此发表自己的意见；而参谋人员的设立就是为了减轻管理者的负担，或弥补管理者的不足，以避免重大失误。因此，管理者在具体行使职权时要充分发挥参谋人员的智囊作用，否则，就没有必要在组织中专门设立参谋人员或部门。二是指这两种权力之间性质的不同。参谋权力是咨询性的，行使参谋权力的人员可以向直线人员提出自己的意见或建议，但不能把自己的知识、想法等强加给直线人员，或超越权限，直接发号施令；指挥的权力应由直线人员来承担，由直线人员来决定方案的取舍及发布指令，并承担最后的责任。这是保证组织内部命令的统一性所必需的。

与参谋权力不同，职能权力是由直线权力派生的限于特定职能范围内的直线权力。由于职能权力是高层管理者直接授予的特定权力，因此直线权力和职能权力之间的关系应是“直线有大权，职能有特权”的关系。

“直线有大权，职能有特权”是指在一个组织中，直线人员拥有除了其上层直线人员赋予职能部门的职能权力以外的大部分直线权力；职能部门的管理人员则除了拥有对本部门下属的直线权力外，还拥有上层管理者所赋予的特定权力，可在其职能范围之内对其他部门及其下属部门发号施令。直线人员在组织规定的各种职能范围内的事项要接受职能权力的指挥，如企业中各部门经费的使用要遵守财务部门的有关规定；职能权力则应限定在规定的职能范围之内，如采购部经理有权制定采购程序，但无权决定其他各部门要买什么和买多少等。

在实际工作中，应处理好三者的关系，确立直线职权的主导地位，发挥参谋职权的作用，适当运用职能职权。

二、职权的分配

组织的职权是授予人们利用其判断做出决策和发布之时的一种自由处置权，在一个组织中，如果没有对管理者正确的职权分配，就无法进行协调工作，以及保证最终组织目标的实现。

（一）集权与分权

1. 集权与分权的含义

集权是指较多的权力和比较重要的权力集中于组织的高层管理者；分权是指较多的权力和比较重要的权力分授给组织的基层管理者。

2. 集权与分权的相对性

在组织中，集权和分权主要是一个相对的概念。绝对的集权意味着组织中的全部权力集中在一个主管手中，组织活动的所有决策均由主管做出，主管直接面对所有的实施执行者，没有任何中间管理人员，没有任何中间管理机构。这在现代社会经济组织中显然是不可能的。集权和分权的程度有多大，企业需要根据具体程度来确定。作为管理者，需要知道的不是应该集权还是分权，而是哪些权力宜于集中，哪些权力宜于分散，在什么样的情况下集权的成分应多一点，何时又需要较多的分权。例如，组织规模大、地理分布广、经营领域宽的企业，宜实行分权化的管理；经营环境稳定，生产技术连续性强，主要以内部发展方式成长起来的企业，则倾向于采取集权化的管理方式。

3. 影响集权与分权的主要因素

影响集权和分权的主要因素有以下几个方面。

（1）组织的规模。组织的规模越大，要解决的问题就越多。由于高层管理人员的时间和所拥有的信息有限，为了防止组织反应迟钝、决策缓慢，他们就必然会把更多的决策权授予下级管理人员。

（2）职责或决策的重要性。所涉及的工作或决策越重要，与此相关的权力就越可能集中在上层。例如，巨额的采购项目、基本建设投资，以及需要全体人员贯彻执行的统一政策的制定等，一般以集权为好。

（3）组织文化。职权分散的程度，常与该组织的创建过程有关。一般而言，从内部发展起来的或独资创办的企业，如个体私营企业，往往表现出集权化倾向；合资或联合创办的组织则往往显示出分权化的倾向。另外，如果一个组织中的管理者对自己的下属充分信任，那么，这一组织就更有可能采用分权化的形式，高层管理人员及组织中的员工所信奉的价值观对职权分散到什么程度有很大的影响。

（4）下级管理人员的素质。如果下级管理人员能力强、水平高则偏向分权；如果组织中缺少合格的管理人员，高层管理者就可能倾向于集权。

（5）控制技术的发展程度。分权不等于自治，分权的目的是为了有助于组织目标的实现，如果分权危及到组织的生存和目标的实现，那么，分权将被禁止。为了避免组织的瓦解，必须在分权的同时加强控制。防止在一些重大问题上失控，常常是进行集权的理由或借口。因此，控制技术的改进，将有助于管理职权的分散化。

（6）环境的影响。外部因素对集权与分权也有影响。其中，最为重要的是政府对各类组织的控制程度。政府的众多规定使得许多事情必须要由高层管理人员直接处理，从而会使分权受到一定的限制。

4. 集权与分权的优缺点

集权可以加强统一指挥、统一协调和直接控制。但集权会使高层管理人员负担过重，经常陷于事务中，无暇考虑大政方针，并且限制了各级人员的积极性，不利于管理人员的培养，难以适应迅速变化的环境。

分权可以减轻高层管理人员的负担，增强各级管理人员的责任心、积极性和自主性，增强组织的应变能力；可能会造成各自为政、各行其是的现象，增加各部门之间协调的复杂性，并且受到规模经济性、有无合格的管理人员等因素的限制。

如何在集权和分权之间恰当地权衡得失，取得良好的平衡，做到“放得开又管得住”，是处理好组织集权与分权关系的核心。在这方面，艾尔弗雷德·斯隆（Alfred P.Sloan）为我们提供了正确处理集权与分权关系的典范。在他任美国通用汽车公司董事长、总经理时，提出了“政策制定与行政管理相分离”“分散经营和协调控制相结合”的组织管理体制。这种体制的总体精神是：集中保证整个公司的巩固和成功所必需的重大政策和规划的决策权，在此前提下，实行最大限度的职权分散化。这一体制的主要内容如下。

（1）确立两级职责

公司经营的方针、政策由公司集中决策和控制，方针、政策的执行和运用则分散到各个部门。公司的各个经营部门是公司的基层执行部门，是利润中心，具有较强的独立性；整个公司的生产经营活动，实际上是靠各经营部门的分工协作，在分散的情况下完成的。

（2）加强协调支援

各经营部门的这些分散的经营活动，又是在公司总管理处、总裁、部门主管及各职能部门的协调控制和支援帮助下进行的。正是由于这些协调和相互支援，使各分散的经营部门能按整个公司的总目标，积极地去完成任务。

（3）维护整体控制

始终把那些维护整个公司的成功与发展所必需的重大政策和方针的决策权保持在公司的最高领导层。经营和协调均要在公司董事会及其各个委员会所制定的方针、政策指导下统一进行，任何偏离大方向的行为，都将及时地予以制止。这一做法在通用汽车公司显现出了巨大的优势。

① 各经营部门根据专业化协作的原则分工并分散经营，有利于组织大批量集中生产，能更好地利用各种资源以提高工作效率，并且增加了各部门工作的积极性和灵活性。

② 由于各部门分散的经营活动是在高层管理部门所制定的政策和制度下进行的，保证了各部门分散努力的步调一致，维护了大方向的一致性。

③ 公司管理处出面对各经营部门进行协调控制和支援帮助，可使分散经营的各部门的分散努力在相互支援下发挥出最大效力。

④ 由于各经营部门拥有了必需的权力，就可以及时地评价各级人员的贡献，有利于人才的培养；而领导部门则摆脱了日常行政管理事务的纠缠，使之真正成为一个强有力的决策机构，能集中精力来考虑大政方针。

小案例

他该怎么办？

某地方生产传统工艺品的企业，伴随着我国对外开放政策，逐渐发展壮大起来。销售额和出口额近十年来平均增长 15%以上。员工也有原来的不足 200 人增加到了 2 000 多人。企业还是采用过去的类似直线型的组织结构，企业一把手王厂长既管销售，又管生产，是一个多面全能型的管理者。最近企业发生了一些事情，让王厂长应接不暇。

其一，生产基本是按订单生产，基本由厂长传达生产指令。碰到交货时间紧的情况，往往是厂长带头，和员工一起挑灯夜战。虽然按时交货，但质量不过关，产品被退回，并被要求索赔。

其二，以前企业招聘人员人数少，所以王厂长一人就可以决定了。现在每年要招收大中专学生近 50 人，还要牵涉人员的培训等，以前的做法就不行了。

其三，过去总是王厂长临时抓人去做后勤等工作，现在这方面工作太多，临时抓人去做，已经做不了、做不好了。凡此种种，以前有效的管理方法已经失去作用了。

思考：请从组织工作的角度考虑企业存在的问题以及建议措施。

（二）有效授权

1. 授权的含义

授权是指组织为了共享内部权力，增进员工的工作努力，把某些权力或职权授予下级。授权不是将职权放弃或让渡，在必要时可以将授出的职权收回或重新授出。其本质含义是管理者不要去做别人能做的事，而只做那些必须由自己做的事。

授权的特征如下：

（1）授权就是上级对下级的决策权力的下放过程，也是职责的再分配过程。

（2）授权的发生要确保授权者与被授权者之间信息和知识共享的畅通，确保职权的对等，确保受权者得到必要的技术培训。

（3）授权是动态变化的。

2. 授权的过程

（1）分派任务，职务是工作集合。

（2）授予权力或职权（行动、指挥、信息）。

（3）明确权利范围，必须使受权者十分明确所授予他们权限的范围。

（4）明确责任，授权者负责最终责任，下级负责工作责任。

（5）确认监督权，授权不等于授责。

3. 授权的必要性

（1）授权是完成目标责任的基础。权力随着责任者，用权是尽责的需要，权责对应或权责统一，才能保证责任者有效地实现目标。

（2）授权是调动下属积极性的需要。目标管理对人的激励，是通过激发人员的动机，将人们的行为引向目标来实现的。目标是激发这种动机的诱因，而权力是条件。

（3）授权是提高下属能力的途径。目标管理是一种能力开发体制，这主要是通过目标管理过程中的自我控制、自主管理实现的。实行自我控制与自我管理，目标责任者必须有一定的自主权。在运用权限自主的决定问题和控制中，将促使目标责任者对全盘工作进行总体规划，改变靠上级指令行事的局面，有利于能力发挥并不断提高。

（4）授权是增强应变能力的条件。现代管理环境情况多变，要求管理组织系统要有很强的适应性和应变能力，而实现这一点的重要条件就是各级管理者手中要有自主权。

4. 授权的原则

（1）明确授权的目的

授权可以是具体的也可以是一般的，可以是口头的也可以是书面的，但不管采用何种形式，授权者都必须向受权者明确所授事项的任务目标及权责范围，使其能十分清楚地工作。没有明确目的的授权，会使受权人在工作中摸不着边际，无所适从。

具体的书面授权，对于接受和授予双方都很有益处，因此在组织设计中，对于各项职务的工作内容、权责范围可用书面的形式予以明确，这样不仅能使授权者更容易看到各职务之间的矛盾或重叠，而且还能更好地确定其下属能够且应该负起责任的事项。

（2）职、权、责、利相当

为了保证受权者能够完成所分派的任务，并承担起相应的责任，授权者必须授予其充分的权力并许以相应的利益。只有职责而没有职权就会使被受权者无法顺利地开展工作并承担起应有的责任；而只有职权而无职责也会造成滥用权力、瞎指挥和官僚主义。因此，授权必须是有职有权、有权有责且有责有利。

不仅如此，授权还要做到职、权、责、利相当，即所授予的权力应是受权者完成所授任务所必需的；而受权者对授权者应负的责任大小应与授权者所授予的权力相当。权力太小是受权者无法尽责的普遍原因；权力过大常常会造成对他人职权范围内事务的干预；而缺乏利益驱动是受权者不愿过多承担责任的主要原因。

（3）保持命令的统一性

从理论是来说，一个下级同时接受两名以上上级的授权并承担相应的责任是可能的，但在实际工作中存在着较大的困难。因此，通常要求一个下级只接受一个上级的授权，并仅对一个上级负责。具体来说，可以从以下几个方面入手。

① 全局性的问题要集中统一，由高层直接决策，不授权给下级。

② 各部门之间功能分明，每一主管都有其一定的管辖范围，不可将不属于自己权力范围之内的权力授给下级，以避免交差指挥，打乱正常的上下级关系和管理秩序，造成管理混乱和效率降低。

③ 授权者如发现下属职权范围内的事务有问题，可以向下属询问、建议、指示，甚至在必要时命令下属、撤换下属，但不要越过下级去干涉下级职权范围内的事务，即不要越级授权，这样会使直接下级失去对其职权范围内事务的有效控制，从而难以尽责。

（4）正确选择受权者

由于授权者对分派的职责负有最终的责任，因此慎重选择受权者是十分重要的。在选择受权者时，应遵循“因事择人，视能授权”和“职以能授，爵以功授”的原则，即要根据所要分派的任务，来选择具备完成任务所需条件的受权者，以避免出现力不胜任或不愿受权等情况；应根据所选受权者的实际能力，授予相应的权力和对等的责任，即对既能干又肯干的，要充分授权，对适合干但能力有所欠缺或能力强但有可能滥用权力的，要适当保留决策权。为了正确选择受权者，在授权前，除对受权者进行严格考察外，还可以“助理”“代理”等名义先行试用，合格的再正式授权。

（5）加强监督控制

既然授权者要对受权者的行为负责，那么，授权者加强对受权者的监督控制就十分必要了。不愿授权和不信任下级的情况多半是因为担心失去控制。

为此，授权者要建立反馈渠道，及时检查受权者的工作进展情况以及权力的使用情况。对于的确不适合此项工作的，要及时收回权力，更换受权人；对滥用权力的，要及时予以制止；对需要帮助的，要及时予以指点，从而保证既定目标的实现。另外，要注意控制不是去干预受权者的日常行动，否则就会使授权失去意义；监督也不是为了保证不出任何差错，因为人人都会犯错误，只有允许人们犯错误，才能使人们愿意接受授权，并在实践中培养出合格的管理人员。

5. **授权的步骤**

（1）选择授权对象

授权首先要选择好授权对象，授权者应具有正确执行权利的能力，并能有效地完成工作任务。

（2）下达任务和授予权利

领导者对授权对象下达明确任务，规定所要实现的目标标准，并同时授予保证任务完成的权利，要做到责权对等，并给予下级充分的信任和支持。

（3）监控和考核

在下级运用权利进行工作的过程中，要以适当的方式和手段，进行必要的监督和控制，以保证权利的正确运用与组织目标的实现。在工作任务完成后，还应对授权效果、工作业绩进行考核和评价。

小案例

组织分工不明晰

在某企业的季度考评会上，营销部门的经理 A 说：“最近销售做得不好，我们部门有一定责任，但是最主要的责任不在我们，而是竞争对手纷纷推出新产品比我们的产品好，所以我们很不好做，研发部门要认真总结。”

研发部门经理 B 说：“A 经理说得没错，我们最近推出的新产品的确是少了些，但是我们也有困难呀，因为我们的预算很少，可就是这少得可怜的预算，也被财务部门给削减了！”

财务经理 C 说：“是，我是削减了你的预算，但是你要知道，公司的采购成本也在不断地上升，我们当然没有多少钱。”

采购经理 D 忍不住跳起来：“不错，我们的采购成本是上升了 10%，可是为什么你们知道吗？俄罗斯的一个生产铬的矿山爆炸了，导致了不锈钢价格的上升。”

A、B、C：“哦，原来是这样呀，这样说，我们大家就都没有多少责任了，责任在俄罗斯。”

思考：为什么会出现这种互相推诿，不愿意承担责任的现象？

重要概念

组织　组织结构　组织设计　管理幅度　管理层次　职权　授权　分权

本章小结

1. 组织管理是管理活动的一部分，也称组织职能，它是指为有效实现组织目标，建立组织结构，配备人员，使组织协调运行的一系列活动。

2. 组织管理主要包括以下工作内容：第一，确定实现组织目标所需要的活动，并按专业化分工的原则进行分类，按类别设立相应的工作岗位；第二，根据组织的特点、外部环境和目标需要划分工作部门，设计组织机构和结构；第三，规定组织结构中的各种职务或职位，明确各自的责任，并授予相应的权力；第四，制定规章制度，建立和健全组织结构中纵横各方面的相互关系。

3. 组织结构的设计一般包括以下几个步骤：

（1）工作划分与工作专门化；

（2）工作归类与部门化；

（3）确定组织层次；

（4）实行授权，建立职权关系。

4. 当组织出现下列情况时，需要进行组织设计：

（1）组织新成立时；

（2）组织出现大问题或组织目标发生变化时；

（3）需要对组织进行局部调整和完善时。

综合练习

一、名词解释

1. 组织
2. 管理幅度与管理层次
3. 组织结构
4. 职权、授权和分权
5. 事业部

二、简答题

1. 组织职能有哪些？
2. 简述管理者如何做到有效授权。
3. 阐述职能型组织、事业部组织和矩阵型组织的模式图、优缺点以及适用范围。
4. 组织结构的类型有哪几种？
5. 如何划分部门，有哪几种方法？

三、案例分析

金果子公司的组织结构设计

金果子公司是美国南部一家种植和销售黄橙和桃子两大类水果的家庭式农场企业，50 年前由老祖父约翰逊创办，其拥有的土地非常肥沃，阳光照射充足，因此特别适合种植这些水果。公司长期以来积累了丰富的水果存储、运输和营销经验，能有效地向海内外市场提供保鲜、质优的水果。经过半个世纪的发展，公司已初具规模。老祖父十年前感到自己体衰，将公司的管理大权交给儿子杰克。孙子卡尔前两年从农学院毕业后，回到农场担任了父亲的助手。

金果子公司大体上开展了以下三个方面的活动：一是有相当一批工人和管理人员在田间劳动，负责种植、收获橙和桃；另一些人员从事发展研究，他们主要是高薪聘来的农业科学家，负责开发新的品种并设法提高产量；还有一些是市场营销活动，由一批经验丰富的销售人员组成，他们负责走访各地的水果批发商和零售商。公司的销售队伍实力强大，而且他们也像公司其他部门的员工一样，非常卖力地工作着。

杰克和卡尔对金果子公司的管理一直没有制定出什么正式的政策和规则，对工作程序和职务说明的规定也很有限。杰克相信，一旦人们对工作有了亲身了解后，他们就应当而且能够有效地开展工作。

不过，金果子公司目前规模已经发展得相当大了。杰克和儿子卡尔都感到有必要为公司建立起一种比较正规的组织结构。杰克请来了他年轻时的朋友，现在已成为一名享有知名度的管理咨询人员比利来帮助他们。比利指出，他们可以有两种选择：一是采取职能结构形式；另一是按产品来设立组织结构。这两类不同性质的组织设计如图 4-9 所示。那么，该选取哪种组织设计呢？

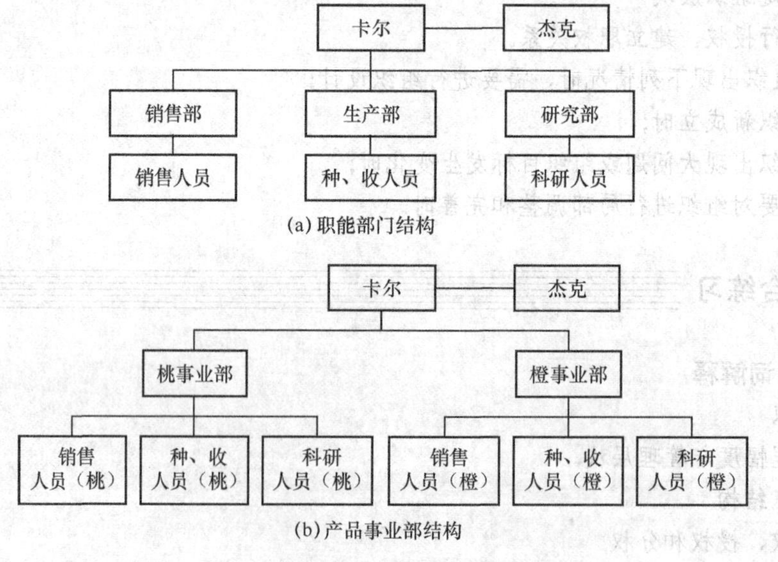

图 4-9　组织结构设计

请根据上述案例分析：

1. 职能结构和事业部结构各有什么优缺点和适用的条件？

2. 你认为，金果子公司在经营规模扩大到要求建立正规化的组织结构时，职能型还是产品事业部型对它更为合适？为什么？

四、实践训练

调查组织结构及组织文化

实训目的

1. 通过对某一企业组织结构的了解和分析，培养学生对有关知识的综合应用能力。

2. 掌握组织设计和分析的技能。

实训内容与要求

1. 以6人小组为单位，分别走访不同的企业。

2. 调查研究内容：

（1）了解某一企业的组织机构的设置及相互之间的联系；

（2）了解某一部门中层管理人员的岗位职责；

（3）对现有企业组织结构状况进行分析，提出改进建议。

3. 每个小组写出一篇调查分析报告，画出调查企业组织结构图。

4. 由班级组织召开交流研讨会，各小组交流信息，并现场回答问题。

实训考核

1. 每位学生写出调查报告和实训小结，必要时用图表方式表达。

2. 由教师对各小组上交的报告、组织结构图、职务说明书等情况进行评估打分。

3. 教师对学生在交流会上的表现进行评估打分。

4. 学生填写实训报告。其内容包括实训项目、实训目的、实训内容、本人承担的任务及完成情况、实训小结。

第五章 领导工作

知识目标

- 了解领导的概念及要素；
- 了解领导与管理的关系；
- 掌握领导的作用；
- 掌握领导的权利及影响力；
- 掌握领导的理论；
- 了解领导的艺术；
- 了解中国现阶段对企业领导者素质的要求。

能力目标

- 培养识别领导者类型的初步能力；
- 能够将领导方式和领导艺术运用到日常的学习生活中；
- 培养发展领导艺术的初步能力。

印度的“比尔·盖茨”——阿兹姆·普雷姆吉

一、阿兹姆·普雷姆吉简介

阿兹姆·普雷姆吉（Azim Premji）1945年出生在印度孟买；毕业于美国斯坦福大学电机工程学院；1966年从他已故的父亲手中接任，成为印度维普罗（Wipro）公司的董事长；2001年创建了阿兹姆·普雷姆吉基金会，将数十亿财富投入其中，基金通过各种项目已帮助了180万名儿童；2003年入选《财富》杂志“美国以外最有实力的25个商业领袖”和《福布斯》“最具实力改变世界的十人”；2004年入选《时代》杂志“全球100个最有影响力的人”；2006年他以133亿美元的身价名列《福布斯》世界富豪榜第25位，成为印度第二富豪；2010年名列《福布斯》世界富豪榜第28位。

二、印度软件外包业之父

1966年，正在斯坦福大学求学的普雷姆吉听到父亲去世的噩耗后，立即赶回印度，并首次参加了维普罗的股东大会并继承了父亲的衣钵，成为该公司的掌门人。

维普罗当年只是个进行食用油加工和蔬菜交易的小公司。1966年，普雷姆吉接手公司后迅速制定了多元化发展的战略，公司逐步从植物油向人造黄油、香皂、化妆品、照明设备、电机等领域扩展。1977年，印度政府驱逐了IBM公司在印度的业务，普雷姆吉看准了计算机市场蕴藏的巨大商机，抓住IBM撤离后的市场空白，开始代理佳能、爱普生、惠普的产品，并以此为起点，全力主攻计算机硬件市场。1979年普雷姆吉的公司开始生产自己的计算机。

随后几年，由于全球化竞争，使得生产计算机的利润下降，普雷姆吉意识到，以印度软件人才为基础，发展“低价”的软件市场，将是一个良好的契机。1984年，维普罗公司推出了空白表格程序软件和文字处理组合程序，这标志着公司开始进军软件开发市场。

如今，维普罗已经成长为一个全球性的研发和经营IT系统的高科技公司，公司年销售额超过100亿英镑，软件开发业务已占公司总利润的85%，客服群覆盖索尼、菲亚特、微软、戴尔等国际大企业，普雷姆吉本人也被称为“印度软件外包业之父”。

三、不图享乐，永葆谦卑之心

普雷姆吉的家位于印度西南部城市班加罗尔的一个平房小院里。早晨4点30分，这位60多岁的维普罗软件开发有限公司的董事长准时起床，先喝上一杯浓咖啡，然后就开始向驻四大洲分公司的经理连珠炮似地发送电子邮件，他提问的问题从业务细节到地缘政治，内容极为宽泛；7时整，他步行250m到公司上班，陪同到公司谈业务的顾客或政要共进早餐，他的早餐并不复杂，通常都是炒鸡蛋和烤面包；然后，按照日程安排参加一系列重要会议，就这样一直到中午，他连续7个小时不休息；午饭往往和员工一起吃，因为他认为这样可以听到一些在办公室里听不到的信息，午饭后，第二轮7小时的工作又开始了；下午工作结束后，他经常会乘坐商务航班到孟买、旧金山、伦敦等地视察。这就是他的日常工作，日复一日，年复一年。

在平时的工作中，普雷姆吉不厌其烦地要求员工节约用纸、离开办公室要关灯，他说话算数，有时候他还真在下班后抽查关灯的情况。出差过程中，他从来都是住三星级宾馆，有时候出差回来下飞机后赶不上机场免费接送旅客的交通车，就打出租车或坐城市列车回家，甚至有时候会坐便宜的三轮摩托。普雷姆吉在印度国内旅行时，坚持与手下的工作人员一起坐经济舱。对此他解释说：“我们没有什么区别，这样会使你接近客观实际，我认为有太多的CEO失去了对客观事实的敏感，他们与客户生活在不同的世界里。”

四、普雷姆吉的经营之道

在谈到他的经营之道时，普雷姆吉这样说：“当你变得更强大的时候，必须学会将事情委托给他人。所以做的好处是，挖掘每一个员工的潜能，让他们投身到公司的运作中。”“在我们的工作中，‘谦卑’和‘诚实’至关重要。在尊重个人价值的基础上，我们承诺为消费者提供最诚信的服务。”

（资料来源：乔忠主编.管理学.北京：机械工业出版社，2012.1）

思考：

1. 结合领导理论，分析普雷姆吉的性格特征及领导风格？
2. 你认为普雷姆吉成功的原因是什么？

第一节　领导的本质

一、领导的含义

（一）领导的概念及要素

领导是管理过程中的基本职能之一，是人类社会群体活动的必然产物。从古至今，领导一直是人们感兴趣的一个话题，但是关于领导的科学研究从20世纪早期才真正开始。对于什么是领导？不同的研究者对其界定不同，有人认为领导是一种影响力；有人认为领导是一门艺术；也有人认为领导是一种才能和服务。我们认为，领导是一种影响力，是指通过指挥、引导、协调和鼓励被领导者为实现组织目标而努力的过程。这个概念表明：领导的本质是人与人之间的关系，即领导者和被领导者之间的关系；领导的目的是指引和引导被领导者实现组织的目标；领导是一个动态的过程。领导职能的主要作用是通过领导者的行为和领导方式，激励组织中的人员完成组织目标。

领导包含以下三个要素。

1. 领导者

领导者是任何组织最基本、最宝贵的财富。作为领导行为的主体，他扮演着领路人、决策者的角色，是承担领导职责，为实现组织目标而对计划、组织、控制、协调等工作实施领导的人，同时也是领导活动的核心和领导过程得以顺利实现的最重要的条件。领导可分为正式领导和非正式领导两种。正式领导是领导者通过组织所赋予的职权来引导和影响所属员工实现组织目标的活动过程，多指工作领袖。非正式领导是靠自身特长产生的实际影响力进行的领导活动，多倾向于情绪领袖。

2. 被领导者

被领导者是领导活动得以发生的基础，是领导行为的客体，也是领导活动不可缺少的因素。被领导者的人员素质、工作态度、知识水平及其对领导者的认可程度等都会影响领导的效能。领导者与被领导者共同构成了领导活动的主体，二者缺一不可。

3. 领导环境

领导环境是指与领导活动及领导过程直接相关的各种因素，如政治、经济、文化、法律等方面。任何领导活动都是在一定的环境中展开的，领导活动不但受到广泛的、外围的社会大环境的影响和制约，还受到具体的、内部的组织小环境的影响和制约。

领导的三要素相辅相成，交互影响，只有协调好三者的关系，才能达到有效而深入的管理。

（二）领导与管理

“领导”有两重含义，一是作为名词属性的“领导”，即“领导者”的简称；二是动词属性的“领导”，即“领导者”所从事的活动。所以，领导既可以指一种类型的管理人员，也可以是一种作用于被领导者的活动。

现实生活中，人们往往把领导与管理混为一谈，认为领导就是管理，管理就是领导。其实，这是两个既有联系又有区别的概念，两者的共性在于它们都是一种在组织内部通过影响他人的协调活动，以实现组织目标的过程。两者区别有以下几点。

1. 从范围来看

管理是指管理者在一定的环境下对组织的各项资源进行有效的计划、组织、领导和控制，以实现组织目标的过程。领导与管理是联系在一起的，一切领导都是管理过程中的领导，因此，领导是管理职能当中的一个基本职能，属于管理的范畴。

2. 从权利来源来看

管理是建立在合法的、有报酬的和强制性权利的基础之上，下属必须遵循管理者的命令。而领导则不同，领导是一种影响别人的能力，既可以来源于组织赋予他的职位权，也可以来源于个人的影响力和专长权。

3. 从功能和任务来看

管理的工作偏重于执行，它的任务主要是解决具体的工作效率和效益问题，目的在于通过各项工作的实施使组织的愿景得以实现，而领导主要是为组织创造一种愿景，解决组织中方向性、战略性的问题，并且引导、激励员工实现组织的目标。

在理想情况下一个管理者应该也是一个领导者，但是在现实情况中，大多数情况下领导和管理是分离的，一个领导者并一定是管理者，一个管理者也不一定就是领导者。因此，领导实质上是一种对他人的影响力，它的基础是被领导者的追随与服从。只有职位权力而不能引导下属追随的领导者，不是真正意义上的领导者。

二、领导的作用

1. 组织作用

领导的组织作用主要体现在建立组织管理机构，科学地组织生产、营销等方面。要使组织有效地运行起来，实现组织目标，领导者必须采取一系列的组织措施，进行一系列的组织活动。领导者要对环境进行科学的分析，合理地安排、使用人、财、物，以达到“人尽其才”“财尽其力”“物尽其用”，建立完善的科学的管理系统，并努力使其既具有相对稳定性，又具有一定的灵活性，以适应不断变化的内、外部环境。

2. 指挥作用

在人们的集体活动中，需要有头脑清晰、胸怀全局、能高瞻远瞩的领导者来帮助人们认清所处的环境，明确活动的目标和实现目标的途径。指挥就是领导者在组织管理中运用领导艺术，推动组织发展，减少无效耗费，使组织成员的各项活动得以保证。

3. 协调、团结作用

组织中由于每位成员的性格、能力、知识结构等不同，因此，人们难免会在思想上发生各种分歧、行动上出现偏离目标的情况，甚至会出现群体之间以及部门之间的竞争和意见分歧。这就需要领导者发挥其协调作用，做好内外部的团结工作，引导组织中的成员有效地领会组织目标，使大家心往一处想、劲儿往一处使，通过领导，协调组织中各个部门、各级人员的各项活动，从而加速组织目标的实现。

4. 激励作用

激励是调动人的积极性、主动性、创造性的过程。社会生活中人的需求、欲望及态度各不相同。员工除了工作之外还有一些自身的目标。领导者在领导过程中，不仅要保证组织目标的最终实现，而且还要影响被领导者对组织目标的认识及其态度和行为，使人力资源得到最大限度地发挥，从而提高被领导者的工作自觉性，激发其实现组织目标的热情，提高被领导者的行为效率。

三、领导的权利及影响力

（一）领导的权利

权利是指为了达到组织目标所拥有的影响、指挥别人行动的能力，是一种支配力。它表现为组织成员间的一种关系。对领导者而言，权利既可以大大提高领导的影响力，也是控制组织内部成员按要求行事的主要手段。

领导权利有时来自于领导者在组织结构中所处的职位，有时来自于领导者的个人特质。领导权利按其来源不同共有五种表现形式，即法定权、奖励权、强制权、专长权和领导者的个人魅力。其中，法定权、奖励权和强制权主要取决于领导者在企业组织中的职位，属于职位权利，是外在性权利；专长权和个人魅力则主要来自于领导者本身的因素，权利的大小取决于领导人的品格、知识、才能等个人素质，是内在性权利。外在性权利和内在性权利都是领导权利不可缺少的组成部分。外在性权利构成了领导权利的基础，内在性权利则是提高领导效能的重要方面。

（二）领导的影响力

所谓影响力是指一个人在与他人的交往中，影响和改变他人心理和行为的能力。领导的影响力主要来自两个方面，一是职权性影响力，二是非职权性影响力。

1. 职权性影响力

职权性影响力是由领导者在组织中所处的地位赋予的，并由法律、制度明文规定的影响力。这种影响力是由外界附加的，与领导者本人的素质条件没有直接关系，是一种职位权力。它是由社会赋予领导者的一种力量。职权性影响力包括法定权、强制权和奖赏权。

影响职权性影响力的主要因素有以下几点。

（1）传统因素。长久以来，在人们的观念中，领导者不同于一般人，人们认为领导者在能力、才干等方面比普通人要强，由此产生了对领导者的服从感。由于这种传统观念从小就影响着人们的思想，从而增强了领导者言行的影响力。

（2）职位因素。由于领导者凭借组织所授予的指挥他人开展具体活动的权力，可以左右被领导者的行为、处境，当被领导者意识到领导者握有某种惩罚权利时，便会对领导者产生敬畏感、恐惧感，进而遵从领导者的旨意。领导者的职位越高，权力越大，下属对他的敬畏感越强，领导者的影响力也越大。

（3）资历因素。资历是指领导者的资格和经历，它反映了一个人过去的历史性的情况。一般而言，人们对资历较深的领导者比较尊敬，因此，其言行也容易在人们的行动中起到很大的影响作用。

权利性影响力是外界赋予领导者的，它对下级的影响带有强制性和不可抗拒性，因此，这种影响力对被领导者的引导和激励作用是有限的。

2. 非职权性影响力

非职权性影响力没有正式的规定，也没有组织授予的形式，它是靠领导者自身的威信和以身作则的行为来影响他人的，产生于个人的自身因素，与职位没有关系。这种影响力对下属的影响比职位权力更具持久性。非职权性影响力包括专长权和个人魅力两个方面。构成非职权性影响力的主要因素有以下几点。

（1）领导者的品格。领导者的品格主要包括领导者的道德、品行、人格等。优良的品格会给领导者带来巨大的影响力。因为品格是个人的本质表现，好的品格能使人敬佩，并能吸引人，使人模仿。

（2）领导者的才能。领导者的才干是决定其影响力大小的主要影响因素之一。才干通过实践来体现，主要反映在工作成果上。一个有才干的领导者，会给事业带来成功，从而使人们对他产生敬佩感，吸引人们自觉地接受其影响。

（3）领导者具备的知识。一个人的才干是与知识紧密联系在一起的。知识水平的高低主要表现为对自身和客观世界认识的程度。知识本身就是一种力量。知识丰富的领导者，容易取得人们的信任，使人们并由此产生信赖感和依赖感。

（4）领导者的感情。感情是联结人与人之间关系的桥梁和纽带，是人的一种心理现象，它是人们对客观事物好恶倾向的内在反映。人与人之间建立了良好的感情关系，便能产生亲切感；相互的吸引力越大，彼此的影响力也越大。因此，如果一个领导者平时待人和蔼可亲，关心体贴下属，与群众的关系融洽，那么他的影响力就往往较大。

第二节 领导理论

领导理论众多，按内容大致可分为三类：领导特质理论、领导行为理论和领导权变理论。

一、领导特质理论

领导特质理论是一种较早对领导现象进行体系化研究的理论，在20世纪早期也被称为“伟人理论”，主要研究领导者的个性，以期预测什么样的人做领导最合适，时间上集中在20世纪40年代之前。根据对领导特性来源所做的不同解释，可分为传统特性理论和现代特性理论。

（一）传统特性理论

传统特性理论认为，领导者的品质是生来就有的，且领导者只有具备这些特性才能成为有效的领导者，不具备领导特性的人就不能当领导，一个成功的领导者必须具有一些有效的品质特质。但是经过几十年的研究与实践，人们发现传统的特性理论存在许多自相矛盾之处，如有人认为领导者应该是黏液质的人，因为他们头脑冷静，往往比较理智；而有人则认为领导者应该是多血质的人，他们热情灵活。在分析领导者和被领导者、成功的领导者和不成功的领导者的差别时发现，他们之间并没有质的差别，而在生活中，许多具备领导特质的人实际上也并不在领导的岗位上。因此，这种遗传决定论的观点是错误的，它带有唯心主义的色彩。

相关链接

领导者的特质

亨利（W. Henry）在调查研究的基础上，提出了天才领导者的12种特性。

（1）成就需要强烈。视工作成功为人生的最大乐趣，把它置于金钱报酬和职位晋升之上。

（2）工作积极努力，乐于多做工作，并希望承担具有挑战性的任务。

（3）用积极的态度对待上级，承认上级水平高、经验足，并认为上级能帮助自己上进和提高，因而尊重上级，与上级的关系较好。

（4）组织能力强，能迅速地把混乱的事务组织得井井有条，并有较强的预测能力，能从有限的材料中预测到事情的发展方向。

（5）决断力强，能在较短时间内对各种备选方案做出评判，并果断决策。

（6）自信心强，对自己的能力有充分的信心，对自己的目标坚定不移，不易受外界因素的干扰。

（7）思想敏捷。

（8）富于进取精神。

（9）讲求实际，不尚空谈，注重现在而不幻想无法确定的未来。

（10）忠于职守，尽心尽力。

（11）独立性强，从不过分依赖别人，包括自己的家人。

（12）同上级较为亲近，而同下级保持一定的距离。

美国心理学家吉伯（C. A. Gibb）认为天才的领导者应具备7种先天特性。

（1）善言辞。

（2）外表英俊潇洒。

（3）智力过人。

（4）具有自信心。

（5）心理健康。
（6）有支配他人的倾向。
（7）外向而敏感。
美国管理协会在对1000多名成功的企业家调查后发现，他们通常具有以下一些特征。
（1）进取心强，能够不断地改进工作方法，提高工作效率。
（2）逻辑思维与概括能力强，善于分析与综合。
（3）判断力强，并有较强的自信心。
（4）热情关心他人，善于与人沟通，能够用自己的行为影响他人，善于调动别人的积极性。
（5）能恰当地运用权力，实行集体领导，能够客观地听取多方面的意见，采纳别人的建议。
（6）有较强的技术知识和管理能力。
（7）工作勤恳，效率较高。

（二）现代特性理论

现代特性理论认为领导是一种动态的过程，领导者的特性和品质特征是在实践中逐渐形成的，可以通过训练和培养获得。各国研究者从本国的实际出发，提出了一些合格领导者应该具备的特性条件。美国普林斯顿大学教授威廉 • J. 鲍莫尔（William J. Baumol）针对美国企业界的实际情况，提出一个领导者应该具备合作精神、决策才能、组织能力、精于授权、善于应变、敢于求新、勇于承担责任、敢担风险、尊重他人、品德高尚这几个条件。日本企业界认为，有效的领导者应具备十项品德和十项才能。十项品德为：① 使命感；② 责任感；③ 依赖性；④ 积极性；⑤ 进取心；⑥ 公平；⑦ 热情；⑧ 勇气；⑨ 忠诚老实；⑩ 忍耐性。十项才能为：① 判断能力；② 创造能力；③ 思维能力；④ 规划能力；⑤ 洞察能力；⑥ 劝说能力；⑦ 理解他人能力；⑧ 解决问题能力；⑨ 培养下级能力；⑩ 调动积极性能力。

领导特性理论是早期的领导理论，该理论指出了一些成功领导者具备的个人特性品质，但是却忽视了环境因素对领导的影响，把复杂的领导过程过于简单化了。

相关链接

领导者的品质

美国管理协会曾对在事业上取得成功的 1 800 名管理人员进行了调查，发现成功的管理人员一般具有下列 20 种品质和能力：①工作效率高；②有主动进取精神；③善于分析问题；④有概括能力；⑤有很强的判断能力；⑥有自信心；⑦能帮助别人提高工作的能力；⑧能以自己的行为影响别人；⑨善于用权；⑩善于调动他人的积极性；⑪善于利用谈心做工作；⑫热情关心别人；⑬能使别人积极而乐观地工作；⑭能实行集体领导；⑮能自我克制；⑯能自主作出决策；⑰能客观地听取各方面的意见；⑱对自己有正确估价，能以他人之长补自己之短；⑲勤俭；⑳具有管理领域的专业技能和管理知识。

二、领导行为理论

继领导特质理论之后，20 世纪 40～60 年代，许多研究者将目光转向对领导者行为的研究之上，试图从领导者的行为方式来寻找有效的领导模式。领导行为理论主要研究领导者应该做什么和怎样做才能使工作更有效。

领导行为理论多达几十种，具有代表性的有领导作风理论、领导行为四分图理论和领导方格理论。

（一）领导作风理论

领导作风也叫领导风格，是指领导在职能实施过程中所表现出来的特点和倾向。该理论是由美国心理学家勒温（Kurt. Lewin）提出的。勒温等人发现，团体的任务领导并不是以同样的方式表现他们的领导角色，领导者们通常使用不同的领导风格，这些不同的领导风格对团体成员的工作绩效和工作满意度有着不同的影响。根据领导者在领导过程中表现出来的行为，将领导作风划分为三种类型，即专制型、民主型和放任型的领导作风。

1. 专制型领导作风

专制型领导作风也叫专权式或独裁式领导作风。这种类型的领导者只关心工作任务和工作效率，往往喜欢独断专行，组织决策完全由领导者自己做出，团队成员均处于一种无权参与决策的从属地位；一切工作内容、工作方针、程序和方法都由领导者预先安排，然后发号施令，被领导者只能被动、消极地遵守制度，执行指令；上下级之间缺乏沟通，除工作命令外，成员对组织中的其他消息知之甚少，领导者对成员不够关心，领导者与被领导者之间的心理距离较大；领导者权威主要靠行政命令、纪律约束等手段来维护，团队中缺乏创新与合作精神。

2. 民主型领导作风

民主型的领导者讲求民主，善于营造一种民主与平等的工作氛围，在采取行动方案或做出决策前会主动听取下级意见，与下属磋商；在分配工作时，也会尽量照顾到组织每个成员的能力、兴趣和爱好；在决策执行过程中，下属有较大的自主权；上下级之间沟通较多，领导者积极参加团体活动，关心下属，与下属心理距离较小；领导者的权威主要靠个人的权力和威信使人服从，成员自己决定工作的方式和进度，工作效率比较高。

3. 放任型领导作风

放任型领导的主要特点是极少运用自己的权力影响下属，对工作成员的需要都不重视，下属有高度的自主权，领导者置身于团队工作之外，只起到一种被动服务的作用；在决策制定方面，主要由下属和群体决定，领导者不参与；上下级沟通中，领导者处于被动的位置；下级有较大的自主性，但是缺乏组织观念，是一种无政府主义的领导方式。

三种领导作风各有优劣：专制型领导有利于组织目标的实现，但容易造成组织成员消极、无责任感、士气低落；民主型领导效率最高，且组织成员关系融洽，工作积极主动，富有创造性；放任型领导给予下属很大的自主性，利于组织成员间的交流互动，但是不利于工作目标的实现，效率最低。在实际工作中，很少有领导完全表现出某一种风格特征，往往表现为混合型风格。

相关链接

领导风格

勒温等人试图通过实验确定哪种领导风格是最有效的领导风格。他们分别将不同的成年人训练成为具有不同领导风格的领导者，然后将这些人充当青少年课外兴趣活动小组的领导，让他们主管不同的青少年群体。进行实验的群体在年龄、人格特征、智商、生理条件、家庭社会经济地位等方面进行了匹配。也就是说，几个不同的实验组仅仅在领导者的领导风格上有所区别。这些青少年兴趣小组进行的是手工制作的活动，主要是制作面具。结果发现，放任型领导者所领导的群体的绩效低于专制型和民主型领导者所领导的群体；专制型领导者所领导的群体与民主型领导者所领导的群体工作数量大体相当；民主型领导者所领导的群体的工作质量与工作满意度更高。基于这个结果，勒温等研究者最初认为民主型的领导风格似乎会带来良好的工作质量和数量，同时群体成员的工作满意度也较高，因此，民主型的领导风格可能是最有效的领导风格。但不幸的是，研究者们后来发现了更为复杂的结果。民主型的领导风格在有些情况下会比专制型的领导风格产生更好的工作绩效，而在另外一些情况下，民主型领导风格所带来的工作绩效可能比专制型领导风格所带来的工作绩效低或者仅仅与专制型领导风格所产生的工作绩效相当，而关于群体成员工作满意度的研究结果则与以前的研究结果相一致，即通常在民主型的领导风格下，成员的工作满意度会比在专制型领导风格下的工作满意度高。

（二）领导行为四分图理论

领导行为四分图理论是由美国俄亥俄州立大学教授斯多基尔及他的同事们在 1945 年提出来的，他们列出了 1 000 多种刻画领导行为的因素，通过高度概括归纳为两个方面："关心组织"和"关心人"。"关心组织"是以工作为中心，把重点放在完成组织绩效，重视任务的领导行为；"关心人"是以人际关系为中心，信任、尊重下属，关怀员工的个人需要和福利，重视上下级人际关系的领导行为。研究结果认为，领导行为是两种行为的具体结合，即可以用两个坐标的平面组合来表示，领导者可以分为四种类型，即低关心人—高关心组织、高关心人—高关心组织、高关心人—低关心组织、低关心人—低关心组织。

其中低关心人—低关心组织的领导方式既不关心人，也不关心组织，效果最差；高关心人—高关心组织既关心人，也关心组织，效果最好。领导行为四分图如图 5-1 所示。

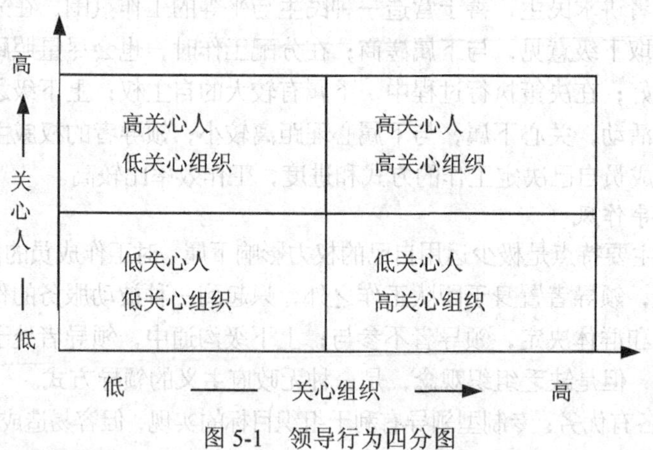

图 5-1　领导行为四分图

（三）领导方格理论

领导方格理论是由美国德克萨斯大学的管理学家罗伯特·布莱克（Robert R. Blake）和简·莫顿（Jane S. Mouton）在 1964 年出版的《管理方格》一书中提出的。该理论认为领导主要通过处理人与工作关系来体现，从关心人和关心工作两个方面去研究领导风格。领导方格理论在四方图两个坐标的基础上，通过 81 个方格，分别代表 81 种不同的领导方式，指出在对生产关心和对人关心的两种领导方式之间，可以进行不同程度的互相结合，最典型的有如下 5 种，如图 5-2 所示。

（1）1.1 贫乏型：领导者对员工和工作都不关心，这是一种放任自流的管理方式，既不利于完成工作，也不利于处理上下级之间的关系。

（2）9.1 任务型：领导者的注意力集中在完成任务的效率，但不关心人的因素，对员工的士气和能力发展很少注意。

（3）5.5 中间型：也叫中庸型或中游型。领导者对人的关心和对生产的关心都是保持中间状态，能够维持一般的工作效率和令人满意的士气。

（4）1.9 乡村俱乐部型：领导者关心下属，但是对工作本身的关注度不高，能够营造宽松、友好的工作环境，但对任务效率和规章制度、指挥监督等很少注意。

（5）9.9 协调型：也叫战斗集体型。领导者对职工、生产都极为关心，努力使个人需要和组织目标最有效地结合，在完成工作任务的同时也实现员工的自身价值。

除了这五种典型的领导风格之外还可以找出一些组合。例如，5.1 方格表示准生产中心型管理，比较关心生产，不大关心人；1.5 方格表示准人中心型管理，比较关心人，不大关心生产；9.5 方格表示以生产为中心的准理想型管理，重点抓生产，也比较关心人；5.9 方格表示以人为中心的准理想型管理，重点在于关心人，也比较关心生产。

在这五种典型的领导风格中，9.9 协调型效果最好，其次是 5.5 中间型。因此，领导者在工作中既要关心人，也要关心工作，在满足 5.5 合格领导的基础上向 9.9 型努力，以实现最高的效率。布莱克和莫顿认为应根据环境的变化确定领导风格，以能获得最好的工作效果的类型为标准。

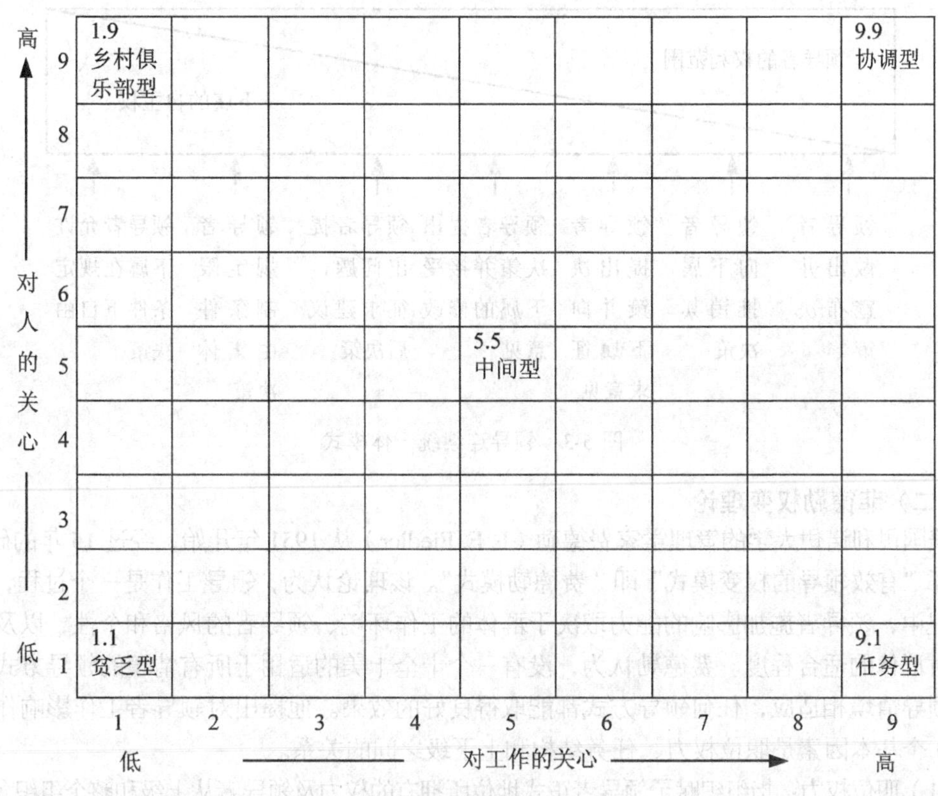

图 5-2　管理方格图

三、领导权变理论

20 世纪 60 年代不少学者发现，要找到一个适合任何组织、任何性质的工作和任务的固定的领导人格特质或行为方式都是不现实的，领导的效果如何，不仅取决于领导者的特性与行为，而且也取决于领导者所处的环境，领导科学的研究方向逐步向权变理论转变。

领导权变理论也被称为领导情景理论，该理论认为领导是一个动态的管理过程，在不同的情况下需要不同的素质和行为，才能达到有效的领导。

（一）连续统一体理论

1958 年美国管理学家坦南鲍姆（R. Tannenbaum）和沃伦·施密特（Warren H. Schmidt）提出了领导行为连续统一体理论。他们认为，领导方式存在两种极端状态，即专制的领导行为和民主的领导行为，在这两个极端点之间存在着一系列的领导方式，领导者行使权力的范围与下级自由活动的范围，存在着多种不同的专制与民主水平，构成一个连续统一体，如图 5-3 所示。

图 5-3 中，从左到右领导者的权利范围越来越少，而下属的自主权越来越多。领导连续统一体理论说明了领导风格的多样性和领导方式与情境相适宜的性质。坦南鲍姆和施密特认为，七种典型的领导方式中，不存在哪一种是正确的，哪一种是错误的，成功的领导者应该是多数情况下能够评估各种影响环境的因素和条件，并根据这些条件和因素来确定自己的领导方式和采取相应的行动。

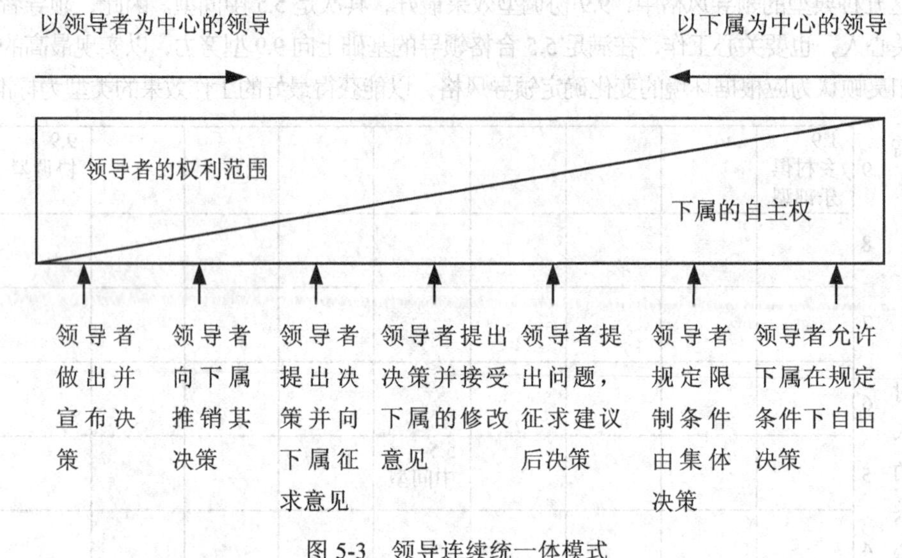

图 5-3　领导连续统一体模式

（二）菲德勒权变理论

美国伊利诺伊大学的管理学家费德勒（F. E. Fiedler）从 1951 年开始，经过 15 年的研究，提出了“有效领导的权变模式”即“费德勒模式”。该理论认为，领导工作是一个过程，在这个过程中，领导者施加影响的能力取决于群体的工作环境、领导者的风格和个性，以及领导方法对群体的适合程度。费德勒认为，没有一个十全十美的适用于所有情境的领导方式，只要与领导情境相适应，任何领导方式都能取得良好的效果。他提出对领导者工作影响作用最大的 3 个基本因素是职位权力、任务结构和上下级之间的关系。

（1）职位权力：指组织赋予领导者正式地位所拥有的权力及领导者从上级和整个组织各方面所取得的支持的程度。权力是否明确、充分，在上级和整个组织中所得到的支持是否有力，直接影响到领导的有效性。职权越明确，越容易使下属遵从领导者的指导，越有利于提高工作效率。

（2）任务结构：指下属对所从事的工作的负责程度和指导任务的明确程度。如果所领导的群体要完成的任务是例行的、明确的、可以理解的，成员有章可循，则工作质量比较容易控制，领导也可更加有的放矢。

（3）上下级关系：指领导者得到被领导者拥护和支持的程度，即领导者是否受下属的喜爱、尊敬和信任，能否吸引并使下属愿意追随他。费德勒认为，从领导者的角度看，上下级之间的关系是最重要的。因为职位权力和任务结构大多可以置于组织的控制之下，而上下级之间的关系会直接影响到下级对上级的信任和爱戴，会影响下级对上级的追随程度。

费德勒将三个情景条件任意组合成八种情况，通过大量的调查和数据收集，将领导风格与对领导有利或不利的八种情况关联，以便了解领导所应当采取的有效领导方式，如图 5-4 所示。

此外，费德勒还设计了一种“你最不喜欢的同事”（LPC）的问卷，来测定一个人的领导风格。所谓 LPC 即你认为最难与之共事的人。通过对 LPC 的描述可判断领导者的领导风格：如果一个领导者对其最不喜欢的同事仍能给予好的评价，则表明他对人宽容、体谅，提倡好的人际关系，是关心人的领导（高 LPC 型领导方式）；如果对其最不喜欢的同事给予低评价，则表明他是命令式的，对任务的关心胜过对人的关心（低 LPC 型领导方式）。根据 LPC 量表，将领导风格划分为两大类型，即任务导向型领导方式（低 LPC）和关系导向型领导方式（高 LPC）。费德勒的研究结果表明：根据群体工作情境，采取适当的领导方式可以把群体绩效提高到最大限度：当情境对领导者非常有利或非常不利时，采取以工作为主的任务导向型领导方式是合适的；但在各方面因素交织在一起且情境有利程度适中时，领导者采用以人为主的关系导向型领导方式更为有效。

上下级关系	好				差			
任务结构	明确		不明确		明确		不明确	
职位权力	强	弱	强	弱	强	弱	强	弱
情景类型	1	2	3	4	5	6	7	8
环境有利性	有利			一般				不利
有效领导方式	任务型			关系型				任务型
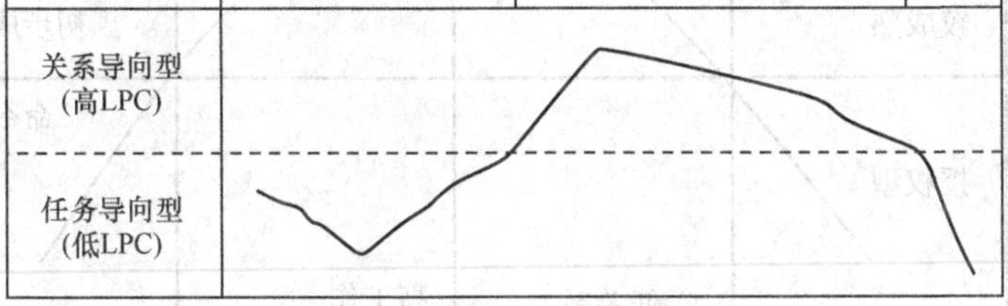 关系导向型（高LPC）								
任务导向型（低LPC）								

图 5-4　领导方式图

根据费德勒的观点，领导行为是和该领导者的个性相联系的，所以领导者的风格或领导方式基本是固定不变的。当一个领导者的风格或方式与情景不相适应时，解决的办法是改变情景，使之与领导者的风格相适应。

（三）领导生命周期理论

领导生命周期理论是由美国学者科曼（Kaman）首先提出，后经美国心理学家赫西（Hersey）和布兰查德（Blanchard）得以发展的一种领导情境理论。他们在领导行为四分图，关心人和关心工作的基础上，提出了第三个影响领导风格的因素，即被领导者的成熟度。被领导者的成熟度包含工作成熟度（个人的知识和技能）和心理成熟度（做事的意愿和动机）两个方面，分为很成熟、比较成熟、初步成熟和不成熟四个阶段。该理论认为有效的领导者的风格应当适应其下属的成熟度，对于不同成熟程度的被管理者，领导风格要做相应地调整，用最适合的风格去领导下属。领导生命周期曲线如图 5-5 所示。

如图 5-5 所示，按照被领导者成熟程度的不同，曲线中的四个象限分别代表四种领导方式。

（1）命令型（高工作低关系）：适用于下属低成熟度的情况，领导者采用单向沟通，责令下属执行工作任务。

（2）说服型（高工作高关系）：适用于下属较不成熟的情况，领导者以双向沟通方式说服下属接受工作任务。

（3）参与型（高关系低工作）：适用于下属比较成熟的情况，领导者通过双向沟通和悉心倾听与下属充分交流。

（4）授权型（低关系低工作）：适用于下属高度成熟的情况，领导者赋予下属自主决策和行动的权力。

随着被领导者从不成熟走向成熟，领导者不仅可以逐渐减少对工作的控制，而且还可以逐渐减少关系行为，并相应地调整自己的领导方式。

（四）路径—目标理论

路径—目标理论是权变理论的一种，是加拿大多伦多大学组织行为学教授罗伯特·豪斯（Robert House）最先提出的，后由华盛顿大学特伦斯·米切尔（Terence R. Mitchell）完善、补充。该理论认为，领导者的基本任务就是发挥下属的作用，帮助下属设定目标，并且能够明确指出实现目标的路径，帮助下属把握目标的价值，在实现组织目标的过程中提高其能力，使其个人目标与组织目标相一致。

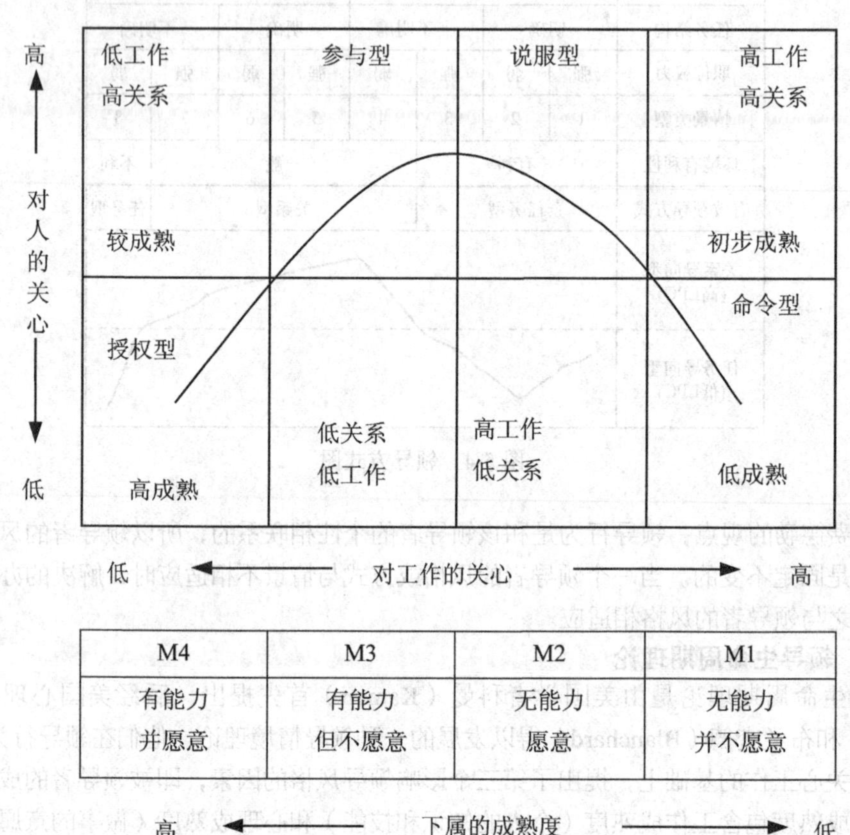

图 5-5　领导生命周期曲线

因此，领导者必须把握好以下两个基本原理。

（1）领导方式必须乐于被下属接受。只有能够给部下带来利益和满足的方式，才能使他们乐于接受。

（2）领导方式必须具有激励性。激励的基本思路是以绩效为依据，领导者要能够指明下属的工作方向，还要帮助下属排除实现目标的障碍，使其能够顺利达到目标，同时在工作过程中尽量使职工需要得到满足。

豪斯认为，领导者的职能，表现在以下六个方面：

（1）唤起员工对成果的需要和期望；

（2）对完成工作目标的员工增加报酬，兑现承诺；

（3）通过教育、培训、指导等途径，提高员工实现目标的能力；

（4）帮助员工寻找达成目标的路径；

（5）排除员工前进路径上的障碍；

（6）增加员工获得个人满足感的机会，且这种满足要以工作绩效为基础。

现实中下属是千差万别的，员工的差异主要表现下属的个人特质和下属需要面对的环境因素两个方面。为此，豪斯确定了四种领导行为，以供领导者在不同的环境下选择使用。

① 指导型领导（Directive Leadership）：领导者对下属需要完成的任务进行说明，包括对他们有什么希望，如何完成任务，完成任务的时间限制等。指导性领导者能为下属制定出明确的工作标准，并将规章制度向下属讲得清清楚楚。指导不厌其详，规定不厌其细，下属没有参与决策的机会。

② 支持型领导（Supportive Leadership）：领导者对下属的态度是友好的，平易近人、很友善，他们关注下属的福利和需要，平等地对待下属，尊重下属的地位，能够对下属表现出充分的关心和理解，在下属有需要时能够真诚帮助。

③ 参与型领导（Participative Leadership）：领导者邀请下属一起参与决策，同下属一起探讨工作，征求他们的想法和意见，将他们的建议融入到团体或组织将要执行的决策中去。

④ 成就取向型领导（Achievement-Oriented Leadership）：领导者为下属设置挑战性的目标，鼓励下属将工作做到尽量高的水平。这种领导者为下属制定的工作标准很高，寻求工作的不断改进。除了对下属期望很高外，成就导向性领导者还非常信任下属有能力制定并完成具有挑战性的目标。

豪斯认为，领导方式是有弹性的，这四种领导方式可能在同一个领导者身上出现，因为领导者可以根据不同的情况斟酌选择，在实践中采用最适合下属特征和工作需要的领导风格。如果下属是教条的和权力主义的，任务是不明确的，组织的规章和程序是不清晰的，那么，指导型领导方式最适合；当下属从事于机械重复性的、没有挑战性的工作或对于结构层次不清晰、令人不满意或者是令人感到灰心的工作时，使用支持型方式比较好；当任务不明确时或下属具有独立性，具有强烈的控制欲时，参与型领导方式具有积极影响；如果组织要求下属履行模棱两可的任务，成就导向型领导方式效果最好。

豪斯强调，领导者的责任就是根据不同的环境因素来选择不同的领导方式。如果强行用某一种领导方式在所有环境条件下实施领导行为，必然会导致领导活动的失败。

在现实中究竟采用哪种领导方式，要根据下属特性、环境变量、领导活动结果的不同因素，以权变观念求得同领导方式的恰当配合。

四、领导理论发展的新趋势

随着世界经济的不断发展和科学技术的日益更新，管理研究也日益发展，面对社会进步所带来的一些不确定因素，人们开始思考，什么样的管理才是目前最好的管理？什么样的领导行为或领导风格才是最佳的？继领导特质理论、领导行为理论、领导权变理论后研究者们又提出一些新型的领导理论，主要有变革型领导理论和魅力型领导理论。

（一）变革型领导理论

变革型领导是在20世纪80年代由美国政治社会学家詹姆斯·麦格雷戈·伯恩斯（Burns）在他的经典著作《领袖论》（*Leadership*）中提出的一种领导类型，这一理论的提出使整个领导学界产生了一次大的革命，成为了近20年学术界和企业界共同关注的焦点。

在他的著作中，伯恩斯将领导者描述为能够激发追随者的积极性从而更好地实现领导者和追随者目标的个体，进而将变革型领导定义为领导者通过让员工意识到所承担任务的重要意义和责任，激发下属的高层次需要或扩展下属的需要和愿望，使下属对团队、组织和更大的政治利益的追求超越个人利益。

变革型领导理论把领导者和下属的角色相互联系起来，并试图在领导者与下属之间创造出一个能提高双方动力和道德水平的过程。拥有变革型领导力的领导者通过自身的行为表率，对下属需求的关心来优化组织内的成员互动。同时，通过对组织愿景的共同创造和宣扬，在组织内营造起变革的氛围，在富有效率地完成组织目标的过程中推动组织的适应性变革。

Avolio在Bass等人将变革型领导归纳为三个关键性因素的基础上，将变革型领导行为的方式概括为四个方面，即理想化影响力（Idealized Influence）、鼓舞性激励（Inspirational Motivation）、智力激发（Intellectual Stimulation）和个性化关怀（Individualized Consideration）。具备这些因素的领导者通常具有强烈的价值观和理想，他们能成功地激励员工超越个人利益，为了团队的伟大目标而相互合作、共同奋斗。

1. 理想化影响力

理想化影响力是指能使他人产生信任、崇拜和跟随的一些行为。它包括领导者成为下属行为的典范，得到下属的认同、尊重和信任。这些领导者一般具有公认较高的伦理道德标准和很强的个人魅力，深受下属的爱戴和信任。大家认同和支持他所倡导的愿景规划，并对其成就一番事业寄予厚望。

2. 鼓舞性激励

领导者向下属表达对他们的高期望值，激励他们加入团队，并成为团队中共享梦想的一份子。在实践中，领导者往往运用团队精神和情感诉求来凝聚下属的努力以实现团队目标。从而使所获得的工作绩效远高于员工为自我利益奋斗时所产生的绩效。

3. 智力激发

智力激发是指鼓励下属创新，挑战自我，包括向下属灌输新观念，启发下属发表新见解和鼓励下属用新手段、新方法解决工作中遇到的问题。通过智力激发，领导者可以对下属在意识、信念以及价值观的形成方面产生激发作用并使之发生变化。

4. 个性化关怀

个性化关怀是指关心每一个下属，重视个人需要、能力和愿望，耐心细致地倾听，以及根据每一个下属的不同情况和需要区别性地培养和指导每一个下属。这时变革型领导者就像教练和顾问，帮助员工在应付挑战的过程中成长。

（二）魅力型领导理论

20世纪初，德国社会学家韦伯（Max Weber）提出“charisma”，即“魅力”这一概念，意指领导者对下属的一种天然的吸引力、感染力和影响力。从20世纪70年代后期开始，一些学者对这一概念进行了重新解释和定义，进行了深入的研究，充实了新的内容。随着经济全球化的发展，市场竞争日趋激烈，各类组织尤其是企业组织迫切需要魅力型领导者的改革和创新精神，以对应环境的挑战。因此，20世纪80年代起，魅力型领导理论日益受到研究者的重视。

1977年豪斯（Robert House）指出，魅力型领导者具有高度自信、支配他人的倾向和对自己信仰的坚定信念三种个人特征。随后，本尼斯（W. Bennis）在研究了90名美国最有成就的领导者之后，发现魅力型领导者有四种共同的能力：有远大目标和理想；能清晰地表达这一目标，使下属明确理解；对理想贯彻始终和执著追求；知道自己的力量并善于利用这种力量。但一些学者的研究也指出，如果魅力型领导者过分强调自己个人需要高于一切，要求下级绝对服从，或利用其高超的说服能力误导或操纵下属，则可能产生不良结果。

魅力型领导者所具备的这种领袖魅力并不是天生的，它是在特定的环境下产生的，它是一个人生活的产物而不是一个人先天的产物。它与传统领导特质理论不同。

魅力型领导者的关键特点有：① 自信；② 远见；③ 清楚表达目标的能力；④ 对目标的坚定信念；⑤ 不循规蹈矩的行为；⑥ 作为变革的代言人出现；⑦ 环境的敏感性。

魅力型领导者可从以下几方面影响下属。

（1）领导者清晰地描述宏伟前景，这一前景将组织的现状与更美好的未来联系在一起，使下属有一种连续的认识。

（2）领导者向下属传达高绩效期望，并对下属达到这些期望表现出充分的信心。

（3）领导者通过言语和活动传达一种新的价值观体系，并以自己的行为为下属设立了效仿的榜样。

（4）魅力型领导者可以做出自我牺牲和反传统的行为表明他们的勇气和对未来前景的坚定信念。

目前，多数研究者还是采用面谈、传记、观察等描述性方法对魅力型领导者进行定性研究。不少研究者正在探索研究魅力型领导者的定量方法。

第三节　领导风格及领导工作原理

一、人性假设理论

人性是指存在于每一个人类个体身上，使人与动物相区别的特性。人性是由多种属性构成的一个复杂体系，包含人的自然属性、社会属性、精神属性等。领导是涉及组织中人的问题的职能，因此，领导者要实现有效的领导，达到组织目标，就必须了解人，了解人性及人的行为模式。

1957 年麦格雷戈（Douglas M. McGregor）在他的《企业中的人性方面》一书中正式提出人性假设（Assumptions about Human Nature）这一概念。多年来，学术界先后提出许多不同的人性假设观点，最具代表性的有以下四种。

（一）“经济人”假设

“经济人”（Economic Man）假设起源于享受主义哲学和英国经济学家亚当·斯密（Adam Smith）的关于劳动交换的经济理论。亚当·斯密认为：人的本性是懒惰的，必须加以鞭策；人的行为动机源于经济和权力维持员工的效力和服从。麦格雷戈将这种人性假设概括为 X 理论。X 理论的基本观点为：① 多数人天生是懒惰的，他们都尽可能逃避工作；② 多数人都没有雄心大志，不愿负任何责任，而心甘情愿受别人的指挥；③ 多数人以自我为中心，不关心组织目标，他们的个人目标都是与组织目标相矛盾的，必须用强制、惩罚的办法，才能迫使他们为达到组织的目标而工作；④ 多数人干工作都是为满足基本的生理需要和安全需要，因此，只有金钱和地位才能鼓励他们努力工作；⑤ 人大致可分为两类，多数人都是符合于上述设想的人，另一类是能够自己鼓励自己，能够克制感情冲动的人，这些人应负起管理的责任。

“经济人”假设认为组织人的行为主要目的是追求自身利益，工作动机是为了获得经济报酬，认为金钱是刺激积极性的唯一动力。泰勒（Taylor）是“经济人”假设的典型代表，他的科学管理体系就建立在“经济人”假设的基础上，他的一切管理制度，都着眼于如何根据工人的劳动量给予恰当的报酬，采用“胡萝卜加大棒”的管理方法管理工人。

（二）“社会人”假设

1933年管理学家埃尔顿·梅奥提出了“社会人”（Social Man）假设理论。这一假设是在霍桑实验的基础上提出来的，之后又被不断地加以完善。这种假设认为，人的行为动机不只是追求金钱，人是社会人，影响员工生产积极性的因素，除物质因素外，还有社会因素、心理因素等。同时，生产效率的高低主要取决于员工的士气，员工的士气受企业内部人际关系及员工家庭和社会生活的影响。因此，管理者要调动员工的工作积极性，不仅要考虑员工的物质利益，更要考虑员工的社会心理需要的满足程度。管理者应该重视员工在社交方面的需要，协调好人际关系，鼓励员工参与管理。

与“经济人”假设相比，“社会人”假设更贴近员工的心理现状。在“社会人”假设的基础上，建立了新的管理行为，改变了传统的任务导向型领导方式。

（三）“自我实现人”假设

“自我实现人”（Self-Actualizing Man）假设于20世纪50年代末被提出。“自我实现人”也称“自动人”，这一概念是美国心理学家马斯洛首先提出的，马斯洛认为，人类需要的最高层次就是自我实现。麦格雷戈总结了马斯洛和阿吉里斯（Chris Argyris）以及其他人的研究成果，将它概括为与X理论对立的Y理论。Y理论的基本观点有：① 一般人都是勤奋的，如果环境条件有利，工作如同游戏或休息一样自然；② 控制和惩罚不是实现组织目标的唯一方法，人在执行任务中能够自我控制和自我指导；③ 在正常情况下，一般人不仅会接受责任，而且会主动寻求责任；④ 个体目标与组织目标没有根本性的冲突，如果有冲突，个体会自觉地把个体目标与组织目标统一起来。

“自我实现人”假设认为人的需要是一个由低级向高级发展的层次系统，除了物质性与社会性的需要外，人还有自我实现的需要，员工重视的是工作的挑战性，希望能够充分发挥自身的潜能，只要工作有利于他们能力的发挥，达到他们认为的自我价值的实现，就能调动其工作的积极性。因此，管理者应该把管理的重点从重视人的因素转到创造良好的工作环境，使员工的能力得到最充分的发挥。在该理论的指导下，出现了“目标管理”“参与管理”等管理方式。

（四）“复杂人”假设

尽管“经济人”“社会人”“自我实现人”都从某一个角度反映了人的一些本质属性，但是并不适用于一切人，因为人是很复杂的，不仅因人而异，即便是同一个人在不同的年龄、不同的时间、不同的场合表现也不相同，因此，这几种假设仍然不能满意地解释员工积极性的源泉问题。20世纪60年代末70年代初沙因（Schein）提出了“复杂人”（Complex Man）假设。这种假设认为：人的需要是多种多样的，同一个人在同一时间内会有多种需要，并且会随着工作生活条件的变化不断产生新的需要，因此，管理者要因人而异、因地制宜，灵活地采取不同的管理措施。

二、领导方式

（一）领导方式及其理论

领导方式是指领导者对待被领导者的行为模式，是直接影响领导效能的重要因素。组织管理的成效如何，取决于领导者的领导方式是否得当。了解和掌握领导方式，并且善于随着环境、人员、时代的变化转变领导方式，是实现领导目标、做好领导工作的重要条件。

现实中的领导行为表现出各种不同的方式或风格，那么，究竟有哪些领导方式，不同的人看法不同。最具代表性的有勒温理论和利克特的四种领导方式说。

1. 勒温理论

勒温认为在管理过程中主要有三种典型的领导方式，即专制型、民主型和放任型领导方式。

（1）专制型也称独裁型，是指领导者个人决定一切，布置任务后让下属执行，这种领导方式要求下属绝对服从，决策是领导者一个人的事，下属没有参与的权利。

（2）民主型是指领导者在进行决策时会主动让下属参与讨论，集思广益，共同商量，或者会吸收下级人员参与决策的制定工作。民主型领导方式能够使上下级意见一致地工作。

（3）放任型领导极少运用权力影响下属。下属愿意怎么做就怎么做，具有高度的自主性，领导者的职责只是为下属提供信息。

专制型、民主型、放任型三种领导方式没有优劣之分，在实际工作中，各自有各自适用的情况，现实中也很少有领导完全采用某一种风格，往往介于这几种领导类型之间，表现为混合型风格。

2. 利克特的四种领导方式

美国密歇根大学的管理学教授利克特在研究的基础上将领导方式归纳为四种基本模式，即专制权威式、开明权威式、协商式和群体参与式。

（1）专制权威式。专制权威式领导者非常专制，主要采用自上而下的沟通方式，很少信任下属。对下属的激励往往采用惩罚的方法，偶尔兼用奖赏，决策权高度集中在自己或最高层手中。

（2）开明权威式。开明权威式领导者对下属有一定信任和信心，采用奖赏和惩罚并用的激励方式，允许一定程度的自下而上的沟通，能够授予下属一定的决策权，但仍旧牢牢掌握着政策性控制权。

（3）协商式。协商式领导者对下属抱有相当大的信任和信心，通常设法采纳下属意见；主要采用奖赏的激励方式，在沟通中主要使用上下双向沟通的方式，在最高层制定主要政策和总体决策的同时，允许低层部门做出具体问题决策，并且在某些情况下进行协商。

（4）群体参与式。这类领导者对下属在一切事务上抱有信心和充分的信任，总是能够从下属方面获得意见，并积极地加以采纳，组织群体参与确定目标和评价实现目标的进展，积极从事上下双向沟通，鼓励各级组织做出决策。

（二）领导方式的分类

1. 按权力控制程度划分

按权利控制程度划分领导方式可分为集权型、分权型和均权型领导。

集权型领导是指工作任务、方针、政策及方法都由领导者决定，然后布置给下属执行；分权型领导是指领导者只决定目标、政策、任务的方向，对下属在完成任务各个阶段上的日常活动不加干预，领导者只问效果，不问过程与细节；均权型领导方式主张分工负责、分层负责，以提高工作效率，领导者与下属的职责权限明确划分，下属在职权范围内有自主权。

2. 按领导重心所向划分

按领导重心所向划分领导方式可分为以事为中心、以人为中心和人事并重式的领导。

以事为中心的领导者以工作为中心，强调工作效率，以工作的数量与质量及达成目标的程度作为评价成绩的指标；以人为中心的领导者尊重下属的人格，不滥施惩罚，注重积极的鼓励和奖赏，注意发挥下属的主动性和积极性，注意改善工作环境，注意给予下属合理的物质待遇，从而保持其身心健康和精神愉快；人事并重式的领导者既重视人，也重视工作，同时领导者对工作要求严格，能够按时保质保量地完成工作计划，创造出最佳成果。

3. 按领导者的态度划分

按领导者的态度划分可分为体谅型领导和严厉型领导。

体谅型领导者对下属十分体谅，关心其生活困难，注意建立互相依赖、互相支持的友谊，注意赞赏下属的工作成绩；严厉型领导者重组织、轻个人，对下属十分严厉，要求下属牺牲个人利益服从组织利益，明确每个人的责任，执行严格的纪律，重视监督和考核。

4. 按决策权力大小划分

按决策权力大小划分可分为专断型领导、民主型领导和自由型领导。

专断型领导者把决策权集于一人手中，以权力推行工作，当贯彻执行发生困难时，多归罪下属；民主型领导者同下属互相尊重，彼此信任，常常通过交谈、会议等方式同下属交流思想，商讨决策，注意按职授权，培养下属主人翁思想，奖惩有客观标准，不以个人好恶行事；自由型领导是领导者有意分散领导权，只是检查工作成果，给下属极大的工作自由度，除非下属要求，否则不做主动指导。

三、领导工作原理

领导工作是领导者对组织内每个成员和组织中群体的行为进行引导和施加影响的活动过程，其目的在于使个体和群体能够自觉自愿、有信心地为实现组织的既定目标而努力。领导工作的要求总的来说就是创造一种良好的环境。为此，领导者在管理过程中就要学习和运用有关理论和方法，把握一定的领导原理。领导原理不仅对一个领导者本身的成败至关紧要，而且直接影响到组织的绩效问题。常见的领导工作原理有以下几个方面。

1. 指明目标原理

组织目标是一个组织未来一段时间内要达到的目的，它是领导者和组织成员的行动指南。组织工作如果没有正确的方向，再多的努力也没有效果。“凡事预则立，不预则废”，指明目标原理是指领导工作越是能使全体人员明确理解组织目标，则人们对实现组织目标所做的贡献就会越大。让全体成员充分理解组织的目标和任务是领导工作的重要组成部分。

2. 目标协调原理

目标协调原理是指个人目标与组织目标能取得一致。人们的行为越趋向一致，实现组织目标所取得的效率就会越高，效果就会越好。领导者的工作从根本上说就是要促使下级员工尽其所能地为组织做出贡献。如果个人目标和组织的目标相辅相成，那么下级成员就能信心十足、团结一致地去工作。因此，在领导下属时，领导者必须注意利用个人的需要和动机去实现集体的目标。

3. 命令一致原理

命令一致原理又称统一指挥原理，是指领导者在实现目标的过程中下达的各种命令越是一致，个人在执行命令中发生的矛盾就越少，领导与被领导双方对最终成果的责任感也就越大，越易于实现组织目标。

命令一致原理强调的是下属只有在受同一个领导的指导下，才能更好地按照领导的指示办事。作为领导者不能因为下级部门或个人不同，所发布的命令、指示就相互矛盾或抵触，更不能“朝令夕改”，使下级部门或人员无所适从，造成工作秩序的混乱。

4. 直接管理原理

直接管理原理是指领导者同下级直接接触越多，所掌握的各种情况就越准确，从而领导工作会更加有效。

实际工作中员工更喜欢和愿意亲身体验到上级对他们本人及其工作的关心，而且通过亲身体验，领导者能够充分掌握所需的情况，可以更好地对下属进行指导，同下属交换意见，特别是能够听取下属的建议，从而更有效地采用适宜的工作方法，提高工作效率。

5. 沟通管理原理

沟通是领导工作所采用的重要手段，是领导者激励下属、履行领导职责的基本途径。沟通管理原理是指领导者与下属之间越是有效地、准确地、及时地沟通，整个组织就越会成为一个真正的整体。

6. 激励原理

激励原理是指管理者越是能够了解下属的需求和愿望，并给予满足，他就越能够调动下属的积极性，使之能为实现组织的目标做出更大的贡献。每个人的需要不尽相同，人们对受到的刺激所做出的反应取决于他们的个性、他们对报酬和任务的看法与期望，以及他们所处的组织环境。领导者应能够了解下属的需求和愿望并给予合理满足，以调动下属的积极性。

第四节　领导者素质与领导艺术

一、领导者的素质

所谓领导者的素质，是指领导者在自身生理素质的基础上，通过后天的学习和实践形成的，在领导活动中经常发挥作用的本质的要素。领导者素质的高低直接关系到领导绩效的高低，影响到组织目标的实现。领导者的素质主要包括以下几个方面。

1. 思想道德素质

领导者的思想品德是领导者非职位影响力的主要来源，作为一个好的领导者应当具备崇高的政治理想，要有明确的道德观念，同时要有较强的事业心、责任心和创新精神，在工作上有良好的思想和工作作风，公正严明，实事求是地处理问题。同时，应该具有较高的情商，具有影响他人的个人魅力、亲和力，让组织内部的人员产生信任感和依赖感。

2. 知识素质

管理是一门艺术，是一项综合性很强的工作，要求领导者不仅要懂得现代管理学、领导科学的一般原理和方法，还应努力学习所在行业、企业的专业知识，在熟练掌握专业知识的基础上，拓展与专业知识和管理知识相关的知识领域，不断提升自己的学识水平。以增强自身的分析、判断能力，能够控制、协调、沟通组织内外各种关系的能力。通过自己的专业素质带领整个组织完成既定目标。

3. 能力素质

能力素质在领导者的整体素质中占据重要地位。领导者的能力主要来源于学习和实践。作为一个领导者，首先要有决策、协调、指挥、控制等能力，要善于人、财、物的合理调配，调动员工的工作积极性，善于运用奖惩手段，实现组织目标；其次必须具备创新能力，能够发现新问题，总结新经验，敢于创新，标新立异，在复杂多变的环境中，审时度势，妥善处理组织内外部关系，促进组织目标的实现。

4. 身体素质

“身体是革命的本钱”，健康的身体是领导者应该具备的最基本的条件。领导者要负责指挥、协调组织活动的进行，不仅需要智慧的头脑、丰富的知识，还要有强健的身体、充沛的精力来完成整个工作任务。

对于领导者而言，上述素质是必不可少的，其中身体素质是基础，思想道德素质是关键，在工作中对于不同性质的组织的领导，在素质上的要求会各有侧重。

二、领导艺术

领导和被领导者都是由人构成的，而人的道德、能力、智商、性格等千差万别。因此，如何实现对人的有效领导，恰如其分地把握好分寸，发挥领导艺术，以获取最佳的领导效果，是每个管理者为之努力的目标。

（一）领导艺术的内容

所谓领导艺术，是指领导者在领导活动中为了有效地提高领导效能、达到领导目标而对客观规律、领导科学原理及方法的灵活机动和创造性的运用。领导艺术是领导者的智慧、学识、才能、经验等在领导实践中的综合反映，是领导者素质、能力的体现。

对于领导艺术的内容，目前尚无统一说法，这里重点介绍以下几种领导艺术。

1. 用人的艺术

“世有伯乐，而后有千里马。千里马常有，而伯乐不常有”，领导活动不同于其他社会活动，是依靠用人和调动下属的积极性使目标得以现实的。领导活动的这一特征就集中体现为如何用人为核心的艺术化过程。这就要求领导者在充分了解和发挥员工长处的基础上，把工作的需要和个人的能力、兴趣、爱好等很好地结合起来，使每个员工在各自的工作岗位上兢兢业业、积极进取，把个人目标与组织目标很好地结合起来。做到“用人不疑，疑人不用”“短中取长”“避短用长”，在用人时遵循合理选择，知人善任；合理使用，积极培养；宽容待人，正面激励等原则。

2. 用权与授权的艺术

时间的管理效率基本上决定了领导者的事业理想能否实现，所以一个卓越的领导者必然能够科学合理地安排自己的时间。这就要求领导者在保持权力的控制功能和“大权独揽”的情况下，做到“小权分散”，善于授予下属一定的自主权，使上下级之间建立充分的信任感，从而激发下属的责任心和成就感，在实现自身价值的同时推动企业不断发展。

领导者在授权时要做到：坚持信任原则，“因事择人，视人授权”；明确职责，适度授权；授权与监督并行原则。根据组织目标的要求及各个部门、各人员的职能与任务等科学合理地分配权力，最终促进组织目标的更好实现。

3. 指挥和激励艺术

领导者在管理过程中要善于与下属沟通，及时对下属进行必要的监督与教育，在指挥下属时指令的内容要切合实际，方法和形式要能被下属理解和接受；对于下属的物质、精神需要要给予激励，使组织中的工作和奖励制度、方法能适应广大职工多种多样的需求。

4. 决策的艺术

美国决策理论学派的创始人西蒙认为“管理就是决策”，决策是组织最终目标得以实现的重要保证。尤其是在非程序化决策中，领导者的主观决策能力更是起着相当大的作用。在决策过程中如何结合组织内外部环境和人员心理状态，因势利导地进行决策是一门艺术性工作。这就需要领导者在一定经验的基础上，对外来事件具有远见、卓识，及早察觉组织发展中的有利因素和不利因素，凭借自身的智慧与能力，集中组织人员的正确意见，制定促使组织获得重大改进与发展的战略决策。

5. 人际关系艺术

领导的核心在人，认真分析企业员工的心态状况、文化背景、价值观念，是用人和处理好人际关系的关键。一个成功的领导者往往能处理好以下几个方面：对待下属要关心爱护，助人发展；能够正确对待和处理员工的错误；在日常工作中善于倾听下属的意见，相互沟通；对待同级能够积极配合不越位篡权，明辨是非不斤斤计较，见贤思齐不嫉贤妒能，在工作中能够支持帮助，有效沟通；对待上级要找准自己的角色和位置，做到出力而不越位，善于将自己的意见变成领导者的意见。同时，要根据组织目标的需求正确处理组织与外部的人际关系问题。

（二）领导艺术的特点

领导艺术是领导方法的运用和表现，与一般的领导方法相比，它具有以下特点。

1. 创造性

领导者面临的现实情况是错综复杂、千变万化的，为了实现领导目标，必然会遇到一个又一个的新问题，领导艺术的活力和灵魂在于创新，每一项高超的领导艺术，都是领导者个人的一次创造。创造性是领导艺术的核心特征。

2. 随机性和灵活性

领导艺术的一个重要特点在于它不拘一格，不墨守成规，而是要根据不同对象、环境、时间、地点等做出灵活的处理。现代社会更具有复杂性、随机性、多变性的特点，新情况、新问题随时会出现，需要领导灵活运用已有的知识，对复杂多变的社会现象具体分析，随机决断，恰当地处理面临的各种问题。

3. 直觉性

对领导者来说，要思考和处理的问题往往不具有规范和程序，而要凭借个人的直观判断力来进行领导活动，尤其是决策活动。在许多情况下，指导领导者的决策原则是“直觉决策论”。它是在领导者的头脑中存在着关于直觉对象丰富的、广泛的经验知识和理论知识的深厚积淀的基础上产生的。

4. 非模式化和非规范化

领导艺术也是一种领导方法，但是它又不是一般的领导方法。一般的领导方法是规范化、程序化的方法，或者称之为模式化的方法。而领导艺术则是非模式化的，表现为领导过程中开创性地灵活运用模式化领导方法所形成的非规范化、非程序化的技巧和方法。

第五节　中国现阶段对企业领导者素质的要求

激烈的市场竞争环境下，企业领导者必须具有较为全面的素质才能真正管好企业，使企业健康发展。中国现阶段对企业领导者素质的要求大致可以归纳为以下四个方面。

一、思想道德素质

思想是意识的结果、行为的本源，任何领导行为都是在一定思想的支配下表现出来的。作为企业领导者，更应具备突出的思想道德素质。首先，领导者要有强烈的社会责任感。企业领导者所肩负的使命不仅仅是领导一个企业，而是要使企业对社会有所贡献，因此企业领导者必须具有高度的社会觉悟和强烈的事业心。其次，领导者要有明确的经营观。经营观是企业从事经营活动的指导思想，对企业经营起着决定性作用。正确的经营观来自于正确的人生观、价值观、世界观。企业领导者要学会用发展的眼光看待问题，正确地认识人和经营使命，顺应社会发展的自然规律。最后，领导者要有超群的先见性和稳健的成熟性。企业领导者是企业的“掌舵者”“领路人”，在企业发展中领导者要具有洞察事物或预见事物发展趋势的能力，处理事情要全面缜密，在紧急时刻能镇定自若，采取明确的决策，为企业的发展保驾护航。

二、知识素质

在市场经济条件下，真正优秀的领导者必须具备复合型的知识结构。首先，领导者必须是管理方面的专家。领导者要重点掌握企业管理、战略管理、市场营销、人力资源管理等方面的知识。没有这些知识就不能引导企业在市场中竞争取胜。其次，领导者必须是通才，要有广博的知识基础。领导者除了掌握管理理论之外还应掌握相关学科的知识，如哲学、社会科学、文学、美学等。最后，领导者应该不断更新已有知识。知识经济时代，新技术革命的浪潮不断冲击着旧的观念与思想，只有充分掌握科学技术和知识才能不断创新。作为企业领导者必须充分重视知识结构更新问题，不断学习，不断创新，使自已能够适应现代社会和企业发展的要求。

三、经营管理素质

领导者经营管理素质的好坏、才能的高低，在很大程度上决定着一个企业的兴衰成败。领导者应当能够高瞻远瞩，审时度势，抓住机遇促进企业发展。首先，领导者要具备统帅全局的战略眼光。古人言：“不谋全局者，不足谋一域；不谋万世者，不足谋一时。”优秀的领导者不仅能正确地理解国家的方针政策，敏锐地分析经济形式，而且能不失时机地把握变幻莫测的市场前景。其次，领导者要能正确对待风险。市场瞬息万变，在经营过程中机遇往往伴随着风险，没有风险经营的胆略就不可能开拓广阔的国际市场，但是冒险不等于蛮干，这就需要领导者在发挥冒险精神的同时，选择稳妥的阶段性可控的决策方案，随时关注市场动态，及时规避经营风险。最后，领导者要善于协调各方面的关系。在现代企业发展中企业与外界的联系日益密切，如何有效地与组织内外部沟通，以树立良好的企业形象，促进企业良好发展，是企业领导者重要的工作内容。协调能力成为疏通企业成员间的关系，化解矛盾冲突的有效手段。

四、身体和心理素质

管理工作的性质和特点决定了对管理者的身体素质和心理素质的要求比一般人更严格。作为现代企业管理者，生理和心理上都必须适应管理工作提出的许多特殊要求。身体素质是现代领导者其他各方面能力的载体，没有强健的体魄很难完成组织交给的领导任务。心理健康则要求领导者能够具有正确的价值观念、乐观的生活态度及百折不挠的意志、克服困难的决心等心理品质。

重要概念

领导　领导特质理论　领导行为理论　领导权变理论　管理方格理论　领导风格
经济人假设　社会人假设　自我实现人假设　复杂人假设　领导艺术

本章小结

1. 领导是管理过程中的基本职能之一，它包含三个要素，即领导者、被领导者和环境。

2. 领导的作用有四点，即组织作用、指挥作用、协调作用和激励作用。

3. 领导要掌握和学习领导理论，即领导特质理论、领导行为理论和领导权变理论。

4. 领导艺术是领导方法的运用和表现，作为领导者要在管理的同时，讲究领导艺术，即用人的艺术、用权与授权的艺术、指挥和激励艺术、人际关系艺术。

5. 中国现阶段对企业领导者素质的要求有思想道德素质、知识素质、经营管理素质、身体和心理素质。

综合练习

一、判断题

1. 领导特质理论的结论是：领导特质是影响领导效能的关键因素。 （ ）

2. 勒温把领导者在领导过程中表现出来的极端的工作作风分为专制型与民主型两种。 （ ）

3. 领导方格理论认为管理只有五种风格。 （ ）

4. 领导连续统一体理论认为，领导者可能在不同的情况下采取不同的领导方式。 （ ）

5. 领导风格不仅因人而异，还因为国家的不同和文化的差异而迥然不同。 （ ）

6. 法定权力指的是管理者依据自己在组织等级结构中的地位而获得的权力。 （ ）

7. 领导权变理论主张没有万能的领导方式，有效的领导方式是因工作环境的不同而变化的，不同的工作环境需要采取不同的领导方式。 （ ）

二、简答题

1. 领导与管理有什么区别？如何理解领导的性质和作用？

2. 领导的权利构成如何？领导的影响力来源于什么？

3. 简述领导特质理论的主要内容。

4. 简述领导方格理论的主要内容。

5. 人性假设理论的主要观点有哪些？对不同的假设应采用何种管理方法？

6. 领导工作原理有哪些？请简要阐述。

7. 什么是领导艺术？领导艺术具有哪些特点？

8. 中国现阶段对企业领导者的素质有哪些要求？

9. 结合实际，谈谈领导者用人要注意哪些问题。

三、论述题

1. 结合实际论述影响领导权力的因素。

2. 什么是领导权变理论？它包括哪些内容？

3. 领导者的素质包含哪些内容？结合实际谈谈如何提高领导者的素质。

四、案例分析

红旗轻工设计院

红旗轻工设计院是一所历史较长的大型设计单位，拥有800多名工程技术人员。该院二室第五课题组共有11位成员。组长张驰是位经验丰富的高级工程师，他手下还有三名高工和七名较年轻的工程师和助理工程师。张驰知识渊博，为人正派，深受组员们爱戴，大家对他都很敬佩。这个组的工作完成情况一贯较好，组内成员也很团结。

不久前，张驰被市里调到一家正在建设中的大企业，五组组长一职暂告空缺，急待填补。组员们纷纷猜测，都相信新组长准在本组内部选拔。呼声最高的是三位资深的高工，组内舆论普遍认为高工王瑟希望最大。王工刚45岁，是三人中最年轻的，符合“年轻化”要求。他不但能力强，而且很富创新精神，设计工作一直很出色，所负责的项目中有两项曾获部级优秀设计奖，加上英语流利，是组长的理想候选人。不过另一位高工李祖德的实力也不容忽视。李工今年47岁，业务能力平平，但和院长私交颇深，他们是同乡，又同时调来本院，过往密切，这一优势可能是决定性的。大家认为第三位高工刘仰机会最小，此人已经50岁了，来本院工作已23年，业务能力不差，只是创造性欠缺。刘仰四平八稳，从不与人争吵，是有名的“老好人”，不过他对各级领导过于恭顺谦卑，引起有些人的非议。

好几天不见院里有动静，三位高工在这期间干活都特别卖劲，对人特别和气，而且也不动声色，从不参加大家对谁会被提升的猜测和讨论。有人跟王工开玩笑说：“老王该请大伙吃一顿，要升官啦。”王工谦逊地说：“我有何德何能，配当组长？”眼中却闪着几分得意之色。

一周后，院里传来正式通知，刘工被任命为五组组长。这实在大出人们意料，在组内引起震动。落选的王、李两位虽也面露微笑，但总觉不太自然，他们显然并不是那么高兴。

刘工当然喜形于色。他认为这不仅是运气好，而且是他一贯“听话”“敬上”的态度所致。过了几天，院长把刘工召去，布置给五组一项为内地某省设计一家中型造纸厂的任务。这厂地处穷乡僻壤，设备又全是国产的，显然属于一项没“油水”的苦差。老刘思索良久后去找老李，说：“老李，院里下来这个项目，我看就你接了吧，反正你手头的任务马上就完了。”老李说：“对不起，这活我可干不了。我手头这项目别看已经快扫尾了，还有不少问题，一时很难解决得了。你还是让老王去干吧。”老刘说：“老王的项目正干到一半，他怎么能又接新活？”老李说：“那就偏劳你老兄自己吧。阁下贵为组长，理当身为表率。你不去，谁去？”老刘语塞，默默回到自己桌旁想：“真倒霉，当了组长，头回布置任务就碰了钉子，下回可怎么办？我知道他们也想当组长，可这回提拔我，是院长的决定，难道是我的不是？他们本应该支持帮助我，现在反倒给我小鞋穿。都怪我自己性格太懦弱，压不住他们的气焰。这回我先干了，下回谁再敢顶我，哼，我可不会再客气，非给他点颜色看不可！”

把老刘顶跑了以后，老李也很气：“想找我下手？没门！”但他的最大怨气是冲着院长来的“一点儿不够朋友，多年交情了，节骨眼上不拉一把。怎么会挑上老刘？这回顶回去了，准得罪了他，下回还能给我好果子吃？总不能老顶住呀！”越想越气。吃罢中饭，他闯进院长室，没好气地说：“喂，院长大人，这回您是怎么……”没等他说完，院长马上抬手让坐，说：“老李，来得正好，我正想找你呢。你先别火，听我讲清楚。你知道，谁都知道咱俩的交情，我要提拔你，这工作很难做。我挑了老刘，因为他听话，通过他可以给你帮忙嘛。”“他帮我忙？”老李疑惑地问。院长耐心地继续说：“我眼下手头有一项美差，是设计一家大型造纸厂，重要设备全由美国引进。接办这项目，起码有两次去美国的机会，我这就向老刘布置，让他把这个项目分给你干，他会照办的。你现在最要紧的是先把手头活尽快办完，并且沉住气，千万别漏一点儿口风。”老李马上笑逐颜开道：“好，够交情。不愧是院长，老谋深算。”一腔怨气化为由衷感激了。

几天后，组长老刘把李工召去，问：“你手头项目进展得怎样？”老李忙答：“快了，明天大约就能全结束。”“怎么？上星期你还说问题多得很呢。”老刘不无讥讽地大声问道。老李颇为尴尬，搓着手说：“我全解决了。”于是老刘进一步提高音量，故意吸引全组的注意，说：“这里来了个新项目，设备主要是从美国引进。一开始和项目中期各有一次上美国出差的机会，这可是咱们从来没有过的肥缺，老李，你想干吗？”老李有点窘，但说：“我想。”

全组都全神贯注地听着，这时不禁哗然。老王第一个大步跨过来，双臂撑在老刘的桌上，气势汹汹地厉声问道：“为什么不让我接这项目？我最有资格！我设计的项目两次得过部优奖，我的英语流利，出国不用翻译，省了外汇。”老刘却不紧不慢地说：“哎呀，这可难办了。分配给李工干，这可是院长的旨意。”老王说：“分配任务是组长的职权范围，院长也不能越级插手。你应当行使你的职权。”老刘双手一摊，嘴角带着一丝冷笑，说：“我这组长还谈得上啥职权？我布置的任务谁都能顶回来，院长的指示我还敢违抗？”老王气得微微发抖，他咬咬嘴唇，狠狠地说：“好，你走着瞧！”转身拂袖而去，门“砰”地一声带上。接连多日，王工告病未来上班。

待到王工再来上班时，他已判若两人，尤其在两个方面与以前截然不一样：一方面，一反过去高效率和泼辣的作风，经常早上迟到，下午早退。到班之后，一杯清茶，几张报纸，先悠然地读上个把小时，然后开始学习英语，一学就是一上午，还常常带上一台微型录音机。另一方面，又一反过去孤芳自赏、目空一切的态度，对组里同事特别地友好、热情，唯刘、李二工例外。他经常耐心地、无保留地把自己多年设计实践中积累的宝贵经验和诀窍传授给那些青年同事，甚至不惜以自己素来视为寸金难买的大好光阴去跟他们聊天，从人生哲学到影坛轶事，从海外奇闻到改革形势。他的渊博、幽默，使青年们大为倾倒。王工甚至主动地向组内一位曾被他斥为“低能”的助工诚恳道歉，令那青年受宠若惊。

王工宣扬最多的是学习英语的重要性。他说：“掌握了英语，受用无穷，能助你阅读外文书刊，掌握最新技术信息，还有助于能力的提高。对青年人来说，英语比专业也许更重要，因为可能使你出国深造。此外，学习英语本身就极为有趣。你可以听懂外国电台的节目，看外国小说和电影，跟外国人交谈、交朋友。”他不但亲身实践，而且慷慨地辅导大家学。一股“英语热”席卷五组。

这当然严重影响组内设计任务的进度和质量，使组长刘工深为忧虑。一天，他走到一位正在专心读《英语 900 句》的助工桌前，制止他道：“工作时间不能学英语，要学业余学。这里又不是英语强化训练班。”那青年反驳道：“又不是我一个人上班念英语，干嘛专找我的岔？是看我年轻好欺不成？”王工俨然以保护青年自居，立即走过来说：“对青年人要爱护嘛，为什么要打击他学习的积极性呢？学英语跟提高专业水平密切相关，不能那么机械地看问题。我看对小陈学英语不但不该批评，相反还该表扬才是，对不对？”他转向全组，引起热烈掌声和欢呼。刘工气得说不出话。王工则得意洋洋地说：“当然，全天学英语也不好，咱们以后半天工作，半天学习，定成制度，自觉遵守，也就难给人抓辫子了，好不好？”又是一阵掌声和欢呼，王工的形象更高大了。组长的话从此更没人听了。

李工在美国呆了个把月，满载而归。参加了谈判，参观了有关工厂，眼界大开，又带回一台高级录像机。他大声亲切地招呼全组：“咳，你们大伙都好呀。在外边呆上一个月，可真想你们呀！”不料他的热情并未引起相应的热烈反应，只有两三位青年助工不冷不热地说了一声：“呵，李工，您回来啦。”然后仍埋头干自己的事去了。李工被兜头泼了一盆冷水，觉得不大对劲，心想：“他们这是怎回事？害红眼病，嫉妒我出国呗。等他们冷静下来再说。”于是他向组长刘工介绍了他此行的详细情况，最后说：“老刘，你得至少派三个人协助我。这项目的头一个阶段就要突击出几十张图纸，下月初就得完成上交。”刘工以无可奈何的表情说："这可不易呀。这样吧，你自己挑，挑中的我全同意。"于是李工逐个找每个同事商量，可每人都以这样、那样的借口婉拒，没人愿意跟他合作。他只好又来找刘工："老刘，你是组长，派三个人协助我吧。"刘工于是随意指定了三名助工，交代他们道："明天起，你们三个配合李工搞设计。就这么定了。"

第二天，那三个人全没来，都托人递来了假条。李工气得暴跳如雷，大声吼道："他们怎么能这样？无非嫉妒我出了趟国。设计不能按期搞完，可不能怪我，老刘，你是组长，你要承担全部责任。"刘工苦笑一下，没吭声。其实他也挺矛盾的，老李受到抵制，他是略感一点舒坦的。自从当上这么个组长，头痛的事接连不断，他怀疑自己不是当"头头"的料。开始也真想当好这组长，还花业余时间去规划组里的工作和青年组员培养工作。算了！什么计划，白费劲！以前自己太傻、太老实了，以后可得学乖点。有权不用，过期作废嘛。

不久，五组又领了一项有出国考察机会的设计任务。这回刘工谁也没告诉，当仁不让，悄悄地自己一个人接了下来。坐在飞往欧洲的飞机上，他想："这回这组长总算没白当。我才不管人家怎么说呢。我如今算看透了，自己不照顾自己，鬼才会想得到你。"

赴欧归来，刘工发现全组上班时干啥事的都有：聊天、看报、念英语、听录音机，可就没人干活。但如今，这些事他都不再操心了，他感兴趣的是他从国外带回的新计算机。

院长终于发现五组这种极不正常的情况。他召集全组开会，撤了刘工组长的职，任命王工继任组长。刘工为此一点不觉沮丧，反而如释重负。王工则不但拒绝出任组长，反而递上辞职申请书，去一家乡镇企业另谋高就了。

请根据上述案例分析：

1. 刘工的管理风格是什么样的？请运用所学过的领导理论分析刘工的领导行为特征。
2. 院长为什么要撤刘工的组长职务？请用领导素质理论分析刘工的个人素质特点。
3. 请用领导素质理论分析王工的个人素质特点，他为何不但拒绝出任组长，反而递上辞职申请书，去一家乡镇企业另谋高就？
4. 请用管理方格图理论分析院长的领导风格特点。
5. 这个案例对你有哪些的启示？如何认识领导者权力的来源？

五、实践训练

费德勒的LPC量表

回想一下你自己最难共事的一个同事（同学），他（她）可以是正与你共事的，也可以是过去与你共事的。他（她）不一定是你最不喜欢的人，只不过是你在工作中相处最为困难的人，用下面16组形容词来描述他（她），在你认为最准确描述他（她）的等级上打勾。不要空下任何一组形容词。

快乐——8 7 6 5 4 3 2 1——不快乐

友善——8 7 6 5 4 3 2 1——不友善

拒绝——1 2 3 4 5 6 7 8——接纳

有益——8 7 6 5 4 3 2 1——无益

不热情——1 2 3 4 5 6 7 8——热情

紧张——1 2 3 4 5 6 7 8——轻松

疏远——1 2 3 4 5 6 7 8——亲密

冷漠——1 2 3 4 5 6 7 8——热心

合作——8 7 6 5 4 3 2 1——不合作

助人——8 7 6 5 4 3 2 1——敌意

无聊——1 2 3 4 5 6 7 8——有趣

好胜——1 2 3 4 5 6 7 8——融洽

自信——8 7 6 5 4 3 2 1——犹豫

高效——8 7 6 5 4 3 2 1——低效

郁闷——1 2 3 4 5 6 7 8——开朗

开放——8 7 6 5 4 3 2 1——防备

将 18 项你所选择的数字累加，所得的数字就是你的 LPC 量表的得分。算算你得了多少分？看看自己是什么类型的领导者。

如果以相对积极的词汇描述最不喜欢的同事（LPC 得分高），则作答者很乐于与同事形成良好的人际关系，就是关系取向型。相反，如果对最不喜欢的同事看法很消极，则说明作答者可能更关注生产，就称为任务取向型。LPC<57 为任务导向型；LPC>64 为关系导向型。

第六章　管理控制

知识目标

- 理解控制的概念及重要性；
- 掌握控制的类型；
- 理解有效控制的特征；
- 掌握控制工作过程；
- 掌握各种控制方法。

能力目标

- 具备总体控制的能力；
- 具备运用现代控制方法的能力。

汤姆的管理与控制

汤姆担任厂长已经一年多了。他刚看了工厂有关今年实现目标情况的统计资料，厂里各方面工作的进展出乎意料，他为此气得说不出一句话来。他记得就任厂长后的第一件事情就是亲自制定了工厂一系列计划目标：在今年要把原材料的费用降低10%～15%；把超时工作的费用从11万美元减少到6万美元，要把废料运输费用降低3%。然而，现在原材料的浪费比去年更为严重，占总额的16%；职工超时费用也只降低到9万美元；运输费用根本没有降低。

他批评了副厂长，但副厂长争辩说："我曾对工人强调过要注意减少浪费的问题，我原以为工人也会按我的要求去做的。"人事部门说："我已经为消减超时的费用做了最大的努力，只对那些必须支付的款项才支付。"而运输方面则说："我对未能把运输费用减下来并不感到意外，我已经想尽了一切办法。我预测，明年的运输费用可能要上升3%～4%。"

在分别与有关方面的负责人交谈之后，汤姆又把他们召集起来布置新的要求，他说："生产部门一定要把原材料的费用降低10%，人事部门一定要把超时费用降到7万美元；即使是运输费用要提高，但也绝不能超过今年的标准，这就是我们明年的目标。我到明年年底再看你们的结果！"

思考：

1. 你认为导致汤姆管理失败的原因是什么？汤姆厂长制定的明年的目标能实现吗？为什么？

2. 假如你是汤姆，如何改进管理活动？如何有效地开展控制活动？

第一节　管理控制概述

控制是管理活动中的一项重要职能。在现代管理系统中，人、财、物等要素的组合关系是多种多样的，内部运行和结构随着组织所处的内、外环境的变化也在不断发生变化，任何一个组织要想实现既定的目标，执行为此而拟定的计划，求得组织的发展和壮大，就需要开展有效的控制工作。

一、控制的概念

"控制"一词最初来源于希腊语"掌舵术"，意指掌舵者通过发号施令将偏离航线的船只拉回到正常的轨道上。由此可见，维持朝向目的地的航向或维持达成目标的正确路线，是控制概念最核心的含义。

作为管理的一项重要职能，所谓控制，就是指按照计划标准来衡量所取得的成果并纠正所发生的偏差，以保证计划目标的实现。要全面理解控制的含义和作用，就需要正确认识计划和控制的关系。

计划和控制是一个问题的两个方面，两者紧密联系而又有所区别。计划为控制工作提供标准，没有计划，控制就没有依据。但如果仅有计划，不对其执行情况进行有效控制，计划目标就很难得到圆满实现。如果说管理的计划工作是谋求一致、完整而又彼此衔接的计划方案，那么管理控制工作则是务必使一切管理活动都按计划进行。因此，计划工作与控制工作好比一把剪刀的两刃，缺少任何一刃，剪刀就无法有效发挥作用。

总之，计划工作确定组织发展和资源分配的方向，组织工作是在计划的基础上对人力资源和物质资源进行具体的组合与搭配，领导工作是在计划和组织的基础上，对使用组织资源的人员进行指挥，而控制工作是在三者基础上对具体组织活动的实施进行一定的检查和调整，使管理活动稳步地实现组织预定的目标。

小案例

某国家的动物园为新来的袋鼠修建了一个1米高的围栏，可是第二天，人们发现这个小家伙居然在围栏外面蹦蹦跳跳。于是，工作人员又把围栏加高到2米，可袋鼠同样又跑了出来。

袋鼠的邻居长颈鹿对此大惑不解，问道："如果他们持续把围栏加高，你还跑得出来吗？"

"是的，哪怕加高到50米。"袋鼠平静地回答。

"我不相信你会有那么大本事，难道你比老虎和狼那帮家伙还厉害？"长颈鹿心里极不平衡。

"其实不然。"袋鼠说，"因为动物园管理员只想着加高围栏，却从来不锁门！"

思考：从这个故事中可以得到什么启示？

二、控制的类型

控制根据不同的标准可以划分为不同的类型。

（一）按照控制点的不同时间划分

按照控制点的不同时间，控制可分为前馈控制、现场控制和反馈控制，如图 6-1 所示。

1．前馈控制

所谓前馈控制（又称预先控制或事前控制），是指主管人员对工作可能出现的偏差进行预测和估计，并采取措施预先防止问题的发生。前馈控制的目的是通过事前考虑各种可能的功能障碍来预测并预防差错。例如，管理人员常常运用所获得的最新信息，通过认真反复地预测，将预测的结果与计划的要求相比较，并采取行动进行变革，以确保目标的达成。前馈控制不是等待事件发生后再进行控制，而是一种面向未来的控制。在日常生活中，使用这种控制方式的例子比比皆是。司机驾车上山，未上坡先踩油门；猎人打飞鸟，他总是把瞄准的方向定在鸟儿飞行的前方。在组织的管理活动中，如厂房、设备等的预修制度，管理部门在营运的计划阶段所设计、制定的方法和手段，如张贴安全标语、职工的消防演练、设定的纪律制度、政策以及程序等。但在现实管理活动中，这种控制往往被某些主管人员所忽视，因为他们错误地认为计划工作是展望未来的，而控制工作则是事后的回顾。实际上，精明的管理人员早就认识到，他们只能解决那些他们所看到的问题。在管理控制中，只有当他们能对即将出现的偏差有所察觉并及时采取相应的措施，才能进行有效的控制。由于人们并不能改变过去，所以有效的控制应是针对目前和将来可能出现的偏离计划的情况进行预防。

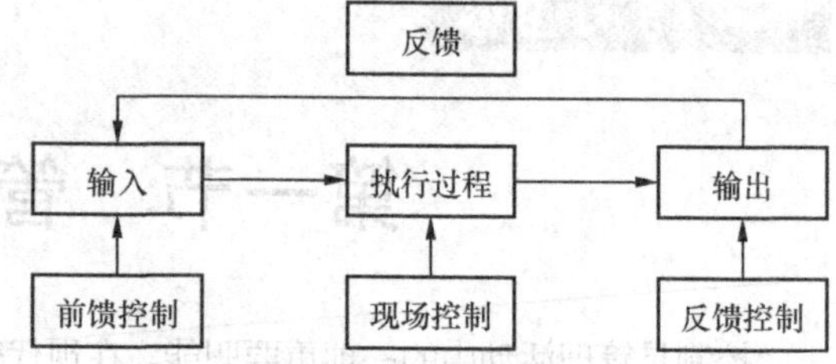

图 6-1　按控制点的不同时间对控制分类

前馈控制和反馈控制不同。前馈控制试图对输入系统的资源，包括人、财、物、信息等在成为该系统的一部分之前，对其数量和质量进行监控。它的纠正措施往往是预防式的，作用在计划执行过程的输入环节上，工作重点是防止所使用的各种资源在质和量上产生偏差，而不是控制行动结果，这是前馈控制在现代化管理中一个重要特点。一个切实可行的前馈控制系统需满足以下要求。

（1）必须对计划工作和控制系统做透彻和细致地分析，确定较重要的输入变量。

（2）逐步建立前馈系统模型。

（3）要注意保持模型的动态性，应经常检查模型以了解所确定的输入变量及其相互关系是否仍然反映实际情况。

（4）必须经常收集输入变量的数据，并把它们输入到控制系统。

（5）必须经常估计实际输入数据与计划数据之间的差异，并评价其对预期最终结果的影响。

（6）必须付诸于行动。前馈控制的作用同其他的计划和控制方法一样，其所发挥的功能不仅是向人们指出问题，而且还需要采取措施来解决这些问题。

小案例

主管犯了什么错误

班组进了 2 名新员工，当月次品率上升 5%，上司责备主管，主管说：“这不关我的事，次品全是 2 名新员工干的。”“那你要培训他们。”“我哪里有时间，我要返工维修那些次品，要不然次品怎么办？”

2．现场控制

现场控制又称同步控制或同期控制，是工作正在进行的过程中所实施的控制。它是一种主要为基层主管人员所采用的控制方法。主管人员通过深入现场来亲自监督检查、指导和控制下属人员的活动。主要包括以下内容：

（1）向下级指示恰当的工作方法和工作过程；

（2）监督下级的工作以保证计划目标的实现；

（3）发现不符合标准的偏差时，立即采取纠正措施。

在计划实施过程中，大量的管理控制工作，尤其是基层的管理控制工作都属于这种类型。因此，它是控制工作的基础。一个主管人员的管理水平和领导能力通常会通过这种工作表现出来。

在现场控制中，组织机构授予主管人员的权力使他们能够使用经济的和非经济的手段来影响其下属。控制活动的标准来自计划工作所确定的目标、政策、战略和规范、制度等。控制工作的重点是正在进行的计划的实施过程。控制的有效性取决于主管人员的个人素质、个人作风、指导的表达方式以及下属对这些指导的理解程度。其中，主管人员的言传身教具有很大的作用。例如，一线管理人员亲临现场指导就是现场控制的一种典型方式。在企业车间中，有经验的监管人员看到异常现象或听到异常声音就知道发生了什么问题，当一台机器发出特别的噪声，说明可能轴承已坏，应检查后及时更换。再如，商店的督导员可能注意到个别商店经理未按规定把余款放入保险柜中以防偷盗，应在事故尚未发生前先纠正该经理的行为。一线管理人员还必须注意员工的行为，如在工作时聊天、漫不经心等均会影响服务质量。实际上，有效的管理者都经常会亲临现场视察与检查，而高高在上，光听汇报或报告显然是不行的。

在进行现场控制时，要注意避免单凭主观意志进行工作。主管人员必须加强自身的学习和素质提高，亲临第一线进行认真细致的观察和监督，以计划和标准为依据，服从组织原则，遵从正式指挥系统的统一指挥，逐级实施控制。

3. 反馈控制

反馈控制又称成果控制或事后控制，是指在工作结束或行为发生之后所进行的控制。这类控制把注意力集中在工作和行为的结果上，对已经形成的结果和控制标准进行比较、分析，发现已经发生或即将发生的偏差，分析其原因和对未来的可能影响，及时拟定纠正措施并予以实施，以防止偏差继续发展或防止其今后再次发生。由此可见，这类控制工作是一个不断提高的过程。它的工作重点放在历史成果上，并将它作为未来行动的基础。

在实际工作中，反馈控制的例子很多。例如，对生产出的产品在数量和质量上进行检验，统计各种信息、查看会计报告等。不过反馈控制有一个很大的弊端，即由于这些控制是在过程后或产品完成后才加以应用的，所以当过程中发生了错误或损害，就都成为过去。例如，在实施纠偏措施前，偏差已经产生，实际的经营活动已构成了对组织的损害。又如，在企业会计报表所反映的情况，已是历史性的既成事实。11 月向企业经理报告的是 10 月甚至是 9 月的亏损数据，而这些亏损又可能是因 7 月发生的某些事情所造成的。在这种情况下，这种信息只不过是令人沮丧的事实。当然，在缺乏任何预见未来的各种手段的情况下，参考一下过去的历史资料，回顾与总结一下过去是怎么做的，总比不了解过去的情况要好些。因此，如果控制工作真正有效，要克服因时间延迟带来的弊病，就要实行面向未来的控制。目前，在组织中应用最广泛的反馈控制方法有财务报告分析、标准成本分析、质量控制分析、工作人员成绩评定等。

（二）按控制原因或结果划分

按控制原因或结果划分，控制可分为间接控制和直接控制。

1. 间接控制

所谓间接控制是以这样一些事实为依据的：即人们常常会犯错误，或者常常没有察觉那些将要出现的问题，因而未能采取适当的纠正或预防措施。人们往往是根据计划和标准，对比和考核实际结果，追查出现偏差的原因和责任，然后才去纠正。实际上，在工作中出现问题，产生偏差的原因是很多的。所定的标准不正确固然会造成偏差，但如果标准是正确的，则不确定性因素，如主管人员缺乏知识、经验和判断力也会造成计划失败。

当然，间接控制存在着缺点，最显而易见的是间接控制是在出现了偏差，造成损失之后才采取措施，它的费用支出是较大的。因此，间接控制并不是普遍有效的控制方法，它还存在许多有待完善的地方。

2. 直接控制

直接控制是相对于间接控制而言的，它是通过提高主管人员的素质来进行控制工作的。

直接控制的指导思想认为：合格的主管人员出现偏差最少，他能觉察到正在形成的问题，并能及时采取纠正措施。所谓"合格"，就是指他们能熟练地运用管理的概念、原理和技术，能以系统的观点进行管理工作。因此，直接控制的原则也就是主管人员及其下属的素质越高，就越不需要进行间接控制。进行直接控制有以下优点。

（1）对个人委派任务时有较大的准确性。同时，为使主管人员合格，对他们经常不断地进行评价，实际也必定会揭露工作中的缺点，并为消除这些缺点而进行专门培训提供依据。

（2）直接控制可以加速采取纠正措施并使其更加有效。它鼓励用自我控制的方法进行控制。由于在评价过程中会揭露出工作中存在的缺点，因而也会促使主管人员努力去确定他们应负的职责并纠正错误。

（3）由于提高了主管人员的素质，减少了偏差的发生，也就有可能减轻间接控制所造成的负担，节约经费的开支。

（4）直接控制的心理效果也给人以深刻的印象。主管人员的素质提高后，他们的威信也得到了提高，下级人员对他们的信任和支持增加了，这样就有利于整个计划目标的顺利实现。

（三）从问题的重要性和影响程度划分

从问题的重要性和影响程度划分，控制可分为任务控制、绩效控制和战略控制。

1. 任务控制

任务控制也称运营控制、业务控制，主要是针对基层生产作业和其他业务活动而直接进行的控制。通过控制确保有关人员或机构按照既定的质量、数量、期限和成本标准要求完成所承担的工作任务。例如，某家具制造厂为一条组装流水线设定了如下工作标准：每天完成 500 件家具的生产，每星期（每周为 5 个工作日，每日 8 小时工作制）的人工成本是 4 000 美元，次品率为 1.5%。该厂还建立了一套管理信息系统，用它来测定一周的数据。本周所测出的每天产量是 480 件家具，人工成本是 3 800 美元，而产品次品率为 2%。产生次品的原因是一台铆接机出现了问题。在该例中，将实际结果与标准要求相比较，可以发现：

（1）日产量差距 = 480 − 500 = −20（件）

周产量差距 = −20 × 5 = −100（件）

（2）单位产品成本差距 = 3 800/(480 × 5) − 4 000/(500 × 5) = 1.583 − 1.6 = −0.017（美元/件）

（3）次品率差距 = 2% − 1.5% = 0.5%

以上偏差信息表明，成本指标完成得相对较好（暂且不考虑次品增加可能造成的返工损失及其浪费），但生产量和次品率都有待改进。对于次品超标的问题，基于原因是铆接机出现了问题，可向厂里维修部门申请来修理或更换机器。产量速度落后的情况，如若决定以周末加班的方式来处理，则全班人马需要在以后的每周里加班 1 小时 40 分钟，即按每小时 60 件

（480 ÷ 8 = 60 件）的生产率，一周产量差距，即 100 件需加班 100 分钟才能完全补偿（这里未考虑弥补每一周已发生的产量偏差之需要）。

2. 绩效控制

绩效控制一般利用财务数据来观测企业经营活动状况，以此考评各责任中心的工作实绩，控制其经营行为。此种控制被称为责任预算控制或以责任发生制为基础进行的控制。从一般的企业来看，其内部组织单位通常可以区分为以下四类责任中心。

（1）成本（责任）中心

这类组织单位只对成本费用负责，而不对收入、利润和投资负责，因而是成本费用责任单位。成本费用责任中心的应用范围最广。任何对花费负有责任的产品生产单位均可成为成本中心，如工厂、车间、工段、班组等。有些不进行生产的服务部门，如会计、人事、法律、总务等部门，则可成为费用中心，也就是广义的成本中心。成本中心只对本单位发生的可控费用负责，对其评价和考核以开支报告为依据，通过责任成本的实际数的差异作为衡量其工作好坏的标志。

（2）收入（责任）中心

这类组织单位只对其销售过程所实现的收入情况及为取得这些收入所花费的直接费用负责，因而称之为收入责任单位。收入责任中心体制通常在不负盈亏责任，但相对独立的销售机构中采用。这类机构一般无权为扩大销售额而降低价格，也无权控制产品的质量和设计，主要依靠增加的销售费用来增强人员推销而不是来做广告宣传。对这种部门的绩效考评，就要看其是否使用既定的直接销售费用完成了预算中的销售定额，而不考虑其所销售产品的制造成本，因而它不能直接作为利润责任中心单位。

（3）利润（责任）中心

作为利润责任中心的单位既对经营成本负责，又对经营收入及利润负责。这意味着它既要能控制责任成本的发生，也要能对应当取得的经营收入进行控制，因而主要适用于企业中有独立收入来源的较高组织层次的单位，如分厂、分部、分公司等。利润中心可以是自然形成的，也可能是“人为”界定的，前者犹如独立的企业，可在外界市场上进行购销活动，后者是在企业内部各责任中心单位之间进行购销，并按照内部转移价格结算。这样实际上大多数的成本责任中心都可转化成“人为”的利润中心，称之为模拟利润中心。对利润中心的评价与考核是以成果报告为依据进行的，主要衡量其实际销售收入和销售成本是否达到目标销售额和目标成本水平。其考评指标有两个：一个是销售毛利，也称贡献毛利，指销售收入扣减变动成本后的余额；另一个是销售利润，即将贡献毛利再减去该利润中心直接发生的固定成本和从管理费用中分摊来的间接成本后的余额，也就是销售收入与全部变动成本和固定成本的差额。将销售利润除以销售收入，可以得到销售利润率这一相对指标。

（4）投资（责任）中心

这类组织单位既对成本、收入、利润负责，也对投入和使用的资金负责，即它不但要能控制收入和成本，也要能控制生产经营过程中所占用的全部投资（包括流动资金、固定资产及长期投资等）。投资中心限于在拥有较大自主权的部门（如超事业部和规模较大的分公司）以及企业最高层次（包括总公司、子公司等）中采用。对投资中心的考评也以成果报告为依据，主要衡量指标是投资报酬率，也称资金利润率，它是销售利润率与投资周转率的乘积。具体计算公式如下：

投资报酬率 = 利润总额/投资总额

= 利润总额/销售收入 × 销售收入/投资总额

= 销售利润率 × 投资周转率

可见，投资报酬率的高低与销售利润率水平成正比关系，投资中心是比利润中心更高一级的责任中心。同理，销售利润率也与其内部单位的成本花费水平有密切关系，这说明利润中心又比成本中心高一个层级。这三种责任中心之间是相互嵌套的关系。

相关链接

市场的"阀门理论"

1991年，安徽古井贡酒股份有限公司古井系列产品的市场需求量远远超过了企业的实际生产能力。销售业务单位的采购员专门在古井酒厂等货，供需矛盾十分突出。为了解决这种供需矛盾，古井人提出了市场的"阀门理论"，其做法如下。

（1）提出了"控制总量，调节市场，实施市场适度法"这一销售总原则。企业销售部门对产品流向进行认真地统计、分析，根据各个市场的实际情况来决定供货数量、比例、品种，依此来调节各个市场，使每个市场都保持一定的"饥饿度"。这一措施的实施，使古井系列产品始终保持旺销势头，避免了盲日销售和产品在市场上的自我竞争，缓解了供需矛盾，融通了厂商关系。

（2）初步实施"一省一策"和"一地一策"两种策略。古井酒厂根据省与省之间和省内不同地区之间的市场行情，灵活地增减供货数量，实行不同的销售方式，在经营的活动中追求动态平衡，极大地延长了产品的寿命周期，同时对牢固占领市场起到了很好的作用。

（3）试行代理商制度，稳定实力市场。这几年，他们在已经成熟的市场中选择了有实力、信誉好的200家公司作为他们的代理商，在供货方式、品种选择上实行一些优惠政策。试行代理商制，是为了进一步稳定实力市场，杜绝多头销售造成的降价倾销。

（4）实行了"以量定点"的销售方式。在省内市场上，他们把销售量分为四个档次，客户根据自己的经营实力任意选择，不同档次享受不同的优惠条件。这种措施的推行，大大调动了商业单位经营古井系列产品的积极性，进一步巩固、扩大了省内市场。

思考：试分析该公司是如何对市场销售进行控制的？

3. 战略控制

战略控制是对战略计划和目标实现程度的控制。战略控制中不仅要进行负馈控制，更需要经常进行正馈控制。也就是说，在战略控制过程中常有可能引起原定战略方案的重大修改或重新制定。也正因为这个缘故，人们倾向于将战略的计划与控制系统笼统地称为战略计划系统。这说明，在较低层次的管理控制中，以负馈为手段的常规控制占主要地位，随着组织层次的提高和考虑环境变化的需要与责任的加重，正馈控制的成分就越来越增大。

小案例

魏文王问名医扁鹊说："你们家兄弟三人都精于医术，到底哪一位最好呢？"

扁鹊答："长兄最好，中兄次之，我最差。"

魏文王再问："那么为什么你最出名？"

扁鹊答："长兄治病，是治病于病情发作之前，由于一般人不知道他事先能够铲除病因，所以他的名气无法传出去；中兄治病于病情初起时，一般人以为他只能治疗轻微的小病，所以他的名气只及于本乡里；而我是治病于病情严重时，一般人都看到我在经脉上穿针放血、在皮肤上敷药等大手术，所以以为我医术高明，名气因此响遍全国。"

思考：从这个故事当中，你可以得到什么启示？

三、有效控制的特征

控制是管理的一项基本职能，也是较容易出现问题的一项职能。在许多情况下，人们制定了良好的计划，也有适当的组织，但由于没有把握好控制这一环节，最后还是达不到预期的目的。为了进行有效的控制，必须把握有效控制的一些特点。

1. 控制的目的性

控制作为一种管理职能是普遍存在的，它为组织目标服务。但是，不同的组织、不同的层次、不同的工作性质、不同的对象，控制的目的是不一样的。良好的控制必须具有明确的目的，必须反映出业务的性质和需要，不能为控制而控制，搞形式主义。例如，对生产一般日用消费品的企业来说，影响企业成功的因素可能主要是产品的推销、顾客对产品的反应以及竞争情况的变化。因此，控制产品质量是关键问题，但是对于从事矿产品采掘这样的企业来说，生产与发送的成本控制以及高生产效率才是影响企业成功的最主要问题。无论什么性质的工作都能列举出许多目标，但总有一个或几个目标是最关键的，达到了这些关键目标，其他目标可能随之达到，即使有些次要目标达不到也不妨碍大局。管理者的任务之一就是要在众多的甚至相互矛盾的目标中选择出关键的反映工作本质和需要的目标，并加以控制。它们可能是时间和数量方面的，也可能是质量和成本方面的。对于组织中不同的层次，目标还可能是物理的、消耗的、资金使用的、程序和方法的、有形和无形的等。

2. 控制的及时性

企业经营活动中产生的偏差只有及时采取措施加以纠正，才能避免偏差的扩大，或防止偏差给企业带来的不利影响的扩散。及时纠偏要求管理人员及时掌握能够反映偏差产生及其严重程度的信息。如果信息滞后，往往会造成不可弥补的损失。例如，进口产品检验不合格，过了索赔期，对方就不承担责任。时滞现象是反馈控制的一个难以克服的困难。因此，要解决这个问题，就要采用前馈控制。运用前馈控制就要及时预测偏差的产生，虽然在实践中有许多困难，但在理论上是可行的，即可以通过建立企业经营状况的预警系统来实现。例如，对需要控制的对象建立一条警报线，反映经营状况的数据一旦超过了这个警戒线，预警系统就会发出警报，提醒人员采取必要的措施防止偏差的产生和扩大。

3. 控制的适度性

适度控制是指控制的范围、程度和频度要恰到好处。这种恰到好处的控制需注意以下问题。

（1）防止控制过多或控制不足。控制常给被控制者带来某种不愉快。但是如果缺乏控制则可能导致组织活动的混乱。有效的控制应该既能满足对组织活动监督和检查的需要，又要防止与组织成员发生强烈的冲突。

（2）处理好全面控制与重点控制的关系。任何组织都不可能对每一个部门、每一个环节的每一个人在每一时刻的工作情况进行全面的控制。由于存在对控制者的再控制的问题，这种全面系统的控制是不可能的，而且也是不必要的。适度的控制要求企业在建立控制系统时，利用 ABC 分析法和例外原则等工具，找出影响企业经营成果的关键环节和关键因素，并据此在相关环节上设立预警系统或控制点，进行重点控制。

4. 控制的经济性

控制活动是需要费用的，是否进行控制，控制到什么程度，都要考虑到费用问题。要把控制所需要的费用和控制所产生的结果进行经济方面的比较。如果控制所支出的费用与控制所产生的效益不符合投入产出效益时，该控制是无效率的。例如，在对企业采购人员的控制过程中，为防止采购人员收受供应商的回扣而降低采购标准，购买质量低、价格高的原材料，企业主管人员通常会设计一套控制制度，以达到目的。如果不考虑控制运行成本，原则上是可以设计出完全杜绝采购员收受回扣现象的控制制度，如加大收受回扣惩罚力度、频繁检查采购人员个人账户等，但不难看出，这样做将会带来极高的运行成本，得不偿失。现实活动中，企业往往在保证一定采购质量的前提下，为采购人员留有一定获得“灰色收入”的机会（如对与供应商共餐并不禁止）。当然，表面上这个要求是简单的，但做起来却常常很复杂。

5. 控制的客观性

控制应该客观，这是对控制工作的基本要求。在整个控制过程中最容易引起主观因素介入的是绩效的衡量阶段，尤其是对人的绩效进行衡量更是如此。这可能来自两种心理方面的作用，一种是晕轮效应，另一种是优先效应。

要客观进行控制，第一要建立客观的计量方法，即尽量把绩效用定量的方法记录并评价，把定性的内容具体化；第二是管理人员要从组织目标的角度来观察问题，应避免形而上学的观点，避免个人偏见和成见。

6. 控制的灵活性

企业在生产经营过程中经常可能遇到某种突发的、无力抗拒的变化。这些变化使企业计划与现实条件严重背离。有效的控制系统应在这样的情况下仍能发挥作用，也就是说，维持企业的运营，应该具有灵活性和弹性。

弹性控制通常与控制的标准有关。例如，预算控制通常规定了企业各经营单位的主管人员在既定规模下能够用来购买原材料或生产设备的经营额度。这个额度如果规定的绝对化，那么一旦实际产量或销售量与预测发生差异，预算控制就可能失去意义；经营规模扩大，会使经营单位感到经费不足；而销售量低于预测水平，则可能使经费过于富裕，甚至造成浪费。有效的预算控制应能反映经营规模的变化，应该考虑到未来的企业经营可能呈现出不同的水平，从而为标志经营规模的不同参数值规定不同的经营额度，使预算在一定范围内是可以允许变化的。

一般而言，灵活性的控制要求企业制定弹性的计划和弹性的衡量标准。

小案例

查克停车公司的两项业务

查克停车公司是一家小企业，但每年的营业额有几百万美元。公司拥有雇员100多人，其中大部分为兼职人员。每个星期，查克停车公司至少要为几十个晚会料理停车业务。

查克停车公司经营的业务包含两项。一是为私人晚会料理停车事宜，这是公司的主要业务。查克每天的主要工作就是拜访那些富人或名人的家，评价道路和停车设施，并告诉他们需要多少个服务员来处理停车的问题。另一是同一个乡村俱乐部办理停车经营特许权合同。这个乡村俱乐部需要273个服务员，每周7天都是这样。

尽管私人晚会和乡村俱乐部的合同都涉及停车业务，但它们为查克提供收入的方式却很不相同。私人晚会是以当时出价的方式进行的。查克首先估计大约需要多少服务员为晚会服务，然后按每人每小时多少钱给出一个总价格。如果顾客愿意“买”他的服务，查克就会在晚会结束后寄出一份账单。在乡村俱乐部，查克根据合同规定，每月要付给俱乐部一定数量的租金来换取停车场的经营权。他收入的唯一来源是服务员为顾客服务所获得的小费。

思考：

你认为查克停车公司的控制问题在两种场合是否不同？为什么？在事前、事中和事后控制三种类型中，查克应采取哪一种对乡村俱乐部业务进行控制？对私人晚会停车业务，又适宜采取何种控制手段？

第二节 管理控制过程

控制是根据计划的要求，设立衡量绩效的标准，然后把实际工作结果与预定标准相比较，以确定组织活动中出现的偏差及其严重程度，在此基础上，有针对性地采取必要的纠正措施，以确保组织资源的有效利用和组织目标的圆满实现。不论控制的对象是新技术的研究与开发，还是产品的加工制造，或是市场营销宣传；是企业的人力条件，还是物质要素，或是财务资源，尽管控制的对象不同，控制的要求也不一样，但是控制的过程基本上是相同的，主要分为四个阶段：确定标准、衡量绩效、分析结果和纠正偏差。

一、制定标准

标准就是衡量工作绩效的尺度，任何工作都必须先制定一个参考标准，才能对工作的执行进行有效的控制，标准是控制的基础，在制定标准时，管理人员一般在一个完整的计划中选出若干关键点，把处于关键点的工作预期成果作为控制标准。

（一）确定标准范围

管理人员应该为组织的基本活动和主要辅助活动制定控制标准，以便能对组织进行重点、有效的控制，如制定业务标准、政策标准、职能标准、设备结构标准、人事标准及工作标准等。有了范围确定的标准，管理人员才能有的放矢，将自己有限的时间和精力用在企业各项关键活动控制上，这样更有利于发现并解决问题。

（二）标准的类型

如果一个企业各项活动的控制标准只有一种类型，那这样的控制结果很可能是不全面，缺乏系统性、准确性。标准必须由各种类型组成，才能更全面地反映企业可能存在的问题。一般情况下，标准应该既要有定性的，也要有定量的，而且定量的标准应该比例大些，这更能体现标准体系的科学性。常用的标准类型主要有以下几种。

1. 数量标准

数量标准就是指工作量的多少，主要体现工作的宽度。数量标准用于控制工作时，非常容易比较，增强了工作的可比性。例如，要衡量一个制衣厂的普通车工的工作量，就可以直接计算她所车衣袖的数量。因此，数量标准比较容易控制。

2. 质量标准

质量标准就是指工作的难易程度，体现工作的深度。质量标准相对于数量标准而言，不是那么容易把握，需要借助于一定的经验，甚至有的质量标准只能在实践中才能发现它是否符合要求。

3. 时间标准

时间标准是指完成一定工作所需花费的时间限度。时间是看不见、摸不着的，但是它却可以用来衡量一项工作的好坏。一般情况下，工作所需时间越多，其产出的质量也就越高。在控制工作中，主要是看工作所耗时间是否在规定范围之内，否则就是低效的工作。

4. 行为标准

行为标准就是对员工规定的行为准则。无论是制造行业，还是服务行业，其员工的操作都要遵循一定的行为标准，否则其产品的质量或顾客的满意度将受到影响。

5. 成本标准

成本标准就是工作所耗的人力、物力、财力等，这是直接影响组织效益的标准，组织一般都追求以最低的投入成本获得最大的产出效益。

组织不同，战略目标不同，其控制的重点也可能不同，那么其控制的标准相应就有所区别，所以组织应该根据自身的战略目标和所处环境制定适合自己的控制标准。

（三）制定标准的主要方法

明确了制定什么样的标准，那么如何才能得到这些标准呢？管理人员必须掌握一些主要的制定标准的方法。因为标准的类型很多，因此制定标准的方法也很多，关键是管理人员应根据自己组织的具体情况，选择适当的方法制定标准。下面介绍几种常用的制定标准的方法。

1. 历史分析法

历史分析法是运用统计方法分析和处理企业内外反映企业经营在各个历史时期情况的资料，以便组织进行正确的决策，确定工作预期水平和标准。这种标准是以对历史统计数据的分析为基础，这些数据可能来自企业内部，也可能来自企业外部，所选择的具体统计数字可能是行业或者企业自己的平均水平，对企业过去的经营状况有一定的说服力，为企业的未来决策提供了有价值的参考依据。然而，企业面临的环境时刻都在发生巨大变化，由于这种方法的分析数据具有历史性，所以制定出来的标准会受到历史数据的局限，可能无法正确反映企业经营的现状，也无法准确预测企业的未来状况。历史分析的目的，是为了弄清楚工作在发生和发展过程中的“来龙去脉”，从中发现问题，启发思考，以便认识现状和推断未来。因此，这种方法的关键在于：如何在众多的历史数据中找出符合未来发展趋势的数据，为组织准确决策提供有效帮助。

2. 技术分析法

技术分析法是根据实际工作情况，对工作进行客观的定量分析，得出准确的技术参数和实测数据，并依此制定标准。它不是对历史数据进行分析，而是借助一些工具对实际工作进行测量，运用科学的分析方法对所获数据进行技术分析，最终制定出符合工作实际的标准。这种方法具有一定的局限性，通常是发生在对数据的实测工作中，由于环境和成本的影响，这直接加大了对数据获取的难度，即使费了很大力气获得了这些数据，经过数据加工、处理等大量工作后，可能又错过了决策的最佳时机。

3. 经验法

经验法就是在适当考虑实际情况的基础上，主要还是根据标准制定者过去的经验、判断而制定标准的一种简单方法。经验法就像做菜放盐，有经验的厨师并不需要称盐的质量，而是凭感觉、靠经验，就能把握得准味道，这是多年积累的结果。这种方法制定的标准，反映了一种价值判断，标准制定者对预期目标的期望及其个人价值系统将起关键作用。标准制定者也应该考虑环境的变化，对经验结果做出一定幅度的校验，这样制定的标准才可能更符合组织的实际情况。

相关链接

麦当劳的控制标准

世界著名的快餐店麦当劳非常注重及时服务，它制定的控制标准包括：

（1）95%的顾客进店 3 分钟内应受到接待；

（2）预热的汉堡包在售给顾客前，烘烤的时间不得超过 5 分钟；

（3）顾客离开后 5 分钟内所用的空桌必须清理完毕。

（四）制定标准的原则

一个标准制定得是否先进合理、切实可行，直接影响到该标准的实施效果，影响到组织经济效益的大小，因此，制定标准时，必须遵循下列几项原则。

1. 实事求是原则

管理人员制定的标准，主要是在组织相关领域贯彻实施，就应该从组织的实际情况出发。具体地说，就是制定标准时要结合组织的人、财、物各项资源条件，适应组织内外部环境，不能脱离组织的实际情况，讲求实事求是原则。

2. 针对性原则

由于每项工作的目的、对象和侧重点不同，在制定标准时要有一定的针对性，不能搞一刀切。即使类似的工作岗位也有其自身的独特性，必须针对其不同之处制定出科学的衡量标准。

3. 科学性原则

制定标准应以人体工学、心理学、管理学、行为科学等科学原理为依据，用科学的调查研究方法，借用先进的测量工具，通过数据资料的采集、整理、汇总、分析和处理，以保证所制定标准的科学性。

4. 定量定性结合原则

制定的标准应该要有描述性的定性标准，也要有能够量化的定量标准，而且应尽可能使用数量表示和计量，即定量标准比例尽可能大于定性标准。

5. 先进合理原则

制定标准必须满足先进合理的要求，先进是指标准不但反映组织的生产技术和管理水平，还应当具有一定的超前性；合理是指标准应该反映组织正常的条件下，员工中少部分人可以超过，大部分人经过努力可以接近或达到，极少数人可能达不到的水平。

小案例

巨人集团的困境

巨人集团的史玉柱，1992年计划建巨人大厦，起初打算建18层，正式出台就成了38层。有政府领导提出再建高点，于是就到了54层。有消息说广州的“中华第一楼”是63层，为了争得第一，巨人大厦就改为64层。一位高层领导来参观，史玉柱觉得64层犯忌讳，又改为70层。楼层急剧上升，工期也由2年变为6年，预算由2亿变为12亿，结果陷入困境。

（五）制定标准的程序

制定标准也有规定的工作程序，只有严格地遵循这些程序，才能保证标准的质量。制定标准时应该遵循以下程序。

1. 组建标准制定团队

制定标准不是一项简单的任务，它必须要由一个专业的团队来共同完成，该团队的成员应该包括直接管理人员、普通员工、行业专家、组织内部技术骨干等。这些团队成员也要接受相应的培训和相互沟通后才能开展工作，否则达不到理想的效果。

2. 确定标准项目

每项工作涉及的事务是比较多的，究竟哪些事务应制定标准，哪些标准要先制定？这就产生了一个确定标准项目的问题。一般而言，标准项目应该是这项工作的关键事务，这些事务得到合理准确衡量后，其他事务也就迎刃而解。选择标准项目时一定要讲求实事求是的原则，针对关键性的事务制定衡量标准，这样才能使标准项目对完成工作任务有促进作用。

3. 开展制定标准工作

标准制定团队应该进行一些调研工作，然后根据实际情况，运用一些科学的方法和先进的工具进行具体的标准制定工作，形成一个标准体系的初步方案并进行可行性论证，最后得出一个试验性的标准体系。

4. 组织标准的试验

这个时候的标准体系还不能全面推广，应该在一个小范围内先进行试验性的实施，获取一些较实用的数据，为标准体系的修订提供一手数据资料。

5. 修订标准

有了以上步骤的数据资料，标准制定团队就应该对标准进行修订。修订标准时要多考虑环境的变化因素和组织的自身水平，征询多方面的参考意见，保证标准的先进合理性，形成最终的标准实施方案。

6. 实施正式的标准

在进行大量的制定和修订工作之后，组织就要将这个标准体系进行全面的实施，发挥其应有的作用。

当然，制定标准并不是一个单向工作，它应该是一个闭合的循环系统，而且要在循环中不断进行优化，这样的标准才能使员工和组织都获得利益。

二、衡量绩效

衡量绩效其实就是将工作的实际结果与预先制定的标准进行比较，衡量实际结果与期望之间符合程度的过程。很明显，要完成这个工作，主要就是解决两个问题：一是衡量的内容有哪些。一般是根据之前制定的标准来选择，没有标准就没有比较的参照物，也就没有比较的意义。衡量的方面主要涉及受控系统的资源状况、运行情况、工作成果、环境等。二是衡量的方法有哪些。衡量过程中主要可以采用现场观察法、资料统计分析法、工作日志法、汇报法、调查法等。另外，对于一些无法直接测量的工作，管理人员必须靠自身的经验和思维能力去推断，从而获取所需信息。

衡量绩效还必须符合一些要求，才能保证所获取的数据资料的科学、有效性。衡量绩效的要求主要包括以下两个方面。

（一）衡量的及时性

衡量工作必须及时进行，否则很难掌握所需的一手资料，如果不及时衡量，即使得到了一些相关数据，那么其价值也会大打折扣，很可能将错过决策的最佳时机，对组织的各项活动都可能产生不利的影响。因此，组织应该形成一套完善的控制制度，而且必须及时实施，这样才能将可能产生的问题解决于初期阶段。

（二）衡量的准确性

衡量必须准确无误，不然就可能会“差之毫厘，谬以千里”。管理人员要用科学的衡量方法，只有科学的衡量方法，才能得出准确的衡量结果。

小案例

哈勃望远镜

经过长达15年的精心准备，耗资超过15亿美元的哈勃（Hubble）太空望远镜终于在1990年4月发射升空。但是，美国国家航天管理局发现望远镜的主镜片仍然存在缺陷。由于直径达94.5英寸的主镜片的中心过于平坦，导致成像模糊。因此，望远镜对遥远的星体无法像期望的那样清晰地聚焦，结果造成一半以上的实践活动和许多观察项目无法进行。

更让人觉得可悲的是，如果有一点更好的控制，这些问题是完全可以避免的。其原因是镜片的生产商使用了一个有缺陷的光学模板来生产如此精密的镜片，主要是在镜片生产过程中，进行检验的一种无反射校正装置没有设置好，偏离正确位置 1.3 毫米，导致镜片研磨、抛光成了错误的形状。这次制造没有时间上的压力。镜片粗磨在 1978 年开始，1981 年结束，完工后又在地上待了两年。如果进行及时的控制，可能不会造成这么严重的后果。

事后，航天管理局的调查小组发现："至少有三次明显的证据说明问题存在，但这三次机会都失去了。"

思考：你知道哈勃望远镜出现问题的原因主要有哪些？

三、分析结果

衡量绩效所得出的结果并不会对下一步的管理活动产生多大的价值，管理人员必须利用一些科学的分析处理工具来对这些结果资料进行加工，也就是分析这个结果与预期制定的标准有没有偏差，这样才能使下一步的控制过程更有针对性和有效性。只有通过分析结果并准确找出可能存在的偏差，才能为有效控制提供可靠的保证。分析结果的答案有以下两种。

1. 存在偏差

这说明实际工作的结果与预期的标准有一定的距离，这可能是操作不当造成的，也可能是环境变化的结果，还有一种可能是标准本身可能并不合理，需要管理人员进一步去确认。偏差也有以下两种情况。

（1）正偏差：就是衡量的实际结果比先前制定的标准要好，这样的结果应该得到肯定，保证组织运转在一个较高的水平之上。

（2）负偏差：这说明衡量的实际结果没有达到事先的期望标准，应该找出原因，使绩效能得到改善，不至于影响组织的正常发展。

2. 不存在偏差

这说明实际工作达到了预期的工作标准，是管理人员期望的结果。需要注意的是，并不是所有与标准不符合的结果都被归纳为偏差，如果实际结果与标准的差距在正常的波动范围之内，那也是合理的。这就要求标准制定者在制定相应的标准时，应使标准保持一定的波动幅度。因此只有衡量结果超出了这个范围才被视为存在偏差，否则视为不存在偏差。

四、纠正偏差

控制过程的最后一个环节是纠正偏差，纠正偏差就是使绩效衡量的结果与预期标准之间不再有偏差。纠正偏差必须在正确的分析结果之上才能有效进行。前面我们已经提过，造成偏差的原因归纳起来大概有三种，即可以通过改进工作、营造环境、修订标准等措施来纠正偏差。

1. 改进工作

造成偏差的第一种原因就是操作不当。这主要是由员工的能力和态度不佳造成的，一方面，员工的实际能力当前还达不到其所任工作的要求，所以难免操作不当，其结果当然就有偏差，而且往往偏差较大；另一方面，员工具有相应的能力素质，可能会因其他原因导致他的工作态度不好，以至于造成工作的失误。这两种原因也比较好解决，组织一般都可以通过对他们进行相应的培训来提高能力和端正态度，并促进其工作绩效的提高。

2. 营造环境

造成偏差的第二种原因就是环境的变化。每个企业都要面临一定的经营环境，所以环境的变化也会导致偏差的出现。环境也包括两个方面：一是组织外部环境，也就是通常的行业环境，外部环境对于组织而言是很难去改变的，主要是竞争对手、政策和顾客等共同作用所导致，组织一般只有去研究这些对象的特点，找到应对策略去适应外部环境；二是组织内部环境，组织可以通过提高自己的管理能力来营造一个良好的内部经营环境，如通过招聘有能力的管理者，增强组织的凝聚力，组织的环境就会得到极大的改善。

3. 修订标准

造成偏差的第三种原因就是标准本身不合理，这种标准不合理现象也有两种表现，一种是标准太低，另一种则是标准过高。要纠正这样的偏差就应该认真修订标准，使其与实际相符合。

（1）标准太低。如果标准太低，对于有些员工来说会觉得没有挑战性，就容易滋生轻视的心理，导致工作不能按要求完成。另外，标准太低使任务能比较轻松地完成，可能出现实际结果比预期标准高出许多的“假象”，使管理人员和操作人员都产生自我感觉良好的心理，这种实际绩效结果实际上不如行业的水平，这就不利于进行正常的控制工作。因此，针对这种现象，管理人员应该适当调高组织的标准。

（2）标准过高。很多人认为高标准能激发员工的潜力和积极性，这确实有几分道理。然而，过高的标准往往是坏处大于好处，因为每个人的能力是有限的，当标准高于其能力的最高限度时，这个标准不但不能激发其积极性，相反一定程度上可能会打击其积极性，令其觉得无论自己如何努力也没有办法实现标准目标，心中就会产生不努力的想法。因此，管理人员应该根据实际情况适当调低组织的标准，让大部分人能够达到标准的要求。

综上所述，控制的四个阶段是紧密联系的，控制的过程应该是一个持续改进的循环过程，以保证组织目标的科学性、有效性，最终实现组织的战略目标。

小案例

总裁砸冰箱

1984 年，海尔集团是一个亏空 147 万元的集体小厂。1985 年 12 月的一天，时任青岛海尔电冰箱总厂厂长的张瑞敏收到一封用户来信，反映工厂生产的电冰箱有质量问题。张瑞敏带领管理人员检查了仓库，发现仓库的 400 多台冰箱中有 76 台不合格。张瑞敏随即召集全体员工到仓库开现场会，问大家怎么办？当时多数人提出，这些冰箱是外观划伤，并不影响使用，建议作为福利便宜点儿卖给内部职工。而张瑞敏却说：“我要是允许把这 76 台冰箱卖了，就等于允许明天再生产 760 台、7 600 台这样的不合格冰箱。放行这些有缺陷的产品，就谈不上质量意识。”他宣布，把这些不合格的冰箱全部砸掉，谁干的谁来砸，并抡起大锤亲手砸了第一锤。砸冰箱砸醒了海尔人的质量意识，砸出了海尔“要么不干，要干就要争第一”的精神。

在 1988 年的全国冰箱评比中，海尔冰箱以最高分获得中国电冰箱史上的第一枚金牌。在海尔的发展中，质量始终是海尔品牌的根本。如今，海尔冰箱已经成为世界冰箱行业中销量排名第一的品牌。海尔已从“砸冰箱”发展为“砸仓库”，探索“零库存下的即需即供”，以创新的商业模式求发展。2009 年第一季度，海尔集团在海外市场的销售业绩持续上升，其中“海外当地生产、当地销售”的销售额比 2008 年第一季度上升 26%。

思考：从这则故事中你得到了什么启示？

第三节　管理控制方法

控制是管理的一个重要职能，那么如何能做到有效的控制呢？必须使用一些现代的控制方法来达到这样的目标。这些现代的控制方法可以帮助组织管理者提前发现偏差、找出偏差产生的原因，并有效消除偏差，使得组织的运转不会脱离既定的目标方面，也有利于加速目标的实现进程。

一、传统的控制方法

（一）预算控制

在管理过程中，使用最普遍的一种控制方法就是预算控制方法。所谓预算就是用数字编制未来某一个时期的计划，也就是用财务数字或非财务数字来表明预期的结果。预算控制就是根据预算规定的收入与支出标准来检查和监督各个部门的生产经营活动，以保证各种活动或各个部门在充分达成既定目标、实现利润的过程中对经营资源的利用，而费用的支出受到严格、有效的控制。

1. 收支预算

收支预算是以货币的形式表示的收入和支出的计划，具体又包括收入预算和支出预算。收入反映了组织行为的预期结果，而支出反映了对组织资源的分配与使用情况。一个组织的收入与支出可以反映其经济活动的基本情况，科学的收支预算，能有效控制组织的总体行动，保证组织的有序运转。

2. 运营预算

运营预算是指组织日常发生的各项基本活动的预算。组织能否正常运转，主要取决于这些基本活动是否正常运转。运营预算主要包括生产、销售、直接材料采购、直接人工、制造费用、单位生产成本、管理费用等预算。这些预算当中，销售预算又是最关键的，主要因为它是计划的基础，又是组织收入的主要实现手段。

3. 资产负债预算

资产负债预算是表示某一个会计末期的资产、负债和净值这几项计划的预测结果，它是对组织的资产、负债、所有者权益及其相互关系进行预测，如组织的资产负债表。

4. 现金预算

现金预算是以收支预算为基础编制的预算，它是根据实际现金收支的经验数据，来分别预测与安排现金的收入与支出数额，是组织在预算期内所需要的现金的详细说明。这也是控制组织基本经济活动的一个重要手段。

5. 利润预算

利润预算是用来综合反映组织在计划期间生产经营过程中的财务状况，并作为预测组织经营活动最终成果的重要依据。

6. 投资预算

投资预算是对组织固定资产的购置、扩建、改造、更新等活动进行的预算。这个预算可以反映的信息包括何时进行投资、投资多少、如何获得资金、何时可获得收益、每年的现金净流量是多少、需要多少年回收全部投资等。投资预算一般结合组织的战略目标和计划进行编制，这样才能体现组织的战略意图。

小案例

同发电力建设公司的预算控制

同发电力建设公司总经理张先生的办公桌上摆着刚刚送来的内部审计报告。报告指出，公司的财务预算已明显失控。张先生对此极为重视，将负责编制预算的财务部门主管李女士和负责支出控制的副总经理陈先生请来共同商讨对策。

据李女士介绍，下一年度的预算是由下属项目单位先报部门预算，然后由财务部门汇总，并进行资金平衡计算。采用“下一年度指标 = 本年度指标 ×（1+变动率）”的公式来试算新的预算指标。根据公司惯例，现有工程项目的开支一般获优先保证。

由陈先生负责预算的审核及监督执行。陈先生指出，每年都接到 20 份左右来自各个部门的预算外追加投资申请，其中获得批准的比例约占 50%。当问及这些追加投资的主要原因时，陈先生说，较常见的原因有：出现了一些临时性的机会；预期的市场情况发生了变化，使原预算不能顺利执行；产品项目筹备开发工作出现新的进展，争取经费支持等。

之后，张总经理将审计结果告诉他们。审计人员的分析使他们十分震惊：公司预算明显偏高；各个项目工程中普遍存在拖延工时和资金浪费现象；如果将同样工程交给其他承包商，至少可节省 20%的费用。三人一致感到问题的严重性，认为有必要调整公司的预算控制程序。

思考：你认为该公司的预算控制程序有哪些主要问题？你有更好的控制措施吗？

（二）非预算控制

1. 观察法

观察法主要通过管理人员对下级人员工作的观察和交谈来取得有关组织运营状况的第一手资料。这种方法能提高所得信息的真实性和准确性，管理人员能及时了解组织活动的变化情况，有利于管理人员做出正确的决策。

2. 报告法

报告法是下级人员向管理人员全面、系统地报告相关工作的进展情况、存在的问题及原因、采取的措施、产生的效果等内容的一种控制方式。这种方法对于管理人员来说，可以了解事情的来龙去脉，判断下级的工作是否与计划相符；对于下级人员来说，可以把自己的工作重点呈现给管理人员，以求获得其支持，也可以体现自己的工作能力。

相关链接

通用电器的报告制度

（1）客户的鉴定意见以及上次会议以来外部的新情况。这方面报告的作用在于使上级主管人员判断情况的复杂程度和严重程度，以便鉴定他是否要介入以及介入的程度。

（2）进度情况。这方面报告的内容应将工作的实际进度与计划进度进行比较，说明工作的进展情况。通常，拟定工作的进度计划可以采用“计划评审技术”。对于上层主管人员来说，他所关心的是处于关键线路上的关键工作的完成情况，因为关键工作若不能按时完成，那么整个工作就有可能误期。

（3）费用情况。报告的内容应说明费用开支的情况。同样，要说明费用情况，必须将其与费用开支计划进行比较，并回答实际的费用开支为什么超出了原定计划，以及按此趋势估算的总费用开支情况，以便上级主管人员采取措施。

（4）技术工作情况。技术工作情况就是表明工作的质量和技术性能的完成情况和目前达到的水平。其中很重要的问题是说明设计更改情况，要说明设计更改的理由和方案，以及这是客户突出的要求还是我们自己做出的决定等。

（5）当前的关键问题。报告者需要检查各方面的工作情况，并从所有存在的问题中挑出三个最为关键的问题。他不仅要提出问题所在，还须说明对整个计划的影响，列出准备采取的行动，指定解决问题的负责人，以及规定解决问题的期限，并说明最需要上级领导帮助解决的问题所在。

（6）预计的关键问题。报告的内容应指出预计的关键问题。同样也需要详细地说明问题，指出其影响、准备采取的行动，指定负责人和解决问题的日期。预计的关键问题对上层主管人员来说特别重要，这不仅是为他们指定长期决策时提供选择，也是因为他们往往认为下属容易陷入日常问题而对未来漠不关心。

（7）其他情况。报告的内容应提供与计划有关的其他情况。例如，对组织及客户有特别重要意义的成就，上月份的工作绩效与下月份的主要任务等。

（8）组织方面的情况。报告的内容应向上级领导提交名单，名单上的人员可能会去找这个上级领导，这个领导也需要知道他们的姓名。同时还要审查整个计划的组织工作，包括内部的研制开发队伍以及其他的有关机构（部门）。

3. 财务比率

组织的财务状况综合地反映组织的生产经营状况。通过财务状况的分析可以迅速、全面地了解一个组织资金来源和运用情况，了解组织资金利用的效果以及组织的支付能力和清偿债务的能力。财务比率主要有以下几种。

（1）销售利润率。它是反映利润在销售收入中所占比例的一个指标，该比例越大，表明组织获利能力越强，组织的经营效果就越好。其计算公式为：

销售利润率 = 利润/销售收入 × 100%

（2）成本利润率。它是组织经营所获利润与成本的比值。其计算公式为：

成本利润率 = 利润/成本 × 100%

（3）总资产报酬率。它是组织息税前利润与组织资产平均总额的比值，是反映组织资产综合利用效果的指标。其计算公式为：

总资产报酬率 = 息税前利润/平均资产总额 × 100%

（4）所有者权益报酬率。它是净利润与所有者权益的比值，是反映自有资本投资收益水平的指标。其计算公式为：

所有者权益报酬率 = 净利润/所有者权益 × 100%

（5）资本保值增值率。它是指所有者权益的期末总额与期初总额的比值。其计算公式为：

资本保值增值率 = 期末所有者权益总额/期初所有者权益总额 × 100%

（6）流动比率。它是流动资产与流动负债的比值。由于流动资产减去流动负债的净额是营运资金，所以流动比率又称营运资金比率。一般认为 2:1 的比率比较合适，表明组织的财务状况稳定可靠。其计算公式为：

流动比率 = 流动资产/流动负债 × 100%

（7）速动比率。它是组织速动资产与流动负债的比值。所谓速动资产是指流动资产减去变现能力较差且不稳定的存货、待摊费用、待处理流动资产损失等后的余额。速动比率较之流动比率能够更加准确、可靠地评价组织资产的流动性及其偿还短期负债的能力。一般认为，这个比率在 1:1 以上为好；若低于 0.6，就说明组织的某些方面可能很糟糕；若低于 0.4，就已经接近了破产的边缘。其计算公式为：

速动比率 = 速动资产/流动负债 × 100%

（8）存货周转率。它是一定时期内组织销售成本与存货平均资金占用额的比值，反映组织销售能力和流动资产流动性的一个指标，也是衡量组织生产经营各环节中存货运营效率的一个综合指标。其计算公式为：

存货周转率 = 销货成本/存货平均余额 × 100%

存货周转速度的快慢，不仅反映组织采购、储存、生产、销售各个环节管理工作状况的好坏，而且对组织的偿债能力及获利能力产生决定性影响。一般来说，存货周转率越高越好，存货周转率较高，表明组织变现的速度越快，周转额越大，资金占用水平越低。

4. 统计分析法

统计分析法是一种用各种图表或表格的形式表示组织实际情况的控制方法。这种方法主要得益于对原始数据的获取和分析、处理，如果掌握了能够连续反映组织运营情况的原始记录，就有利于进行有效的控制。

二、现代的控制方法

（一）全面质量管理

全面质量管理（Total Quality Management，TQT）是企业管理现代化、科学化的一项重要内容。它于 20 世纪 60 年代产生于美国，后来在西欧与日本逐渐得到推广与发展。它应用数理统计方法进行质量控制，使质量管理实现定量化，变产品质量的事后检验为生产过程中的质量控制。全面质量管理是一种由顾客的需要和期望驱动的管理哲学。全面质量管理是指为了能够在最经济的水平上，并考虑到充分满足顾客要求的条件下，进行产品研究、设计、制造和售后服务，把企业内各部门的设计质量、维持质量、提高质量等活动集于一体，形成一种有效的质量控制体系。

1. 全面质量管理的内涵

（1）始终关注顾客。对于组织而言，顾客已成为组织的衣食父母，“以顾客为中心”的管理思想正逐渐被世人所接受并推崇。全面质量管理注重顾客价值，其主导思想就是“顾客的满意和认同是长期赢得市场、创造价值的关键”。为此，全面质量管理要求必须把“以顾客为中心”的思想贯穿到组织的业务流程管理中，即从市场调查、产品设计、试制、生产、检验、仓储、销售，到售后服务的各个环节都应该牢固树立“顾客第一”的思想，不但要生产物美价廉的产品，而且要为顾客做好服务工作，最终让顾客放心满意。

（2）不断进行改进。全面质量管理是一种永远不能满足的承诺，“非常好”还是不够，质量总能得到改进，“没有最好，只有更好”。在这种观念的指导下，组织持续不断地改进产品或服务的质量和可靠性，改进组织中每项工作的质量，确保组织获取对手难以模仿的竞争优势。

（3）精确度量。全面质量管理采用统计度量组织活动中的每一个关键变量，然后与标准进行比较以发现问题，寻找问题的原因，并解决问题，从而达到提高质量的目的。

（4）授权给员工。全面质量管理邀请生产线上的工人来共同改进相关过程，采用团队形式作为授权的载体，依靠团队发现和解决问题。

2. PDCA 循环

PDCA 循环也称戴明循环，是一种科学的工作程序，通过 PDCA 循环提高产品、服务或工作质量。P（Plan）——计划、D（Do）——实施、C（Check）——检查、A（Action）——处理，这个循环围绕以下四个阶段不断进行。

（1）计划阶段。这个阶段的主要内容是通过市场调查、用户访问等，搞清楚用户对产品质量的要求，确定质量政策、质量目标和质量计划等。

（2）实施阶段。这个阶段是实施计划阶段所规定的内容，如根据质量标准进行产品设计、试制、试验，还包括计划执行前的人员培训。

（3）检查阶段。这个阶段主要是在计划执行过程中或执行之后，检查执行情况，是否符合计划预期结果。

（4）处理阶段。这个阶段主要是根据检查结果，采取相应的措施。

这四个阶段循环往复，没有终点，只有起点。

小案例

武汉东风冲压件有限公司是20世纪90年代新建的冲压件专业生产企业。该公司一直以来都以产品质量作为企业的生存和发展的重大问题来抓，更是通过不断的努力通过了ISO9002/QS9000、TS16949、EAQF94等一系列国际机构制定的质量体系的认证，由于神龙公司对汽车生产各个环节的质量都加大了管理监控的力度，对供应商的供货产品质量控制也比以往更加严格。为了进一步提高自身管理水平，东风冲压件公司特委托武汉瑞得软件产业有限公司，就目前该公司的质量工作现状做一次调研，一起研究改进提高公司质量管理工作效率的方法，设计一套应用质量管理工作的信息系统。本质量管理系统的建设以实用、高效、先进、可靠和开放为目标，在同行业内达到国内领先水平，使武汉东风冲压件有限公司的质量管理工作走在整个行业的前列。具体目标如下：

（1）公司日常质量信息集中化，实现信息共享；

（2）建立可追溯的质量体系，快速及时地反映质量的变化趋势；

（3）通过质量信息的及时反馈，迅速地制订缺陷纠正和预防计划，缩短计划编制时间，提高计划的准确性，加快对质量问题的反应速度；

（4）提高顾客投诉问题处理的工作效率，透明跟踪处理情况，提高服务质量；

（5）各项过程管理权限明确，建立合理的内部控制体系及审批体系；

（6）提高质量信息的采集、交换和使用频率，在提高管理人员工作效率和管理水平的同时，实现管理工作的科学化、规范化；

（7）提供大量的折线图、直方图等直观的表现方式来横向、纵向分析质量的变化情况，为企业领导层的正确决策提供依据。

（二）计划评审技术

计划评审技术是把过程项目当作一个系统，用网络图或表格或矩阵来表示各项具体工作的先后顺序和相互关系，以时间为中心，找出从开工到完工所需时间最长的关键线路，并围绕关键线路对系统进行统筹规划、合理安排以及对各项工作的完成进度进行严密控制，以达到用最少的时间和资源消耗来完成系统预定目标的一种计划与控制方法。计划评审技术的主要功能是帮助管理人员在众多的有时间顺序联系的单个活动中找到对整个计划按期完成或在最短时间内完成有重大影响的关键活动，并提供各项活动运行的时间区间和机动时间，将杂乱繁多的活动安排得井井有条。

计划评审技术多用于一些难于控制、缺乏经验、不确定性因素多且复杂的项目中。这类项目往往需要反复研究和反复认识，具体到某一工作环节，事先不能估计其需要时间，而只能推测一个大致的完成时间的范围。利用计划评审技术，可以把每个工作环节的不确定性及对完成该工作环节的信心因素加入其中，从而给出更有价值的信息。

（三）库存控制

对库存的控制主要是为了在保证生产经营活动正常进行的前提下，降低各种与库存有关的成本耗费，提高经济效益。经济订购批量模型（Economic Order Quantity，EOQ）包括以下内容。

（1）两种成本：订货成本和保管成本。

（2）最优订购量：

$$EOQ=\sqrt{\frac{2\times D\times O}{P\times C}}$$

式中，D 为一定时间内总需求量；O 为每次订购所需的费用；P 为库存物品单价；C 为保管成本与库存物品价值之比。

（四）标杆控制

标杆控制是以在某一项指标或某一方面实践上竞争力最强的企业或行业中的领先企业或组织内某部门作为基准，将本组织的产品、服务管理措施或相关实践的实际状况与这些基准进行定量化的评价、比较，从而对组织的相关指标进行有效控制的一种方法。

1. 操作步骤

（1）组成工作小组，确定工作计划。

（2）确定标杆控制的指标或项目。

（3）确定标杆控制的对象。

（4）调查并收集相关资料信息。

（5）对信息进行分析比较，找出差距，确定最佳纠偏做法。

（6）明确改进方向，制定改进计划。

（7）评价控制效果，总结经验和教训。

2. 缺点

（1）标杆管理和控制容易导致企业的竞争战略趋同；

（2）标杆控制容易使企业陷入“落后—标杆—又落后—再标杆”的“标杆管理陷阱”之中。

（五）平衡计分卡法

平衡计分卡法是指由财务、顾客、内部经营过程、学习和成长四个方面构成的衡量企业、部门和人员的方法，这种方法的特点是兼顾战略与战术、长期和短期目标、财务和非财务衡量方法、滞后和先行指标。平衡计分卡法的作用主要体现在以下几个方面：

（1）平衡计分卡可以阐明战略目标并在企业内部达成共识；

（2）在整个组织中传播战略目标；

（3）把部门和个人的目标与这一战略目标联系在一起；

（4）把战略目标与战术安排衔接起来；

（5）对战略进行定期和有序的总结；

（6）利用反馈的信息改进战略。

重要概念

控制　前馈控制　现场控制　反馈控制　有效控制　控制过程　预算控制
非预算控制　计划评审技术　全面质量管理

本章小结

1.“控制”一词最初来源于希腊语“掌舵术”，意指掌舵者通过发号施令将偏离航线的船只拉回到正常的轨道上。作为管理的一项重要职能，所谓控制，就是指按照计划标准来衡量所取得的成果并纠正所发生的偏差，以保证计划目标的实现。

2. 计划和控制是一个问题的两个方面，两者紧密联系而又有所区别。计划为控制工作提供标准，没有计划，控制就没有依据；但如果仅有计划，不对其执行情况进行有效控制，计划目标就很难得到圆满实现。

3. 控制根据不同的标准可以划分为不同的类型。按照控制点的不同时间划分，控制可分为前馈控制、现场控制和反馈控制；按控制原因或结果划分，控制可分为直接控制和间接控制；从问题的重要性和影响程度划分，控制可分为战略控制、绩效控制和任务控制。

4. 有效控制应具备的特征：目的性、及时性、适度性、经济性、客观性和灵活性。

5. 管理控制的基本过程主要分为四个阶段，即确定标准、衡量绩效、结果分析和纠正偏差。

6. 管理控制方法有传统的控制方法和现代的控制方法。传统的控制方法主要包括预算控制和非预算控制等；现代的控制方法主要有全面质量管理、计划评审技术、库存控制、标杆控制、平衡记分卡法等。

综合练习

一、名词解释

1. 管理控制
2. 同步控制
3. PDCA 循环
4. 计划评审技术

二、简答题

1. 控制的基本类型有哪些？
2. 管理控制过程包括哪几个阶段？
3. 简述控制与计划的关系。

三、案例分析

麦当劳公司的控制系统

麦当劳公司以经营快餐闻名遐迩。1955 年，克罗克在美国创办了第一家麦当劳餐厅，其菜单上品种不多，但食品质量高，价格廉，供应迅速，环境优美。连锁店迅速发展到美国每个州，至 1983 年，国内分店已超过 6 000 家。1967 年，麦当劳在加拿大开办了首家国外分店，以后国外业务发展很快。到 1985 年，国外销售总额约占它的销售总额的 1/5。在 40 多个国家，每天都有 1 800 多万人光顾麦当劳。

麦当劳的金色的拱门允诺：每个餐厅的餐单基本相同，而且“质量超群，服务优良，清洁卫生，货真价实”。它的产品、加工和烹制程序乃至厨房布置，都是标准化的严格控制。它撤销了在法国的第一批特许经营权，因为尽管盈利可观，但未能达到在快速服务和清洁方面的标准。

麦当劳的各分店都由当地人所有和经营管理。鉴于在快餐饮食业中维持产品质量和服务水平是其经营成功的关键，因此，麦当劳公司在采取特许连锁经营这种战略开辟分店和实现地域扩张的同时，也特别注意对连锁店的管理控制。如果管理控制不当，使顾客吃到不对味的汉堡包或受到不友善的接待，其后果不仅是这家分店将失去这批顾客乃至周边人光顾的问题，而且会影响到其他分店的生意，最终损害整个公司的信誉。为此，麦当劳公司制定了一套全面、周密的控制办法。

麦当劳公司主要是通过授予特许权的方式来开辟连锁分店。其考虑之一，就是使购买特许经营权的人在成为分店经理人的同时也成为该分店的所有者，从而在直接分享利润的激励机制中把分店经营得更出色。特许经营使麦当劳公司在独特的激励机制中形成了对其扩展业务的强有力控制。麦当劳公司在出售特许经营权时特别慎重，总是通过各方面调查了解后挑选那些具有卓越经营管理才能的人作为店主，而且事后若发现其能力不符合要求则撤回这一授权。

麦当劳公司还通过详细的程序、规则和条例规定，使分布在世界各地的所有麦当劳分店的经营者和员工们都遵循一种标准化、规范化的作业。麦当劳公司对制作汉堡包、炸土豆条、招待顾客和清理餐桌等工作都事先进行了详实的动作研究，确定各项工作开展的最好方式，然后再编成书面的规定，用以指导各分店管理人员和一般员工的行为。公司在芝加哥开办了专门的培训中心——汉堡包大学，要求所有特许经营者在开业之前都接收为期一个月的强化培训。回去之后，他们还被要求对所有的工作人员进行培训，确保公司的规章条例得到准确的理解和贯彻执行。

为了确保所有特许经营分店都能按统一的要求开展活动，麦当劳公司总部的管理人员还经常走访、巡视世界各地的经营店，进行直接的监督和控制。例如，有一次巡视中发现某家分店自行主张，在店厅里摆放电视机和其他物品以吸引顾客，这种做法因与麦当劳的风格不一致，立即得到了纠正。除了直接控制外，麦当劳公司还定期对各分店的经营业绩进行考评。为此，各分店要及时提供有关营业额和经营成本、利润等方面的信息。这样，总部管理人员就能把握各分店经营的动态和出现的问题，以便商讨和改进经营的对策。

麦当劳公司的另一个控制手段是在所有经营分店中塑造公司独特的组织文化，这就是大家熟知的“质量超群，服务优良，清洁卫生，货真价实”口号所体现的文化价值观。麦当劳公司的共享价值观建设，不仅在世界各地的分店，在上上下下的员工中进行，而且还将公司的一个主要利益团体——顾客，也包括在这支队伍中。麦当劳的顾客虽然被要求自我服务，但公司特别重视满足顾客的要求，例如，为顾客的孩子们开设游戏场所、提供快乐餐、组织生日聚会等，以形成家庭式的氛围，这样既吸引了孩子们，也增强了成年人对公司的忠诚感。

请根据上述案例分析：

1. 麦当劳公司提出的“质量超群，服务优良，清洁卫生，货真价实”的口号，如何反映其公司文化？
2. 麦当劳公司所创设的管理控制系统，具有哪些基本构成要素？
3. 该控制系统是如何促进麦当劳公司全球扩张战略的实现的？

四、实践训练

实训目的

1. 促进学生了解企业中控制过程的各个阶段。
2. 增强学生对控制过程四个阶段的相关理论的进一步认识。
3. 培养学生将控制过程理论应用于实际工作的能力。

实训内容与要求

1. 由任课老师介绍，或者学生自己寻找一家生产某产品的企业，然后对该企业的生产控制过程进行观察，获取相应信息，并运用所学知识分析，得出生产该产品的主要控制过程流程图。

2. 需搜集的主要信息有：

（1）该产品的生产标准是什么？

（2）该产品的标准制定程序是什么？

（3）该产品纠正偏差的措施有哪些？

3. 现场观察，收集相关的信息。

4. 整理所收集的信息。

5. 根据现场所见和手头资料，各组分别讨论所调查企业产品的控制过程的初步划分。

实训考核

根据学生调查资料的详尽程度，实训时的态度，调查结论及报告总体水平，综合评价学生实训的表现和成绩。评价内容包括实训报告是否按要求的规范格式填写，相关资料是否是通过实地调查获得的，内容是否翔实、准确、具体。

第七章　战略管理与决策

知识目标

- 了解组织与环境的关系；
- 掌握宏观环境及企业内部环境分析的内容和方法；
- 掌握企业战略的概念及类型；
- 掌握决策的概念及类型；熟悉决策的方法。

能力目标

- 能够运用科学的方法进行战略环境分析；
- 掌握决策的方法；
- 能够在实践中进行有效的决策。

万科的战略管理与决策

1993年的时候，万科算是一个不错的企业。公司成立已经快10年了，最初经营办公设备进口业务。万科对市场机会十分敏感，什么赚钱做什么，业务包括进出口、零售、房地产、投资、广告、饮料、印刷、电子电器等13大类，年营业额3.5亿元，利润0.3亿元。这样的成就，让当家人王石不无得意。

但是，一些香港基金经理的提问却让王石陷入思考：万科的主业是什么？ 虽说万科在13个产业中都有盈利，但这些产业有的本身规模不大，有的受政策限制，有的属于投机性经营，花费的精力很多，规模和利润却总也上不去。如果万科想要给投资人一个长期、稳定的回报，它首先必须明确自己的主业。

1993年，万科高层决定选择房地产业作为自己的主业，在此后7年的时间里陆续卖掉非主业企业。万科卖出的不仅包括经营状况一般的企业，还包括当时一些非常著名的品牌。例如，占全国市场40%份额的扬声器厂、怡宝矿泉水（国内最大的蒸馏水厂）、生意兴隆的万佳超市，这种不合常理的做法在业内引起了轰动。万科在确定战略后，通过这些坚决的行动，向投资人和员工清楚地表明了自己的战略转变，集中所有的资源培育企业运营房地产项目的能力，从而在竞争中获得优势。到1998年的时候，万科已经成为沪深上市公司中最大的房地产企业，2009年销售收入超过了500亿元。

1. 专业化

万科长期专注于住宅开发，不涉足商业地产和持有型物业（通过出租获利）。万科早期缺乏土地资源，所得到的地块通常位于城郊。万科根据对城市发展趋势和中产阶层置业需求的分析，在主要城市的城郊结合部位开发大型的、生活服务配套齐全的中档社区，将原本受冷落的地区变成了住宅的热点，“四季花城”“城市花园”“金色家园”等品牌被各地消费者的接受和喜爱。万科成功地将不利的因素转化为培育企业能力的一种促进力量，开发偏远地块成为万科的一种独特竞争力。

为了实现全面的专业能力提升，万科采用主题年的形式激励员工的专业意识，如“职业经理年”“团队精神年”“职业精神年”“客户微笑年”等。万科还有计划地向其他先进企业学习专业化的技术。例如，向索尼公司学习服务，提供国内最好的物业服务；向日本前田建设公司学习施工管理；向香港新鸿基公司学习质量管理和客户服务；向美国帕尔迪公司学习客户管理。

专业化的另一个表现是充当行业内的“领跑者”。当绝大多数的住宅产品还停留在毛坯房阶段时，万科已经开始着手推进装修房战略，2009年，万科实现新开工面积全部为装修房的目标。此外，万科还是住宅工业化的主要倡导者，2009年有40%的施工面积采用工业化施工。近年来对绿色建筑等理念的推广和应用，也体现专业上的开创性。以专业化为引导的前瞻性战略是万科长期保持竞争优势的基础。

2. 超过25%的利润不做

房地产项目的利润很高，20世纪90年代初期，房地产市场流传着“低于40%的利润不做”的说法。王石却在1992年明确表示：万科将重点开发面向城市居民、利润不高于25%的中等级民居。“高于25%的利润不做”，表面上似乎放弃了商业上利润最大化原则。实际上，万科此举意在表示自己在项目设计时对预期利润不会抱有不切实际的想法，在战略制定中充分考虑风险的因素。在后来的宏观调控中，房地产市场只赚不赔的神话被打破了。许多谋求暴利的开发商一筹莫展，而万科基于城市白领阶层购买力的（低利润预期的）“城市花园”系列项目却进展顺利。2009年，房地产市场回暖，地王频现，万科仍然延续着这一风险控制的战略，提出“不拿地王，不囤地，不捂盘”的原则。这一原则，加上万科“不行贿”的保证还为万科赢得了有社会责任的企业声誉。

现在，王石只需要六秒钟就能把万科的业务、行业地位、客户口碑说得一清二楚：“中国城市住宅开发商，上市蓝筹，物业服务好。”万科通过清晰、出色的战略制定和实施，多年来保持了超过行业平均水平的利润回报，承担起对投资人、员工、客户、社区的企业责任。

2009年年底，万科总裁郁亮提出了万科的新战略：万科未来将加大持有型物业的储备，并在近期内陆续推出养老物业、酒店及商业配套等多种物业类型。其中，住宅产品仍占据80%比例，其余20%则将开发持有型物业。地产界普遍认为，这是万科对只做住宅的前期专业化的一次改造。

这是顺应环境的态度，也是企业发展的要诀。一个管理者，必须明确环境的重要性，了解环境研究的意义，进而才能正确地做出决策。

思考：万科战略发生了哪些变化？

第一节 管理环境

任何管理活动都是在一定的环境中进行的，环境的特点及其变化必然制约管理活动的方向和内容的选择。组织作为一个与外界保持密切联系的开放系统，需要不断地与外界进行各种资源和信息的交换，其运行和发展不可避免地要受到各种环境因素的影响。管理环境的研究，就是要通过分析管理活动的内外影响因素，为管理活动的方向和内容的选择与调整提供依据，并在此基础上运用科学的方法进行合理的决策。

一、组织与环境的关系

组织环境对组织的形成、发展和灭亡有着重大的影响。组织环境为某些组织的建立起到积极的促进作用，如蒸汽机技术的出现导致了现代工厂组织的诞生。某些环境的变化为组织的发展提供了有利条件。相反，由于某些组织未能适应环境的变化，因而已不复存在。在当代和未来，组织的目标、结构及其管理等只有变得更加灵活，才能适应环境多变的要求。

组织与环境的关系不是组织对环境做出单方面的适应性反应，组织对环境也具有积极的反作用。主要表现为：组织主动地了解环境状况，获得及时、准确的环境信息；通过调整自己的目标，避开对自己不利的环境，选择适合自己发展的环境；通过自己的力量控制环境的状况和变化，使之适应自己活动和发展，而无须改变自身的目标和结构；可以通过自己的积极活动创造和开拓新的环境，并主动地改造自身，建立组织与环境新的相互作用关系。另外，组织对环境的反作用也有消极的一面，即对环境的破坏。这种消极的反作用又会影响组织的正常活动和发展。组织环境是相对于组织和组织活动而言的，只有相对于组织和组织活动的外部物质和条件才具有组织环境的意义。

二、外部环境分析

宏观环境是指对企业发展具有战略性影响的环境因素。企业的宏观环境因素包括政治法律环境、经济环境、社会文化环境、技术环境和自然环境。这是企业一般共处的环境。它一方面具有变动性和不可控性，另一方面也具有一定的规律性。对企业的宏观环境进行分析的方法被称为 PEST 分析法。宏观环境与企业的关系如图 7-1 所示。

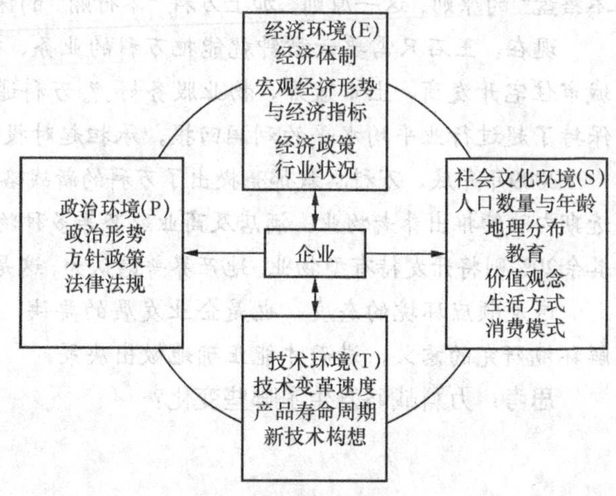

图 7-1　企业宏观环境因素

（一）政治法律环境因素分析

政治法律因素是指一个国家或地区的政局稳定状况、政府政策、政府管制、政治力量和立法等因素。

1. 政治因素分析

国家政治环境直接影响着企业的经营状况。

政治环境分析主要分析的因素有以下几点。

（1）企业所在地区和国家的政局稳定状况。

（2）执政党所要推行的基本政策以及这些政策的连续性和稳定性。政府往往通过各种法律、政策来保护消费者和环境，调整产业结构，引导投资方向。

（3）政府对企业行为的影响。作为供应者，政府拥有无法比拟的自然资源、土地和国家储备等，它的决定与偏好极大地影响着一些企业的战略。作为购买者，政府很容易培育、维持、增强、消除许多市场机会。

（4）各种政治性团体。一方面，这些政治性团体会对国家政治环境施加影响，政府的决策会适应这些力量；另一方面，这些团体也可以对企业施加影响，如诉诸法律、利用传播媒介等。因此，企业有可能花费时间、财力与各种利益集团抗争。

2. 法律因素分析

随着市场经济的发展，政府以往所采取的行政管理手段将变为主要通过法律形式来贯彻执行，政府将依法行政。这些法律法规的作用是双重的：一方面，它们对企业的行为有着种种的限制；另一方面，它们也保护着企业的合理竞争与正当权利。因此，这是企业战略必须考虑的一个重要因素。法律环境分析主要分析的因素如下。

（1）法律规范，特别是与企业经营密切相关的经济法律法规。

（2）国家司法执法机关。在我国主要有法院、检察院、公安机关以及各种行政执法机关。与企业关系较为密切的行政执法机关有工商行政管理机关和税务机关、物价机关、计量管理机关、技术质量管理机关、专利机关、环境保护管理机关和政府审计机关。此外，还有一些临时性的行政执法机关，如各级政府的财政、税收和物价检查组织等。

（3）企业的法律意识。企业的法律意识是法律观念和法律思想的总称，是企业对法律制度的认识和评价。企业的法律意识，最终都会物化为一定性质的法律行为，并造成一定的行为后果，从而构成每个企业不得不面对的法律环境。

（4）国际法所规定的国际法律环境和目标国的国内法律环境。

此外，这一环境因素中还包括国际政治形势及其变化，主要包括国际政治局势、国际关系、目标国的国内政治环境等。

（二）经济环境因素分析

1. 企业经济环境的构成

（1）经济体制。经济体制是指国家经济的组织形式。经济体制规定了国家与企业、企业与企业、企业与各经济部门之间的关系，并通过一定的管理手段和方法，调控或影响社会经济流动的范围、内容和方式等。

（2）经济发展水平。经济发展水平是指一个国家经济发展的规模、速度和所达到的水准。反映一个国家经济发展水平的常用指标有国民生产总值、国民收入、人均国民收入、经济发展速度、经济增长状况等。

（3）社会经济结构。社会经济结构是指国民经济中不同经济成分、不同产业部门以及社会再生产各个方面在组成国民经济整体时相互的适应性、量的比例和排列关联的状况。社会经济结构主要包括五个方面内容，即产业结构、分配结构、交换结构、消费结构和技术结构，其中最重要的是产业结构。

（4）经济政策。经济政策是指国家、政党制定的一定时期内实现国家经济发展目标的战略和策略，它包括综合性的全国经济发展战略和产业政策、国民收入分配政策、价格政策、物资流通政策、金融货币政策、劳动工资政策、对外贸易政策等。

（5）社会购买力。社会购买力是指一定时期内社会各方面用于购买产品的货币支付能力。国民收入的使用主要由消费和储蓄两部分构成。其中，消费部分又分为个人消费和社会消费，前者形成居民购买力，后者形成社会集团购买力。市场规模归根结底取决于购买力的大小。调查社会购买力水平，要注意国家经济政策和分配政策带来的居民购买力变化，注意不同地区居民货币收入的变动情况。

（6）消费者收入水平和支出模式。消费者支出模式取决于消费者的收入水平。随着消费者人均收入的增长，消费者用于购买食品方面的支出比例会有所下降，而用于耐用消费品、服装、交通、教育、旅游、娱乐、卫生保健等方面的支出比例会上升。调查消费者支出模式，除要考虑消费者收入水平外，还要考虑不同国家和地区的生活习惯、价值观念以及所处的家庭生命周期不同阶段等因素。

（7）消费者储蓄和信贷。在一定时期内，消费者储蓄水平直接影响到消费者的本期货币支出和潜在购买力水平。所以，消费者储蓄的增减变动会引起市场需求规模和结构的变动，从而对企业的营销活动产生影响。消费者储蓄情况，受政策变动、利率变动、通货膨胀水平等因素的影响。

2. 反映宏观经济运行状况的指标

（1）国民经济运行状况及其趋势。一般来说，国民生产总值增长速度快，居民用于个人消费的支出会相应增加，从而提供了开辟新市场或开办新企业的机遇。反之，居民个人消费会有所减少，不利于企业的发展。企业主要应该了解国民经济目前处于什么阶段——是产业结构调整期、经济低速增长期，还是高速增长期，并具体分析有关的经济指标。

（2）利率（利息率）。一方面利率直接影响企业的战略抉择。因为利率较低利于企业实施企业合并或兼并战略，利率较高则不利于企业采用积极进取的增长战略。另一方面，利率还会直接影响企业的销售市场状况。例如，较低的长期利率对零售业十分有利，因为这意味着鼓励居民的短期消费；从消费角度讲，较高的长期利率对建筑业或汽车制造业有利，因为它鼓励居民购买长期耐用消费品。

（3）通货膨胀率。对大多数企业而言，通货膨胀是一个不利因素，因为它导致了企业经营的各种成本（如购买原料费用、劳务费用、工资等）相应增加。同时，长期的通货膨胀不但抑制企业的发展，而且会促使政府采取放慢增长速度的紧缩政策，影响整个宏观经济环境。但对某些企业来说，较高的通货膨胀率也可能是一种机遇。例如，假定石油与天然气价格的增长速度快于其他行业产品价格的增长率，那么石油开发公司将因此获利。

（4）汇率。汇率是一国货币购买力的表现形式。在国际市场上，它直接影响企业成本，并进而影响企业国际战略的制定。一般而言，如果本国货币购买力较高，则企业倾向于购买外国的产品与原材料，或到国外投资，开办独资企业或合营企业。反之，如果本国货币购买力较低，则会降低企业到海外投资、贸易或开发新市场的热情。

另外，经济环境因素中还包括：居民收入因素，它可进一步细分为名义收入、实际收入、可支配收入以及可随意支配收入等；消费支出模式和生活费用；经济体制；金融制度等。

（三）社会文化环境因素分析

社会文化环境是指一个国家或地区人们共同的价值观、生活方式、人口状况、文化传统、教育程度、风俗习惯、宗教信仰等各个方面，这些因素是人类在长期的生活和成长过程中逐渐形成的，人们总是自觉不自觉地接受这些准则作为行动的指南。社会文化因素对企业有着多方面的影响，最主要的是它能够极大地影响社会对产品的需求和消费。

1. 价值观

价值观是指社会公众评价各种行为的观念标准。不同的国家和地区，其价值观是不同的。

2. 文化传统

文化环境对企业的影响是间接、潜在和持久的。文化的基本要素包括哲学、宗教、语言与文字、文学艺术等，它们共同构成文化系统，对企业文化有重大的影响。

3. 社会发展趋向

近一二十年来，社会环境方面的变化日趋加快，这些变化打破了传统习惯，使人们开始重新审视自己的信仰、追求和生活方式，影响着人们的穿着款式、消费倾向、业余爱好，以及对产品与服务的需求，从而使企业面临更严峻的挑战。

4. 消费者心理

在当代物质丰富的条件下，人们购买商品不仅是要满足生理需求，更重要的是还要获得心理或精神上的享受，因此，企业在制定战略时，必须注意到消费者的心理因素，树立“创造市场、创造需求”的观念。

5. 社会各阶层对企业的期望

在这里，社会各阶层包括股东、董事会成员、原材料供应者、产品销售人员及其他与企业有关的阶层。这些阶层对企业的期望是不同的。例如，股东集团评价战略的标准主要是看投资回报率、股东权益增长率等；企业工作人员评价战略的标准主要是看工资收益、福利待遇及其工作环境的舒适程度等；消费者则主要关心企业产品的价格、质量、服务态度等；至于政府机构，它们评价企业的立足点主要是看企业经营活动是否符合国家的政策、法规和有关的各项行政规章制度。

6. 人口因素

人口因素主要包括人口总数、年龄构成、人口分布、人口密度、教育水平、家庭状况、居住条件、死亡率、结婚率、离婚率、民族结构以及年龄发展趋势、家庭结构变化等。

人口因素对企业战略的制定有重大影响。例如，人口总数直接影响着社会生产总规模；人口的地理分布影响着企业的厂址选择；人口的教育文化水平直接影响着企业的人力资源状况等。

（四）科技环境因素分析

科技环境因素主要是指与本企业产品有关的科学技术的现有水平、发展趋势和发展速度。现代企业的发展在很大程度上也受到科学技术的影响，包括新材料、新设备、新工艺等物质化的硬技术，以及体现新技术、新管理的思想、方式、方法等信息化的软技术。科学技术的发展和应用，对于提高生产效率、降低成本、开发新产品新技术有着十分重要的作用，它能为企业带来新的发展机会和生存空间。

技术的突飞猛进大大缩短了产品的寿命周期。同时，新技术的产生使生活方式发生重大改变，刺激选择性消费、奢侈性消费等领域的发展。

科技发展对企业的影响作用是双重的。一种新技术的发明或应用，会促进一些新行业的兴起，同时伤害乃至消灭另外一些行业。

目前，科学技术正在以前所未有的速度向前发展，企业要想发展而不被淘汰，就必须及时掌握科学技术发展的新动向，不失时机地使企业跟上时代前进的步伐。

相关链接

企业对环境威胁可选用的几种对策

1. 反攻策略

反攻策略即试着限制或扭转不利因素的发展，通过法律诉讼等方式，促使政府通过某种法令或政策等保护自身合法权益不受侵犯，改变环境的威胁。

2. 减轻策略

减轻策略即通过改变营销策略，以减轻环境威胁的程度。由于环境因素对企业营销形成一定的威胁，并且这一威胁后果不可避免，此时，减轻策略就是对付威胁的策略之一。

3. 合作策略

企业通过各种合作手段（如联合、合作、合并、参与等），由更多的社会组织组成联合体，充分利用资金、技术、设备，取长补短，分散风险，共同保护自身利益。

4. 转移策略

当受到威胁程度严重的企业，因无条件继续经营原来业务时，可采取逐步转移原来业务或调整业务范围，以减轻环境对企业的威胁。

三、内部环境分析

（一）经营资源分析

1. 经营资源的含义

经营资源是企业竞争优势的根本源泉。经营资源可以理解为能够给企业带来竞争优势或劣势的任何要素，它既包括那些看得见、摸得着的有形资源，如企业雇员、厂房、设备、资金等，也包括那些看不见、摸不着的无形资源，如专利权、品牌、企业文化等。

对经营资源进一步分析可以发现，高效益的产业结构与竞争优势都根源于企业本身的经营资源。首先，专利权、品牌、报复能力形成的进入障碍，高市场占有率形成的垄断，以及因企业规模、资金实力与运用能力形成的强有力的讨价还价能力都有助于形成对企业竞争有利的产业结构。其次，低成本优势和差异化优势也都源于企业的经营资源：低成本优势源于企业所具有的工程技术、工厂规模、廉价投入要素等经营资源；差异化优势源于企业所具有的品牌、生产技术、市场能力、流通能力以及服务能力等经营资源。总之，企业要想获得竞争优势，就必须正确分析企业的经营资源。

2. 价值链分析

对企业经营资源进行分析的一个常用工具是迈克尔·波特教授提出的价值链。所谓价值链是一个企业用来进行设计、生产、营销、交货以及对产品起辅助作用的各种活动的集合。价值链概念的提出基于经营资源—价值活动—竞争优势这一个基本逻辑关系。在市场经济条件下，一个企业的竞争优势最终是由其产品或服务的价值体现并由消费者接受与否以及接受程度决定的，而消费者是否接受的关键则在于他们对企业提供产品或服务与其他竞争者的价值判断，即他们对公司设计、生产、销售、供货及支持活动完成方式的价值评价。当他们寻找到真正渴望得到的价值并愿意为此支付价格时，企业便在市场上实现了产品或服务的价值，从而在产品或服务的竞争中建立起自己的竞争优势，反之亦然。所以，企业要想在竞争中获得优势，就必须把自己的经营资源通过各种活动为顾客创造价值。也就是说，企业内部的各种活动都应该是创造价值的活动，由于这些活动在企业内部犹如一条链条，因而称为“价值链”。

价值链分析的重点在于价值活动分析。价值活动可以分为两大类：基本活动和辅助活动。基本活动是涉及产品的物质创造及其销售、转移给买方和售后服务的各种活动；辅助活动是辅助基本活动并通过提供外购投入、技术、人力资源以及各种公司范围的职能以相互支持。

基本活动主要包括进货后勤、生产作业、发货后勤、市场营销、服务。

辅助活动主要包括采购、研究开发、人力资源管理、企业基础结构。

3. 资源审核

资源审核所要解决的主要问题，不是列举公司资源数量、种类和品质的清单，而是分析和判定在所有可控资源中，哪些资源是形成公司核心能力的战略性资源，它可在何种程度上支持公司的战略行动并帮助公司构建起市场竞争的优势地位。

（二）战略能力分析

1. 财务能力分析

评估判断一个企业的现实经营能力，首先必须对企业的财务状况进行客观公正地分析。把纵向和横向的分析比较方法结合起来，计算综合企业的收益性、成长性、安全性、流动性及生产性这五类指标，并画出雷达图，从而能够清楚地、直观地、形象地提示出企业财务及经营状况的优势和劣势。

2. 营销能力分析

企业营销能力可以分解为产品竞争能力、销售活动能力、新产品开发能力和市场决策能力等，这四种能力自成系统，相互联系，相互影响，在一定的市场环境下共同决定着企业经营成果的优劣，影响着企业存亡兴衰。因此，营销能力分析通常都离不开对这四种能力的分析评估。

（1）产品竞争能力。反映一个企业产品竞争能力的指标包括产品的市场地位、收益性、成长性、竞争性与结构性。

（2）销售活动能力。经过产品竞争能力的分析，已经了解了企业产品的市场竞争能力，发现了优势产品和销路不畅产品。接着，还要对优势产品和劣势产品进行销售能力分析，即通过分析其销售组织、渠道、业绩和促销等方面，找到销售活动中的问题和原因、优势和劣势。

（3）新产品开发能力。新产品开发能力分析是在现有产品的市场竞争力分析的基础上，着重从新产品开发组织、开发效果、开发过程和开发计划四个方面进行分析。其目的在于提高新产品开发的效果，改进企业的产品组合，增强企业的应变能力。

（4）市场决策能力。市场决策能力分析是以前述产品的市场竞争力分析、销售活动能力分析以及新产品开发能力分析的结果为依据，对照企业的经营方针和经营计划，指出企业在市场决策中的不当之处，探讨企业的中、长期市场营销课题和应采取的市场战略，以提高企业经营领导层的决策能力和决策水平，使企业获得持续的发展。

3. 组织效能分析

（1）良好组织的四项基本原则。一个良好组织至少要体现以下四项原则：① 有效性原则；② 统一指挥原则；③ 合理管理层次和幅度原则；④ 责权对等原则。

（2）组织效能分析的主要问题。有了良好组织的四项原则作为基准以后，就可以对管理组织所涉及的多方面问题进行分析。我们可以从分析职务体系入手，看看管理岗位设置、人员配备及其素质是否对完成职能管理有保证；可以从分析岗位责任制入手，看看职权与职责对等性如何；也可从分析管理层次和管理幅度入手，看看管理职能的分工是否有效合理；还可以从人员素质、管理体制等其他角度入手进行分析。当然，我们认为最重要的是对组织内管理的层次和幅度状况以及职权对等匹配情况进行分析。

4. 企业文化、业绩与问题分析

（1）企业文化分析

企业文化是一种客观存在的文化现象。自 20 世纪 80 年代初西方组织文化理论出现以来，企业文化已受到日益广泛的重视。企业文化是指一个企业的全体成员共同拥有的信念、期望值和价值观体系。在企业内部环境分析中，必须对企业文化进行分析，尤应注意以下几点内容：① 文化特征；② 文化建设过程；③ 文化与目标、战略的一致性；④ 文化的环境适应性。

（2）企业业绩分析

从企业过去一段时期的经营业绩中，可以总结成功的经验和失败的教训，发现企业的优势和劣势。这方面的分析主要包括以下内容：① 目标的完成情况；② 战略的执行情况；③ 成绩与经验；④ 失败与教训。

（3）企业现存问题分析

任何企业在任何时候都存在着一定的问题，这是前进中的困难，是在制定未来目标和战略时必须认真研究和解决的。分析的主要内容包括：① 现存问题的内容；② 现存问题的重要程度；③ 解决问题的可能性。

（三）核心能力分析

1. 核心能力的理解

核心能力是指居于核心地位并能产生竞争优势的要素作用力，具体地说是组织的集体学习能力和集体知识，尤其是如何协调各种生产技术以及如何将多种技术、市场趋势和开发活动相结合的知识。

核心能力不仅仅是有关协调技术趋势与发展路径的知识，它还包括关于组织的熟练协作和传递价值的知识，以及对跨越组织边界的工作进行沟通交流、参与创造和承担责任，它涉及许多组织层次、个人和各种职能。

核心能力不会因为被使用而衰退，它不像实物资产那样会随着时间的流逝而退化。

核心能力是将现行事业相互结合的胶合剂，也是新事业发展的发动机。

2. 核心能力的确认

至少可以从三个方面来确认公司的核心能力。

（1）市场和事业的开拓能力。

（2）对消费者福利贡献的能力。

（3）阻挡竞争者模仿的能力。

3. 核心能力的评价标准

尽管各公司核心能力的表现形式有所差异，但衡量和评价核心能力能否形成可持续竞争优势的标准是相同的，即占用性、耐久性、转移性、复制性。评价核心能力的这四个标准，实质上是说公司适应市场需要的核心能力必须具有在较长时期内获得超平均利润的与众不同的特质，并且很难被竞争者效仿。

第二节 战略管理

一、企业战略的概念

企业战略是指根据企业外部环境及企业内部资源和能力状况，为建立持续竞争优势、求得企业持续发展，对企业发展目标、达到目标的途径和手段的总体谋划。

应该指出的是战略与策略不同，战略是长远的、全局的，而策略是短期的、局部的。战略与策略是目的与手段的关系，先有战略后有策略，策略必须服从并服务于战略。在当今瞬息万变的环境里，企业战略意味着企业要采取主动态势预测未来，影响变化，而不仅仅是被动地对变化做出反应。企业只有在变化中不断调整发展战略，保持健康的发展活力，并将这种活力转变成惯性，通过有效的战略不断表达出来，才能获得并持续强化竞争优势，构筑企业的成功。

二、战略管理的过程

战略管理是对一个企业未来发展方向制定和实施决策的动态管理过程。一个规范性的、全面的战略管理过程可大体分为四个阶段，即确定企业使命阶段、战略环境分析阶段、战略选择及评价阶段、战略实施及控制阶段。

（一）确定企业使命阶段

一般说来，一个企业的使命包括两个方面的内容，即企业哲学和企业宗旨。所谓企业哲学是指一个企业为其经营活动或方式所确立的价值观、态度、信念和行为准则，是企业在社会活动及经营过程中起何种作用或如何起这种作用的一个抽象反映。所谓企业宗旨是指企业现在和将来应从事什么样的事业活动，以及应成为什么性质的企业或组织类型。企业在制定战略之前，必须先确定企业的使命。

（二）战略环境分析阶段

战略环境分析包括企业外部环境分析和企业内部环境或条件分析两个部分。企业外部环境一般又包括宏观外部环境，即政治与法律因素、经济因素、技术因素、社会因素；微观外部环境，即企业所处行业的竞争状况。外部环境分析的目的就是要了解企业所处的战略环境，掌握各环境因素的变化规律和发展趋势，研究环境的变化将给企业的发展带来哪些机会和威胁，为制定战略打下良好的基础。战略环境分析还要了解企业自身在同行业中所处的相对地位，分析企业的资源和能力，明确企业内部条件的优势和劣势，以及了解不同的利益相关者对企业的期望，理解企业的文化。企业内部条件分析的目的就是为了发现企业所具备的优势或弱点，以便在制定和实施战略时扬长避短，有效地利用企业自身的各种资源，发挥出企业的核心竞争力。

（三）战略选择及评价阶段

战略选择及评价过程就是战略决策过程，即对战略进行探索、制定以及选择的过程。通常，这个过程主要包括三个方面的工作：一是拟定多种可供选择的战略方案；二是利用各个战略评价方法对拟定的各个战略方案进行评价；三是最终选择出满意的可供执行的战略。企业的战略选择应当解决以下两个基本的战略问题：确定企业的经营范围或战略经营领域；突出企业在某一特定经营领域的竞争优势。

一般来说，在战略决策过程中，下列因素会影响战略决策者的战略选择。

1. 企业对外部环境的依赖程度

任何企业都存在于它的外部环境之中，而环境受股东、竞争对手、顾客、政府和社区等因素的影响。企业的生存对这些因素的依赖程度，影响着战略选择过程。依赖程度越高，企业选择战略的灵活性就越小。企业对环境的度量基于“客观的”衡量基础之上，但事实并不能为自己说话，客观的现象需要决策者主观地理解。因此，确切地说，是决策者对外部环境依赖性的主观认识影响着战略的选择。

2. 管理者对待风险的态度

管理者对待风险的态度影响着战略选择。不同的对待风险的态度会导致不同的战略选择。

（1）如果管理者认为风险对于成功是必不可少的，并乐于承担风险，则企业通常采用进攻性战略，接受或寄希望于高风险的项目，在它们被迫对环境变化做出反应之前就已经做出了反应。并且，这类管理者倾向于在较大的范围内选择可行的战略方案。

（2）如果管理者认为风险是实际存在的，并敢于承担风险，那么管理者就会试图在高风险战略和低风险战略之间寻求某种程度的平衡，以分散一定的风险。

（3）如果管理者认为冒较高的风险将毁灭整个企业，需要减低或回避风险，则管理者就会只考虑风险很少的几个低风险战略选择方案。可能采取防御性的或稳定发展的战略，拒绝承担那些高风险的项目，乐于在稳定的产业环境中经营。

3. 企业过去的战略

它说明原有的战略对以后的战略选择存在影响，所以战略选择过程更多的是一种战略演变过程。相关研究也表明，当人们要对他们所选择的执行方案的不良后果负个人责任时，他们总是将最大数量的资源投入自己这个执行方案之中以进行补救。这可以部分地说明为什么在改变过去的战略时，往往需要更换高层管理人员，因为新的管理者较少地受到过去战略的约束。

4. 企业中的权力关系

经验表明，企业中权力关系的存在是个关键的事实。在大多数企业中，如果一个权力很大的高层管理者支持某一战略方案，它往往就成为企业所选择的战略，并且会得到一致的拥护。从某种意义上说，个人喜好也涉入战略选择之中。主要管理人员喜欢什么以及尊重什么等，都将对战略选择产生影响。总之，权力关系或企业政治对战略选择有重大影响。

5. 中层管理人员和职能人员

中层管理人员和职能人员（尤其是公司计划人员）对战略选择有重大影响。鲍威尔和舒沃兹的研究指出，如果中层管理人员和公司计划人员参加战略选择过程，那么：① 他们选择的战略通常与总经理选择的战略有所不同；② 中层管理人员和职能人员的观点部分地受到个人的视野，以及其所在单位的经营目标和使命的影响；③ 他们倾向于向高层管理人员推荐那些低风险、渐进式推进的战略选择，而非高风险和突破性的选择。

总之，中层管理人员和职能人员通过草拟战略方案以及对各方案风险的评价来影响战略选择。一般来说，他们对战略方案做出的建议和评价，总是倾向于与过去的战略差异不大、风险相对较低的战略选择。

（四）战略实施及控制阶段

战略实施与控制过程就是把战略方案付诸行动，使经营活动朝着既定战略目标与方向不断前进的过程。这个阶段的主要工作包括计划、组织、领导和控制四种管理职能的活动。其一是将企业的总体战略方案从空间上和时间上进行分解，形成企业各层次、各子系统的具体战略或政策，在企业各部门之间分配资源，制定职能战略和计划。其二是对企业的组织机构进行调整，以使调整后的机构能够适应所采取的战略，为战略实施提供一个有利的环境。新战略的实施往往需要对现有的组织进行重大变革，变革总会有阻力，所以对变革的领导是很重要的。这包括培育支持战略实施的企业文化和激励系统，从而克服变革阻力等。其三是要使领导者的素质及能力与所执行的战略相匹配，即挑选合适的企业高层管理者来贯彻既定的战略方案。

在战略的具体化和实施过程中，为了实现既定的战略目标，必须对战略的实施过程进行控制。战略控制是战略管理过程中的一个重要环节，它伴随战略实施的整个过程。管理人员应及时将反馈回来的实际成效与预定战略目标进行比较，以便及时发现偏差，适时采取措施进行调整，以确保战略方案的顺利实施。在战略实施过程中，如果企业外部环境或内部条件发生了重大变化，则要求对原战略目标或方案做出相应的调整，甚至重新审视环境，制订新的战略方案，进行新一轮的战略管理过程。

小案例

认清环境 转败为胜

美国的李维·斯特劳斯公司（Levi's）于20世纪70年代末花费了1 200万美元，想通过奥运会把李维斯服装作为“美国的国服”，并做了大量的广告宣传。后来美国因前苏联出兵阿富汗而拒绝参加在莫斯科举行的1980年夏季奥运会，这对于该公司来说造成了一种环境威胁。该公司经过研究后即改变营销策略，即把广告改变为“圣诞节礼物”，使威胁转化为有利的营销机会。

三、战略的类型

企业战略一般分为三个层次，即企业战略、经营（事业部）战略和职能战略。企业战略由企业的最高管理层制定，经营战略由企业内各事业部或经营单位制定，职能战略由各职能部门制定。

（一）公司层战略及其类型

公司层战略也称总体战略，是指一家公司在从事多种业务或在多个产品市场上，为了获得竞争优势而对业务组合进行选择及管理的行为。它所要解决的主要问题是整个企业的经营范围和企业资源在不同经营单位上的分配。

根据战略的进攻性可以将公司层战略分为稳定型战略、发展型（进攻型）战略、紧缩型战略。其中发展型战略和紧缩型战略又有多种具体的战略形式，形成的公司层战略的类型体系如下。

1. 稳定型战略

稳定型战略是指企业受外部环境和内部条件的约束，在战略计划期内使资源配置和经营状况基本保持在目前状态水平的战略。企业实施稳定性战略不是不发展或不增长，而是稳步、缓慢地增长。

稳定型战略的特征表现为：与过去相同或相似的战略目标；追求的绩效是在市场占有率保持不变的情况下，销售额的增长随总体市场容量的增长而增长；继续以基本相同的产品或服务满足客户。

稳定型战略的采用是因为企业高层管理者不希望由于现行战略的改变带来风险。这类管理者属稳定型管理者，他们怕冒风险；公司经过较长一段时间的快速发展后遇到一些问题，需要进行一段时间的调整；由于外部环境的恶化，公司一时找不到合适的发展机会而采取稳定型战略；单一产品或服务的企业、公共事业的企业较多采用稳定型发展战略。

稳定型战略的优点：企业风险小，由于企业基本维持原有的产品和市场领域，避免开发新产品和新市场的巨大资金投入；避免因较大的战略改变而改变资源配置的困难；避免企业由于发展过快而产生的盲目性。在快速发展中难以清醒地看到潜在的威胁和危机；给企业一个好的修整期，以便企业以后更好地快速发展。

稳定型战略的缺点：可能丧失外部环境提供的快速发展的机会；不利于提高企业对外部环境的适应性，稳定型战略是在外部环境基本稳定的前提下实施才会有好的效果，否则会带来风险；容易导致企业风险意识淡薄，降低企业抗风险的能力；容易造成管理者墨守成规、因循守旧。

2. 发展型战略

发展型战略也称进攻型战略，是一种快速增长的战略。

发展型战略的特征：增长速度比产品市场发展得更快；企图消除其行业中价格竞争危险；不断地开发新产品、开拓新市场、采用新技术等技术创新手段；利润率高出行业的平均水平；通过创新来创造需求和影响环境适应自己。

发展型战略的采用原因：激烈市场竞争的需要；企业高层管理者的价值观决定的。许多企业高层管理者将企业的发展看成他们事业的成功，从而也使他们从中获得高额的报酬和地位的提升。

发展型战略包括以下类型。

（1）市场渗透。所谓市场渗透，是指企业通过更大的营销努力，提高现有产品在现有市场中的占有率。这一战略被广泛地单独使用或同其他战略结合使用，它的优点是能够给企业带来增加市场份额的机会。

实施条件：企业某一产品或服务的市场存在需求；产品或服务的现有客户对产品的使用率还可显著提高；该产品或服务的销售额与营销费用呈正相关关系，该行业竞争对手的市场份额有下降趋势；企业可以利用扩大规模来获取竞争优势。

实施途径：增加现有客户对企业产品或服务的使用数量和频率，吸引竞争对手的客户，争取潜在新客户。

注意事项：实施市场渗透战略不仅取决于企业的相对市场地位，还取决于行业市场的特性。如果整个行业处于增长的状态，那么，不仅市场领导者可以增加市场份额，市场占有率不高的小企业也可以较容易地扩大销售额；同时，这也是企业发展的契机。反之，如果行业市场已处于饱和状态，那么行业内的企业都很难在销售额上有所突破。但是，企业也可以利用某些市场容量较小，行业领导者不愿涉足或由于疏忽而未加以防守的细分市场，通过占领这一细分市场对更广阔的市场进行渗透。因此，实施这一战略时，企业必须仔细审视行业市场的变化，利用企业自身优势抓住市场机遇，获得竞争优势。

（2）市场开发。市场开发是指企业将现有产品或服务推向新的市场，实现现有产品在新的市场范围内的扩张。市场开发的成功主要取决于企业分销系统的潜力发挥，企业在资源上建立和完善分销系统，或是提高分销系统效能的支持能力。市场开发战略的优点是能够在扩大企业知名度的同时扩大企业的市场份额；缺点是增加了销售费用和分销渠道管理的难度，因而会加大企业的销售风险。

实施条件：企业拥有扩大市场的人力、物力和财力，并且存在过剩的生产能力来满足更广阔的市场需求；企业在原有市场领域获得了成功；该产品或服务还存在着未开发或未饱和的潜在市场。

（3）产品开发。产品开发是指通过改进原有产品或服务，或者开发新的产品或服务来增加企业在原有市场上的销量。实施产品开发战略的目的是延长原有产品的生命周期，或充分利用原有产品的声誉，以吸引对原有产品或服务有好感的客户对新产品或服务的关注。

实施条件：企业拥有较强的研发能力，并且有充足的能力和资源进行产品开发；企业处于快速增长的行业；企业拥有处于产品生命周期成熟阶段的产品，并且顾客对原有产品或服务比较满意，此时就可以吸引客户试用新产品；与竞争对手相比，企业可以提供在价格上具有竞争力的高质量产品或服务。

（4）一体化战略

① 横向一体化（单一业务发展型战略）

横向一体化指企业将绝大部分的资源和活动集中于一个业务（产品）或一个行业，以快速增长方式来增加销售额、利润额或市场占有率、覆盖率，从而提高竞争地位。这种战略可以从企业内部采取措施自身发展，也可以与从事同类业务的企业进行联合或对其进行并购，即横向一体化。

横向一体化战略的最大好处是可以实现规模经济。规模经济是指平均成本或单位产出成本随生产或经营规模的增大而降低的规律。规模经济来源于以下几方面：

- 分摊到单位产品上的固定成本随生产规模的增大而降低；
- 集中存货的综合利用，降低安全库存；
- 集中采购获得更多的折扣。

横向一体化战略可以在一个点（单点）上实现，也可以在多个点上实现。在多点上发展形成规模比在单点上增大规模风险更小，即多点经济性。

② 纵向一体化战略

纵向一体化是指沿着上游产品或下游产品的生产经营链进行扩张的战略。可分为向前一体化和向后一体化。

后向一体化可以确保资源可得，降低原材料成本，保证原材料质量；从上游产品中获取利润；避免供应商的讨价还价威胁。

前向一体化可以稳定销售渠道，以扩大市场，获取规模效益或提高竞争地位；从下游环节中获利（提高资源性产品的附加值）；避免与销售商的利益冲突，如价格、广告、售后服务等。

经济性分析基于交易费用理论和资产专用性原理。交易费用理论、资产专用性是指企业对某一交易依赖的程度。例如，A 企业需要通过交易获得 B 企业的原材料或零部件，如果这一交易不能实现，A 企业可能面临倒闭的危险。这时称 A 企业对 B 企业交易的依赖程度高，即资产专用性强。资产专用性强，交易费用就高。企业为了摆脱资产专用性的约束，可实施纵向一体化。

产品规模经济性对纵向一体化的影响：企业是否实施纵向一体化，还与产品的规模经济性有关。如果实行纵向一体化的上游或下游产品规模效益明显，而纵向一体化后只为自已生产这种产品，规模不可能很大，造成规模不经济而增加成本，这对纵向一体化是不利的。

纵向一体化的缺点是投资大，需要资源多；战线长，管理复杂；生产能力平衡的矛盾；需要调整时，缺乏灵活性。

（5）相关多元化战略

企业经营的多种产品或业务在价值链上有一定的战略匹配关系，即相关性。为了追求战略竞争优势，增强或扩展其已有的资源、能力及核心竞争力而采取的战略。其业务之间的相关性主要有技术相关、市场相关、资源相关和市场技术相关。

相关多样化的作用：相关多样化可以共享资源和生产经营活动；可以传递核心竞争力；技术和管理两方面的知识、经验及专业本领从一种业务转移到另一种业务，以增强竞争优势；可以提高市场影响力。

相关多样化经营的途径：利用技术优势扩张，技术相关；利用生产能力扩张，技术相关；利用销售渠道扩张，市场相关；利用品牌优势，搞品牌延伸；利用垂直整合（纵向一体化）扩张，资源相关。

（6）非相关多样化战略

经营的多种业务之间不存在相关性，它主要是通过财务经济性创造价值。财务经济性是指借助公司内部或外部投资，通过财务资源的优化配置实现成本节约。财务经济性的两种途径：一是有效的内部资本配置（内部扩张）；二是收购其他公司并重组（外部扩张）。

非相关多种经营的优点：分散行业风险，追求收益稳定；提高知名度，从而提高竞争力；充分利用某些资源，产生协同效应；战略组合时，有利于幼童业务的发展。

非相关多种经营的缺点：技术复杂，集中优势难以形成；上层管理者经验不足，精力容易分散；

分权管理，容易失控；内部差异性大，协调困难、管理难度大；资源分散、规模经济难以形成。

3. 防御型战略

防御型战略，也称为紧缩型战略，是指不寻求企业规模的扩张，而是通过调整来缩减企业的经营规模。紧缩的原因是：企业现有的经营状况、资源条件以及发展前景不能应付外部环境的变化，难以为企业带来满意的收益，以致威胁企业的生存和发展。

防御型战略的特点有以下两点。

① 对企业现有的产品和市场领域实行收缩、调整和撤退策略，如放弃某些市场和产品线系列。因而，从企业的规模来讲是缩小的，同时，一些效益指标（如利润及市场占有率等）都会有明显下降。

② 对企业资源的运用采取较为严格的控制和尽量削减各项费用支出，往往只投入最低限度的资源，因而战略实施过程中会裁减大量员工，暂停购买一些奢侈品和大额资产等。具有短期性，这是一种以退为进的战略。

防御型战略包括以下类型。

（1）收缩战略

收缩战略是企业通过减少资产、控制成本与重组企业以扭转销售和盈利下降的局面。目的是为了削减费用支出和改善公司总的现金流量，然后把通过这种战略获得的资金投入到公司更需要资金的新的或发展中的领域。

适用情况：企业的某些领域正处于稳定或日益衰退的市场中；企业扩大某领域的市场占有率费用太高，或者要维持现有市场占有率要花费越来越高的费用；企业的某领域有可能带来亏损，如减少投资，销售额下降的幅度不会太大；公司如减少该领域的投资，则能更好地利用闲散资源；企业的某领域不是公司经营中的主要部分。

措施：更换管理人员；实行决策集中化；压缩机构，缩减编制；节约开支，控制成本；催收应收账款；出售一些资产。

（2）剥离战略

出售公司的某些业务、子公司、分公司等任何一部分被称为剥离，卖掉公司的部分业务部门，可能是一个战略经营单位、一条生产线、一个事业部，是指部分整体的放弃，包括无形资产。目的在于使公司摆脱那些不盈利、需要太多资金或与公司其他活动不相适宜的业务。

障碍：结构或内部依存关系上的障碍；对管理人员的影响形成的障碍，在外界看来，放弃是失败的象征；由于资产专用性形成的退出障碍。

（3）清算战略

此战略是通过拍卖资产或停止全部经营业务来结束公司的存在；对任何公司的管理者来说，清算是最无吸引力的战略；当其他所有的战略全部失灵时才采用清算战略。但从挽救损失看，及早清算是较有利的战略决策。清算一般是指有形资产部分。清算是对业务经营的彻底放弃，也是避免更大损失的无奈之举。

（二）业务层战略及其类型

业务层战略又称为竞争战略，迈克尔·波特认为，企业的竞争战略就是采取进攻性或防守性行动，在产业中建立起稳固的地位，成功地应对新的竞争对手入侵、替代品威胁、买方议价能力、卖方议价能力以及现存竞争者之间的竞争这五种竞争作用力，从而为公司赢得高人一筹的投资收益。企业的一般竞争战略可以划分为三种类型，即成本领先战略、差异化战略和集中化战略。

1. 成本领先战略

（1）成本领先战略的含义

成本领先战略又称为低成本战略，指企业在生产和研发、财务、营销、人力资源等管理上最大限度地降低产品、服务和管理成本，使成本显著低于行业平均水平或主要竞争对手的水平，从而使企业与顾客受益于这种低成本的战略。这样的企业可以追求规模经济、原材料优势、先进专利技术等来降低成本。

（2）成本领先战略的类型

根据价值链的各价值创造环节，低成本战略可分为以下几个类型。

① 服务或产品简化型。通过削减产品或服务的一些不必要的附加功能，专注核心品质和基本功能的开发。

② 研发创新型。通过运用先进的专利技术改造产品的外观、体积和功能等，在降低成本的同时，提高质量和实用性，如实行配件的模块化、标准化等。

③ 营销创新型。缩减中间环节和销售渠道，如采取直销、网络销售等方式，大大节省管理成本，从而使顾客得到实惠。同时，保持适度的广告、推介、服务等，给企业带来长远的成本优势。

④ 材料节约型。通过采购和外包环节，降低原材料和中间品的成本，并在生产经营过程中奉行节约，从而降低产品的成本。

⑤ 人力资源成本降低型。通过降低人工成本，并利用激励约束机制提高员工生产效率，或通过加强员工参与、员工互助等，改进人力资源管理质量，培育组织忠诚感，这样依然能在人工成本偏低的情况下保持员工的留职率。

（3）成本领先战略的优势

① 规模经济效应。低成本战略一般有很大的目标市场，产品数量多，在整个价值链环节都能够体现低成本的价值创造思想，所以容易获得规模效应。这种规模效应又进一步提高了市场份额和利润，从而可以把更多的收益投入到如硬件设备、研发等价值链生产和创造环节中，创造更多的利润，强化企业在行业中的领导和优势地位，形成规模经济的累积递进效应。

② 形成进入障碍。生产规模大、市场广、价格低的优势会使企业拥有先发优势，对原材料供应和顾客产生一定的限制作用，给新进入者很强的压力和阻碍，尤其是那些准备生产经营同质产品的企业压力更大。同时，按照博弈论的观点，新进入企业往往受到学习曲线和经验曲线的限制而处于被动地位，所以未必会轻易进入此类市场。

③ 防止竞争者威胁。利用成本优势，会从竞争对手处争夺市场和顾客，尤其在竞争激烈的领域和消费者对价格非常敏感的时期，这种效应更加显著，取得的利润会高于行业平均水平。

④ 增强了与买方、卖方讨价还价的能力。如果买方有强大的讨价还价能力，会使整个行业利润降低，部分企业因而退出市场，而低成本企业通过低成本优势保护企业利润，降低买方的谈判能力。同时，低成本战略要求占据广阔的市场和大批量生产以降低价格和边际生产成本，需要大量的供应商提供原材料，尤其是低成本企业在市场中处于主导地位的时候，供应商的发展就必须考虑生产商的要求，从而提高低成本企业的讨价还价能力。

（4）成本领先战略的风险

① 利润水平较低。有时过度追求低成本会带来较低的利润水平。如果要获得超额利润，企业要保证价格降低幅度小于成本降低的幅度，或市场占有率提高时产品销售数量增加。

② 竞争对手和新加入者的模仿。其他企业通过低成本模仿和学习效应，会快速打入市场，抢占市场份额和顾客。所以，企业应该注意生产其他竞争对手很难模仿或替代的产品。

③ 用户偏好发生转移。受社会观念转变、产品多元化和市场多元化的影响，顾客可能更注重个性、时尚、附加值高的产品。

④ 市场敏感性迟钝。企业管理层过多关注如何控制成本，而忽略顾客变化和市场要求，可能导致失去市场。

⑤ 低价优势丧失。技术上的突破导致性价比更高、功能更强大的新产品出现，使企业过去的投入和学习效应、经验效应带来的优势丧失，如果不能及时采取技术和产品创新措施，失败的命运就不可避免。

（5）成本领先战略的适用条件

① 市场规模方面：当已有市场占有率很高时，企业提高了承担风险的实力，即使企业降低价格，仍能通过低成本获得高于行业平均利润的效益，因为这时的低成本只是相对于竞争者最低，而不是绝对低成本。

② 购买者方面：有大量的对价格敏感的购买者，顾客偏好相近或一致，这时大量讨价还价的顾客就更看重价格，不太注重产品种类的差异，低价比产品特色和附加性能更有吸引力。同时消费者有较强的讨价还价能力时，也需要企业实行低成本战略。

③ 竞争者方面：产品生产标准化，消费者使用产品的方式趋近时，现有竞争企业间的价格竞争非常激烈，这时消费者更倾向于价格低廉的产品。

④ 供应商方面：供应商众多且谈判能力较弱时，有利于企业提高对原材料价格的控制能力和谈判能力，在价值链的原材料供给上实现低成本。

⑤ 产品方面：当产品基本上是标准和同质化时，实现差异化的技术和方法很少，这时替代产品也难以上市，这为大规模生产提供了有利条件。

⑥ 转换成本方面：顾客如果从一个企业的产品转向消费另一个企业的产品时所担负的成本低，则更倾向于转向质量相近而价格更低的产品。

⑦ 行业新进入者方面：低成本领导者能通过降价阻止新进入者抢占市场和顾客，低成本战略的降价能力成为新进入者的进入壁垒。

2. 差异化战略

（1）差异化战略的含义

差异化战略是企业通过向顾客提供行业内其他企业无法提供的、独特的产品或服务，以独具一格的特色来获取竞争优势的战略。差异化战略并非不在意成本，但更注重的是独特的产品和经营特点，而且必须以这种独特的优势来满足顾客的需求，这样就可以通过提高产品或服务价格增强盈利能力，从而超越竞争对手。例如，奔驰、劳力士、英特尔等公司都是这方面的典范，它们所拥有的特性，要么代表品质过硬，要么彰显身份地位，要么特别适合某类人群的个性偏好。

（2）差异化战略的类型

差异化战略主要可划分为技术先进型（宝马）、一流服务型（中国移动 10086）、生产质量型（丰田制造、英特尔）、独特营销型（DELL 电脑）、特定顾客群型（强生婴儿产品）、独特管理型（麦当劳）、一流形象和商誉型（星巴克）、多种功能或及时更新换代型（Microsoft Windows）、独特产品和外观设计型（苹果电脑、劳力士）等。

（3）差异化战略的优势

① 获取溢价和较高的利润水平。基于不同的顾客需求和个性偏好，差异化产品降低了顾客的价格敏感度，产品价格高于同类竞争企业产品的价格，所以获得了较高的溢价，提升了利润水平。

② 强有力的进入壁垒。差异化战略的企业一般拥有雄厚的研发实力、人才优势和高质量的产品，并注重发挥品牌和产品的独特优势，在细分市场上或特定顾客群中培育了较高的品牌忠诚度，这种顾客群的回馈和认可又给予实施差异化战略的企业以强大的利润支撑，使得其他企业难以进入该行业与之抗争。

③ 对于原材料成本增长有更大的容忍空间。企业生产的原材料成本、人工成本都在不断上涨，差异化战略的企业以高溢价收入更关注于市场价格而不是成本，同时也可以把成本的上升传递给顾客，所以更能容忍原材料价格的上涨，从而拥有更大的竞争优势。

④ 增强讨价还价能力。差异化企业往往具有较好的声誉和经济实力，而供应商往往也愿意与这样的企业合作，所以面对供应商时有较强的谈判能力。另外，差异化企业因为产品的独特性和吸引力，也不大可能遇到强有力的购买者，所以无论是面对供应商还是顾客，差异化企业都有谈判的优势。

⑤ 防止替代品的威胁。差异化企业的产品和服务具有独特的优势和品质，也拥有大批的忠诚顾客，所以在与竞争者的较量中往往处于主动和有利地位。同时，差异化企业的产品不断进行研发创新，所以产品和服务本身就具有强大的竞争优势。

（4）差异化战略的风险

① 非真正的差异化或不合适的差异化。有些产品或服务的差异化只是形式上的差异，或者一些差异点不是顾客真正需要的，所以不能真正体现出价值或功能的独特性，这样的差异化不会被顾客所认可，反而会影响企业的声誉。

② 超过了顾客的承受能力。差异化产品有较高的溢价，尤其是随着原材料的涨价，这些成本也会转移到顾客中，并可能超过顾客的承受能力和心理期望。如果顾客对某种产品价值的认同和偏好不足以使其接受高价格，则会转而去选择物美价廉的替代产品，这也是一些实施低成本战略的企业战胜实施差异化战略企业的重要原因。

③ 竞争对手的模仿和威胁。如果竞争对手推出更有力的替代产品或差异化产品，尤其是价格更低的产品，就有可能会破坏顾客的忠诚度。所以，企业在实行差异化战略时，要特别注重难以模仿的无形的品质、服务和声誉等。

④ 顾客需求的差异化程度下降。随着科技的进步和社会观念的变化，顾客的差异化需求的方向可能转变，直接影响到差异化产品的需求。

（5）差异化战略的适用条件

① 企业实现差异性的途径多。有许多途径可以实现与竞争对手的差异性，同时这种差异被顾客认为是有价值的。

② 顾客的需求和产品的功能多样化。不同地域、年龄、性别和职业的顾客有各种不同的需求，同时产品也能满足这种需求。

③ 独特的差异化方法。企业的竞争对手很少用差异化的方法，或者用差异化方法的对手少，或者相对于竞争对手来讲采用的差异化方法是无法比拟的。

④ 研发创新的速度快。差异化企业的产品和服务必须面向市场，满足顾客不断变化发展的个性需求和消费观念，所以企业要拥有强大的研发能力和创新能力，产品更新换代和特色产品生产的高效率是至关重要的。

⑤ 企业在行业中的声望高。企业要在本行业或相关行业中有较高的声望，这样才能在与供应商和顾客的讨价还价中占有优势。

⑥ 企业的营销能力强。差异化企业的产品更新速度快，产品生产周期短，若要被顾客所

接受和认可，就必须有高素质的营销团队，同时要改进营销方式和营销理念，使顾客能更方便直接地体验。

⑦ 具有较强的吸引力。因为差异化企业更多地强调创造性成果，所以应该具备良好的工作和生活条件，吸引更多的创造性人才、高级技术人才，如宝洁公司就拥有企业的博士后科研流动站。

3. 集中化战略

有的企业受到自身资源、技术水平或品牌形象的制约，无法实现低成本战略，也无法执行差异化战略，这就要利用自己有限的资源和专业优势采取集中化战略，在一个特定的细分市场上获得竞争优势。

（1）集中化战略的含义

集中化战略又称聚焦战略、专一战略、利基市场战略等，是企业集中力量为某一特定的细分市场提供产品和服务，或重点经营某类产品的特定部分、特定的市场层面，在某一局部建立竞争优势的战略。

（2）集中化战略的类型

① 从企业的角度可分为集中低成本和集中差异化两种战略。集中低成本是指在某个细分市场中，通过实行低成本战略来提供比竞争对手更低的价格，从而获得竞争优势；集中差异化是指在某个细分市场中，通过实行差异化战略来提供满足顾客个性偏好的产品或服务，从而获得竞争优势。劳斯莱斯、香奈儿、哈根达斯等都成功地运用了集中差异化战略，目标顾客是偏好世界水平产品和服务的高层次消费者。

② 从目标市场的角度可分为集中顾客市场、集中地区市场、集中产品线市场等。

（3）集中化战略的优势

① 目标市场明确。集中化战略的目标市场明确，一般较为狭窄，执行效率高，所以比较易于决策和管理。

② 客户响应度高。集中化战略的企业同顾客最接近，最理解顾客的观念、偏好、需求，最先感知顾客变化的需求，所以产品能最大程度地满足顾客需求。

③ 替代品的威胁小。差异化战略和低成本战略的企业要面对整个市场或很多利基市场，而集中化战略可以针对竞争对手的薄弱环节或无法细化的市场发挥差异化或低成本的优势，在某个局部领域占据上风。同时，因为面对相对狭小的顾客群，所以具有较高的忠诚度，减少了替代品的威胁。

④ 顾客的讨价还价能力有限。集中化企业的顾客对企业提供的产品有更强的个人偏好和情感，同时只有少数企业能提供他们需要的产品，所以对这些企业的依赖程度更高，讨价还价能力受到限制，使企业可能从顾客那里获得较高的溢价。

⑤ 产品或服务的品质高。大型差异化和低成本的企业要管理种类繁多的市场，而狭小的目标市场使企业更有利于集中力量，把各类资源用于专一市场，提高产品质量和营销水平，从而增加企业利润。

⑥ 创新能力强。集中化企业常常要迎合顾客个性化，提供定制化的产品和服务，而且集中化战略能发现尚未满足和开发的市场机遇，这就为开发顾客所需求的创新产品提供了空间。

⑦ 新市场机遇多。集中化企业进入新的利基市场并且同低成本和差异化公司进行竞争的机会几乎是无限的。所以他们发现新开拓市场和新需求的机会多、能力强，既可以扩展细分市场，又可以在某个细分市场深入挖掘，使产品和服务更加专业化。

（4）集中化战略的风险

① 盈利能力受限。实行集中化战略的企业因为面对狭窄的目标市场，产品生产量小，难以实现规模经济；同时生产成本高，产品更新费用高，较高的成本会损害盈利能力。

② 与供应商的谈判能力弱。与供应商相比，因为采购数额小，使其在采购数量和价格上处于不利地位，生产和利润增长也会受到供应商的牵制。

③ 细分市场减少或消失。技术的发展和顾客偏好的变化、特定顾客的市场需求变为大众消费者需求等，都可能影响集中化企业的利基市场，甚至使其消失。

④ 企业转换的成本高。由于企业会集中力量和优势于狭窄的利基市场，当市场的差异化消失、顾客偏好变化或新技术带来的替代品出现时，企业则难以及时应对突变的形势，产品转换的成本高，从而带来巨大的压力。

⑤ 较大的细分市场潜力会导致竞争更加激烈。如果细分市场的发展潜力较大，就会吸引很多的竞争对手参与到细分市场的竞争，降低利润率。

（5）集中化战略的适用条件

① 行业和目标市场有多个细分市场。竞争对手不可能满足所有细分的特定要求和顾客偏好，行业的细分市场多，使企业选择进入市场的视野更加开阔，可以选择与自身的资源和能力匹配的细分市场。

② 市场上存在显著不同的买主群。顾客群对产品有不同的需求，或对产品的使用有不同的偏好。

③ 细分市场的竞争度小。行业领导者忽略这个细分市场，细分市场的竞争者很少甚至没有，这样不但避开了激烈的竞争，而且可以通过较好的企业商誉和优良的服务来抵御竞争。

④ 企业资源有限。当企业没有足够的资源和实力进入整个市场或多个利基市场时，就必须集中有限资源和能力来有效地迎接挑战，选择特定的狭小市场。

⑤ 细分市场有足够大的盈利空间和成长潜力。目标市场虽然狭窄，但产业和行业前景广阔，还存在很大的盈利空间和继续发展的可能。

（三）职能战略及其类型

职能战略是为企业战略和业务战略服务的，所以必须与企业战略和业务战略相配合。例如，企业战略确立了差异化的发展方向，要培养创新的核心能力，企业的人力资源战略就必须体现对创新的鼓励；要重视培训，鼓励学习；把创新贡献纳入考核指标体系；在薪酬方面加强对各种创新的奖励。职能战略描述了在执行公司战略和经营单位战略的过程中，企业中的每一职能部门所采用的方法和手段。

职能战略在几个方面不同于公司战略和经营单位战略。首先，职能战略的时间跨度要较公司战略短得多。其次，职能战略要较公司战略更具体和专门化，且具有行动导向性。公司战略只是给出公司发展的一般方向，而职能战略必须指明比较具体的方向。最后，职能战略的制定需要较低层管理人员的积极参与。

企业职能战略一般可分为营销战略、人力资源战略、财务战略、生产战略、研究与开发战略等。

1．市场营销战略

市场营销战略是涉及市场营销活动过程整体（市场调研、预测、分析市场需求、确定目标市场、制定营销战略、实施和控制具体营销战略）的方案或谋划。它决定市场营销的主要活动和主要方向。有效的市场营销战略是企业成功的基础。市场营销战略是一个完整的体系，其基本内容包括市场细分战略、市场选择战略、市场进入战略、市场营销竞争战略和市场营销组合战略。

2. 财务战略

（1）财务战略及其任务

财务战略就是根据公司战略，竞争战略和其他职能战略的要求，对企业资金进行筹集、运用、分配，以取得最大经济效益的方略。财务战略的基本目的，就是最有效地利用企业各种资金，在企业内部、外部各种条件制约下，确保实现企业战略计划所规定的战略目标。

财务战略的任务：① 以企业战略目标为基础，利用最佳方式筹集企业所需资金，实现资金筹集的合理化；② 根据企业战略计划的要求，有效分配和调度资金，确定合理的资金结构，确保资金调度的合理化和财务结构的健全化；③ 在企业战略经营过程中，采取各种必要措施，利用适当的财务计划和控制方法，配合各个职能部门，充分有效地利用各种资金，加速资金周转，讲求资金运用的效率化，促进企业的成长；④ 制定和实施财务战略计划，确定长期和短期财务目标，在合理筹集、分配和运用资金的同时，力求实现资金收益的最大化。

（2）资金筹集战略

资金筹集战略是关于企业从什么渠道，以什么方式获取企业所需资金，如何以较低代价、较低风险筹集较多资金，支持企业经济发展的战略。

（3）资金运用战略

资金运用战略是决定企业资金投放方向、投放规模，以提高资金运用效果的战略。资金运用是指投入财力以期在未来的时期内获得收益的行为。

3. 生产战略

生产战略就是企业在生产的成本、质量流程等方面建立和发展相对竞争优势的基本途径，它规定了企业在生产制造和采购部门的工作方向，为实现企业总体战略服务。企业生产战略不能仅根据企业内部生产条件来确定，还应考虑市场需求和企业整体战略的要求。

（1）生产战略在企业战略中的地位

生产是将各种投入要素（原材料、零部件、人、机器设备等）结合起来，转化为一定产出的经济活动过程。从生产与企业整体发展方面看，生产战略是企业取得战略成功的关键因素。从生产与其他职能部门关系看，生产战略必须协调与其他职能战略之间的关系。

（2）生产战略的制定过程

在制定生产战略时，必须遵照企业既定的总体战略和市场营销战略，采取以下步骤：

① 分析市场竞争地位，了解竞争者生产产品的特性、技术及采用的战略。

② 评估企业自身的资源、设备、人力、技术及产品战略。

③ 确定企业市场营销战略目标及销售计划。

④ 决定企业应发挥的生产功能，如生产能力、产品数量、质量、投资收益等。

⑤ 考虑产业的经济限制和技术限制。经济限制包括成本结构、产品组合、产业结构、产业政策及其未来发展趋势等；技术限制包括技术水平、技术开发、技术进步、机械化与自动化程度等，使企业了解自身的生产地位和技术突破的可能性。

⑥ 制定生产战略及相关的计划与制度，如品种策略、采购策略、存货策略、生产计划、设备计划、技术计划、生产控制制度等。

⑦ 执行生产战略，控制生产过程，衡量生产业绩和成效，并进行信息反馈，修改或调整生产战略内容。

4. 研究与开发战略

研究与开发包括科学技术基础研究和应用研究，以及新产品、新工艺的设计和开发。对于企业来讲，研究与开发涉及市场、技术、产品、生产、组织等各方面，其中主要是技术、产品和生产方面的研究与开发。研究与开发战略的选择常常受企业总体战略和经营战略的影响，处于不同的环境条件下，企业可采取不同的研究与开发战略。

（1）研究与开发战略的意义

一般来说，研究是指用科学方法，探求未知事物的本质和规律，而开发则是指充分利用现有科学技术成果，把生产、技术或经营方面的某种可能性变为现实的一系列活动。研究与开发是企业科技进步的原动力，强化研究开发工作，对促进企业科技进步，加快产品更新换代，增强市场竞争能力，提高经济效益都有重要的推动作用。

① 有利于企业加快产品更新换代。

② 有利于保持企业竞争优势。

③ 有利于企业降低成本，提高经济效益。

（2）研究与开发战略的类型

研究与开发包括科学技术基础研究和应用研究，以及新产品、新工艺的设计和开发。对于企业来讲，研究与开发涉及市场、技术、产品、生产、组织等各个方面，其中主要是技术、产品和生产方面的研究与开发。

（3）研究与开发战略的选择

研究与开发战略的选择常常受企业总体战略和经营战略的影响。处于不同的环境条件下，企业可采用三种不同的研究与开发战略：第一种是在进攻与防守之间进行选择的基本型研究与开发战略；第二种是以新技术作为进入新市场主要手段的渗透型研究与开发战略；第三种是竞争对手和技术自身产生技术威胁时的反应型研究与开发战略。

① 基本型研究与开发战略

企业基本型研究与开发战略有三种形式：一是为市场扩张和多元化经营而采用的进攻型研究与开发战略；二是为保持和支撑企业现有技术在其主要市场优势地位的防御型研究与开发战略；三是互换型研究与开发战略。

② 渗透型研究与开发战略

当新技术已经开发出来，或者技术成为实施公司向新市场渗透战略的关键时，企业可以制定渗透型研究与开发战略，以满足各种战略上的需要。

③ 反应型研究与开发战略

在新技术革命时代，各行各业中经常会出现新技术、新工艺，对企业造成新的威胁，某些行业遇到的威胁更为严重。根据新技术威胁的性质和紧迫程度，企业可以选择消极和积极进取的反应战略。

5. 人力资源战略

人力资源战略是指根据企业总体战略的要求，为适应企业生存和发展的需要，对企业人力资源进行开发，提高职工队伍的整体素质，从中发现和培养出一大批优秀人才，所进行的长远性的谋划和方略。必须以企业总体战略的要求来确定人力资源战略的目标。为实现人力资源战略的目标，企业人力资源战略可分为人力资源开发战略、人才结构优化战略、人才使用战略三个方面。人力资源开发战略就是指为有效发掘企业和社会上的人力资源、积极提高员工的智慧和能力，所进行的长远性的谋划和方略。可供选择的人力资源开发战略方案有：① 引进人才战略；② 借用人才战略；③ 招聘人才战略；④ 自主培养人才战略；⑤ 定向培养人才战略；⑥ 鼓励自学成才战略。

第三节 决 策

一、决策的概念

（一）决策的含义

20 世纪 30 年代，美国管理学者巴纳德和斯特恩将决策的概念引入管理理论，后来美国的西蒙、马奇等人结合前人理论，创立了现代决策理论。

在现代管理科学中，对决策常有两种理解：一种是狭义的理解，认为决策就是做出决定，仅限于人们从不同的行动方案中做出最佳选择，即通常意义上所说的“拍板”；另一种是广义的理解，相当于决策分析，把决策看作是一个过程，即人们为了实现某一特定目标，在占有一定信息和经验的基础上，根据主客观条件的可能性，提出各种可行方案，采用一定的科学方法和手段，进行比较、分析和评价，按照决策准则，从中选出最满意的方案，并根据方案实施的反馈情况对方案进行修整控制，直至目标实现的整个系统过程。

现代决策理论认为，决策是决策者在掌握大量信息和丰富经验的基础上，确定对未来行动的目标，并借助一定的计算手段、方法和技巧，对影响决策的诸因素进行分析、研究后，从两个以上的可行方案中选取一个最优方案的过程。

（二）决策的特点

1. 可行性

任何一项决策的实行都必须借助一定的条件来实现，具备了相应的条件才能保证其顺利实施。因此，决策方案的拟定和选择，不仅要考察采取某种行动的必要性，而且要注意实施条件的限制。组织决策应该在外部环境与内部条件结合研究和寻求动态平衡的基础上来制定。

2. 目标性

决策是组织或个人为了实现一定的目标而做出的。决策的产生必须根据这一目标，做到有的放矢。因为决策从本质上说是对未来实践的方向、目标、原则和方法所做出的选择性决定，决策具有明确的目的，不是凭空产生的，它为实现特定的目标而服务。

3. 选择性

决策的实质是选择，没有选择就没有决策。而若要有所选择，就必须提供可以相互替代的多种方案。事实上，为了实现相同的目标，组织总是可以从事多种不同的活动，这些活动在资源需求、可能结果及风险程度等方面均有所不同。因此，组织决策时不仅要具有选择的可能，即提出多种备选方案，而且还要有选择的依据，即提供选择的标准和准则。从本质上说，决策目标和决策方案两者都是经由“选择”来确定的。

4. 满意性

在实践当中，人们遵循决策的满意性原则，而非最优化原则。最优决策只是一种理论上的幻想。这是因为：① 决策者并不了解与组织活动相关的全部信息；② 决策者并不能正确地辨析全部信息的有用性及价值，并根据它们制定没有疏漏的行动方案；③ 决策者不能准确地计算每个方案在未来的执行结果；④ 决策者对组织在某段时间内所达到的结果无法做到一致而明确的认识。

5. 过程性

决策是一个过程，而非瞬间行动。首先，组织决策不是一项决策，而是一系列决策的综合；其次，这一系列决策中的每一项决策，其本身就是一个包含了许多工作，由众多人员参与的过程。从决策目标的确定，到决策方案的拟定、评价和选择，再到决策方案执行结果的评价，这些诸多步骤构成了一项完整的决策。

6. 动态性

决策的动态性，首先与其过程性相联系。一项决策不仅是一个过程，而且是一个不断循环的过程。作为过程，决策是动态的，没有真正的起点，也没有真正的终点。其次，决策的主要目的之一是使组织的活动适应外部环境的变化，然而，外部环境是在不断变化的，决策者必须监视和研究这些变化，从中找到组织可以利用的机会，并在必要时做出新的决策，以及时调整组织的活动，从而更好地实现组织与环境的动态平衡。

二、决策的类型

企业生产经营活动涉及的决策问题范围十分广泛，内容较多，且各有特点。为了便于决策者从不同层次上把握各类决策的特点，可对决策问题进行如下分类。

（一）按决策层次划分

按决策层次划分，决策可分为战略决策、管理决策和业务决策。

1. 战略决策

战略决策是指事关企业未来发展的全局性、长期性的重大决策。这种决策旨在提高企业的经营效能，使企业的经营活动与外部环境的变化保持正常的动态协调。战略决策一般由企业最高管理层制定，故又称高层决策。企业经营目标和方针的决策、新产品开发决策、投资决策、市场开发决策等都属于战略决策。

2. 管理决策

管理决策是指为实施战略决策，在人、财、物等方面做出的战术性决策。这种决策旨在提高企业的管理效能，以实现企业内部各环节的高度协调和资源的有效利用。管理决策具有指令化、定量化的特点，其正确与否关系到战略决策能否顺利实施。这种决策一般由企业中间管理层做出，故又称中层决策。生产计划决策、设备更新改造决策等均属此类决策。

3. 业务决策

业务决策是指在日常生产管理中旨在提高生产效率和工作效率，合理组织生产过程的决策。这种决策一般由企业基层管理层做出，故又称基层决策。属于这种决策的问题有生产作业计划决策、库存决策等。

战略决策、管理决策和业务决策之间有时没有绝对的界限，三个层次的决策者都应或多或少地参与相邻管理层的决策方案的制定。

（二）按决策事件发生的频率划分

按决策事件发生的频率划分，决策可分为程序化决策和非程序化决策。

1. 程序化决策

程序化决策是指在日常管理工作中以相同或基本相同的重复出现的管理业务决策。由于这类决策问题产生的背景、特点及其规律易被决策者所掌握，所以决策者可根据已往的经验或惯例制定决策方案。决策理论将这种具有常规性、例行性的决策称为程序化决策。属于这种决策的有生产方案决策、采购方案决策、库存决策、设备选择决策等。这种决策一般由职能部门进行，高层决策者很少过问。

2. 非程序化决策

非程序化决策是指受大量随机因素的影响，很少重复出现常常无先例可循的经营事务的决策。这种决策由于缺乏可借鉴的资料和正确的统计数据，决策者大多对处理这种决策问题经验不足，在决策时没有固定的模式和规则可循。故决策者及其机构的洞察力、思维、知识及对类似问题决策的经验将起到重要作用。这种决策包括经营方向、目标决策、新产品开发决策、新的开拓决策等。由于决策过程不能标准化，所以需要高层决策者亲自参与，并依赖他们的知识、经验、智慧和判断能力，同时需民主决策。

（三）按决策分析的方法划分

按决策分析的方法划分，决策可分为确定型决策、风险型决策和非确定型决策。

1. 确定型决策

确定型决策是指决策者对每个可行方案未来可能发生的各种情况（自然状态）及其后果十分清晰，特别是对哪种自然状态将会发生有较确定的把握，这时可从可行方案中选择一个最有利的方案作为决策方案的决断过程。

2. 风险型决策

风险型决策是指决策事件未来各种自然状态的发生是随机的，决策者可根据相似事件的历史统计资料或实验测试等估计出各种自然状态的概率，并依其大小进行计算分析后做出的决策。风险型决策可采用决策收益表、决策树等方法。

3. 非确定型决策

非确定型决策是指决策者无法确定决策事件未来各种自然状态的概率，完全凭借个人的经验、感觉和估计做出的决策。目前，这种决策已经有一些决策准则供不同类型和风格的决策者选用。

（四）按决策的时间跨度划分

按决策的时间跨度划分，决策可分为长期决策与短期决策。

1. 长期决策

长期决策基本上是为制定企业长远目标，中、长期计划及有关联合经营、资金投向、市场开发、产品转换、扩大规模等战略性的决策。

2. 短期决策

短期决策基本是指对一年之内要解决及执行的有关问题的决策。

（五）根据决策的主体划分

根据决策的主体划分，可把决策分为群体决策与个人决策。

1. 群体决策

群体决策是指多个人一起做出的决策。组织中的许多决策，尤其是那些对组织有重大影响的决策往往是由集体来决定的，如股东大会、董事会、薪酬委员会等做出的决策就是群体决策。事实上，据调查，管理者的管理时间大部分是花在各种会议上，他们分析研究问题，提出方案，评价决策方案及决定如何实施方案，故群体决策是普遍存在的。

2. 个体决策

个人决策则是指单个人做出的决策，如总经理签署一项权限内的销售合同，就是个人决策。

三、科学决策的程序

现代决策理论认为，决策是一个从提出问题、分析问题到解决问题、反馈控制的系统工程。为保证决策的科学性、有限性，决策者必须严格遵守科学的决策程序，如图 7-2 所示。

（一）明确经营问题，确定决策目标

确定决策目标是企业进行决策的起点。决策的最终目的就是要达到既定的目标。目标确定得不明确或者不合理，就很容易无的放矢，导致决策失误。所以说，确定决策目标是经营决策的出发点。

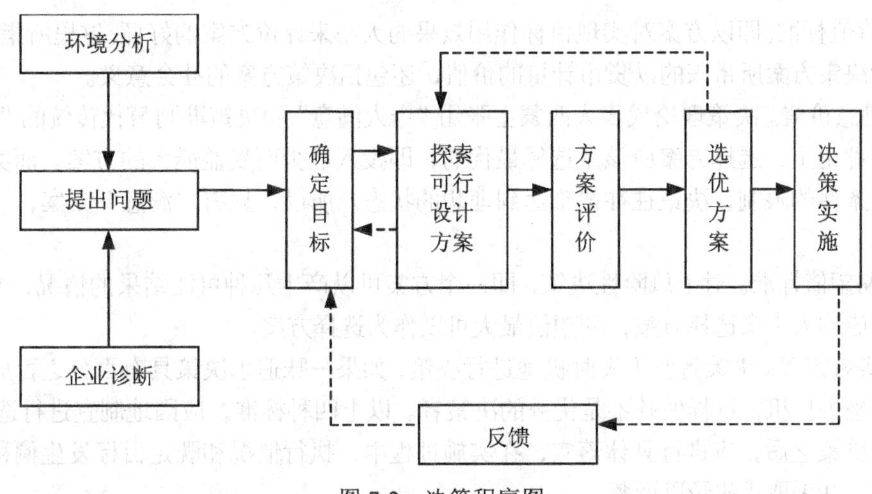

图 7-2　决策程序图

1. 明确经营问题

决策的第一步就是找出经营中存在的问题，分析在特定环境下经营所应达到的理想状态和实际所达到的现实状态有多大的差距。

理想状态是由客观条件决定的。客观条件是指企业所处的国际、国内、市场、技术、竞争等外部环境以及企业的内部条件，如资金、技术等。

现实状态是由主观条件决定的。主观条件是指经营战略与策略、经营结构、经营管理水平等。

找出差距主要有两种方法：一是横向分析法，即与国内同行业企业经营状况进行比较，分析企业所处的地位，寻找差距的大小；二是纵向分析法，即分析比较企业经营活动的各项技术指标的变化趋势及幅度。

2. 明确决策目标

明确决策目标要达到三个要求。目标是单义的，是可以计量、分解的，并可以落实和确定责任的，目标还应有明确的约束条件。在企业经营过程中往往会遇到各种问题，于是就同时存在多个目标。例如，企业的竞争力弱，可能是价格过高，也可能是工艺落后，产品质量差，于是就产生了更新产品、提高制造工艺、降低成本和售价三个目标。在处理多目标的问题是，要遵循三条原则：一是减少目标数量；二是根据多目标的重要程度进行排序；三是目标之间的协调。

（二）拟定可行方案

确定目标后，要制定为实现决策目标而可供选择的各种行动方案，即可行方案。这是决策的基础工作。

可行方案应满足三个条件：能够保证经营决策目标的实现，企业内外部环境都能保证方案的实施，方案之间具有互相排斥性。

拟定可行方案的具体要求：第一，方案必须具备多样性和可行性，多样性是指要拟定两个以上的方案以供备选，可行性是指所拟定的方案都必须是切实可行的；第二，必须设计和列举所有的可行方案，避免漏掉最好的方案；第三，不同的备选方案之间必须是相互排斥的。

（三）评价和选择方案

拟定可行方案是决策的基础，而评价和选择方案是决策的关键。因此，应确定合理的评价方案标准，并确定科学的选优方法。

对于目标可以计量的方案，如企业的产量、产值等，数量化目标本身就是它的评价标准。对于目标无法计量的方案，可以用以下标准衡量。

① 价值标准。即以方案对实现目标作用效果的大小来评价方案的好坏。这里所指的价值，不仅包括决策方案所带来的以货币计量的价值，还包括决策方案的社会意义。

② 满意价值。决策理论代表人西蒙主张用“令人满意”的决策准则替代传统的“最优化”原则。在理论上，选择方案应该是选择最优的，即投入最少而受益最大的方案。而实际上，由于现实条件的限制，决策往往很难达到理想的状态。所以，只有“满意”方案，没有最优方案。

③ 期望值标准。对于风险性决策，即一个方案可以产生几种可能结果的情况，可以通过计算期望值的大小来选择方案，期望值最大可以作为选择方案。

④ 实效方案。决策者要不失时机地进行决策，如果一味追求决策具有百分之百成功的把握，就会坐失良机，这样做并不是优秀的决策者。以上四种标准，应因地制宜进行选择。

做出决策之后，应进行具体落实，在实施过程中，执行情况和既定目标发生偏移时，应及时反馈，并采取措施予以调整。

小案例

战略决策错在哪里

美国可口可乐公司曾研制一种新可乐（其中用玉米糖剂代替了蔗糖），为决定是否推出该新产品，公司在 13 个城市举行了由 19.1 万人参加的未标明品牌的新可乐、可口可乐、百事可乐的对比尝试，结果为：新可乐第一，百事可乐第二，可口可乐第三。但在随后的正式销售中，销售量的排名为：可口可乐第一，百事可乐第二，而新可乐第三。

思考：

1. 这一决策从实践来看是错误的，那么可口可乐公司应如何处理这一情况？
2. 试分析可口可乐在做这一决策时有什么疏忽？

四、决策方法

（一）集体决策方法

1. 头脑风暴法（Brain Storming）

头脑风暴法又称为奥斯本的震脑法。这一方法是由美国创造工程学家奥斯本于 1939 年为了帮助一家广告公司产生观点而制定的。这种方法问世后，被广泛地应用到许多需要大量的新方案来回答某一具体问题的场合。通常是将对解决某一问题有兴趣的人集合在一起，用小型会议的形式，启发大家畅所欲言，充分发挥创造性，经过相互启发，让创造性设想产生连锁反应，从而引发更多的创造设想的灵感火花。这种方法需要创造一种有助于观点自由交流的气氛，开始只注重提出尽可能多的设想，并且不过多地考虑其现实性，某些人提出一些想法后，鼓励其他人以此为基础或利用这些想法提出自由的设想。通过这些方法找到新的或者是异想天开的解决问题的方法。

该方法原则是：① 对别人的意见不做任何评价；② 建议越多越好，不受限制；③ 鼓励每个人独立思考，广开思路，想法越新颖、奇异越好；④ 可以补充和完善已有的建议，以使它更具说服力。

决策的关键要创造一个良好的环境，任何人提出的任何意见都要受到尊重，不得指责或批评，也不准暗示或贬低别人的意见，更不能阻挠发言。目的在于克服群体压力，发掘人们内心的创造力。

2. 名义小组法

名义小组法是指管理者先召集一些有知识的人，将问题的关键告诉他们，请他们独立思考，要求每个人尽可能地把自己的备选方案和意见写下来。然后再按次序让他们一个接一个地陈述自己的方案和意见。在此基础上，全体小组成员对各种行动方案进行投票表决。

3. 德尔菲法（Delphi Technique）

德尔菲法是由美国兰德公司研究发展后推广的一种方法，被用来听取有关专家对某一问题或机会的意见。首先设法取得有关专家的合作，然后把要解决的关键问题告诉各位专家，收集并综合各位专家的意见，再把综合后的意见反馈给各位专家，让他们再次进行分析并发表意见，如此反复多次（经过 3～5 轮），最终得到一个满意结果。其关键在于：

① 选择专家（10～50 人）一般不超过 20 人；

② 拟定好意见征询表；

③ 匿名性，专家采用“背靠背”方式，互不通气，不发生横向联系。

4. 哥顿法（Gordon Technique）

哥顿法是 1964 年美国人威廉·戈登为了解决技术问题而拟定的一种方法。它是以会议的形式请专家提出完成工作任务和实践目标的方案，但要完成什么工作，目标是什么，只有会议主持人知道，不直接告诉与会者，以免他们受到完成特定工作和目标的影响，使思维方式受到束缚，因此，可以把它看成是一种特殊形式的头脑风暴法。例如，某企业要开发一种新型粉碎机，会议主持人不把目标直接提出来，也不说明要说什么东西，请专家提出如何把东西破碎的方案，与会者可以回答“切断”“锯断”“剪断”“烧断”等方法。经过充分讨论，会议主持人在适当时候再把开发粉碎机的具体内容提出来，以形成更有吸引力的开发方案。两个基本观点为变陌生为熟悉，变熟悉为陌生。

（二）有关活动方向的决策方法

1. 经营单位组合分析法

该法由美国波士顿咨询公司建立，其基本思想是，大部分企业都有两个以上的经营单位，每个经营单位都有相互区别的产品—市场片区，企业应该为每个经营单位确定其活动方向。企业应根据各类经营单位的特征，选择合适的活动方向。

2. 政策指导矩阵

该法由荷兰皇家/壳牌公司创立。顾名思义，政策指导矩阵即用矩阵来指导决策。具体来说，从市场前景和相对竞争能力两个角度来分析企业各个经营单位的现状和特征，并把它们标示在矩阵上，据此指导企业活动方向的选择。市场前景取决于盈利能力、市场增长率、市场质量和法规限制等因素，分为吸引力强、中、弱三种；相对竞争能力取决于经营单位在市场上的地位、生产能力、产品研究和开发等因素，分为强、中、弱三种。根据上述对市场前景和相对竞争能力的划分，可把企业的经营单位分成九大类。

（三）有关活动方案的决策方法

由于方案是在未来实施的，所以管理者在计算方案的经济效果时，要考虑到未来的情况。根据未来情况的可控程度，可把有关活动方案的决策方法分为三大类，即确定型决策方法、风险型决策方法和不确定型决策方法。

1. 确定型决策方法

（1）确定型决策的概念及条件

确定型决策是指只存在一种完全确定的自然状态的决策。构成一个确定型决策问题必须具备以下四个条件：

① 存在一个明确的决策目标；

② 存在一个明确的自然状态；

③ 存在可供决策者选择的多个行动方案；

④ 可求得各方案在确定状态下的损益值。

由于确定型决策的自然状态只有一种，决策环境完全确定，问题的未来发展只有一种确定的结果，决策者只要通过分析、比较各个方案的结果就能选出最优方案。例如，企业经过市场调查发现其生产的产品供不应求，并且预计在今后5年内需求量持续上升，则企业在这种确定的自然状态，只要拟定多个可行的生产方案，然后通过分析、评价，从中选出生产量最大的那个决策方案并投产即可。

（2）盈亏平衡分析

确定型决策的方法很多，如盈亏平衡分析、线性规划法、目标评分法、效益费用法等。这里我们主要介绍盈亏平衡分析法。

盈亏平衡分析是在一定的市场、生产能力的条件下，研究拟建项目成本与收益的平衡关系的方法。项目的盈利与亏损有个转折点，称为盈亏平衡点（Break Even Point，BEP）。在这一点上，项目既不盈利，也不亏损。如果低于这一点所对应的生产水平，那么项目就会发生亏损；反之，则会获得盈利。盈亏平衡分析的目的是为了掌握企业的盈亏界限，正确规划企业生产发展水平，合理安排生产能力，及时了解企业经营状况，提高企业经济效益。

① 盈亏平衡分析的应用条件。

盈亏平衡分析方法比较简单，具有较大的实用性，但其应用要满足一定的前提条件：

- 只研究单一产品；
- 产品销售量等于产量；
- 生产产品的成本分为固定成本和变动成本两部分；
- 产品的售价不变。

② 盈亏平衡点的确定。

根据前述假设条件可知：

$$L = S - C = PQ - F - C_V = PQ - F - VQ$$

式中，S为产品销售收入；C为产品生产总成本；L为产品总利润；Q为产品生产（销售）量；F为产品固定成本总额；C_V为产品可变成本；V为单位产品变动成本；P为单位产品销售价格。

根据盈亏平衡的定义，在项目盈亏平衡时，总利润L=0，即

$$PQ - F - VQ = 0$$

则在盈亏平衡点上有

$$Q_E = \frac{F}{P - V}$$

式中，Q_E为盈亏平衡时的产销量。

以产量表示的盈亏平衡点，表明项目不发生亏损时所必须达到的最低限度的产品产（销）量。一个拟建项目如果具有较小的、以实物产量表示的盈亏平衡点，说明该项目只要达到较低的产量即可保本，也表明该项目可以经受产品生产规模变动的较大风险。为了便于直观分析项目盈亏平衡的情况，常把销售收入与产量的关系以及生产总成本与产量的关系画在同一张图上，称为盈亏平衡图，如图7-3所示。

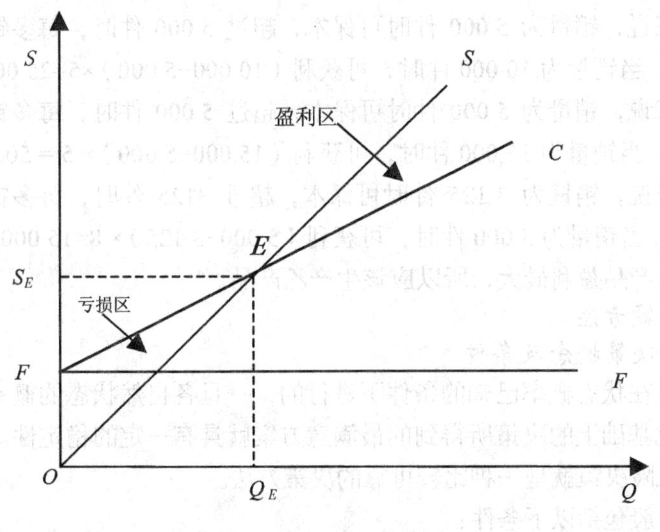

图 7-3　盈亏平衡图

图 7-3 中，点 E 是项目销售收入与产品成本相等时的盈亏平衡点，Q_E 表示与平亏平衡点相对应的项目产销量，S 表示与盈亏平衡点相对应的项目销售收入或成本。在 FOE 区域，成本高于收入，是亏损区；在 SEC 区域，收入高于成本，是盈利区。

③ 盈亏平衡分析实例。

【例 7-1】某企业利用现有设备既可生产甲产品，也可生产乙或丙产品，但只能生产一种产品，有关资料如表 7-1 所示。

表 7-1

	甲 产 品	乙 产 品	丙 产 品
销售数量（件）	10 000	15 000	5 000
销售单价（元）	10	8	15
单位变动成本（元）	5	3	7
固定成本（元）		25 000	

要求做出该企业应生产何种产品的决策。

解：为解决这一决策问题，可以利用盈亏平衡分析法来进行。

根据盈亏平衡时的产销量 $Q_E = \dfrac{F}{P-V}$，得

$$Q_{E甲} = \frac{F}{P-V} = \frac{25\,000}{10-5} = 5\,000(件)$$

$$Q_{E乙} = \frac{F}{P-V} = \frac{25\,000}{8-3} = 5\,000(件)$$

$$Q_{E丙} = \frac{F}{P-V} = \frac{25\,000}{15-7} = 3125(件)$$

可知，甲、乙、丙三种产品的盈亏平衡点都少于它们的销售量，处在盈利区，从理论上来讲安排生产三种产品中的任一种都可以盈利。

但是，生产哪一种产品盈利更多呢？

对于甲产品来说，销量为 5 000 件时可保本，超过 5 000 件时，每多销售一件就可获利 10−5=5 元，所以，当销量为 10 000 件时，可获利（10 000−5 000）×5=25 000 元。

对于乙产品来说，销量为 5 000 件时可保本，超过 5 000 件时，每多销售一件就可获利 8−3 = 5 元，所以，当销量为 15 000 件时，可获利（15 000−5 000）× 5 = 50 000 元。

对于丙产品来说，销量为 3 125 件时可保本，超过 3125 件时，每多销售一件就可获利 15−7=8 元，所以，当销量为 5 000 件时，可获利（5 000−3 125）× 8=15 000 元。

比较可知，乙产品盈利最大，所以应该生产乙产品。

2. 风险型决策方法

（1）风险型决策概念及条件

风险型决策是在状态概率已知的条件下进行的，一旦各自然状态的概率经过预测或估算被确定下来，在此基础上的决策所得到的最满意方案就具有一定的稳定性。只要状态概率的测算切合实际，风险决策就是一种比较可靠的决策方法。

风险型决策一般包括以下条件：

① 存在着决策者希望达到的目标（利益最人或损失最小）；

② 存在着两个或两个以上的行动方案可供决策者选择；

③ 存在着两个或两个以上的不以决策者的主观意志为转移的自然状态；

④ 不同的行动方案在不同自然状态下的相应益损值（利益或损失）可以计算出来；

⑤ 决策者预先估计或计算出各自自然状态的概率。

（2）决策树法

风险型决策方法主要有最大可能法、期望值法、约当系数法、正态分布法和决策树法。以决策树法应用最为广泛。在这里仅介绍决策树法。

决策树法是一种直观的图解决策方法，是在已知各种情况发生的概率的前提下，通过构造决策树，求取净现值的期望值来评价项目风险并判断其可行性的决策分析方法。它使用的图形符号通常包括以下几种。

决策点：用方框表示。由决策点向右方引出若干直线，每条直线代表一个方案，亦称“方案枝”，如图 7-4 所示。

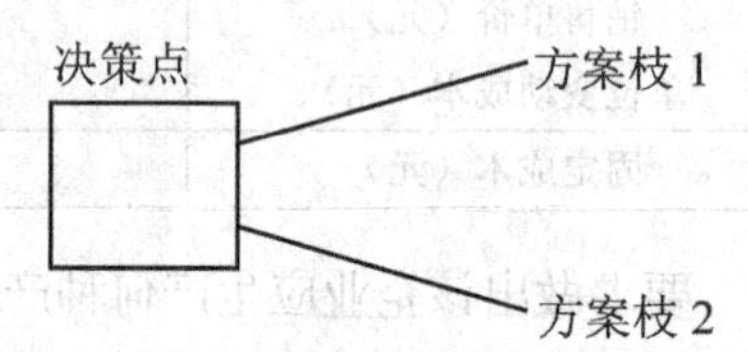

图 7-4　决策树图中的决策点与方案枝

状态节点：用圆圈表示。状态节点左方与某一方案枝联结，右方引出若干条直线，每一条直线代表一个自然状态及其可能发生的概率，亦称“概率枝”。概率枝的末端列出该自然状态下的损益值，相应的概率标在概率枝旁边，如图 7-5 所示。图 7-5 中第一个自然状态概率为 0.6，损益值为 2 000 万元；第二个自然状态概率为 0.4，损益值为−400 万元（即亏损）。

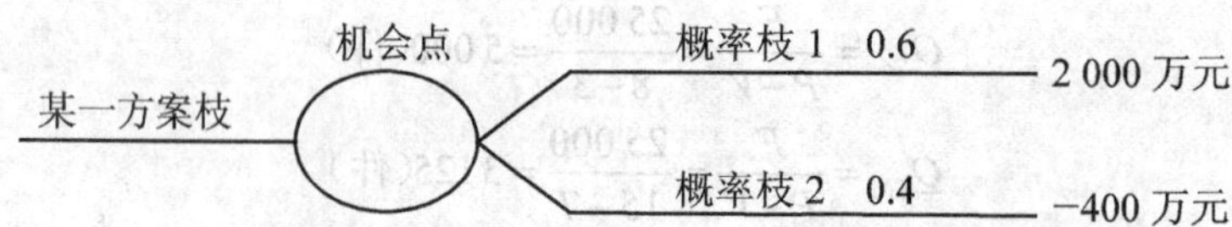

图 7-5　决策树图中的机会点、概率枝和方案枝

决策的过程是由右向左，首先根据右端的损益值和概率计算出方案在各自然状态下的期望值（把它标在机会点处），然后根据不同方案的计算结果，按期望值最大（或损失值最小）

原则选择最优方案。

整个图解画出来像一棵树，如图 7-6 所示，决策树因此得名。有时在决策后把舍弃的方案在方案枝上画上“//”符号，称为“修枝”。

利用决策树进行决策，有单级决策和多级决策之分。只需要一次决策活动便可确定最优方案的称为单级决策；需要经过两次以上的决策活动才能确定最优方案的称为多级决策。下面通过单级决策的例子来介绍决策树的运用。

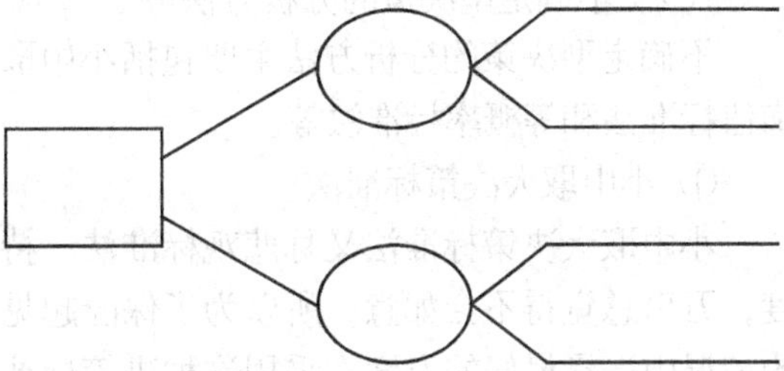

图 7-6　决策树示意图

【例 7-2】某建筑公司的管理人员要决定工程下月是否开工。如果开工后天气好，能按期完工，可得利润 5 万元；如果开工后天气坏，将拖延工期，造成损失 2 万元；假如不开工，则不论天气好坏，都要付出窝工损失 5 千元。根据以往的统计资料，预计下月天气好的概率为 0.3，而天气坏的概率为 0.7，试进行决策。

显然，这是一个面对两种自然状态（天气好、天气坏），又有两种行动方案（开工、不开工）可供选择的风险型决策问题。采用决策树法进行决策的过程如图 7-7 所示。

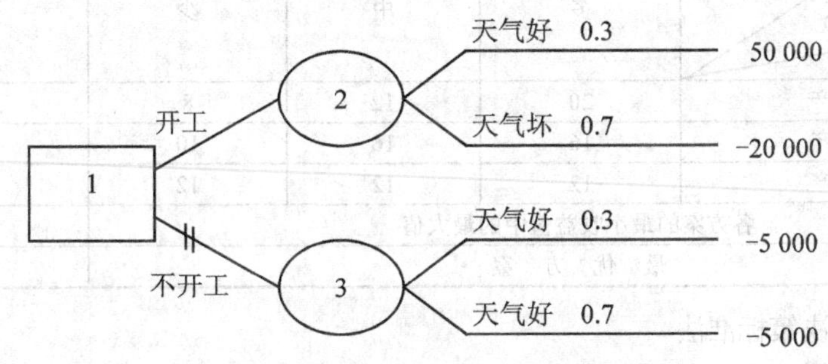

图 7-7　某工程开工决策树

首先求出两个方案的期望收益值。

开工方案期望收益值为：

$$0.3\times 50\,000+0.7\times(-20\,000)=1\,000$$

不开工方案的期望收益值为：

$$0.3\times(-5\,000)+0.7\times(-5\,000)=-5\,000$$

由计算结果可知，开工方案的期望收益值大于不开工方案的期望收益值。因此，应选择开工方案，舍弃不开工方案。

3. 不确定型决策方法

（1）不确定型决策的条件及特点

不确定型决策是指在知道可能出现的各种自然状态，但又无法确定各种自然状态发生的概率的情况下所进行的决策。

不确定型决策应满足以下五个条件。

① 存在着一个明确的决策目标。

② 存在着两个或两个以上的行动方案可供决策者选择。

③ 存在着两个或两个以上的不以决策者的主观意志为转移的自然状态。

④ 不同的行动方案在不同自然状态下的相应益损值（利益或损失）可以计算出来。

⑤ 各种自然状态出现的可能性（概率）决策者不能预先估计或计算出来。

（2）不确定型决策的分析方法

不确定型决策的分析方法主要包括小中取大标准法、大中取大标准法、折中标准法、后悔值标准法和等概率标准法等。

① 小中取大决策标准法

小中取大决策标准法又称悲观标准法。持这种标准的决策者，对客观环境总是抱悲观态度，万事总觉得不会如意，所以为了保险起见，总是从最不利处估计事情的结果，而从最坏的情况中选择最好的方案。采用这种决策标准，首先从每一方案中选择一个最小的收益值，然后选取最小的收益值中的最大值相应的方案为最优方案。

【例 7-3】某预制厂要确定下一施工年度空心板的生产批量，空心板的需求量有多、中、少 3 种情况，可采取的生产方案有大、中、小批量三种，各生产方案可能获得的收益值可以相应地计算出来，如表 7-2 所示。

表 7-2 小中取大决策标准决策计算表

收益值（万元）／自然状态／方案	空心板需求量			最小收益值
	多	中	少	
大批量生产	20	12	8	8
中批量生产	16	16	10	10
小批量生产	12	12	12	12
各方案的最小收益值中的最大值				12
最优方案				小批量生产

② 大中取大决策标准法

大中取大决策标准法又称乐观标准法，持这种标准的决策者，对客观环境总是抱乐观态度，不放弃任何一个获得最好结果的机会。决策时，首先把每一方案在各种自然状态下的最大收益值求出来，再选取与最大收益值中的最大值相应的方案为最优方案。

例如，采用乐观标准，对如上问题进行决策，其计算过程如表 7-3 所示。

表 7-3 大中取大决策标准决策计算表

收益值（万元）／自然状态／方案	空心板需求量			最大收益值
	多	中	少	
大批量生产	20	12	8	8
中批量生产	16	16	10	16
小批量生产	12	12	12	12
各方案的最大收益值中的最大值				20
最优方案				大批量生产

③ 折中标准法

折中标准法是对“小中取大决策标准法”和“大中取大决策标准法”进行折中的一种决策方法。决策时先确定介于 0 和 1 之间的乐观系数 α，再找到每个方案在各种自然状态下的最大收益值和最小收益值，则各个方案的折衷收益值为：

$$折中收益值=\alpha\times最大收益值+(1-\alpha)\times最小收益值$$

最后比较各个方案的折中收益值的大小，则最优方案为折中收益值最大的方案。

例如，采用折中标准，令乐观系数$\alpha=0.7$，对如上问题进行决策，其计算过程如表 7-4 所示。

表 7-4　　折中标准决策计算表

收益值（万元）＼自然状态＼方案	空心板需求量			最大收益值	最小收益值	折中收益值
	多	中	少			
大批量生产	20	12	8	20	8	0.7×20+0.3×8=16.4
中批量生产	16	16	10	16	10	0.7×16+0.3×10=14.2
小批量生产	12	12	12	12	12	0.7×12+0.3×12=12
各方案的折中收益值中的最大值						16.4
最　优　方　案						大批量生产

显然，乐观标准与悲观标准均是折中标准的特例。取$\alpha=1$是乐观的情况，而取$\alpha=0$则是悲观的情况。α的值应根据具体情况取定，取值不同可能会得到不同的决策结果。

④ 后悔值标准法

后悔值是指某种自然状态下可能获得最大收益与采用某一方案所实际获得的收益的差值，即应当得到，但由于失去机会未能得到的那一部分收益。采用这种决策标准，需先找出每个方案的最大后悔值，再选取与最大后悔值中的最小值相应的方案为最优方案。

例如，采用后悔值标准，对如上问题进行决策，其计算过程如表 7-5 所示。

表 7-5　　后悔值标准决策计算表

收益值（万元）＼自然状态＼方案	空心板需求量			最大的后悔值
	多	中	少	
大批量生产	20−20=0	16−12=4	12−8=4	4
中批量生产	20−16=4	16−16=0	12−10=2	4
小批量生产	20−12=8	16−12=4	12−12=0	8
各方案的最大后悔值中的最小值				4
最　优　方　案				大批量生产 中批量生产

⑤ 等概率标准法

悲观准则实际上就是认为对每个行动来说，出现最坏状态的概率是 1，其他状态的概率是 0；乐观准则认为对每个行动来说，出现最好状态的概率是 1，其他状态的概率是 0；折中标准法则虽然克服了上述两种极端思想，引进了系数，调整了对最好状态和最坏状态的概率估计，但是不难看出，折中标准法认为最好状态发生的概率为α，最坏状态发生的概率是$1-\alpha$，而其他中间状态发生的概率则是 0。因此，折中标准法没有充分利用所提供的全部信息。为了克服这一缺点，产生了等概率标准法。其基本思想是假定未来各种自然状态发生的概率相同，然后，求各行动方案的平均收益值，具有最大平均收益值的方案，即是等概率标准法下的最优方案。

例如，采用等概率标准，对如上问题进行决策，其计算过程如表 7-6 所示。

表 7-6　　　　　　　　　　　　等概率标准决策计算表

收益值（万元）＼自然状态＼方案	空心板需求量			平均收益值
	多	中	少	
大批量生产	20	12	8	（20+12+8）÷3=13.33
中批量生产	16	16	10	（16+16+10）÷3=14
小批量生产	12	12	12	（12+12+12）÷3=12
各方案的平均收益值的最大值				14
最优方案				中批量生产

重要概念

企业战略　战略管理　决策

本章小结

1. 组织环境对组织的形成、发展和灭亡有着重大的影响。组织环境为某些组织的建立起到积极的促进作用，相反，由于某些组织未能适应环境的变化，因而已不复存在。在当代和未来，组织的目标、结构及其管理等只有变得更加灵活，才能适应环境多变的要求。

2. 宏观环境是指对企业发展具有战略性影响的环境因素。企业的宏观环境因素包括政治法律环境、经济环境、社会文化环境、技术环境和自然环境。

3. 价值链分析的重点在于价值活动分析。价值活动可以分为两大类：基本活动和辅助活动。基本活动是涉及产品的物质创造及其销售、转移给买方和售后服务的各种活动；辅助活动是辅助基本活动并通过提供外购投入、技术、人力资源以及各种公司范围的职能以相互支持。

4. 战略管理是对一个企业未来发展方向制定和实施决策的动态管理过程。一个规范性、全面的战略管理过程可大体分为四个阶段，即确定企业使命阶段、战略环境分析阶段、战略选择及评价阶段、战略实施及控制阶段。

5. 企业战略一般分为三个层次，即企业战略、经营（事业部）战略和职能战略。企业战略由企业的最高管理层制定，经营战略由企业内各事业部或经营单位制定，职能战略由各职能部门制定。

6. 决策是决策者在掌握大量信息和丰富经验的基础上，确定对未来行动的目标，并借助一定的计算手段、方法和技巧，对影响决策的诸因素进行分析、研究后，从两个以上的可行方案中选取一个最有方案的过程。决策是一个从提出问题、分析问题到解决问题、反馈控制的系统工程。为保证决策的科学性、有限性，决策者必须严格遵守科学的决策程序。

综合练习

一、简答题

1. 简述组织与环境的关系。
2. 简述宏观环境分析的内容。
3. 什么是企业战略？战略管理过程包括哪几个步骤？

4. 试述企业战略的类型。

5. 什么是决策？决策的类型包括哪些？

二、案例分析

袁之隆先生是南机公司的总裁，这是一家生产和销售农业机械的企业，1992 年产品销售额为 3 000 万元，1993 年达到 3 400 万元，1994 年预计销售可达 3 700 万元。每当坐在办公桌前翻看那些数字、报表时，袁先生都会感到踌躇满志。

这天下午又是业务会议时间，袁先生召集了公司在各地的经销负责人，分析目前和今后的销售形势。在会议上，有些经销负责人指出，农业机械产品虽有市场潜力，但消费者的需求趋向已有所改变，公司应针对新的需求增加新的产品种类，以此来适应这些消费者的新需求。

身为机械工程师的袁先生，对新产品研制、开发工作非常内行。因此，他听完了各经销负责人的意见之后，心里便很快算了一下，新产品的开发首先要增加研究与开发投资，然后需要花钱改造公司现有的自动化生产线，这两项工作需耗时 3～6 个月。增加生产品种的同时意味着必须储备更多的备用零件，并根据需要对工人进行新技术的培训，投资又进一步增加。

袁先生认为，从事经销工作的人总是喜欢以自己业务方便来考虑，不断提出各种新产品的要求，却全然不顾品种更新必须投入的成本情况，就像以往的会议一样。而事实上公司目前的这几种产品，经营效果还很不错。结果，他决定仍不考虑新品种的建议，目前的策略仍是改进现有的品种，以进一步降低成本和销售价格。他相信，改进产品成本、提高产品质量并开出具有吸引力的价格，将是提高公司产品竞争力最有效的法宝。因为，客户们实际考虑的还是产品的价值。尽管他已做出了决策，但他还是愿意听一听顾问专家的意见。

请根据上述案例内容分析：

1. 你认为该企业的外部环境中有哪些机会与威胁？

2. 如果你是顾问专家，你会对袁先生的决策如何评价？

三、实践训练

实训目的

1. 加强对决策方法的理解与掌握。

2. 提高学生在实践中的决策能力。

实训内容与要求

某企业准备投产一种新产品，现在有新建和改建两个方案，分别需要投资 140 万元和 80 万元。未来 5 年的销售情况预测是：畅销的概率为 0.4，销售一般的概率为 0.4，滞销的概率为 0.2，各种自然状态下的年度销售利润，如表 7-7 所示。问企业应选择哪个方案？

表 7-7　　决策方案损益值表

方案	畅销	一般	滞销
新建	120	50	−30
改建	100	30	10

1. 熟悉并掌握决策的基本方法。

2. 通过科学的计算进行项目决策。

实训考核

1. 每位学生根据项目内容完成该项目最终决策。

2. 由教师评阅决策结果并进行点评，确定实训成绩。

第八章 管理激励

知识目标

- 理解激励的基本概念；
- 掌握激励的过程；
- 了解激励的作用与原则。

能力目标

- 掌握激励的基本理论；
- 能够运用相关激励理论指导管理实践；
- 掌握常用的激励方法。

表扬引起的争论

某公司最近召开了一年一度的夏季商品交易会，会前办公室为会议召开做了充分的准备：接待各地代表，布置宣传广告；布置各种商品样品，开货单，介绍商品……有很多人加班到深夜，各职能科室和行政管理人员也主动到各科帮忙。三天的会议，接待了上千人，成交额几百万元，大大超出了会前预计数。

在总结大会上，公司领导充分肯定了这次会议取得的成功，当提到职工们为大会做出的努力时说："大家的表现都很不错，人人都动了起来，为大会做出了贡献。在接待过程中，团委书记和组织部长提着茶壶，在楼里跑上跑下，这种精神值得赞扬。"

对于领导的表扬，职工们议论纷纷："交易会的成功，销售额的增加，首先应归功于第一线业务人员的辛勤劳动，为什么不表扬最累的业务人员？"

也有的赞成领导的表扬："业务人员贡献是大，但这是分内工作，并且领导也是肯定了。而政工干部去送水，事虽小，但这是工作职责以外的。如果正常工作都点名表扬，怎么能表扬得过来呢？"

还有人提出反对意见："如果分内工作做得好领导不表扬，却只表扬做分外工作的，那么谁还重视分内工作呢？如果谁都轻视分内工作，那么整个工作不就落后了吗？就分内与分外工作比较而言，领导者首先需要鼓励职工做好分内的事，这是最基本的。"

思考：你赞成哪种意见？根据是什么？

第一节 激励概述

激励问题是管理学中一个非常重要的研究内容。通过激励可以使员工最充分地发挥个人的能力，变消极为积极，变被动为主动，即实现“要我做”到“我要做”的转变，充分开发人力资源的潜能，从而保持工作的有效性和高效率，进一步提高组织绩效。

一、激励的含义

（一）激励的定义

激励是管理学的核心内容，是管理工作的重要任务之一，也是管理者在实践中经常面临的现实问题。如何调动人的积极因素，激发他们的工作动机，这不仅是一个重要的理论问题，也是一个实践问题。

激励是心理学的术语，是指心理上的驱动力。从字面上看有激发、鼓励的意思，即激发动机，鼓励行为，并形成动力。美国管理学家贝雷尔森和斯坦尼尔给激励下了如下定义：“一切内心要争取的条件、希望、愿望、动力等都构成了对人的激励……它是人类活动的一种内心状态。”由此看来，激励是存在于人的内部或外部的，能够唤起人们热情和耐力去做某件事情的力量。从组织管理的角度来说，所谓激励就是指管理者运用各种管理手段，刺激被管理者的需要，激发其动机，使其朝向所期望的目标前进的心理过程。激励用于管理，就是通常所说的调动人的积极性、主动性和创造性的问题。激励的本质就是调动员工工作积极性的过程。

人类的有目的的行为都是出于对某种需要的追求。未得到满足的需要是产生激励的起点，进而导致某种行为。未满足的需要对人的激励作用的大小，取决于某一行动的效价和期望值，即

$$激励力 = 某一行动的效价 \times 期望值$$

这里，效价是指个人对达到某种预期成果的偏爱程度，或某种预期成果可能给行为者带来的满足程度；期望值则是某一具体行动可带来某种预期成果的概率，即行为者采取某种行为，获得某种成果从而带来某种心理上或生理上满足的可能性。由此可知，能够满足某一需要的行动对特定个人的激励力是该行为可能带来结果的效价与该结果实现可能性的综合作用的结果。

（二）激励的对象

从激励的含义可以看出，激励是一个适用于各种动机、需要、希望以及其他相类似的力量的一个通用术语。因此，激励的对象主要是人，或者说，是组织范围内的员工或者被领导的对象。

（三）激励的特征

激励是一种强化作用，是管理者将外部因素（物质的或精神的）适当地刺激于被管理者，使外部刺激转化为人的内在动机或动力，从而强化（增强或减弱）人的行为的过程。无论是物质的还是精神的强化物，都必须是被刺激者所缺乏的或所必需的，否则就起不到刺激的作用，也就不可能转化为内在动力。激励是一个由多种复杂的内在、外在因素交织起来持续作用和影响的复杂过程，由于激励受到内外因素的制约，管理者如果对员工的激励措施实施不好，激励就会变成激怒。

激励是一种心理状态。心理学家认为，一切行为都是受到激励而产生的。一切人类行为都有其特定的原因和目标，这种有目的的行为总离不开满足需要的欲望。就人的内心世界而言，激励就是人的内在动机被激发起来，处于一种强烈的要求满足欲望的状态，并且形成一种对行为的巨大动力。重要的是激活动机，产生欲望，推动行为去实现这些需要。

激励是一个持续反复的过程。每一种激励手段的作用都有一定的时间限度，超过时限就会失效，所以激励需要持续进行。人们只能从观察人的行为来推断一个人被激励的程度。激励是决定行为如何开始、如何被注入能量、如何得以维持、如何被导向确定的目标等行为发生的整个过程的重要因素。因此，激励是对人的一种刺激，使人有一股内在的动力，朝着所期望的目标前进的心理活动和行为过程。

二、激励的过程

（一）激励的构成要素

动机、需要、行为和外部环境刺激这些要素相互组合和作用，构成了对人的激励。

动机是构成激励的核心要素，也是推动人们从事某项活动的内在驱动力。人的行为是由动机驱使的，因此激励的关键在于使被激励者产生自己所希望的动机，以产生有助于组织目标实现的行为；需要是激励的起点和基础，是人的一种主观体验，也是人们对某种目标的渴求和欲望。激励的实质就是通过影响人的需要或动机达到引导人的行为的目的，它实际上是一种对人行为的强化过程。要做好激励工作，首先就要了解人的需要。

外部环境刺激是激励的条件，它主要指管理者为了实现组织目标而对被管理者采取的管理手段及形成相应的管理环境。当然，刺激必须持续一定时间，达到一定强度，并且达到一定的刺激强度变化率，才能引起组织产生反应。

行为是激励的目的。激励的目的就是要通过恰当的激励措施和手段，使被管理者的行为朝着实现组织目标的方向发展。在组织中，组织成员任何一种行为的产生都是有其内在原因的，其中动机对于行为有着重要的影响。动机决定了个体的行为方向，是推动行为的原动力，对行为也有着维持和协调的功能。

管理者实施激励的目的就是千方百计地做好需要引导和目标引导工作，强化组织成员的动机，刺激组织成员的行为，从而实现组织目标。

（二）激励的基本过程

激励作为过程都是由需要未满足开始的，因目标实现需要满足而结束。激励过程均包含三种基本变量之间的相互关系（即刺激变量，需要、动机、个性等机体变量，行为反应变量）。因此，人的行为的激励过程，就其本质来说，就是由刺激变量 S（目标、诱因等）引起机体变量 O（个体需要与动机等）产生激活与兴奋状态，从而引起积极的行为反应变量 R，实现目标，提高工作业绩。其关系可以用图 8-1 来表示。

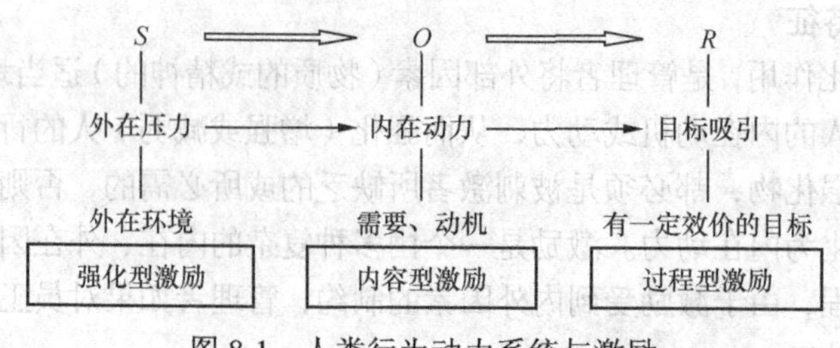

图 8-1　人类行为动力系统与激励

心理学家认为，人的一切行为都是由动机支配的，动机是由需要引起的，行为的方向是需要目标，即满足需要。当人产生需要得不到满足时，其大脑神经中枢就会感知到一种生理失衡或心理紧张状态，进而激发个体的内驱力，这种内驱力会导致个体寻求特定目标的行为。如果最终目标实现，则需要得以满足，紧张得以解除。反馈的结果会影响下一周期的行为。当一个目标达到后，新的需要、新的紧张又会出现。因此，需要的满足是一种持续的周期性过程。人的激励过程循环往复，使人不断向新的目标前进，由此构成了人类行为的基本心理过程。具体激励过程如图 8-2 所示。

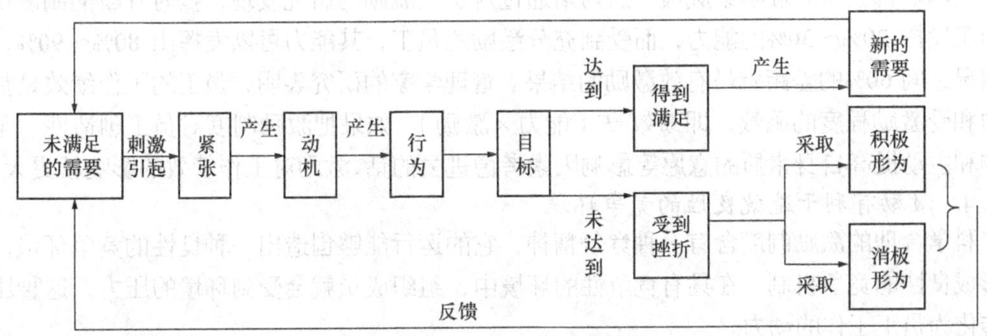

图 8-2 激励的基本过程

三、激励的作用

在传统的管理中，激励的作用没有得到足够的认识和利用。伴随着人本管理思想的发展和在管理实践中的应用，人们越来越重视作为组织生命力和创造力源泉的“人”的作用。因此，激励作为管理的重要职能之一，对于组织目标的实现、工作效率的提高、员工潜能的发挥都具有非常重要的作用。

相关链接

学会激励

企业在管理员工时往往会遇到这样一个难题：是以激励为主还是以惩处为主。这涉及到管理学中的 X 理论和 Y 理论，即把人的本性看作是向善的还是向恶的，如果认为是向善的就会以激励为主，通过激励来达到激发员工的工作热情、提高工作效率的目的。如果认为是向恶的就会以惩罚为主，通过严惩来达到规范员工行为，使员工在外在制度规范的约束下集中精力工作，从而提高工作效率的目的。

事实上，在具体的操作中往往是二者并用，以期做到赏罚分明，激励和惩罚并用。但是问题是有的领导在管理中不善于惩罚，只善于激励，而有的领导只善于惩罚，而不善于激励。尤其具体到一件事情当中，比如员工犯错误时就只有惩罚，似乎不惩罚不能起到杀一儆百的作用，不惩罚就不能体现规章制度的严肃性，不惩罚就不能显示管理者的威严。聪明的管理者能把惩罚变成激励。

1. 激励是管理的基本职能

组织管理就是利用有效的方法和手段，以达到对人力、物力、财力、信息资源的最充分利用，最大限度地创造和提高社会经济效益。激励是管理的一项基本职能，管理者的一个重要任务就是对员工采用适当的手段和策略，以激励其工作的积极性、主动性和创造性。管理者要了解员工的心理，关心员工的需要，运用有效的激励手段和方法，不断激发和调动员工的工作热情和积极性。

2. 激励有利于实现组织目标

企业的生产经营活动是人有意识、有目的的活动。人是实现组织目标最活跃、最根本的因素，人没有积极性或人的积极性不高，装备、技术、原材料再好，都难以发挥应有的作用。而激励作为一种刺激因素，目的在于通过满足员工的需要，激发其工作的动机，使员工对实现组织目标保持高度热情。因此，激励是实现组织目标的有效手段，是组织各项工作正常进行的有力保证，对于组织目标的顺利实现有重要意义。

3. 激励有利于提高员工的工作效率和绩效

美国哈佛大学心理学家威廉·詹姆斯通过对员工激励的研究发现，按时计酬的制度仅能让员工发挥 20%～30%的能力，而受到充分激励的员工，其能力可以发挥出 80%～90%，两种情况之间 60%的差距就是有效激励的结果。管理学家的研究表明，员工的工作绩效是员工能力和受激励程度的函数，即绩效=F（能力×激励）。如果把激励制度对员工创造性、革新精神和主动提高自身素质的意愿等影响因素考虑进去的话,激励对工作绩效的影响就更大了。

4. 激励有利于造就良性的竞争环境

科学合理的激励制度含有一种竞争精神，它的运行能够创造出一种良性的竞争环境，进而形成良性的竞争机制。在具有竞争性的环境中，组织成员就会受到环境的压力，这种压力会转化为员工工作的动力。

5. 激励有利于吸引和留住优秀人才

有效的激励制度不仅可以充分调动组织内现有的人力资源，而且还有助于吸引组织外部的人才流向组织内部。因为每一个人都愿意自己的才能得到充分的发挥，并得到公正的满足。有效激励的实质就是能够合理地满足人们的需要，这样的激励制度自然会吸引那些难以得到的人才加盟。

四、激励的原则

1. 目标结合原则

激励是为了鼓励员工向实现组织目标方向做出努力，是实现组织目标的一种手段。在激励机制中，设置目标是关键环节。目标的设置必须同时体现组织目标和员工需要的要求，力求达到双赢或共赢。因此，高明的管理者总会找到员工利益与组织利益的结合点，以达到事半功倍的效果。

2. 按需激励原则

激励的起点是满足员工的需要。但员工的需要因人而异，因时而异，并且只有满足最迫切的需要（主导需要）时，激励的效果才最好，强度也最大。管理者必须经常性地进行深入调查，不断了解员工需要层次和需要结构的变化趋势，有针对性地采取激励措施，才能收到实效。

3. 引导性原则

外在的激励措施只有转化为被激励者的自觉意愿，才能取得激励效果。引导性原则是激励过程的内在要求。组织只有不断引导员工的行为，强化员工的思想，才能达到有效激励。

4. 合理性原则

激励的合理性原则包括两层含义：第一，激励的措施要适度，要根据所实现目标的价值大小来确定适当的激励措施；第二，奖惩要公平、公正，对待员工要一视同仁，激励才不会流于形式。

5. 明确性原则

激励的明确性原则包括三层含义。首先是明确。应通过相关的措施令员工明白激励的要求及具体做法。其次是公开。特别是在一些特殊事件（如分配奖金等员工普遍关心的问题）上，要更加注重公开。最后是直观。

6. 时效性原则

时效性原则指激励必须要及时，不能拖延。管理者要善于把握激励的时机，“雪中送炭”和“雨后送伞”的效果是不一样的。激励越及时，越有利于将员工的激情最大限度地激发出来，使其创造力连续有效地发挥。

7. 物质激励和精神激励相结合的原则

员工存在着物质需要和精神需要，管理者应该相应地采取物质激励与精神激励相结合的原则。物质激励是指运用物质的手段使受激励者得到物质上的满足，从而进一步调动其积极性、主动性和创造性。精神激励是指精神方面的无形激励，包括向员工授权、对他们的工作绩效的认可，公平、公开的晋升制度，提供学习和发展等进一步提升自己的机会，实行灵活多样的弹性工作时间制度以及制定适合每个人特点的职业生涯发展道路等。物质激励是基础，精神激励是根本。在具体的管理实践中，管理者要在两者结合的基础上，逐步过渡到以精神激励为主。

8. 正激励与负激励相结合的原则

正激励是指对员工的符合组织目标的行为进行奖励，以使这种行为更多地出现，即员工积极性更高；负激励是指对员工违背组织目标的行为进行约束和惩罚，以使这种行为不再发生。没有正激励的作用就难以引发员工行为的内在动力，难以保证员工的工作积极性；同时如果没有相应的约束和惩罚，就会助长员工的惰性，削弱正激励的作用。因此，在组织中，正负激励的实施都是必要而且有效的，正激励与负激励必须相结合，以正激励为主，负激励为辅。此时激励不仅作用于当事人，而且对其他人也有间接的影响作用。

第二节 激励理论

管理学中激励理论的建立主要基于心理学、行为科学、社会学等领域对人的需要、动机以及行为的研究成果，已经形成了较为完整的理论体系。当前的激励理论主要有三种类型，即内容型激励理论、过程型激励理论、强化型激励理论。

一、内容型激励理论

（一）需要层次论

马斯洛需要层次理论（Maslow’s Need-hierarchy Theory）是行为科学的理论之一，是由美国心理学家亚伯拉罕·马斯洛（Abraham H. Maslow）教授在1943年出版的《人类的动机理论》一书中首次提出的，并于1954年在其名著《动机与人格》中做了进一步阐述。这一理论的基本内容如下。

人有多种需要，而且是以层次的形式出现的，这些需要共分五个层次，如图8-3所示。

（1）生理需要。这是人类为了维持其生命最基本的需要，也是需要层次的基础。它包括衣、食、住、行，以及与人的生命延续有关的各种物质条件，这种需要在人的需要中占有绝对的优势，是最基本的需要。马斯洛认为，当这些需要还未达到足以维持人的生命之时，其他需要都不能起到激励人的作用。

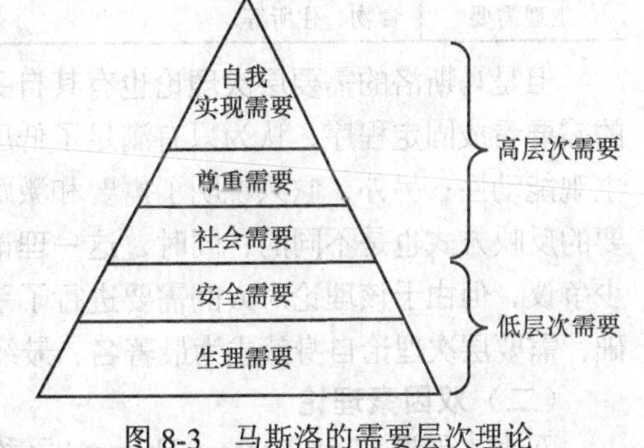

图8-3 马斯洛的需要层次理论

（2）安全需要。当一个人的生理需要得到一定满足之后，他就想满足安全的需要。安全需要不仅考虑到眼前而且顾及到今后，考虑自己的身体免受危险，考虑已获得的基本生理需要的满足及其他的一切不再丧失和被剥夺。安全需要包括人身安全、就业保障、工作和生活环境安全、经济上的保障等。一个人生活和工作在惊恐和不安之中时，其积极性是很难被调动起来的。

（3）社交需要。当生理及安全需要得到相当的满足后，社交需要便成为一项重要的激励因素，因为人是社会动物，都希望与别人进行交往，避免孤独；希望与同伴和同事之间和睦相处，关系融洽；希望归属于一个团体以得到关心、爱护、支持、友谊和忠诚。只有在与别人交往的过程中，才能感觉到自身存在的价值。

（4）尊重需要。每个人都有一定的自尊心，即希望别人对自己的工作、人品、能力和才能给予较高的评价，希望被他人所尊重，希望自己在同事中有一定的声誉和威望，对他人发挥一定的影响力。如果这种需要得不到满足，就会产生自卑感，从而失去自信心。

（5）自我实现需要。马斯洛认为这是最高层次的需要。自我实现需要包括成长与发展、发挥自身潜能、实现理想，它是最大限度地发挥个人潜力并获得成就的需要。对有这种需要的人来说，工作的乐趣在于成果和成功，他们需要知道自己工作的结果，成功后的喜悦要远比其他任何报酬都重要。

在马斯洛看来，人类价值体系中存在着两类不同的需要，一类是沿着生物谱系上升方向逐渐变弱的本能和冲动，称为低层次需要或生理需要；一类是随生物进化而逐渐呈现的潜能和需要，称为高层次需要。对一般人来说，上述五种需要由低层次需要开始逐渐向上发展到高层次需要。当人的某一层次需要得到相对的满足后，较高一层次的需要才会成为主导需要，成为驱动人的行为的主要动力。人的行为产生的原因是需要。当一个人无所求时，也就没有什么动力和活力；若人有需要，就存在着激励的因素，而且只有未满足的需要才是影响人的行为的主要因素，已得到满足的需要就不再具有激励的作用。

马斯洛的需要层次理论在现代企业管理中具有广泛的应用价值。管理者可以根据五种需要层次对员工的多种需要进行归类和确认，然后了解员工有哪些没有满足的需要或者正在追求的需要，从而采取相应的管理制度与措施进行激励。该理论的具体分析如表 8-1 所示。

表 8-1　员工需要层次分析

需要层次	一般激励因素（追求目标）	管理措施
自我实现需要	成长、成就、具有挑战性工作	参与制度、提案制度、创造性工作、工作成就
尊重需要	地位、权力、责任、尊重、认可	人事考核制度、晋升制度、奖金制度、表彰制度
社交需要	友谊、爱、团体的接纳与组织的一致	团体活动制度、互助制度、娱乐制度、教育培训制度
安全需要	职位保障、意外的防止	安全的工作环境、退休金制度、健康保险制度、意外保险等
生理需要	食物、住所等	身体保健、基本工作条件、福利

但是马斯洛的需要层次理论也有其自身的局限和不足，带有一定的机械主义色彩，把人的需要看成固定程序，认为只有满足了低层次需要，才能进入下一层次的需要，忽视了人的主观能动性；另外，它只说明了需要和激励之间的一般关系，没有考虑到不同的人对相同需要的反映方式也是不同的；同时，这一理论也忽略了工作绩效和工作环境的关系。尽管有不少争议，但由于该理论对人的需要进行了系统的研究，为以后各种激励理论的提出奠定了基础，需要层次理论自身就成为最著名、最经典的激励理论。

（二）双因素理论

双因素理论（Two Factors Theory）又称激励—保健理论（Motivator-Hygiene Theory），是

美国著名的行为科学家、心理学家赫茨伯格（Frederick Herzberg）提出来的。20 世纪 50 年代后期，赫茨伯格和同事们对匹兹堡地区的 8 个工商事业机构的 200 多位工程师和会计人员进行了访问调查，请他们列举出各自工作中有哪些令其感到满意的情况，有哪些使其厌恶的项目，原因是什么等。调查结果表明，使受访人员不满意的因素多与他们的工作环境或工作关系有关，而使他们感到满意的因素通常是工作性质和内容方面的。赫茨伯格将前者称为保健因素，后者称为激励因素。

1959 年，赫茨伯格在广泛调查的基础上出版了《工作与激励》一书，正式提出了“双因素理论”（见表 8-2）。该理论的主要观点如下。

（1）保健因素（Hygiene）。这类因素对员工行为的影响类似于卫生保健对人们身体的影响。当卫生保健工作做到一定程度时，可以预防疾病，但不能治病。同理，当保健因素低于一定水平时，会引发员工的不满；当这类因素得到改善时，员工的不满情绪就会消除。但是，保健因素对员工起不到激励的作用。保健因素可以归纳为十种：企业的政策与行政管理、监督、与上级的关系、与同事的关系、与下级的关系、工资、工作安全、个人生活、生活条件、地位。这些因素的改善只能消除员工的不满、怠工和对抗，但不能使员工变得满意，不能调动其工作积极性。

（2）激励因素（Motivator）。这类因素具备时，可以起到明显的激励作用；当这类因素不具备时，也不会造成员工的极大不满。这类因素归纳起来有六项，即工作上的成就感、受到重视、提升、工作本身的性质、个人发展的可能性、责任。

（3）激励因素和保健因素彼此独立，并以不同的方式影响着人们的行为。具体表现在：当人们缺乏保健因素时会产生很大的不满足感，但有了它们也不会使人产生多大的激励作用；相反，当具备激励因素时，人们能产生巨大的激励作用和满足感，而缺乏它们时也不会产生太大的不满足感。

表 8-2　　赫茨伯格的双因素理论

激励因素	保健因素
成就 认可 工作本身 责任 升职 成长	监督 公司政策 与上级主管的关系 工作条件 工资 福利 同事关系 与下属的关系 地位 稳定与保障

双因素理论中，赫茨伯格修正了传统的观点，他认为“满意”的对立面是“没有满意”，“不满意”的对立面是“没有不满意”。激励因素多与工作本身的性质有关系，较多地与工作内容联系在一起；保健因素多与工作环境和工作条件相关。赫茨伯格认为改善保健因素，只能消除员工的不满、怠工与对抗，但不能使员工非常满意，也不能激发员工的工作积极性，促进生产的增长。只有改善激励因素才能够激励员工的工作热情，从而提高生产效率。

双因素理论实际上是分析了人的各种需要对行为的影响程度，并根据程度大小把人的需要进行了归类研究，以便更好地指导管理实践。这种理论与马斯洛的需要层次论之间具有很强的关联性。马斯洛理论中的高级需要对应着赫茨伯格的主要激励因素，而为了维持生活所必需满足的低级需要则相当于保健因素，如图 8-4 所示。在这个意义上，双因素理论是对需要层次论的补充。赫茨伯格划分了激励因素和保健因素的界限，这种两分法有其独特性，在管理上的意义也是十分明确的。管理者要提供充分的保健因素来消除员工的不满，但要意识到仅仅如此不能明显提高员工的工作积极性，只有为员工提供充分的激励因素才是从人的内心激发和调动积极性。基于这一理论，赫茨伯格开创了"工作丰富化"的管理方法。

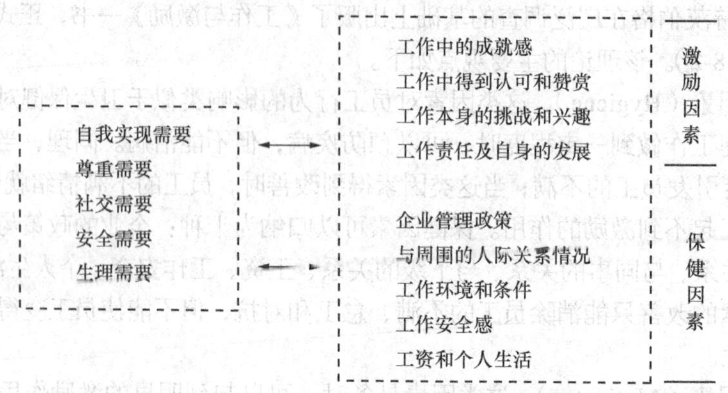

图 8-4　需要层次论与双因素理论之间的关系

双因素理论的基本原理表明，管理者必须认真研究运用那些能让人们努力为组织工作的激励因素，设法加大激励因素的激励作用，防止激励因素向保健因素的转化。例如，每个企业都有奖金制度，但很多企业奖金发放并不具有激励作用，而是成为一种变相的福利。此外，作用效果也是因人而异的，对于一个人来说是激励因素，对另一个人来说可能是保健因素。因此，在实际运用中，应区别对待不同人的保健因素和激励因素，才能提高激励效果。

小案例

激励的技巧

F 公司是一家生产电信产品的公司。在创业初期，依靠一批志同道合的朋友，大家不怕苦不怕累，从早到晚拼命干，公司得到了迅速发展。几年之后，员工由原来的十几人发展到几百人，业务收入由原来的每月十来万发展到每月上千万。企业大了，人也多了，但公司领导明显感觉到，大家的工作积极性越来越低，也越来越计较。

F 公司的老总黄明一贯注重思考和学习，为此特别到书店买了一些有关成功企业经营管理方面的书籍来研究，他在介绍松下幸之助的用人之道一文中看到这样一段话："经营的原则自然是希望能做到'高效率、高薪资'。效率提高了，公司才可能支付高薪资。但松下先生提倡'高薪资、高效率'时，却不把高效率摆在第一个努力的目标，而是借着提高薪资，来提高员工的工作意愿，然后再达到高效率。"他想，公司发展了，确实应该考虑提高员工的待遇，一方面是对老员工为公司辛勤工作的回报，另一方面也是吸引高素质人才加盟公司的需要。为此，F 公司重新制定了报酬制度，大幅度提高了员工的工资，并且对办公环境进行了重新装修。

高薪的效果立竿见影，F 公司很快就聚集了一大批有才华有能力的人。所有的员工都很满意，大家的热情高，工作十分努力，公司的精神面貌也焕然一新。但这种好势头不到两个月，大家又慢慢恢复到懒洋洋、慢吞吞的状态。这是怎么啦？

分析：美国行为科学家弗雷德里克·赫茨伯格的双因素理论告诉我们，满足各种需要所引起的激励深度和效果是不一样的。物质需要的满足是必要的，没有它会导致不满，但是即使获得满足，它的作用往往是很有限的、不能持久的。要调动人的积极性，不仅要注意物质利益和工作条件等外部因素，更重要的是要注意工作的安排，量才录用，注意对人进行精神鼓励，给予表扬和认可，注意给人以成长、发展和晋升的机会。

还有一点是必须指出的，就是F公司把工资提上去了，工作环境和条件也改善了，但没有把员工的工资奖金同工作目标相联系，同业绩挂钩，也就是说，每个员工在没有压力的情况下就能稳稳当当拿到高工资。既然如此，大家为什么要努力工作呢？

（三）ERG 理论

美国耶鲁大学的克雷顿·奥尔德弗（Clayton Alderfer）在马斯洛提出的需要层次理论的基础上，进行了更接近实际经验的研究，提出了一种新的人本主义需要理论。奥尔德弗认为，人们共存在三种核心的需要，即生存（Existence）需要、相互关系（Relatedness）需要和成长（Growth）需要，因而这一理论被称为 ERG 理论。

生存需要与人们基本的物质生存需要有关，即生理和安全需要（如衣、食、性等），这关系到人的存在或生存，实际上相当于马斯洛理论中的前两个需要。相互关系需要，即指人们对于保持重要的人际关系的要求。这种社会和地位的需要的满足是在与其他需要相互作用中达成的，与马斯洛的社交需要和尊重需要分类中的外在部分是相对应的。奥尔德弗把成长需要独立出来，它表示个人谋求发展的内在愿望，包括马斯洛的尊重需要分类中的内在部分和自我实现层次中所包含的特征，即个人自我发展和自我完善的需要，这种需要通过创造性地发展个人的潜力和才能、完成挑战性的工作得到满足，这相当于马斯洛理论中第四、第五层次的需要。

ERG 理论与马斯洛需要层次理论的关系，如表 8-3 所示。

表 8-3　　ERG 理论与马斯洛需要层次理论

ERG 理论	需要层次理论
生存需要	生理需要 安全需要
相互关系需要	社交需要 尊重需要
成长需要	自我实现的需要

除了用 3 种需要替代了五种需要以外，与马斯洛的需要层次理论不同的是，奥尔德弗的 ERG 理论还表明了：人在同一时间可能有不止一种需要起作用；如果较高层次需要的满足受到抑制的话，那么人们对较低层次需要的渴望会变得更加强烈。

马斯洛的需要层次是一种刚性的阶梯式上升结构，即认为较低层次的需要必须在较高层次的需要满足之前得到充分的满足，二者具有不可逆性。而相反的是，ERG 理论并不认为各类需要层次是刚性结构，例如，即使一个人的生存和相互关系需要尚未得到完全满足，他仍然可以为成长需要工作，而且这三种需要可以同时起作用。

此外，ERG 理论还提出了一种叫作“受挫—回归”的思想。马斯洛认为当一个人的某一层次需要尚未得到满足时，他可能会停留在这一需要层次上，直到获得满足为止。相反的，ERG 理论则认为，当一个人在某一更高等级的需要层次受挫时，那么作为替代，他的某一较低层次的需要可能会有所增加。例如，如果一个人社会交往需要得不到满足，可能会增强他对得到更多金钱或更好的工作条件的愿望。

与马斯洛需要层次理论相类似的是，ERG 理论认为较低层次的需要满足之后，会引发出对更高层次需要的愿望。不同于需要层次理论的是，ERG 理论认为多种需要可以同时作为激励因素而起作用，并且当满足较高层次需要的企图受挫时，会导致人们向较低层次需要的回归。因此，管理措施应该随着人的需要结构的变化而做出相应的改变，并根据每个人不同的需要制定出相应的管理策略。

奥尔德弗的 ERG 理论在需要的分类上并不比马斯洛的理论更完善，对需要的解释也并未超出马斯洛需要理论的范围。如果认为马斯洛的需要层次理论是带有普遍意义的一般规律，那么，ERG 理论则偏重于带有特殊性的个体差异，这表现在 ERG 理论对不同需要之间联系的限制较少，二者对实际工作都具有一定的指导意义。

（四）成就需要理论

美国著名心理学教授大卫·麦克利兰（David C. McClelland）在 1955 年对马斯洛理论的核心概念“自我实现”提出了质疑，认为人的很多社会性需要不是先天的，而是后天的，源于环境、经历和教育等。他通过试验研究归纳出三大社会性需要，即对成就的需要、对社交的需要和对权力的需要，尤其是对成就的需要进行了较为详细的阐述。

1. 成就需要

麦克利兰认为，具有强烈的成就需要的人渴望将事情做得更加完美，提高工作效率，获得更大的成功，他们追求的是在争取成功的过程中克服困难、解决难题、努力奋斗的乐趣以及成功之后的个人成就感，他们并不看重成功所带来的物质奖励。具有高成就需要的人往往具有以下 3 种性格特征。

（1）谨慎设定具有挑战性的目标。具有高成就需要的人在可以自主确定工作目标时，总会挑选难度适中的任务，偏于自己的能力所能达到的上限，而不会避难就易，但也不会不自量力，对风险采取了一种现实主义的态度。

（2）喜欢通过自己的努力解决问题，不依赖偶然的机遇坐享成功。高成就需要的人注重自己努力的结果，而不喜欢靠碰运气或者指望天上掉馅饼；重视的是个人成就而不是成功或报酬本身，他们喜欢独自解决问题，一有时间就考虑如何把事情做得更好些，在工作中相信自己的能力，并且愿意承担责任。

（3）要求立即得到反馈信息，弄清工作结果。高成就需要的人不喜欢那种需要长时间才能看出效果的工作，他们需要努力和效果的直接衔接，缺乏“积跬步以至千里”的耐心。如果让他们自己选择工作，他们宁愿当推销员，也不会当教师，因为前者的工作结果立刻就能显现，而后者的效果要相当长的一段时间才能显现。

2. 社交需要

社交需要是指希望和他人建立友好、亲密的人际关系的愿望。高社交需要者通常从受到别人喜爱中得到乐趣，感到被社会、集体排斥是极大的痛苦。这种人渴望友谊，会主动与别人友好相处，自觉维护融洽的人际关系；他们会主动关心和帮助有困难的人；他们喜欢合作，不喜欢竞争的环境；他们希望通过彼此间的沟通，达到相互理解。

3. 权力需要

权力需要是指影响和控制其他人行为的一种愿望或驱动力。不同的人对权力的渴望程度也有所不同。权力需要较高的人对影响和控制别人表现出很大的兴趣，喜欢对别人“发号施令”，注重争取地位和影响力。这些人一般都追求得到领导职位；喜欢竞争性的工作环境；性格坚定，喜欢承担责任；爱教训别人，敢于在公开场合发表意见。

麦克利兰指出，金钱刺激对高成就动机者的影响很复杂，他们更多的是看重个人的能力实现而非金钱。人的成就需要可以通过后天培养得到加强。成就需要可以创造出富有创业精神的人物，会极大地促进社会的发展，因此全社会都应该认识这一问题，鼓励人们努力建功立业，取得成就。总之，麦克利兰的理论是对马斯洛需要层次理论中“自我实现的需要”的重要发展和补充，对指导组织的激励工作具有更现实的意义。

二、过程型激励理论

（一）期望理论

期望理论（Expectancy Theory）是由北美著名心理学家和行为科学家维克托·弗鲁姆（Victor HVroom）于 1964 年在《工作与激励》中提出来的激励理论。期望理论是以三个因素反映需要与目标之间的关系的，要激励员工，就必须让员工明确：① 工作能提供给他们真正需要的东西；② 他们欲求的东西是和绩效联系在一起的；③ 只要努力工作就能提高他们的绩效。

期望理论认为，一个人从事某项活动的动力（激励力量）的大小，取决于“该项活动所产生的成果的吸引力的大小”和“获得预期成果的可能性（即概率）的大小”这两项因素。换句话说，就是只有当人们预期到某一行为能给个人带来有吸引力的结果，个人才会采取特定的行动。它对于组织中通常出现的这样一种情况给予了很好的解释，为什么面对同一种需要以及满足同一种需要的活动，不同的组织或成员会有不同的反应：有的人情绪高涨、兴致勃勃，而另外一些人无动于衷呢？有效的激励取决于个体对完成工作任务以及接受预期奖励的能力的期望，具体如图 8-5 所示。

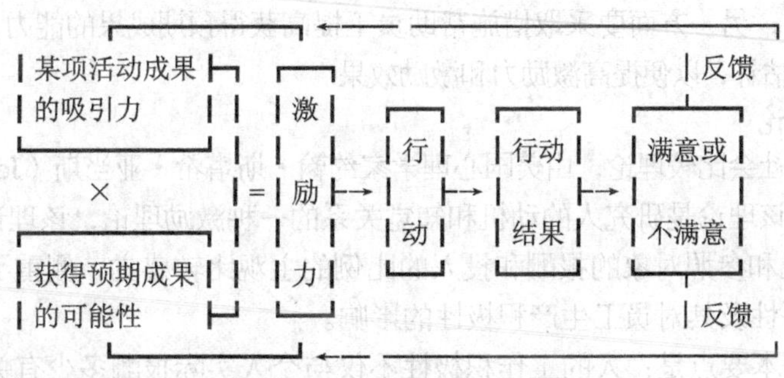

图 8-5　期望激励模式示意图

（1）“某项活动成果的吸引力”。它是指一个人对某项活动所可能产生的成果的主观评价，也即效价，这种力量的大小因人而异。例如，一位员工从上级的暗示或自己的估计中发现，如果自己在工作中做出突出的成绩，会立即得到提升。在这里，提升就是预期结果。同样是这种成果，对不同人所产生的吸引力的大小可能很不一样。对一个很想得到提升的职工来说，吸引力无疑是巨大的；对一个把提升看作无所谓的人来说，吸引力可能为零；而对一个不愿被提升或不愿承担责任只图清闲的人来说，吸引力则可能是负数。某项活动成果对一个人吸引力的大小会激励他采取不同的行动，或积极从事并努力完成这项活动，或不予关心，或极力排斥这项活动。

（2）“获得预期成果的可能性”，即期望值。它是指一个人对完成某项活动并获得预期成果可能性大小的主观估计。这往往要取决于自身条件和其他因素。同样是上面的例子，人们除了上述考虑之外，可能还会考虑这样的问题：预期的成果是否为自己能力之所及，即自己尽最大的努力之后是否能做出突出的成绩，自己做出了突出的成绩是否真的会得到提升，会不会出现意外情况等。对这些问题回答的不同决定了主观估计值大小不同。

（3）“激励力”。它是指促使一个人采取某一活动的驱动力的强度，是某项活动成果的吸引力和可能性估计值的乘积。单有高度的吸引力或很大的可能性都不足以产生强大的激励力量，要提高激励效果就必须同时提高这两方面因素的强度。

这三者之间的关系可以用公式来表示：

激励力（M）= 效价（V）× 期望值（E）

人的行为是一个较为完整的过程。激励力量促使行为得以产生，采取某种行为会取得一定的成果。接着，人们会对行为结果进行评价，并得到一种满意或不满意的态度，进而影响到今后的行为。

期望理论的基础是自我利益，认为每位员工都在寻求获得最大的自我满足。该理论的核心是双向期望，管理者期望员工的行为，员工期望管理者的奖赏。该理论的假设是管理者知道什么对员工最具有吸引力。在期望理论的背景下，员工判断的依据是个人的感觉，而与实际情况不相关。不管实际情况如何，只要员工以自己的感觉确认自己经过努力工作就能达到所要求的绩效，达到绩效后就能得到具有吸引力的奖赏，他就会努力工作。

期望理论在管理实践方面具有较强的应用性。期望理论提出了目标设置与个人需要相统一的观点，同时该理论也是激励理论中少有的量化分析理论。它通过对各种因素的分析，说明了人们的行为选择通常是效用最大的，或者说人们现实当中的行为是其激励力量最大的行为选择。管理者要让员工积极从事某项活动并努力工作，一方面应使员工了解这项活动成果的吸引力，并尽量加大这种吸引力；另一方面要采取措施帮助员工提高获得预期成果的能力，提高他们对获得预期成果的可能性估计，以便提高激励力和激励效果。

（二）公平理论

公平理论又称社会比较理论，由美国心理学家约翰·斯塔希·亚当斯（John Stacey Adams）于 1965 年提出。该理论是研究人的动机和知觉关系的一种激励理论，该理论认为员工的激励程度来源于对自己和参照对象的报酬和投入的比例的主观比较感觉，侧重于研究工资报酬分配的合理性、公平性及其对员工生产积极性的影响。

公平理论的基本要点是：人的工作积极性不仅与个人实际报酬多少有关，而且与人们对报酬的分配是否感到公平关系更为密切。人们总会自觉或不自觉地将自己付出的劳动代价及其所得到的报酬与他人进行比较，并对公平与否做出判断。公平感直接影响员工的工作动机和行为。因此，从某种意义来讲，动机的激发过程实际上是人与人进行比较，做出公平与否的判断，并据此指导行为的过程。人们通过两个方面的比较来判断其所获报酬的公平性，即横向比较和纵向比较。

报酬/投入（自己）= 报酬/投入（他人）

通过采用以上公式进行比较，会出现以下三种结果。

（1）如果员工感觉到自己与他人的报酬比例是相同或相似的，则为公平状态。

（2）当员工认为自己的报酬与他人相比过低时，他会产生不公平的感觉，一旦这种感觉产生，员工会试图采取行动来改变这种局面，主要表现为以下几点。

① 改变付出。报酬偏低的员工会以降低努力程度的形式来平衡偏低的报酬，例如消极怠工、推卸责任等，从而达到心理的平衡。

② 向上级领导要求加薪。

③ 改变自我认知。

④ 离开原有环境，例如调换工作岗位或者调换工作单位。

⑤ 采取某种方式进行自我安慰，例如换一个比较对象，以获得主观上的公平感。

⑥ 在无法改变不公平现象时，可能会采取发牢骚、制造人际关系矛盾等行为。

（3）当个人感到自己相对他人的报酬高于合理水平时，对多数人而言不会构成什么大问题，但研究表明，处于这种不公平的情况下，有些人也会去努力减少这种不公平，包括以下几个方面。

① 通过付出更多的努力来增加自己的投入。

② 假如是计件制的话，通过减少自己的产量以缩小与他人报酬的差距。

③ 有意无意地曲解原先的比例。

④ 设法使他人减少投入或增加报酬。

公平理论的基本观点是普遍存在的，但在实际运用中则很难把握。员工个人的主观判断对此有很大的影响。因为人们总是倾向于过高地估计自己的投入量，而过低地估计自己所得到的报酬，但对别人的投入量及所得报酬的估计则与此相反。因此，在实际运用过程中，当管理者用报酬或奖赏来激励员工时，一定要使员工感到公平与合理。个人的内部或外部报酬如果是与其绩效相称的，且他也认为这些报酬是公平的，则会导致满意的结果。作为管理者应注意与其他组织进行横向比较。

三、强化型激励理论

强化型激励理论又称为操作条件反射理论、行为修正理论，是由美国的心理学家和行为学家斯金纳（B. F. Skinner）于1938年在《有机体的行为》一书中提出的。在书中，他提出了一种“操作条件反射”理论，认为人的行为是其所获刺激的函数。当这种行为的后果有利时，这种行为就会在以后重复出现；不利时，这种行为就会减弱或消失。这就是强化理论产生的理论根据。同时，斯金纳还提出了以下四种行为改造策略，对人们的行为进行引导和激励。

（一）正强化

正强化就是运用有价值的结果（包括工资、奖金、晋升、表彰等人们乐于接受的物质和精神“工具”）从正面奖励那些符合组织目标的行为，以便使这些行为得到进一步加强，从而有利于组织目标的实现。因此，正强化的刺激物不仅包含奖金等物质奖励，还包含表扬、提升、改善工作关系等精神奖励。为了使强化能够达到预期的效果，还必须注意实施不同的强化方式。

（1）连续的、固定的。如对每一次符合组织目标的行为都给予强化，或每隔一段固定的时间给予一定的强化。虽然这种强化有及时刺激、立竿见影的效果，但随着时间的推移，人们就会对这种正强化的期望越来越高，或者认为正强化是理所当然的。在这种情况下，管理者只能通过不断加强正强化的方式来达到刺激员工行为的作用。

（2）间断的、时间和数量都不固定，即管理者根据组织需要和员工个人行为在工作中的反映，采取不定期、不定量的强化方式，使每一次强化都发挥最大效用。

（二）负强化

负强化也称为规避性学习，是指员工改变自己的行为结果来规避不愉快的结果。负强化是事前的规避，它通常表现为组织的规定所形成的约束力，员工为了取消或避免不希望的结果而对自己的行为进行约束。

（三）惩罚

惩罚是运用消极的结果阻止或更正不当的行为。具体形式有对员工批评、斥责、处分、降级、撤职或是减薪、扣发奖金、重新分派任务、解雇等。惩罚与负强化是有区别的，负强化只是包含了惩罚的威胁，在员工表现满意时并不实施，而惩罚则不同，是落实对组织不利行为的惩罚措施。惩罚通常是用带有强制性或威胁性的措施来阻止不良行为的出现，因此会引起怨恨和敌意，同时随着时间的推移，其效果也会减弱。因此，在使用惩罚时要因人而异，注意方式和方法。

（四）忽视

忽视是指对某种行为不采取任何措施，既不奖励也不惩罚。人们在行为结果受到正强化后继续保持这种行为，在行为结果受到惩罚后会回避这种行为；而在行为既无奖励又无惩罚之后，最终也会终止这种行为。忽视就是对员工的行为进行“冷处理”，以达到行为的自然消退。

强化激励理论是控制和塑造人的行为方式的一种强有力的管理工具，为提高激励效果，斯金纳提出了实施强化时应注意的几个问题。

（1）要建立目标体系，遵循目标强化的原则。首先要设立一个明确的、鼓舞人心又切实可行的目标，同时，还要将目标进行分解，分成若干个小目标，在完成每个小目标后及时给予强化。

（2）及时反馈。一方面，强化必须是及时的。对一般人来说，当他采取某种行动并产生一定后果时，首先要做的事情往往就是评价自己行为的结果，人在这时最需要激励，所以必须给予及时的信息反馈；另一方面，反馈给行为当事人的信息一定要明确，而不能模糊不清。我们之所以运用强化激励理论，是因为行为当事人对来自外界的强化力量很重视，并能在今后的行为过程中体现出这些强化力量的作用。所以必须给予明确性的信息，否则容易给当事人带来某种错误的认识，产生不良后果。

（3）采取连续强化与间断强化、固定比例强化与变化比例强化相结合的原则。时间也会影响强化的效果。其中，连续强化是指一次正确反应，一次强化；间断强化是指几次正确反应，一次强化；固定比例强化是指正确反应达到定额数，给予强化；变化比例强化是指正确反应达到变化定额数，给予强化。一般来说，就维持行为而言，变化的、间隔的强化比固定的、连续的强化效果要好。

（4）正强化比负强化更有效。这是因为正强化可以给人一种满意和愉快的刺激，能给人带来更多的激励信息。例如，赞扬一个人的工作做得好，并不仅意味着说他的工作是正确的，还意味着对他的尊重和承认，也许还会使他产生领导者对自己偏爱的感觉。这些愉快的刺激会使人们产生一种强大的进取效应，从而做出更大的贡献。相反，负强化给予人们的是不愉快的刺激，而人们对不愉快的刺激往往天生就具有一种抵制情绪。事实上，当人们第一次接受负强化时，可能会认真分析自身的不足，进而改进。而当人们多次接受负强化时，便往往不从自身找原因，而可能认为自己本来没有错，是领导者在故意刁难自己。这时便会极力为自己辩解、开脱责任，甚至有的人会想办法学习逃避负强化的方法和途径，如想办法调离、装病等。负强化有其不足，但这并不是说在激励过程中就不能用负强化了，只要注重运用方式，负强化仍然是一种很有效的激励措施。

（5）因人而异原则。因为人们存在个体差异，如年龄、性别、职业、学历、经历的不同，需要就不同，给予强化物或方式也应不一样。如有的人看重物质奖励，而有的人更看重精神奖励，管理者要区分情况，采取不同的奖励措施。

相关链接

不同的激励方法

A厂长认为，企业首要的资产是员工，只有员工把企业当成自己的家，把个人的命运与企业的命运紧密联系在一起，才能充分发挥他们的智慧和力量为企业服务。因此，管理者有什么问题，都应该与员工们商量解决；平时要十分注重对员工需求的分析，有针对性地给员工提供学习、娱乐的机会和条件；每月的黑板报上应公布出当月过生日的员工的姓名，并祝他们生日快乐；如果哪位员工生儿育女了，厂里应派车接送，厂长应亲自送上贺礼。在A厂长厂里，员工们都普遍地把企业当作自己的家，全心全意地为企业服务，工厂日益兴旺发达。

B厂长则认为，只有实行严格的管理才能保证企业目标所必须开展的各项活动的顺利进行。因此，企业要制定严格的规章制度和岗位责任制，建立严格的控制体系；注重上岗培训；实行计件工资制等。在B厂长厂里，员工们都非常注意遵守规章制度，努力工作以完成任务，工厂发展迅速。

第三节　激励实务

激励是一个体系或系统，它贯穿于整个管理过程中。因此，管理者应该遵循人的行为规律，根据激励的相关理论，动态、系统、因人而异地选取并运用有效的激励措施，从而达到最大限度地激发员工工作热情和积极性，促进组织目标实现的目的。本节主要从物质激励、工作激励、关心激励、培训激励、企业文化激励等方面来论述激励在实际情况中的运用。

一、物质激励

在物质极端发达的今天，人们的生活水平已经显著提高，物质与金钱之间的关系正在呈现弱化趋势，但是，不论何时，物质需要始终是人的第一需要，是人们从事一切社会活动的基本动因。因此，物质激励仍是最基本的激励形式，它包括员工的工资奖金和各种福利等，决定着员工基本需要的满足。同时，员工的收入及居住条件的改善，也影响着其社会地位的变化、社会交往，甚至学习、文化娱乐等精神需要的满足。对企业而言，物质激励也是最重要的人力资源管理手段之一。在运用物质对员工实施激励时应遵循以下原则。

（1）个体差异原则。需要是人的行为之源，是人的积极性的基础和原动力，也是激励的依据。但是不同的员工有着不同的需要，即使是同一位员工，在不同时期也有不同的需要。物质激励也要因人而异，不要把涨工资、发奖金当作是放之四海而皆准的“制胜法宝”。例如，有的员工可能更看重自己能力的发展而非福利待遇的提高，那么金钱就发挥不了“刺激”的作用。

（2）公平原则。古人云：“不患寡而患不均”，公平是物质激励的核心问题。员工感到任何不公平的待遇都会影响其工作效率和工作情绪，并且影响到激励效果。企业在进行物质激励特别是薪酬体系设计时，一定要考虑到内部公平和外部公平，其中，内部公平就是指企业员工同本企业内部其他员工进行比较的结果；外部公平是本企业的员工把自己的工资与其他同类行业的工资水平相对比而得到的结果。企业要结合市场分析，制定合理的工资结构和等级级差，建立一个适应本企业特点、符合本企业实际情况的物质激励体系。

（3）杜绝平均主义原则。在运用物质激励的过程中，必须反对平均主义，平均分配意味着没有激励。除非员工的物质奖励是依据员工个人的业绩来发放的，否则尽管企业支付了为数不少的奖金，对员工的激励作用也是相当有限的。

二、工作激励

工作本身具有激励作用。为了更好地调动员工的积极性，管理者要考虑如何才能使工作本身更有内在意义和挑战性，能够给予员工一种自我实现感。管理者要进行“工作设计”，使工作内容丰富化和扩大化，并为员工创造良好的工作环境。在实践中，一般有以下几种途径与方法。

1. 工作适应性

工作的性质与特点与从事该工作的员工的个人条件与特长相匹配，能够充分发挥员工优势，引发员工工作兴趣，从而加强员工对工作的满意度。既定的一些不同性质的工作岗位同既定的一些不同素质、特点的员工，如果二者得到很好的匹配，就会使大家都对工作满意，员工积极性较高；如果匹配不好，员工的长处和兴趣就会受到抑制，不会对工作产生满意的情绪。

科学合理的人事配合是有效激励的重要手段。管理者要善于研究不同条件与特点的员工与不同工作岗位的关系，用人所长，进行科学调配与重组，实现人与事的最佳配合。

2. 工作的意义与工作的挑战性

员工如何看待自己的工作，直接关系到他对工作的兴趣与热情，进而决定其工作积极性的高低。一般而言，人们都愿意从事重要的工作，并愿意接受挑战性的工作，这是人们追求自我价值实现、渴望获得别人尊重的需要。因此，激励员工的重要手段就是向员工说明工作的意义，并适度增加工作的挑战性，从而使员工更加重视自己的工作，已达到激励的最终目的。

3. 工作的完整性与自主性

人们愿意在工作中承担完整的工作任务。从一项工作的开始到结束，都是由自己完成的，那么工作的成果就是自己努力工作的结晶，在此过程中人们可以获得一种强烈的成就感。管理者应根据工作性质及需要，将工作划分为相对较为完整的单元分派给员工，从而可以使每一位员工都能承担一份较为完整的工作，为其创造获得完整工作成果的机会与条件。

在工作过程中，人们出于自尊及自我实现的需要，都期望能够独立地完成工作，会出现自觉或不自觉排斥外来干预，不愿意在别人的指使或强制下被迫工作的情形。管理者对这种情况应该给予充分尊重，可以通过目标管理等方式，明确工作任务与目标，提出相应的规范与标准，然后进行适当授权，让下级进行独立运作、自我控制。工作成功后，成果归于下级员工的自主运作，这样一来，员工必将受到极大的激励，会对自己管理的工作高度关注，并会以极大的热情投入工作，直至取得成功。

4. 工作扩大化

为了解决员工由于长时间从事类似工作而引发的厌烦情绪，管理者可以开展工作设计研究，即通过工作调整，克服单调乏味和简单重复的工作，想方设法地增加工作的丰富性、趣味性，以吸引员工。工作扩大化的目的就是消除单调乏味的状况，增加员工工作的种类。具体形式有：兼职作业，即同时承担几种工作或几个工种的任务；工作延伸，即向前、向后地接管其他环节的工作；工作轮换，即在不同工种或工作岗位上进行轮换。这样既有利于增加员工对工作的兴趣，又有利于促进员工个人的全面发展，是比较重要的工作激励手段。

5. 工作丰富化

工作丰富化是指让员工参加一些具有较高技术或管理含量的工作，提高其工作的层次，从而使员工获得一种成就感，使其获得别人尊重的需要得以满足。具体形式包括：让员工承担一些较高技术含量的工作；将部分管理工作交给员工；吸收员工参与计划与决策；对员工进行业务培训等。

三、关心激励

管理者的关心和体贴是对员工最好的激励方式之一。管理者对员工的长处和优点表示欣赏和肯定，仅凭几句口头上的溢美之词是远远不够的，还要关心和体贴下属，使他们觉得受到了应有的尊重和爱护，这样才能激励员工更好的工作。在下列场景下，使用效果更佳。

1. 关心下属的身体状况

当员工身体不适或突遇急、重病时，管理者的探望很重要，这样可以稳定甚至提高管理者在下属心目中的威望，从而有利于今后工作的开展。

2. 在下属生日的时候，以适当的方式祝贺

生日的意义在现代社会中不断被放大，聪明、细心的管理者如果能够抓住员工生日这个机会，适时采取一些行动，如发放生日特别奖金，为员工购买蛋糕或发放一定数额的蛋糕购买卡，请吃生日餐，或送上一束花等，效果都会很好。

3. 关心下属的家庭和生活

和谐美满的家庭、充实富足的生活是员工安心工作的基本保证。如果下属家庭成员之间关系紧张，老人、小孩无人照料，生活拮据……管理者都视而不见，那么对下属再多的赞美也是无济于事。作为领导，在赞美员工的同时，也要关心员工的家庭和生活，帮助员工解决生活中的一些实际问题，这才是对他们最好的激励。

四、培训激励

培训作为组织人力资源开发的重要手段，已经突破原本的单纯教育意义，成为现代管理的重要方式和手段。培训是指为了满足组织不断发展的需要，为了提高员工的知识，改善员工的工作态度，使员工能够胜任本职工作并不断有所创新，在综合考虑组织的发展目标和员工个人发展的基础上，对员工进行的一系列有组织、有计划的学习与训练活动。

综上所述，培训不仅使员工的自觉性、积极性、创造性得到了提高，与此同时使组织的效率和价值也得到了充分提高，对员工个人和组织都是大有裨益的。企业应该把培训作为管理的机会和途径，以及完成任务的方法和手段，围绕组织的任务和目标来实施培训，并通过培训沟通上下级之间的联系，掌握工作进展情况，达成相互理解与支持，共同不断提高个人与组织的绩效。

五、企业文化激励

企业文化是指企业在长期的实践活动中所形成的并且被组织成员普遍认可和遵循的具有本组织特色的价值观念、团体意识、工作作风、行为规范和思维方式的总和。推行企业文化有助于建立员工共同的价值观和企业精神，树立团队意识。现在越来越多的企业重视企业文化的建设，优良的企业文化也是组织必不可少的激励手段。例如，海尔企业文化的核心价值观是创新。海尔精神是敬业报国、追求卓越。敬业报国的核心就是海尔人要用最好的产品和服务来回报客户、回报社会、回报国家。张瑞敏亲自砸冰箱事件，改变了全公司上上下下对质量、对责任的观念，激励了海尔人认真、踏实、负责的工作态度和兢兢业业的工作精神，推行全面质量管理，最终做大、做强了海尔品牌。

重要概念

需要　激励　需要层次论　双因素理论　成就需要理论　期望理论　公平理论　强化理论

本章小结

1. 激励是持续激发人的动机的心理过程。激励贯穿于整个管理活动中。激励在实际情况中的运用主要有物质激励、工作激励、关心激励、培训激励、企业文化激励等。

2. 需要是个体活动的积极性源泉。动机是驱使人产生某种行为的内在力量，它是由人的需要所引起的。

3. 马斯洛的需要层次理论认为：人的需要分为五种，即生理需要、安全需要、社交需要、尊重需要和自我实现需要，依次由较低层次到较高层次排列。只有这些最基本的需要满足到维持生存所必需的程度后，其他的需要才能成为新的激励因素。

4. 双因素理论将员工满意与不满意的因素归纳为激励因素与保健因素，激励因素多与工作本身和工作性质相关，保健因素则与工作环境和工作条件相关。

5. 期望理论认为：一个人从事某项活动的动力（激励力量）的大小，取决于"该项活动所产生的成果的吸引力的大小"和"获得预期成果的可能性（即机率）的大小"这两项因素。

6. 公平理论认为：一个人的工作动机，不仅受其所得报酬的绝对值的影响，而且受到相对报酬的影响。一般情况下，人们会以他人或自己以前的情况作为参考依据，来评价自己是否得到了公正的待遇。每个人都会把自己所得的报酬与付出的劳动之间的比率同其他人的比率进行横向比较，也会把自己现在的投入报酬比率同过去的状况进行纵向比较，并且根据比较的结果决定今后的行动。

7. 斯金纳的强化理论认为：人为了达到某种目的，会采取一定的行为。当这种行为的后果有利时，这种行为就会在以后重复出现；不利时，这种行为就会减弱或消失。为此，斯金纳提出了以下四种行为改造策略，即正强化、负强化、惩罚、消退。

综合练习

一、填空题

1. ________是产生激励的起点，进而导致某种行为。

2. 马斯洛将需要划分为五级：________、________、________、________、________。

3. 赫茨伯格指出激励因素与________有关，保健因素与________有关。

4. 根据期望理论，激励力＝某一行动结果的________×________。

5. 公平理论认为人们将通过两个方面的比较来判断其所获报酬的公平性，即________比较和________比较。

6. 强化理论是由美国心理学家________首先提出的。

二、简答题

1. 简述马斯洛的需要层次理论。

2. 需要层次理论对我们的管理实践有哪些启示？

3. 简要说明期望理论的主要内容。

4. 简述强化理论的主要内容。

5. 激励的原则有哪些？

6. 常用的激励手段有哪些？它们各有什么特点？

三、案例分析

某服装公司的激励计划

李明是宏利服装公司的人事经理，最近他刚刚兼职学习完一个管理研修班的所有课程。在学习过程中，他对于管理中的激励理论，特别是马斯洛和赫茨伯格的理论相当注意。在他看来，马斯洛清晰的需要层次和赫茨伯格的激励因素和保健因素理论的划分非常具有操作性。因此，他认为可以立即在公司中运用它们。据李明了解到的可靠信息，宏利公司的工资和薪水水平在服装行业中是最好的。因此，他认为公司在激励下属时应该集中在赫茨伯格的激励因素上。经过多次会谈，他说服了公司高层管理者，公司总裁授权他去制定工作计划并且放手让他推行。在这种情况下，李明开始制定关于强调表彰、提升、更大的个人责任、成就以及使工作更具有挑战性等各种计划，并且在组织里开始推行。但是，计划运转了几个月后，他困惑了，发现结果和他的期望相差甚远。首先是设计师们对于计划的反应很冷漠。他们认为他们的工作本身就是一个很具有挑战性的工作。他们设计的服装在市场上很畅销就是对他们工作成绩的最大肯定，而且公司通过发放奖金的方式对他们的工作已经给予肯定。总之他们认为所有这些新计划都是浪费时间。有一个和李明比较熟悉的设计师甚至和他开玩笑地说："李明，你这些玩意儿太小儿科了，你是不是把我们都当成小学生了，我看你理论学得太多了。"裁剪工、缝纫工、熨衣工和包装工的感受是各式各样的。有些人在新计划的实行过程中受到了表扬，反映良好；但是另一些人则认为这是管理人员的诡计，要让他们更加拼命地工作，同时又不增加任何工资。而且很不幸的是，有这种想法的人占大多数。甚至偏激一些的工人开始叫嚷要联合罢工来争取自己的权益。李明万万没有想到事情会发展到这个地步。原来对他很信任和支持的高层管理者也开始怀疑他的计划，批评他考虑不周全。

请根据上述案例分析：

1. 你认为新计划失败的主要原因是什么？

2. 简述马斯洛的需要层次理论，你认为设计人员的主导需求和一线工人的主导需要有何不同？

3. 简述赫茨伯格的双因素理论，并分析案例中李明对理论中的保健因素和激励因素的理解及理论的适用性存在什么问题？

4. 李明对于这种结果很苦恼，为此他请教了一位资深顾问，如果你是这位顾问，根据你所学的激励理论，你认为如何给予他一定的建议以有效调动服装公司员工的积极性？

四、实践训练

激励调查问卷

实训目的

1. 培养运用激励理论的能力。

2. 培养参与社会实践活动的能力。

实训内容

1. 分组活动，把班级同学分成几个小组，每个小组 6～7 个人左右。

2. 每个小组选择学校附近熟悉的一个企业，对该企业激励员工的方法进行问卷调查。

3. 每组在调研的基础上，运用有关的激励理论，写一份调查分析报告。

4. 每个小组各选出一名代表，利用多媒体形式陈述本组调查报告的主要内容，并接受答辩。

实训要求

1. 每个小组自设调查问卷或访问提纲，调查分析报告应包括企业的背景、企业的组织架构、企业激励员工的方式、提出建议或意见等。

2. 应通过调研，占有较为充分的材料。

3. 要结合本章所学的理论，分析企业具体使用的激励方法。

4. 报告内容要合理、完整，论述符合逻辑。

5. 所有同学都应积极参与、共同完成调查报告。

实训考核

1. 每组都要撰写调查报告书。

2. 各组派代表发言；各组分别对其他各组评分，并指出其成功与不足；各组对组员进行评分。

3. 由教师与学生共同对调查报告书进行评估，从而确定每个小组的成绩。

表 8-4　　记分表

得分 项目	优 （90～100 分）	良 （80～89 分）	中 （70～69 分）	及格 （60～100 分）	不及格 （60 分以下）
问卷设计					
报告内容					
PPT 展示					
演讲效果					

第九章 管理沟通

知识目标

- 理解沟通的基本概念及作用；
- 熟悉沟通的过程；
- 熟悉沟通的方式、方法与艺术。

能力目标

- 掌握沟通的方式和渠道。

摩托罗拉公司的沟通方式

在摩托罗拉公司，每一个管理者都被要求与普通操作工形成介乎于同事与兄弟姐妹之间的关系——在人格上千方百计地保持平等。"对人保持不变的尊重"是公司的个性，最能体现其个性的是它的"Open Door"。"我们所有管理者办公室的门都是绝对敞开的，任何职工在任何时候都可以直接推门进来，与任何级别的上司平等交流。每个季度第一个月第一天，中层干部都要同自己的手下和自己的主管进行一次关于职业发展的对话，回答'你在过去3个月里受到尊重了吗？'之类的6个问题。这种对话是一对一和随时随地的。"

摩托罗拉的管理者们还为每位员工预备出了以下几种"Open Door"式表达意见和发泄的途径。

（1）我建议。书面形式提出对公司各方面的意见和建议，全面参与公司管理。

（2）畅所欲言。这是一种保密的双向沟通渠道，如果员工要对真实的问题进行评论和投诉，应诉人必须在3天内对隐去姓名的投诉信给予答复，整理完毕后由第三者按投诉人要求的方式反馈给本人，全过程必须在9天内完成。

（3）总经理座谈会。每周四召开座谈会，大部分问题可以当场答复，7日内对有关问题的处理结果予以反馈。

（4）每日简报及墙报。方便快捷地了解公司和部门的重要事情和通知。

（5）员工大会。由经理直接传达公司的重要信息，有问必答。

（6）教育日。每年重温公司文化、历史、理念和有关规定。

（7）热线电话。当你遇到问题时可以向这个电话反映，昼夜均有人值守。

（8）职工委员会。职工委员会是员工与管理层直接沟通的另一个桥梁，委员会主席由员工关系部经理兼任。

（9）589信箱。当员工的意见尝试以上渠道后仍无法得到充分、及时和公正解决时，可以直接写信给天津市589信箱，此信箱钥匙由摩托罗拉公司中国区人力资源总监亲自掌握。

摩托罗拉公司通过采取这些沟通方式，业绩取得了惊人的效果。

思考：从这个案例中你能总结出摩托罗拉公司内部沟通的特点和方式有哪些吗？

第一节 沟 通 概 述

管理沟通是企业组织的生命线。管理的过程，也就是沟通的过程。企业管理有五项基本职能，即计划、组织、领导、控制、创新，而贯穿在其中的一条主线即为沟通。沟通是实现管理职能的主要方式、方法、手段和途径。没有沟通，就没有管理，从某种意义上，现代企业管理就是沟通，沟通是现代企业管理的核心、实质和灵魂。

一、沟通的概念

什么是沟通？在《现代汉语词典》中解释，沟通：使两方能通连。在中国，沟通一词本指开沟以使两水相通，后用以泛指使两方相通连，也指疏通彼此的意见。如《左传·哀公九年》有曰："秋，吴城邗，沟通江淮。"沟通一词还来自英文"Communication"，可译作信息交流、意见沟通等。

在管理学中，沟通是指人与人之间传达思想感情和交流信息的过程。它主要包括为实现组织目标而进行的组织内部和外部的信息、思想和情感等传递和交流活动。具体来说，组织的整个管理工作都与沟通有关。在组织内部，有员工之间的交流、员工与工作团队之间的交流、工作团队之间的交流；在组织外部，有组织与客户之间的交流、组织之间的交流。

二、沟通的过程

沟通的过程指的是信息交流的全过程，即信息的发送者将信息按照一定的程序进行编码后，通过信息沟通的渠道传递给信息的接收者，信息的接收者将接收的信息进行编码处理，然后反馈给发送者。

如图 9-1 所示，一个完整的沟通的过程主要涉及的要素有：发送者、信息、编码、通道、解码、接收者、反馈、噪声和背景。

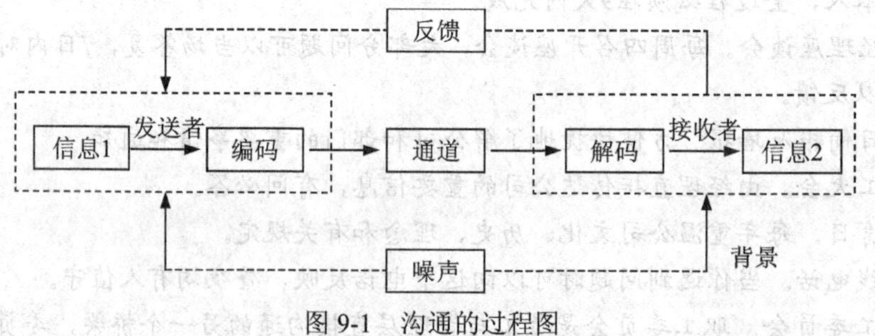

图 9-1 沟通的过程图

（1）发送者与接收者

发出和接收信息的个人、群体、组织，它们共同构成了沟通的主体。发送者需要将信息，如想法、观点、资料等译成接收者能理解的一系列符号，并将上述符号传递给接收者。接收者通过一定的渠道收到信息并有选择地吸收消化这些信息，进一步转化为自己理解的内容和意念，经过判断采取相应的行为，因而接收者是响应的沟通者。

（2）编码与解码

编码是信息的发送者将其思想编成一定的文字等语言符号及其他形式的符号。解码则恰恰与之相反，是信息的接收者在接收信息后，将符号化的信息还原为思想，并理解其意义。完美的沟通，应该是发送者的信息 1 经过编码与解码两个过程之后，接收者形成的信息 2 与信息 1 完全吻合，也就是说，编码和解码完全“对称”。

（3）信息

由信息源经过编码而创造的一切语言和非语言符号。这些组合符号表达了发送者意欲传递的意义。信息的表现形式多种多样，包括所说的话、文章、图画、动作表情等。

（4）通道

通道是由发送者用于传递信息的媒体，即信息交流的渠道。如面对面的交谈、书面通知、电话、电报、计算机网络等。在各种方式的沟通中，影响力最大的还是面对面的原始沟通方式。例如，在美国总统大选时，即使在通信技术高度发达的今天，总统候选人还是不辞辛劳地四处奔波到处演说。

（5）背景

沟通总是在一定的背景中发生的，任何形式的沟通，都要受到各种环境因素的影响。具体来说，有心理背景、物理背景、社会背景、文化背景等。心理背景是指沟通双方的情绪和态度；物理背景是指沟通发生的场所；社会背景是指沟通双方的社会角色关系、不同沟通模式等；文化背景是指沟通者所具有的较稳定的价值取向、思维方式、心理结构的总和，已转变为人精神的核心部分。

（6）反馈

反馈是指接收者把信息返回给发送者，并对信息是否被理解进行核实。反馈是信息沟通体系中的一个重要方面，提供反馈有利于增强沟通的有效性。

（7）噪声

妨碍信息沟通的任何因素都是噪声，它存在于沟通过程的各个环节中，并有可能造成信息失真。噪声包括三种，即影响信息发送的噪声，如表达能力欠佳、知识和经验的局限等；影响信息传递的噪声，如外界干扰、物质条件限制、媒体选择不合理等；影响信息接收和理解的噪声，如信息过量、社会地位差别、目标差异等。

三、沟通的作用

相关链接

“蜂舞”法则

管理心理学中有著名的“蜂舞”法则，即蜜蜂主要以跳“圆舞”和“镰舞”的两种形式为信号，告诉同伴各种蜂蜜信息，沟通完毕后一起去采蜜。“蜂舞”法则揭示的道理是：信息是主动性的源泉，加强沟通才能改善管理的效果。著名管理学家巴纳德认为：“沟通是一个把组织的成员联系在一起，以实现共同目标的手段。”有关研究表明，管理中 70%的错误是由于不善于沟通造成的，由此可见，沟通在管理中的重要性。

（1）对组织内部来说，沟通可以协调组织的各个要素，是使企业成为一个整体的凝聚剂。组织内部通过沟通交换意见、统一思想、协调行动，从而改善组织内的工作关系，充分调动下属的积极性。

（2）对组织外部来说，沟通把组织与外部环境联系起来，从而使组织不断得以发展。任何组织都不是孤立发展的，它要与顾客、政府、公众、竞争者等发生各种各样的关系。一个组织只有通过信息沟通才能成为一个与其外部环境发生相互作用的开放系统。而且随着外部环境的不断变化，组织只有通过与外界保持持久的信息沟通，才能把握变化所带来的机遇和挑战。

（3）沟通也是管理者激励下属，履行领导职责的基本途径。一个领导者必须通过沟通将自己的意图和要求告诉下属，通过沟通了解下属的想法，从而进行有效的指导、协调和激励。畅通无阻的上下沟通，可以起到振奋员工士气、提高工作效率的作用。

正是从这个意义上讲，有效的沟通是提高企业组织运行效益的一个重要环节。实现管理沟通规范化，也就是通过把一种高效、科学的沟通技巧和方法作为一种管理人员的具体管理行为规范确立下来，让每个管理人员都遵照执行。

小案例

麦克尼利斯集团的“5—15报告”法

麦克尼利斯集团行政总裁麦克尼利斯采用了一种叫作“5—15报告”的工作程序。其方法是：每位职员每周需提交一份报告，报告必须能在15分钟内完成，能够让读报告的人在5分钟内读完。报告共分以下三个部分：

（1）简要叙述本人一周以来的工作情况；

（2）坦率地叙述本人的精神面貌及周围同事的士气；

（3）一条针对本人工作、本部门或公司的改进建议。

使用这种工作程序一段时间之后，麦克尼利斯发现报告的第三部分中很少出现有有益的建议，而往往充斥空洞无物的官样文章。因此，他删掉了这一部分，但却保留了这一基本程序作为企业内部沟通的主要手段。

“在一个像我们这样人员分散的企业中，这个工作方法大有裨益。”麦克尼利斯说，“从我得到的信息反馈看，实施‘5—15’报告程序后，我们的许多驻外人员都觉得和公司更加形同一体。对于全职人员，报告每周一份；而对于兼职人员和咨询顾问，则要求每月一份。报告一般在周一中午之前递交。因为我们的人员较少，所以每人都能得到所有报告的全套复印件。我们还把它们抄送给我们公司的主要业务单位、合资企业和重要客户，作为加强联系的一种办法。”

“5—15报告”主要汇报客户中出现的情况，正在起草中的提案，可圈可点的会议，出现的问题和新的计划等。这种工作程序为员工提供了一个论坛，人们可以在这里分享成果经验，对同事表示慰问，寻求帮助，提出建议，发泄愤怒或传递一些大家感兴趣的信息。

麦克尼利斯集团的内部报告中还有一个非常重要的内容，就是员工的个人生活，诸如孩子出生、亲属去世、同仁结婚等。由于种种内容每周都有，而且人人均可读到。实际这种报告体系是用来通报大家共同感兴趣的情况的，但麦克尼利斯却注意到：这种报告常常能够促使员工进行深层次的个人交流。他补充道：“我非常仔细地阅读这些报告，尤其是有关精神面貌的部分。我经常会对报告中的某些内容做出批示，然后发给报告提交人，这样就形成了一个快速高效的反馈循环。”

第二节 沟通方式及渠道

一、沟通方式

沟通是一种实践的艺术。不同的环境，适合采用不同的沟通方式。在具体的沟通实践中，不同的沟通方式都遵从沟通的基本技巧，但因为各自有不同特点，所以有自己的沟通要求。

实践中，因为不同情景要求采用不同的沟通方式，常用的沟通方式包括面对面的口头沟通、电话沟通、书面沟通、网络沟通、演讲、谈判等。在组织中最普遍使用的沟通方式有口头沟通、书面沟通、非语言沟通和电子媒介沟通。

（一）口头沟通方式

口头沟通是指借助于口头语言实现的信息交流，它是日常生活中最常采用的沟通形式，主要包括口头汇报、会谈、讨论、演讲、电话联系等。口头沟通的优点是灵活多样、直接；传递速度快，并能及时反馈信息；可使下属感到被尊重、受重视，从而激发工作积极性。其缺点是信息从发送者一个个接力式地传递，存在着较大的失真可能性。

（二）书面沟通方式

书面沟通是以文字为媒体的信息传递，形式主要包括文件、报告、信件、书面合同等。书面沟通优点是书面沟通具有有形展示、长期保存以及可以作为法律防护的依据等；在正式发表之前可以反复修改；内容易于复制、传播。缺点是花费时间较长，缺乏内在的信息反馈机制，其结果是无法确保所发出的信息能被接收到，即使接收到，也无法确保接收者对信息的正确理解。

（三）非语言沟通方式

非语言沟通是相对于语言沟通而言的，是指通过身体动作、体态、语气语调、空间距离等方式交流信息、进行沟通的过程。在沟通中，信息的内容部分往往通过语言来表达，而非语言则作为提供解释内容的框架，来表达信息的相关部分。非言语沟通的功能作用就是传递信息、沟通思想和交流感情。

（四）电子媒介沟通方式

电子媒介沟通是借助现代电子通信技术手段进行的沟通。先进的通信技术在工作中扮演着很重要的角色，它可以使人们进行远距离的沟通交流。现在最常用的电子媒介沟通方式有：电子邮件、即时信息、音频会议、带音频的网络会议、信息流和视频会议等。

多数组织都使用多种沟通方式帮助员工保持联系和正常工作。过去，很多沟通方式都被当作孤立的方案来解决特殊需要。现在，必须把它们放在更大的环境下考虑，尽量将不同的沟通方式整合到一个统一的、多层次的沟通平台。上述各种沟通方式的比较如表 9-1 所示。

表 9-1　沟通方式比较

沟通方式	举例	优点	缺点
口头	交谈、讲座、讨论会、电话等	传递反馈快、信息量大、弹性大、亲切、双向、效果好	不易保存、事后难查证、传递层次越多则信息失真越严重
书面	报告、备忘录、信函、文件、内部期刊、布告等	正规、准确、权威、持久有形可核实，易于储存	效率低、费用较高、缺乏反馈、保密性差
非语言	表情、动作、语调、语气等	内涵丰富、含义隐含灵活	传递距离有限、界限模糊、只可意会不可言传
电子媒介	电子邮件、电子会议、网络会议等。	快速传递、容量大、距离远，可同时传递到多人	单向传递，电子邮件可交流但看不到表情，不能满足人们归属的需要

二、沟通渠道

信息沟通总是循着一定的路径、通道或渠道进行的。一般的，按照信息沟通是否是组织设计过程所正式规定的，可相应地将组织中发生的沟通区分为正式沟通和非正式沟通。

（一）正式沟通渠道

正式沟通是通过组织制定的渠道进行信息交流的传递过程。例如，组织规定在一定期限内召开工作会议、定期或不定期进行书面汇报、上级指令按照组织系统层次逐级向下传达、下级情况按照组织系统层次逐级向上反馈等沟通过程，都属于正式沟通。它按照信息的流向分类，包括上行沟通、下行沟通、横向沟通和斜向沟通。

1. 上行沟通

上行沟通是指自下而上的沟通，即下属向上级反映情况、问题，提出要求和建议等。上行沟通的优点是：下级将自己的看法、意见向上级反映，能够获得一定的满足感，能够增强下级的参与感；上级可以通过上行沟通了解下级的状况、存在的问题等，做出符合实际情况的决策。上行沟通所存在的问题是：在上行沟通的过程中，下级因地位、职务的不同有一定的心理距离和障碍；下级往往害怕上级打击报复、"穿小鞋"，致使下级不愿反映真实情况。

2. 下行沟通

下行沟通是指自上而下的沟通，即管理者将命令传递给下属。下行沟通的主要作用是：领导把组织的路线、方针、政策及意图传递给下属，从而给下属指明工作的目标，明确其职责和权力；领导可以把工作中存在的问题与要求传达给下属，与下属协商解决，可以增强下属的归属感；下行沟通可以协调组织中各层次的活动，增进各层次、各职能部门之间的联系和了解。下行沟通的缺点是：由于信息是逐级传递的，所以在传递过程中会发生信息的搁置、误解、歪曲，从而影响沟通的效果。而且长期使用下行沟通，一方面易形成一种"权力气氛"，影响士气；另一方面会养成下级依赖上级，一切听从上级裁决的权威性人格，从而使下级缺乏工作的积极性和创造性。

3. 横向沟通

横向沟通是指在组织系统中处于同一层次的个人、群体、职能部门之间进行的信息传递和交流。横向沟通的优点很多：办事程序和手续简便，节省工序和时间，办事效率高；可以加强各职能部门之间的相互了解和协调，消除相互之间的冲突、扯皮，增进团结；可以增进组织之间及组织成员之间的协作和协助，培养集体主义精神，克服本位主义和个人主义的弊病。

4. 斜向沟通

斜向沟通是指组织内非属同一层次的个人和群体之间的沟通。斜向沟通主要是交流业务活动中的各种信息，以便进行指导和协调。进行斜向沟通要处理好与对方上级直接领导的关系，以免造成误解和混乱。

（二）非正式沟通渠道

非正式沟通渠道是指正式组织途径以外的信息沟通方式，最具代表性的当属小道消息的流传方式和过程。非正式沟通的主要功能是传播员工所关心的、与他们有关的信息，它取决于员工的社会地位、个人兴趣和利益，与组织正式的要求无关。这种沟通往往是在不受组织的约束和干涉的地点、时间、场合条件下所进行的非正式交流，具有自发性、灵活性、迅速性、随意性等特征。

非正式沟通渠道的优点是易于表达真实思想状况，所以容易获得在正式沟通情况下难以得到的有用信息，能增进情感交流，对于改变人的态度和行为具有重要的积极作用。但这类沟通由于随意性强，信息扭曲和失真的可能性较大。对于非正式沟通，在管理上的对策有：尽可能使组织内沟通系统较为开放或公开，那么种种不实的谣言将会自然消失；对已经形成的谣言，正面提出相反的事实更为有效；不要使组织成员有过分闲散或过分单调枯燥的情形发生等。

总的来说，正式沟通的内容和频率要恰当。次数过少，内容不全，会使上情不能下达，下情不能上传；而次数过多，内容烦琐，会陷入形式主义和官僚主义。管理者在力求使正式沟通畅通的同时，还应重视和利用好非正式沟通渠道，使后者成为前者有益的补充形式。

三、沟通网络

组织沟通的形式可组合成信息传递的多种模式，这些模式称之为信息沟通网络，它表明了在一个组织中，组织信息是怎样传递或交流的。图 9-2 详细展示了五种典型的信息沟通网络，即链式、Y 式、轮式、环式和全通道式。

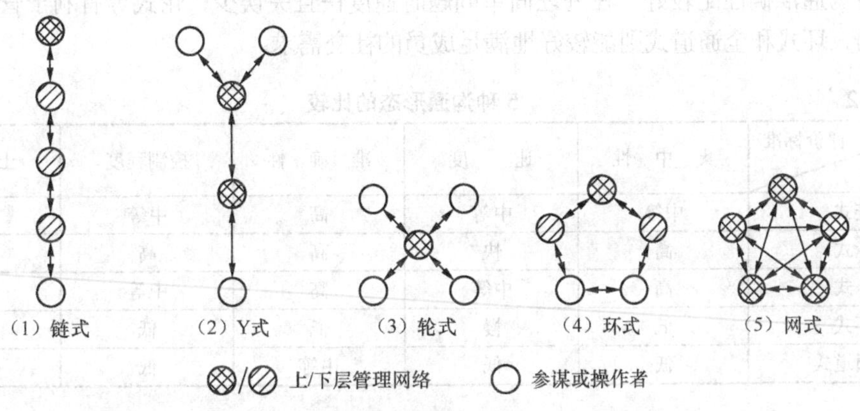

图 9-2　沟通网络图

（一）链式沟通

链式沟通是一个平行网络，其中居于两端的人只能与内侧的一个成员联系，居中的人则可分别与两人沟通信息。在一个组织系统中，它相当于一个纵向沟通系统，代表一个等级层次，逐渐传递，信息可自上而下或自下而上进行传递。在这个网络中，信息经层层传递，容易失真，各个信息传递者所接收的信息差异很大，平均满意程度有较大差距。

（二）Y 式沟通

Y 式沟通是一个纵向沟通网络，其中只有一个成员位于沟通内的中心，成为沟通的媒介。在组织中，这一网络大体相当于组织领导、秘书班子再到下级主管人员或一般成员之间的纵向关系。这种网络集中化程度高，解决问题速度快，组织中领导人员预测程度高。除中心人员外，组织成员的平均满意程度较低。但此网络易于导致信息曲解或失真，影响组织中成员的士气，阻碍组织提高工作效率。

（三）轮式沟通

轮式沟通属于控制型网络，其中只有一个成员是各种信息的汇集点与传递中心。在组织中，大体相当于一个主管领导直接管理几个部门的权威控制系统。此网络集中化程度高，解决问题的速度快，沟通的渠道很少，组织成员的满意程度低，士气低落。

（四）环式沟通

此形态可以看成是链式形态的一个封闭控制结构，表示 5 个人之间依次联络和沟通。其中，每个人都可以同时与两个人沟通信息。在这个网络中，组织的集中化程度和领导人的预测程度都较低，畅通渠道不多，组织中成员具有比较一致的满意度，组织士气高昂。

（五）全通道式沟通

这是一个开放式的网络系统，特别是在Internet和Intranet应用日益广泛的今天。其中每个成员之间都有一定的联系，彼此了解。此网络中组织的集中程度很低。由于沟通渠道很多，组织成员的平均满意程度高且差异小，所以士气高昂，合作气氛浓厚。这对于解决复杂问题，增强组织协作精神，提高士气均有很大作用。但是，由于这种网络沟通渠道太多，易造成混乱，且又费时，会影响工作效率。

作为管理者，应采用哪一种信息沟通网络呢？这主要取决于沟通目标的定位。表9-2按照集中性、速度、准确性、控制程度、士气的高低总结了各种信息网络的有效性。从表中可以明显地看出，没有一种模式在任何情况下都是最好的。环式和全通道式的沟通速度快，由于能获得大量的信息，在处理复杂问题时比其他类型的信息网络快且失误少；链式、Y式和轮式一般沟通准确性比较好，在处理简单问题时速度快且失误少；轮式等有利于管理者控制各项活动，环式和全通道式则能较好地满足成员的社交需求。

表9-2　**5种沟通形态的比较**

评价标准 / 沟通形态	集中性	速度	准确性	控制程度	士气
链式	中等	中等	高	中等	中等
轮式	高	快	高	高	低
Y式	高	中等	高	中等	中等
环式	低	慢	低	低	高
全通道式	低	低	中等	低	高

第三节　有效沟通的方法

一、有效沟通

有效沟通就是指在一定的时间和场合，为了一定的目的，借助某种方式传递信息，表达思想和感情，并能被人正确理解和执行、达到某种效果的过程。

因此，为达到有效沟通，首先，信息的发送者必须清晰表达所要传递信息的内涵，以便信息接收者能够确切理解；其次，信息发送者重视信息接收者的反应并根据其反应及时修正信息的传递，免除不必要的误解。沟通的有效性对群体和组织的运行有着十分重要的影响。要提高沟通的有效性，必须打下良好的沟通基础，遵循沟通的基本原则和采用相应的沟通策略。

（一）有效沟通的原则

管理学大师德鲁克曾提出有效沟通的四个原则。

（1）可信赖性原则。沟通双方在沟通中始终保持亲密、信任的人际关系，运用有效的沟通技能，使双方处在良好的沟通气氛之中。没有良好的沟通气氛，就没有顺利的沟通。

（2）明确性原则。准确是基本的原则和要求，在沟通中，只有当你所用的语言和方式能被对方理解时，沟通才有效。表达的明确性是指信息的组织形式应该简洁明了，易于公众接受，运用最简单的语言，选取最主要的信息。

（3）及时性原则。信息只有得到及时反馈才有价值。在沟通时，不论是向下传达信息，还是向上提供信息，或者是平行传递信息，都与遵守“及时”原则。遵循这一原则，可以使自己容易得到各方的理解和支持，同时可以迅速了解别人的想法和态度。

（4）差异性原则。在沟通中要考虑到接收者的个性差异，包括理解能力、注意能力、接受能力等，采取不同的沟通方式和方法进行有针对性沟通。也就是我们说的“在什么山上唱什么山歌”。

（二）有效沟通的方法

有效沟通应该是及时、正确、完整的。要使沟通有效，首先必须克服沟通中的种种障碍。除此之外，在沟通时可使用一些策略来提高沟通的效率。

相关链接

巴纳德曾说：“管理者的最基本功能是发展与维系一个畅通的沟通管道。”日本企业家松下幸之助也曾说过：“企业管理过去是沟通，现在是沟通，未来还是沟通。”管理与被管理者之间的有效沟通是任何管理艺术的精髓。

（1）明确沟通的重要性，正确对待沟通。不少管理人员认为管理中计划、组织、领导和控制非常重要，往往忽视沟通，认为信息的上传下达有了组织系统就可以了，对非正式沟通中的“小道消息”甚至采取压制的态度。作为管理者，必须从根本上对沟通引起足够的重视，掌握沟通的艺术，使沟通成为管理的有效手段。因为，这不仅仅有利于人与人之间的相互理解、相互支持，上下同心，提高组织的凝聚力、战斗力，也有利于提高管理者自身的权威。沟通不仅仅是一门技术，更是一门艺术，这就需要管理者不断探索、总结，通过学习，掌握一般的规律和方法。

（2）缩短信息传递链，拓宽沟通渠道，保证信息的畅通和完整性。信息传递链过长，会减慢流通速度并造成信息失真。因此，要减少组织机构重叠，拓宽信息渠道。另外，管理者应激发员工自下而上的沟通。例如，运用交互式广播电视系统，允许员工提出问题，并得到高层领导者的解答；公司内部刊物设立有问必答栏目，鼓励员工提出自己的疑问。此外，在利用正式沟通渠道的同时，可以开辟非正式的沟通渠道，领导者走出办公室，亲自和员工们交流信息。坦诚、开放、面对面的沟通会使员工觉得领导者理解自己的需要和关注，取得事半功倍的效果。

（3）提高沟通的心理水平。要克服沟通的障碍必须注意以下心理因素的作用。首先，在沟通过程中要认真感知，集中注意力，以便信息准确而又及时地传递和接收，避免信息的错误传达和减少接收时信息的损失。其次，增强记忆的准确性是消除沟通障碍的有效心理措施，记忆准确性水平高的人，传递信息可靠，接收信息也准确。再次，提高思维能力和水平是提高沟通效果的重要心理因素，高的思维能力和水平对于正确地传递、接收和理解信息，起着重要的作用。最后，培养良好的情绪和心理气氛，创造一个相互信任、有利于沟通的小环境，有助于人们真实地传递信息和正确地判断信息，避免因偏激而歪曲信息。

（4）要适当控制信息传递的数量。在管理中，由于分级主管部门的角色不同，每个团队成员所考虑的问题不同，因此，在信息传递时，要适当注意量的控制。也就是说，应该让下级知道的信息必须尽快传递，使得问题尽快得以解决。

（5）要控制使用直接传递与非正式渠道。直接传递就是越级传递，撇开管理信息系统，使沟通双方直接对话。在管理中，不能过多采用这种方式。对于非正式沟通，也应实施有效的控制。尽管在某些情况下，非正式沟通往往能达到正式沟通难以达到的效果，但是，它也可能成为散布谣言和小道消息的通道，这将不利于组织的团结，影响团队的士气和工作效率。

（6）注意信息的反馈。有效的反馈是提高沟通效果的重要方面。管理者在沟通中要注意信息接收者的反馈。这些反馈，有些是通过语言表达的，而有些是通过非语言方式表现出来的，如表情、动作、眼神等。对此，管理者应高度重视，并注意自身的反馈。同时，反馈要求是双向的。如下级主管部门要向上级领导提供信息，同时也接受上级领导的信息查询；上级领导也要经常向下级提供信息，同时对下级提供的信息进行反馈，从而形成一种信息环流，有利于提高团队士气，调动员工参与管理的积极性。

二、人际沟通

小案例

理发师的回答

有个理发师带了个徒弟。徒弟学艺 3 个月后，这天正式上岗，他给第一位顾客理完发，顾客照镜子说："头发留得太长。"徒弟不语。

师傅在一旁笑着解释："头发长，使你显得含蓄，这叫藏而不露，很符合您的身份。"顾客听罢，高兴而去。

徒弟给第二位顾客理完发，顾客照照镜子说："头发剪得太短。"徒弟无语。师傅笑着解释："头发短使您显得精神、朴实、厚道，让人感到亲切。"顾客听了，欣喜而去。

徒弟给第三位顾客理完发，顾客一边交钱一边笑道："花时间挺长的。"徒弟无语。

师傅笑着解释："为'首脑'多花点时间很有必要，您没听说：进门苍头秀士，出门白面书生？"顾客听罢，大笑而去。

徒弟给第四位顾客理完发，顾客一边付款一边笑道："动作挺利索，20 分钟就解决问题。"徒弟不知所措，沉默不语。

师傅笑着抢答："如今，时间就是金钱，'顶上功夫'速战速决，为您赢得了时间和金钱，您何乐而不为？"顾客听了，欢笑告辞。

晚上打烊。徒弟怯怯地问师傅："您为什么处处替我说话？反过来，我没一次做对过。"

师傅宽厚地笑道："不错，每一件事都包含这两重性，有对有错，有利有弊。我之所以在顾客面前鼓励你，作用有二：对顾客来说，是讨人家喜欢，因为谁都爱听吉言；对你而言，既是鼓励又是鞭策，因为万事开头难，我希望你以后把活儿做得更加漂亮。"

徒弟很受感动，从此，他越发刻苦学艺。日复一日，徒弟的技艺日益精湛。

如果有人对你的行为不满，不要着急，你完全可以像上面那位师傅一样改变自己所处的不利局面。

（一）人际沟通含义

人际沟通是指两个或两个以上的人之间的信息沟通。顾名思义，就是人与人之间的信息和情感相互传递的过程。它是群体沟通、组织沟通甚至管理沟通的基础。从某种程度上说，组织沟通是人际沟通的一种表现和应用形式，有效的管理沟通都是以人际沟通为保障的。

（二）人际沟通的功能

人际沟通具有心理、社会和决策等功能，与我们的生活息息相关。心理上，人们为了满足社会性需求和维持自我感觉而沟通；社会中，人们也为了发展和维持关系而沟通；在决策中，人们为了分享信息和影响他人而沟通。

1. 心理功能

心理功能的作用主要在于：其一是为了满足社会需求和他人沟通。在心理学中认为人是一种社会的动物，人需要与他人相处就像需要食物、水、住所等一样。如果失去了与人相处与接触的机会，大多会产生一些症状，如产生幻觉、丧失运动机能，甚至变得心理失调。例如，平常我们与其他人闲聊琐事，即使话题并不重要，却因满足了彼此互动的需求而感到愉快与满意。其二是为了加强肯定自我而和他人沟通。由于沟通，我们能够探索自我以及肯定自我。要知道自己有什么专长与特质，可以借由沟通从别人口中获得。

2. 社会功能

人际关系提供了社会功能，且通过社会功能我们可以发展与维持与他人间的关系。我们必须经由他人的沟通来了解他人。通过沟通的历程，关系得以发展、改变或者维系下去。

3. 决策功能

人类除了是社会的动物之外，也是决策者。但有时靠自己就能决定，有时候却需要和别人商量后一起做决定。而沟通满足了决策过程中两个功能，一是沟通促进信息交换，另一个是沟通可以影响他人。正确和适时的信息是做出有效决策的钥匙。有用的信息有时是通过自己的观察获得的，有些是从传播媒体得来的，但也有很多是经由与他人沟通而获得的。同样，现在我们也通过沟通来影响他人的决策，如和朋友去买衣服，他的询问与你的意见之间的互动就可能会影响到购买的结果。

（三）人际沟通的特点

人际沟通具有以下特点。

（1）在人际沟通中，沟通双方都有各自的动机、目的和立场，都设想和判定自己发出的信息会得到什么样的回答。因此，沟通的双方都处于积极主动的状态,在沟通过程中发生的不是简单的信息运动，而是信息的积极交流和理解。

（2）人际沟通借助言语和非言语两类符号，这两类符号往往被同时使用。二者可能一致，也可能矛盾。

（3）人际沟通是一种动态系统，沟通的双方都处于不断的相互作用中，刺激与反应互为因果，如乙的言语是对甲的言语的反应，同时也是对甲的刺激。

（4）在人际沟通中，沟通的双方应有统一的或近似的编码系统和译码系统。这不仅指双方应有相同的词汇和语法体系，而且要对语义有相同的理解。语义在很大程度上依赖于沟通情境和社会背景。沟通场合以及沟通者的社会、政治、宗教、职业和地位等的差异都会对语义的理解产生影响。

三、改善人际沟通的方法

1. 主动讲话，成为信息的发送者

只有当你把心里想的勇敢说出来，才有可能与他人沟通。人与人之间存在很多矛盾的一个主要原因，就是缺乏主动沟通。当事人没有勇气把自己的想法说出来，造成许多误解。

2. 简化语言，提高自己的语言表达能力

由于语言可能成为沟通的障碍，因此信息的发送者首先要选择简洁、完整的信息，清楚、明确的表达。对于信息发送者，无论是口头交谈还是书面表达，都要力求简明扼要、准确表达自己的意思。

3. 营造良好的沟通气氛

创造一种正向的气氛会使有效的沟通较易达成。对于重要的信息，在办公室等正规场合进行交谈，有助于双方集中注意力，从而提高沟通的效果；而对于思想上或者感情方面的沟通，则适宜于在比较随便、独处的场合下进行，这样便于双方消除隔阂。

4. 掌握倾听的技巧

在人际沟通中，言谈是最直接、最重要和最常见的一种途径，有效的言谈沟通很大程度上取决于倾听。而“听”在人际沟通中也分为不同层次，如图 9-3 所示。

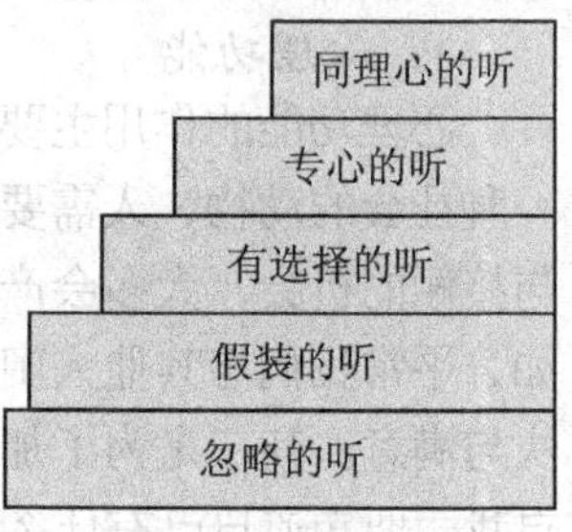

图 9-3 听的层次

做一名好的倾听者，首先要全神贯注，避免走神。有效倾听的一个关键是做一名积极的倾听者，即通过专心倾听以达到感受说话者情感的目的，做到同理心。其次观察信息的非语言部分。如从信息发送者的音调和面部表情是否认真来判断其态度真诚与否。再次做一名积极的倾听者，释义也很重要，即用自己的话重复对方的所说、所感与所指。最后好的倾听者要鼓励信息发送者。通过提问、点头表示赞同，以及寻找共同点来鼓励对方。掌握倾听艺术并不难，只要克服心中障碍，从小节做起，肯定能成功。

小案例

一名内地推销员去拜访保险客户，那个客户不会说普通话，只会说上海话。推销员听了半天也不太明白对方在说什么，唯一听明白的是：好像他的子女对他不太好。对方从表情上也看得出推销员听不懂他的方言，但仍然自顾自地说个不停。他只是想满足自己倾诉的欲望。这位推销员刚入行做保险，什么都不会，面对这个客户，他唯一能做的就是聆听。没想到，谈话结束的时候，他签到了他的第一份保单。

古希腊有一句民谚说：“聪明的人，借助经验说话；而更聪明的人，根据经验不说话。”成败是说出来的，机遇是听出来的。只有插上“听”“说”这两只翅膀，我们才能高高地飞翔。

5. 善于调控情绪

情绪能使信息的传递严重受阻或失真。不同的情绪感受会使个体对同一信息的解释截然不同。极端的情绪体验，或狂喜或抑郁，都可能阻碍沟通的顺利进行。这种状态常常使我们无法进行客观而理性的思维活动，代之以情绪性的判断。因此最好在沟通前要调控好自己的情绪状态，进行平静的沟通。

重要概念

沟通　沟通过程　沟通方式　沟通渠道　上行沟通　下行沟通　横向沟通　斜向沟通　有效沟通

本章小结

1. 沟通就是为了特定的目标，人和人之间通过一定渠道，以语言和非语言表现方式为载体，进行信息、思想和情感等的交流、传递和交换，并寻求反馈以达到相互理解的过程。

2. 人际沟通是人与人之间的信息和情感相互传递的过程。

3. 人际沟通的障碍有七个方面，即个体的性格、气质、态度、情绪、见解等的差别；知识、经验水平的差距所导致的障碍；个体记忆不佳所造成的障碍；对信息的态度不同所造成的障碍；相互不信任所产生的障碍；　沟通者的畏惧感以及个人心理品质也会造成沟通障碍；直觉选择偏差所造成的障碍。

4. 改善人际沟通的方法有：主动讲话，成为信息的发送者；简化语言，提高自己的语言表达能力；营造良好的沟通气氛；掌握倾听的技巧；善于调控情绪。

综合练习

一、名词解释

沟通　沟通过程　沟通方式　沟通渠道　有效沟通

二、简答题

1. 简述什么是沟通，沟通在管理中有什么作用。
2. 请简述书面沟通和口头沟通的优缺点。
3. 组织沟通发生的障碍因素有哪些？
4. 如何克服组织沟通中的障碍？

三、案例分析

与上级沟通往往是下级最头疼的一件事，因为下级一般惧怕上级，或者对上级的安排不满，或者唯恐沟通有误影响到自己的晋升。其实在与上级的沟通中，只要学会换位思考，很多问题能够迎刃而解。

情景1

会议室里，张强正和经理争吵不休。今天是3号，按照惯例正在召开部门月度工作布置会议。

“这个指标我完成不了，经理你每天坐在办公室，根本不知道我们辛苦。现在市场竞争这么激烈，新客户很难开发。现在你要求这个月的业绩增长 30%，这根本就不现实。”张强对经理布置的本月工作任务很不满意。

“为什么你完成不了呢？”经理问道。

“我人手不够。我带的三个业务员，钱可刚毕业没多久，没经验；老周和小赵不错，可是老周这个月 18 日就将离职了，没有兵怎么打仗？”张强觉得这个理由很充分。

“就这个原因吗？这是你的问题，怎么带新人，怎么降低老员工离职带来的业绩影响，是你这个主管应该考虑的事情”经理说。

“我的问题？那你经理做什么？难道部门任务都是我们的事情？”张强不服。

“如果你觉得做不了，可以选择辞职。”

“辞职就辞职，照这样下去根本就没法做了。”

“好，你可以离开会议室了，等会议结束后把辞职报告交给我。”

情景2

公司为了奖励市场部的员工，制定了海南旅游计划，名额限定为 10 名。可是 13 名员工都想去，作为部门经理，李锐非常为难，觉得需要再向上级领导申请 3 个名额。

他走进周总办公室：“周总，我们部门 13 个人都想去海南，可只有 10 个名额，剩余 3 个人会有意见，能不能再给 3 个名额”周总说：“筛选一下不就完了吗？公司能拿出 10 个名额已花费不少了，你们怎么不多为公司考虑？你们呀，就是得寸进尺，不让你们去旅游就好了，谁也没有意见。我看这样吧，你们 3 个做部门经理的，姿态高一点，明年再去，这不就解决了吗？”

请根据上述案例分析：

1. 张强在沟通中存在的问题有哪些？

2. 张强应该给经理提出什么建议？

3. 李锐在沟通中存在的主要问题有哪些？

四、实践训练

书面请假条的制作

实训目的

培养学生沟通能力。

实训内容与要求

1. 角色扮演：公司员工、部门经理。

2. 情景模拟：实习生小王发送 E-mail 给培训部老王经理，内容是询问会议在哪里、几时开等有关参加会议的信息。

3. 书面语言要规范，用词和标点要恰当。

例如：

（1）要有尊称。如"王经理：您好!"。

（2）先表明身份、客气地表示打扰与请求帮助。如"我是×××的小王。麻烦您请告诉我……"。

（3）表示感谢与署名。如"谢谢您，×××"。

（4）事后再致谢意。如"王经理：谢谢您！信已经收到。谢谢。×××。"

（5）要有明确的主题。如"王小武致王经理的……"。

（6）有附件的还要有简洁的说明与致谢，如"王经理：关于……的资料已发给你，请查收。谢谢。王小武。"

实训考核：

1. 组织会议交流，PPT 展示 E-mail 内容，同学间互相讲评；

2. 指导及教师点评，根据书面语言的格式评定出相应的等级。

第十章　人力资源管理

知识目标

- 了解人力资源管理的基本概念；
- 掌握人力资源管理的功能及职能；
- 掌握人力资源管理主要活动的基本理论。

能力目标

- 培养学生具备从事企业人力资源管理的基本能力；
- 能够熟知人力资源管理的基本工作流程。

三只鹦鹉

一个人去买鹦鹉，看到一只鹦鹉前标道："此鹦鹉会两门语言，售价二百元。"另一只鹦鹉前则标道："此鹦鹉会四门语言，售价四百元。"该买哪只呢？两只都毛色光鲜，非常灵活可爱。这人转啊转，拿不定主意。结果突然发现一只老掉了牙的鹦鹉，毛色暗淡散乱，标价八百元。这人赶紧将老板叫来，问道："这只鹦鹉是不是会说八门语言？"店主说："不。"这人奇怪了："那为什么又老又丑，又没有能力，会值这个数呢？"店主回答："因为另外两只鹦鹉叫这只鹦鹉老板。"

思考：通过这个故事，我们能够从中领悟到什么？

第一节　人力资源管理概述

一、人力资源管理的含义

人力资源管理概念是在 20 世纪中叶逐渐由人事管理转化而来的。人力资源管理分为宏观和微观两个层次。

宏观人力资源管理是指对一个国家或地区的人力资源的管理，即全社会的人力资源管理，主要侧重于从整体上对人力资源的形成、开发和利用的管理。

微观人力资源管理是指一个组织对其所拥有的人力资源进行开发、利用的管理。这里的组织大多数情况下是指企业或事业单位。本书所涉及的人力资源管理是微观层次即企业人力资源管理。

二、人力资源管理与传统人事管理的区别

为了能够正确地区分人力资源管理和传统人事管理，我们必须破除两种错误的看法：一种是将人力资源管理等同于传统的人事管理，认为两者是完全相同的，只不过更换了一下名称；另一种是将人力资源管理与传统的人事管理彻底割裂开来，认为两者毫无关系。其实，人力资源管理与传统的人事管理是一种继承和发展的关系：一方面，人力资源管理是对人事管理的继承，人力资源管理的发展历史告诉我们，它是从人事管理演变过来的，人力资源管理依然要履行人事管理的很多职能；另一方面，人力资源管理又是对人事管理的发展，它的立场和角度完全不同于人事管理，可以说是一种全新视角下的人事管理。两者之间的比较如表 10-1 所示。

表 10-1　传统人事管理与人力资源管理的比较

	传统的人事管理	人力资源管理
对员工的态度	（1）员工是被动的； （2）员工仅仅是企业的生产要素； （3）企业管理员工	（1）员工是主动的； （2）员工是企业发展的宝贵资源； （3）企业与员工互相匹配，共同发展
管理目标	服务于员工，支持员工，提高员工的工作效率和对企业的忠诚度	提高员工的总体素质，培养员工中的核心人才，直接形成企业的核心竞争力，提高企业的总体优势
管理战略	（1）将企业文化灌输给企业员工； （2）使员工理解并较好地执行企业任务、方针与政策	（1）将企业文化与企业战略融入员工的自觉行为； （2）让员工帮助企业实现经营战略

三、人力资源管理的功能

人力资源管理的功能主要体现在四个方，即吸纳、维持、开发和激励。吸纳功能主要指吸引并让优秀的人才加入到本企业；维持功能指让已经加入的员工继续留在本企业；开发功能指让员工保持能够满足当前及未来工作需要的知识与技能；激励功能指让员工在现有的工作岗位上创造出优良的绩效。就四项功能之间的关系而言，吸纳功能是基础，为其他功能的实现提供了条件，如果不能将人员吸引到企业中来，其他功能就失去了发挥作用的对象。激励功能是核心，是其他功能发挥作用的最终目的，如果不能激励员工创造出优良的绩效，其他功能的实现就失去了意义。开发功能是手段，只有让员工掌握了相应的技能，激励功能的实现才会具备客观条件，否则就会导致员工“心有余而力不足”。维持功能是保障，只有将吸纳的人员保留在企业中，开发和激励功能才会有稳定的对象，其作用才可能持久。

在企业的实践过程中，人力资源管理的四项功能通常被概括为“选”“育”“用”“留”四个字。这里，“选”就相当于吸纳功能，要为企业挑选出合格的人力资源；“育”就相当于开发功能，要不断地培育员工，使其工作能力不断提高；“用”相当于激励功能，要最大限度地使用已有的人力资源，为企业的价值创造做出贡献；“留”相当于维持功能，要采用各种办法将优秀的人力资源保留在企业中。

四、人力资源管理的职能

关于人力资源管理的职能存在着各种不同的看法。综合各种不同的划分方法，我们将人

力资源管理的职能概括为以下六个方面。

1. 人力资源规划

这一职能包括的活动有：对组织在一定时期内的人力资源的需求和供给做出预测，根据预测的结果制订出平衡供需的计划等。

2. 工作分析

工作分析包括两个部分的活动：一是对组织内各岗位所要从事的工作内容和承担的工作职责进行清晰地界定；二是确定各岗位所要求的任职资格，如学历、专业、年龄、技能、工作经验、工作能力以及工作态度等。工作分析的结果一般体现为岗位说明书。

3. 员工招聘与录用

这一职能包括招聘和录用两个部分。招聘指通过各种途径发布招聘信息，将应聘者吸引过来。录用则指从应聘者中挑选符合要求的人员。

4. 培训与开发

这一职能包括建立培训体系、确定培训需求、制订培训计划、组织实施培训以及对培训效果进行评估等活动。

5. 绩效管理

这一职能包括制订绩效计划、绩效实施、进行绩效考核、组织绩效反馈与改进等。

6. 薪酬管理

这一职能包括的活动有确定薪酬结构和薪酬水平、实施岗位评价、制定福利和其他待遇的标准，以及进行薪酬的测算和发放。

第二节　人力资源管理的主要活动

一、人力资源规划

人力资源规划就是指根据企业发展战略和经营目标，结合企业的发展需要和内外条件，运用科学的方法，对人力资源需求和供给状况进行分析和估计，制定必要的计划、政策和措施，以确保自身在需要的时候和需要的岗位上获得各种需要的人才，并使组织和个体得到长期利益的活动过程。

（一）人力资源规划的主要内容

人力资源规划的主要内容如下。

（1）总体规划。总体规划是指根据企业发展战略来确定人力资源管理的总目标、总计划、总步骤和总政策。

（2）配备计划。配备计划是指在企业发展的中长期时间内确定处于不同职务、部门或工作类型的人员的具体分布状况，是决定企业人员需求的重要依据。

（3）退休解聘计划。退休解聘计划是指在企业发展的过程中，对由于自然原因或特殊原因而与企业解除劳动关系的员工数量进行预测的计划活动。

（4）补充计划。补充计划是指为了保证企业在出现岗位空缺时能及时地获得所需数量和质量人员的计划。补充计划的目的是使企业能够正常运转。

（5）晋升与轮换计划。晋升是根据企业的人员分布状况和层级结构，拟定人员的提升政策。轮换计划是指为实现工作内容的丰富化、保持和提高员工的创新热情和能力、培养员工多方面的素质，针对员工工作岗位进行大范围定期变换而制订的计划。

（6）培训开发计划。培训开发计划是指企业为了使员工能够更好地适应正在从事的工作，也为企业未来发展所需要的一些岗位准备后备人才的计划。

（7）职业生涯发展计划。职业生涯发展计划是企业为了不断地增强员工的满意感，并使员工个人发展与企业的发展和需要统一起来，而制定的有关员工个人的成长、发展与企业的需求、发展相结合的计划。

（8）劳动关系计划。劳动关系计划是企业关于如何减少和预防劳动争议、改善劳动关系的计划。随着市场经济的发展，员工的法律意识在不断增强。这项计划旨在稳定企业与员工的劳动关系，为企业创造一个稳步发展的人际环境。

（9）绩效与薪酬福利计划。绩效与薪酬福利计划就是对员工的工作结果进行考核评价，并支付相应报酬的计划。

（10）人力资源费用预算。以上各个计划都与人力资源有关，都会不同程度地涉及费用问题。这就要在制定各个分项计划预算的基础上，制定出人力资源的总预算。

上面十项内容相互关联，构成了人力资源规划的主要内容。例如，培训计划、晋升与轮换计划可能给企业带来空缺岗位，因此需要补充人员；而补充计划要以配备计划为前提；补充计划的有效执行需要有培训计划、劳动关系计划来保证；职业生涯发展计划同晋升与轮换计划相辅相成等。

（二）人力资源规划编制的程序

一般来说，企业的人力资源计划的编制要经过七个步骤。

1. 收集准备有关信息资料

收集准备有关信息资料是人力资源规划非常重要的活动，与人力资源规划有关的主要信息资料包括：企业经营战略和目标，岗位说明书，员工的数量、质量、结构和分布，员工的训练和教育情况等。

2. 人力资源需求预测

人力资源需求预测的主要任务是分析并预测企业在未来某个时期内需要什么样的人以及需要多少人。

3. 人力资源供给预测

供给预测包括两个方面：一是内部人员拥有量预测；二是外部供给量预测。企业在进行人力资源供给预测时应把重点放在内部人员拥有量的预测上。外部供给量的预测则应侧重于关键人员和核心人员，如高级管理人员、关键技术人员等。

4. 确定人力资源目标

人力资源规划的目标是随企业所处的竞争环境、企业战略与战术规划、企业目前工作结构与员工工作行为的变化而不断改变的。

6. 制定具体规划

人力资源规划的具体规划包括制定补充规划、使用规划、培训与开发规划等。这些具体的规划应既要有指导性、原则性、可行性、适用性，又要有可操作的具体措施。供求预测的结果不同，决定了企业应采取的政策和措施也不同。

7. 对人力资源计划的审核与评估

人力资源的审核和评估是人力资源规划的最后阶段。它的目的在于检讨整个规划过程的实际执行情况，并反馈给各个有关规划人员，协助这些部门将有关工作纳入系统。是对人力资源计划所涉及的有关政策、措施以及招聘、培训发展和报酬福利等方面进行审核与控制。

二、工作分析

工作分析是指对某特定的工作做出明确的规定并确定完成这一工作所需要的知识技能、生理和心理健康等资格条件的过程。工作分析由工作描述和工作规范两大部分组成。

（一）工作描述

工作描述具体说明了某一工作的物质特点和环境特点，主要包括工作名称的描述、工作内容的描述、工作条件的描述、工作社会环境的描述和聘用条件的描述。

（二）工作规范

工作规范主要说明的是从事某项工作的人员必须具备的一般要求、生理要求和心理要求。包括健康状况、力量与体力、运动的灵活性、感官的灵敏度以及事业心、团队合作、观察力、领导能力、组织能力和沟通能力等。

小案例

机油洒地　责任在谁

一名机床操作工把大量的机油洒在他机床周围的地板上，车间主任叫操作工把洒掉的机油清扫干净。操作工拒绝执行，理由是岗位说明书里面并没有包括清扫的条文。车间主任顾不上去查岗位说明书上的原文，就找来一名服务工来做清扫工作，但服务工同样拒绝，他的理由是岗位说明书里没有包括这一类工作职责，清扫工作应该是勤杂工的事情。车间主任威胁说要把他解雇，因为这名服务工是分配到车间来做杂务的临时工，服务工勉强同意，但是干完之后即向公司投诉。有关人员看了投诉后，审阅了机床操作工、服务工和勤杂工这 3 类人员的岗位说明书。机床操作工的岗位说明书规定：操作工有责任保持机床的清洁，使之处于可操作的状态，但并没有提及清扫地板。服务工的岗位说明书规定：服务工有责任以各种方式协助操作工，如领取原料和工具，随叫随到，即时服务，但也没有包括清扫工作。勤杂工的岗位说明书中确实包含了各种形式的清扫，但是他的工作时间是从工人下班后开始的。

思考：责任在谁？如何防止类似的意见分歧？

（三）岗位说明书范例

范例：　　**客户经理岗位说明书**

岗位名称	客户经理	岗位代码		所属部门	销售部
直属上级	销售经理	管辖人数		职等职级	
晋升方向	销售经理	候选渠道		轮换岗位	
薪金标准		填写日期		核准人	

工作内容

★ 策划、组织有关的市场活动；
★ 分析客户需求、保持与客户的良好关系、寻求机会发展新的业务；
★ 管理、参与和跟进咨询项目；
★ 与相关媒体保持良好的关系；
★ 协调咨询员的业务活动；
★ 建立管理数据库，跟踪分析相关信息；
★ 同客户所在公司各部门建立并保持良好的工作关系；
★ 获得并保持主管要求的最低总利润；
★ 为公司提供精确的市场信息，主要关注未来趋势。

任职资格
教育背景： 市场营销或相关专业本科以上学历。 培训经历： 受过市场营销、产品知识、产业经济、公共关系等方面的培训。 经验： 2 年工作经验。 技能： 沟通协调能力强； 优秀的沟通、演示技巧； 扎实的分析技巧及策略规划的变通技巧。 个性特征： 积极主动、刻苦，忠于业务。
工作环境
办公室，经常出差。 工作环境比较舒适，基本无职业病危险。

三、员工招聘与录用

（一）招聘的基本程序

员工招聘的基本程序包括招聘决策、发布招聘信息、招聘测试、人事决策四个步骤。

1. 招聘决策

招聘决策是指企业中的最高管理层关于重要工作岗位的招聘和大量工作岗位的招聘的决定过程。在招聘过程中要掌握人岗匹配的原则、少而精原则、宁缺毋滥原则、公平竞争原则。只有通过公平竞争才能使人才脱颖而出，才能吸引真正的人才，才能起到激励作用。

在招聘决策的运作时，首先要进行岗位分析，由用人部门提出申请，人力资源开发管理部复核，最高管理层决定。根据企业的不同情况，可以由总经理工作会议决定，也可以在部门经理工作会议上决定。决定应该在充分考虑申请和复核意见的基础上产生。

企业员工的招聘决策应包括以下几个主要内容。

（1）什么岗位需要招聘？招聘多少人员？每个岗位的具体要求是什么？

（2）何时发布招聘信息？运用什么渠道发布招聘信息？

（3）委托哪个部门进行招聘测试？

（4）招聘预算是多少？

（5）何时结束招聘？

（6）新进员工何时到位？

2. 发布招聘信息

一旦确定招聘决策后，就应该迅速发布招聘信息。发布招聘信息就是向可能应聘的人群传递企业将要招聘的信息。发布招聘信息是一项十分重要的工作，直接关系到招聘的质量。应引起有关方面充分重视。

发布招聘信息的渠道有报纸、杂志、网络、电视、电台、布告、人才市场、职介所和新闻发布会等。

除以上主要渠道外，还有随意传播的发布形式。这是有关部门或有关人员用口头的、非正式的方式进行发布招聘信息的类型。其主要特点是：费用低（几乎不用什么费用），可以进行双向交流，速度较快。主要缺点是：覆盖面窄，对一般在劳动力市场上明显供大于求且招聘层次不是很高时可以选用这种类型。

3. 招聘测试

招聘测试是指在招聘过程中，运用各种科学方法和经验方法对应聘者加以客观鉴定的各种方法的总称。在企业员工招聘过程中，招聘测试是重要的一环。

人与人个体差异是明显存在的，因此可以很好地对人进行区分，人的差异性与独特性为招聘测试提供了前提条件。企业员工招聘测试中种类很多，目前比较常用的有以下几种。

（1）履历分析。履历分析技术是根据“过去行为是预测未来行为的良好指标”的原理，我们对个体过去的背景、经历、成绩进行定性或定量分析，以预测其未来的表现。

（2）心理测验。心理测验是通过观察人的少数有代表性的行为，对人的全部行为活动中的心理特点做出推论和数量化分析的一种科学手段。

（3）知识考试。知识考试是指主要通过纸笔测验的形式，了解被试者的知识广度、知识深度和知识结构的一种方法。

（4）面试。用谈话方式来引发应试者与相关职位有关的信息，并据此预测应试者在该职位上的表现的测评技术。

（5）评价中心技术。把被测者置于一个模拟的工作情景中，采用多种评价技术，观察和评价被试者在该模拟工作情景下的心理和能力。其目的是测评被测者是否适宜担任某项拟任的工作，预测被测者的能力、潜力与工作绩效的前景，同时察觉被测者的欠缺之处，以确定培养、使用的方法和内容。

4. 人事决策

人事决策就是指人事任免决策，也就是指决定让什么人从事哪一项工作。人事决策是员工招聘中的最后一环，也是十分重要的一环。如果以前几个步骤都正确无误，但是最终人事决策错了，企业依然招聘不到理想的员工。

人事决策的基本步骤：① 对照招聘决策；② 参考测试结果；③ 确定初步人选；④ 查阅档案资料；⑤ 进行体格检查；⑥ 确定最终人选。

（二）招聘的主要形式

企业中的员工招聘可以有多种形式，其主要形式有内部招聘和外部招聘两种。

1. 内部招聘

在企业中，内部招聘是经常发生的，当一个岗位需要招聘时，管理人员首先想到的是内部招聘是否能解决该问题。由于内部招聘费用低廉，手续简便，人员熟悉，因此当招聘人数少时常常采用此方法，而且效果也不错。当企业内部员工不够，或者没有合适人选时，就应该采取外部招聘方式进行招聘。内部招聘有以下两种途径。

（1）员工推荐。人力资源部将空缺的职位信息公布出来，公司员工可以自我推荐，也可以互相推荐。人力资源部搜集到相关人员的信息后，采取公开竞争的方式，选拔该岗位的人才。

（2）内部储备人才库。人才库系统记录了每一位员工在教育、培训、经验、技能、绩效职业生涯规划等方面的信息，并且这些信息随着员工的自身发展不断更新，用人部门和人力资源部门可以在人才库里找到合适的人补充职位空缺。

内部招聘的主要优点是：有利于激励员工奋发向上，较易形成企业文化，这种方法在日本企业中运用较多。其主要缺点是：不易吸收优秀人才，自我封闭，可能使企业缺少活力。

2. 外部招聘

（1）刊登广告。广告是企业招聘人才最常用的方式，可选择的广告媒体很多，如网络、报纸、杂志等。一方面广告招聘可以很好地建立企业的形象；另一方面，信息传播范围广、速度快，获得的应聘人员的信息量大，层次丰富。广告设计的质量直接影响到应聘者的素质。招聘广告的设计原则是：准确，吸引人，内容详细，条件清楚。其包括的主要内容有：本企业的基本情况、是否经过有关方面批准、招聘人员的基本条件、报名方式、报名的时间和地点、报名需要带的证件和材料以及其他注意事项等。

（2）校园招聘。对于应届生和暑期临时工的招聘可以在校园直接进行。方式主要有招聘张贴、招聘讲座和毕分办推荐三种。

（3）熟人推荐。通过企业的员工、客户、合作伙伴等熟人推荐人选，这种方式的好处在于对候选人比较了解，一旦聘用离职率较低、费用较便宜。但问题在于可能在企业内形成非正式群体，不利于管理。

（4）中介机构。

① 人才交流中心。通过人才交流中心人才资料库选择人员，用人单位可以很方便地在资料库中查询条件基本相符的人员资料。因此，该种方式具有针对性强、费用低廉等优点，但对于热门人才或高级人才效果不太理想。

② 招聘洽谈会。随着人才交流市场的日益完善，洽谈会呈现出向专业方向发展的趋势。企业招聘人员不仅可以了解当地人力资源素质和走向，还可以了解同行业其他企业的人事政策和人力需求情况。当然，要招聘到高级人才还是很难。

③ 网上招聘网站。现在网上的人才招聘也很活跃，在数量上甚至直逼现场招聘会。各地也在不断提高人才市场服务的信息化水平。网上招聘会与现场招聘会相比优势在于招聘成本降低、应聘人员范围广。劣势就是企业与求职者双方无法面对面进行交流，缺乏真实感。随着招聘市场的成熟，网络招聘管理将更加规范，网上招聘将更具实效性、真实性和可靠性。

④ 猎头公司。猎头公司是专门为企业招聘高级人才或特殊人才的公司。它有专业的、广泛的资源，拥有储备人才库，搜索人才的速度快、质量高。招聘高级人才，猎头公司是非常好的选择。缺点是：招聘费用较高，不利于调动本企业员工的积极性，策划难度高。

⑤ 人才库。企业可以建立自己的外部人才库，并且可以利用各种的机会向社会推广，吸引对企业有兴趣的各类人才加入企业人才库，以备不时之需。不过最大的问题在于，由于人员的流动性太大，人才库的资料不能得到及时的更新。如何与人才库的人员保持联络，使他们的资料能及时更新是企业人力资源工作者要考虑的。

四、培训与开发

员工培训是指组织在将组织发展目标和员工个人发展目标相结合的基础上，有计划地组织员工从事学习和训练、提高员工的知识技能、改善员工的工作态度，激发员工的创新意识，使员工能胜任本职工作的人力资源管理活动。

（一）员工培训的种类

员工培训视企业的需要和员工的具体情况有不同的分类。员工培训的种类，根据培训的目的来分，可以分为员工职业生涯发展培训和专门项目培训两大类。

1. 员工职业生涯发展培训

所谓员工职业生涯发展培训，就是与员工职业生涯各个发展阶段相联系，促进员工晋升或发展素质的培训。这类的培训主要包括：新员工入门培训和上岗前培训、员工上岗后的适应性培训、员工转岗的培训、专业技术人员培训、管理人员的培训、员工退休前的培训。

2. 员工的专门项目培训

员工的专门项目培训，是指为达到专门的目的而对员工进行的培训。这类培训主要包括：转变观念的培训、专项技术培训、专项管理培训。

（二）企业员工培训的程序

1. 确定培训需求

培训需求分析是根据组织内部的特定情况，通过研究调查确定组织内部需要接受培训的人员和需要的培训项目或培训内容。培训需求分析一般从两个方面进行：组织的培训需求分析和员工的培训需求分析。

2. 制定培训计划

培训计划作为企业培训的组成部分，决定了整个培训过程的成功与否。企业人力资源培训计划的编制主要有以下几个步骤。

（1）根据人力资源的总体计划和培训需求调查分析和选择的结果，制定若干个培训项目计划，并确定每个培训项目的主要内容和效果目标。

（2）对上述培训项目做出经费预算、师资落实途径以及培训时间和地点的安排。

（3）写出计划实施方案细节。包括培训目标、内容、方法、步骤、参训人员安排、具体要求和评估方法等并形成相关的文件。

（4）将培训计划方案送交有关部门或人员审阅讨论，并加以修改。

（5）形成人力资源培训计划并由培训主管负责执行。

3. 培训的实施

培训计划应该对培训起指导作用，因此，对培训计划内容的界定十分关键。一份完整的培训计划应包括“6W1H”，即 Why，培训的目标；What，培训的内容；Whom，培训的对象；Who 培训者；When，培训的时间；Where，培训的地点及培训的设施；How，培训的方法以及培训的费用。

4. 培训效果评估

培训活动的最后一个步骤就是要对培训进行评估和反馈，这不仅可以监控此次培训是否达到了预期，更重要的是它还有助于对以后的培训进行改进和优化。培训的评估主要包括两个方面的内容：一是培训评估的标准，二是培训评估的设计。为了检验培训效果，可以采用问卷调查、考试、观察学员行为的变化。

五、绩效管理

绩效考核，又称绩效考评、绩效评价，是指考核主体对照工作目标或绩效标准，采用科学的考核方法，评定员工的工作任务完成情况、工作职责履行程度及其发展情况，并且将评定结果反馈给员工的过程。

绩效管理，即首先明确企业要做什么，然后找到衡量工作做得好坏的标准并进行监测。发现做得好的进行奖励，使其继续保持或者做得更好，能够完成更高的目标。更为重要的是，发现不好的地方，通过分析找到问题所在进行改正，使得工作做得更好。这个过程就是绩效管理过程。企业为了完成这个管理过程，所构建起来的管理体系，就是绩效管理体系。

（一）绩效管理与绩效考核的差异

绩效管理与绩效考核的主要区别如下。

（1）绩效管理是一个完整的系统，绩效考核只是这个系统中的一部分。

（2）绩效管理是一个过程，注重过程的管理，而绩效考核是一个阶段性的总结。

（3）绩效管理具有前瞻性，能帮助企业和经理前瞻性地看待问题，有效规划企业和员工的未来发展。而绩效考核则是回顾过去的一个阶段的成果，不具备前瞻性。

（4）绩效管理有完善的计划、监督和控制的手段和方法，而绩效考核只是提取绩效信息的一个手段。

（5）绩效管理注重能力的培养，而绩效考核则只注重成绩的大小。

（6）绩效管理能建立经理与员工之间的绩效合作伙伴的关系。而绩效考核则使经理与员工站在对立的两面，距离越来越远，甚至会制造紧张的气氛。

绩效管理与绩效考核无论从基本的概念上，还是从具体的实际操作上，都存在较大的差异。但是，绩效管理与绩效考核又是一脉相承、密切相关的。绩效考核是绩效管理不可或缺的组成部分，通过绩效考核可以为企业绩效管理的改善提供资料，帮助企业不断提高绩效管理的水平和有效性，使绩效管理真正帮助管理者改善管理水平，帮助员工提高绩效能力，帮助企业获得理想的绩效水平。

（二）绩效管理的基本流程

1．绩效计划

绩效计划必须清楚地说明期望员工达到的结果以及为达到该结果所期望员工表现出来的行为和技能。

2．绩效实施

绩效实施过程主要包括两个方面的内容，一方面是绩效沟通，另一方面是员工数据、资料、信息的收集与分析。

3．绩效考核

绩效考核的主要目的是为了给予员工公正的绩效反馈。绩效考核阶段首先要确定考核者，考核者一般分为：直接上级考核、自我考核、同事考核、下属考核、小组考核、顾客考核以及全方位考核（360 度考核）。其次，明确各级部门主管和人力资源部门的职责。绩效考核图示如图 10-1 所示。

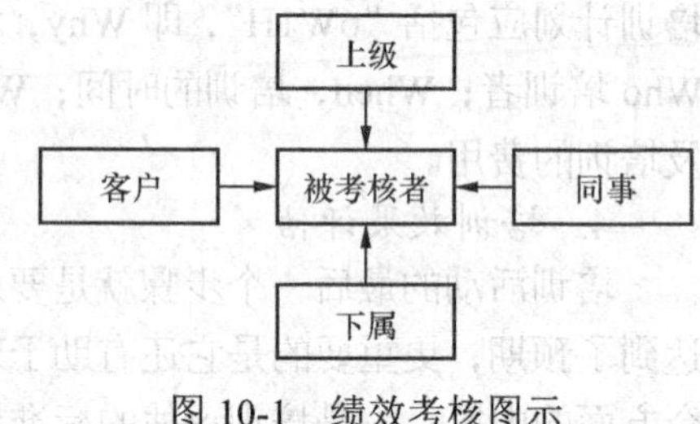

图 10-1　绩效考核图示

4．绩效反馈与改进。

绩效管理的过程并不是为绩效考核打出一个分数就结束了，主管人员还需要与员工进行一次甚至多次面对面的交谈。通过绩效反馈面谈，使员工了解主管对自己的期望，了解自己的绩效，认识自己有待改进的方面，并且员工也可以提出自己在完成绩效目标中遇到的困难，请求上级的指导。上级主管与员工共同制定绩效改进计划，从而达到提高员工绩效，最终提高企业绩效的目的。

六、薪酬管理

薪酬是指员工为企业提供劳动而得到的货币报酬与实物报酬的总和，主要包括：工资、奖金、津贴、股权、各种福利等。其中福利属于间接薪酬，其他都属于直接薪酬。

（一）薪酬与福利的内容

1．工资

工资是指根据劳动者所提供的劳动数量和质量，按照事先规定的标准付给劳动者的劳动报酬，也就是劳动的价格。它是员工收入中比较稳定的部分，是企业人工费用中的成本性支出。

工资的内容主要包括以下内容。

（1）基本工资。基本工资是指员工只要在企业中劳动，就能定期拿到的一个固定数额的劳动报酬。

（2）激励工资。激励工资是指工资中随着员工工作努力程度和劳动业绩的变化而变化的部分。激励工资有类似奖金的性质，可以分为下面两种形式：投入激励工资，即随着员工工作努力程度变化而变化的工资；产出激励工资，即随着员工劳动产出成果的变化而变化的工资。

（3）成就工资。成就工资是指当员工工作卓有成效，为企业做出突出贡献时，企业以提高基本工资的形式付给员工的报酬。

成就工资是对员工在过去较长一段时间内所取得成就的补偿，而激励工资是与员工现在的表现和成就挂钩的。成就工资是提高了基本工资，属于工资的永久性增加，而激励工资是一次性的，与基本工资无关。

2. 奖金

奖金是指企业对员工超额劳动或提高绩效所支付的报酬，它是一种补偿报酬。常用奖金形式有按时间发放的，如月度奖、季度奖、半年奖、年终奖等；有按业绩指标发放的，如超额奖、效益奖等。在具体实施过程中，有三种不同的奖励对象：一是基于企业整体绩效提高而对所有员工的奖励，是企业投资者与劳动者之间的利益分配；二是基于企业中某一工作团队（部门）的突出绩效对该团队的集体激励，以此促进员工的合作努力；三是基于一些员工突出的个人绩效，对优秀员工所进行的激励，目的是表彰先进、树立榜样。奖金具有很强的激励性。

3. 津贴

津贴是对员工在特殊劳动条件和工作环境中的额外劳动消耗进行的补偿。它往往与工作相联系。常见的津贴有岗位津贴、加班津贴、通信津贴等。

4. 股权

股权就是以企业的资产份额用等价或不等价方式来替代薪酬发放，以此作为对员工劳动薪酬的回报。它作为一种长期激励员工的手段，能够让员工为企业长期利润最大化而努力，使员工真正成为企业的主人，为自己而工作。

5. 福利

福利是一种劳动的补充性报酬，是劳动的间接回报。它往往不以货币形式直接支付，而采取实物的或有形的方式发放。例如，企业为了减轻员工负担，丰富员工的业余文化活动，提供生活方便，兴建生活与文化设施，建立员工各类待遇项目等。企业福利对于提高员工对企业的认同感，加强企业凝聚力有重要的促进作用。更为重要的一点是有些福利项目政府是免税的，这样就使员工切切实实地享受到企业对于员工劳动的回报。以下是几种具有代表性的福利。

（1）“助餐式”福利计划

“助餐式”福利计划是指员工可以根据自己的情况按照企业给予的福利额度选择符合个人需要的福利项目。现在许多大企业逐渐推行“助餐式”福利计划，它又称为弹性福利计划或选择性福利计划，它的本质就在于改变了企业给予员工福利项目的管理方式。

对于企业而言，在工资总额不变的情况下，所提供的福利项目选择可以适当增多，以提高企业形象以及吸引优秀人才，并且可作为奖励制度。按个人或部门的不同工作表现给予不同福利预算额，使福利与员工个人工作绩效有机结合，与整体薪酬制度一起进行规划设计，提高了薪酬的激励性。

对于员工而言，则可以针对自己不同的情况，自行规划各项福利的选择，增加员工对自己福利项目选择的自主性，使员工认识到劳动回报不仅有货币的，还有非货币的。使有限的福利资源都可以用在对自己最有用的地方，不需要再面对勉强接受或自愿放弃不合适的福利事项的困扰，达到以人为本的目的，提高了福利的激励性。

“助餐式”福利计划在管理上虽较复杂，但办公自动化在企业内的实施以及人力资源管理软件在企业内的应用，将为企业在管理上提供便利。甚至员工可在网络上选择自己的福利事项，查询个人的福利情况，使企业有关的福利成本大大降低，对员工的服务质量也会大幅度提高。

（2）保险类福利

保险类福利主要包括属于劳动法律责任要求的劳工保险，以保障员工因工伤亡时能得到一定的赔偿。有的企业会另外为员工购买团体人寿及意外保险；有的企业还会特别为一些高层员工、股东和核心员工购买保险；对于要出差的员工也会代购旅游保险等。保险类福利有的属于政府的强制保险，有的属于企业自有的保险福利。一般有养老保险、失业保险、工伤保险、交通保险等。

（3）医疗福利

医疗福利主要是指按照企业规章为员工病情支付全部的或部分的医疗费用。现在许多企业都会通过医疗保险提供有关福利，这类保险一般按职级高低或工龄长短给予不同保险利益，包含了寿险、意外险、住院医疗险、危疾险、心理咨询、法律咨询等。有些企业的福利计划还可使员工的父母、配偶、配偶父母、子女也能够获得保障。

（4）教育资助

教育资助一般包括三种形式。

① 提供培训与开发机会。在市场经济的信息时代中，员工及其知识、技能就是企业的资产，而企业给予员工的培训与开发机会可以说是最大的福利。现在的员工也非常注重自己的技能水平和能力提高，在培训与开发机会有限的情况下，员工总是期望企业尽可能为他们提供持续发展及学习的福利，提供各类型的培训及开发项目。培训与开发内容除了专业知识和专业技能外，还包括能够辐射所有岗位的能力、观念等，这就使员工可以有更多空间发挥优势，大显身手。

② 支付全部或部分学习费用。为了鼓励员工学习的积极性，如果员工考取了相关的专业资格证书或毕业证书，便由企业支付全部或部分费用。有些企业还设有奖学金、助学金来让员工努力学习。

③ 提供员工子女教育费用。这项福利一般根据企业的实际情况施于不同的对象，这种“投资小人才，留住大人才”计划也是一项非常重要的措施。

（5）有薪假期

有薪假期主要包括疗养、病假、考试及女性的分娩假期等。它包括法律规定有薪假期的和企业自有的有薪假期。

（6）文化娱乐

文化娱乐包括举办的企业周年庆典、各种体育运动会、为员工进行的生日宴会、益智类活动等。这一项目主要为了增加与员工沟通的机会，分享企业成果，营造融洽愉快的人际氛围。有的企业甚至还设有员工俱乐部，使员工及其亲友可以共同享用会所设施，有助于员工调剂身心，增加员工的归属感。

（7）其他福利

其他福利包括弹性上班时间、提供整洁舒适的现代化办公环境等，让员工在轻松的工作环境中发挥更多创意，提高业绩。有些企业也可利用本身的优势和声誉，为员工争取更为有利的消费条件，如优惠房屋、汽车贷款利率，购物折扣和特价机票等。

（二）薪酬制度的设计

制定健全、合理的薪酬制度是人力资源管理中的一项重大决策，因此，需要有一套完整、正规的程，如图 10-2 所示。

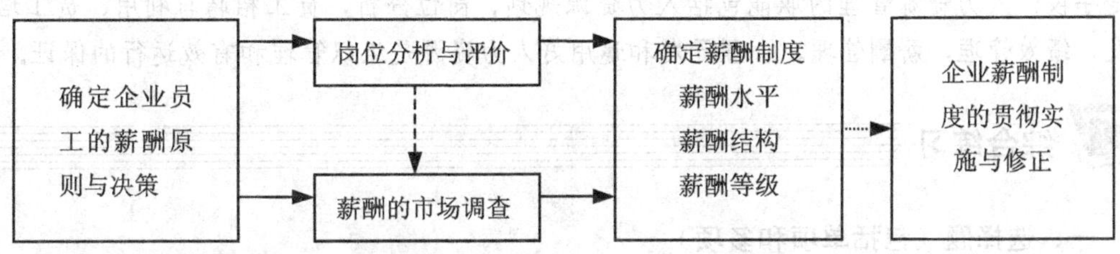

图 10-2　企业薪酬制度设计程序

1. 确定薪酬策略

薪酬结构策略的制定是薪酬结构的选择，它与企业发展战略的关系密切。在确定薪酬策略时要进行岗位评价与分类，以此为基础来保证薪酬制度的内部公平性。

2. 薪酬市场调查

薪酬的市场调查旨在考察某一行业或地区中，某一以岗位在其他企业中的薪酬水平，即考察该岗位的市场环境。

3. 薪酬水平的确定

关于薪酬水平的确定，不同的企业有不同的方法。一般而言，常用的方法有两种：一是将薪酬水平完全建立在市场薪酬调查数据的基础上；二是根据薪酬曲线确定薪酬水平。

4. 薪酬结构的确定

企业薪酬结构的确定，即确定不同员工的薪酬构成项目及其所占的比例。不同薪酬水平的员工薪酬结构比例也应有所不同。如高级管理人员由于其工作的成果对企业的影响较大，其劳动绩效基本可以自己控制，所以在其薪酬结构中浮动薪酬应占较大比例；而位于企业执行层的员工（除了实行计件薪酬或提成薪酬的员工）由于工作的成果对企业影响较小，其劳动绩效自己无法控制，并不能通过自己努力就能提高，所以在其薪酬结构中浮动薪酬应占较小比例。

5. 企业薪酬制度的实施与修正

薪酬制度一经建立，就必须严格执行，发挥其保障和激励的功能。在保持薪酬制度相对稳定的前提下，企业还应随着经营状况和市场薪酬水平的变化对薪酬制度做相应的调整。在确定薪酬调整的比例时，要对总体薪酬水平做出准确的预算。目前，大多数企业是财务部门在做此项预算，为准确起见，最好同时让人力资源部门也做此项预算，因为财务部门并不清楚具体薪酬数据和人员的变动情况。人力资源部门要建好薪酬账目，并设计出一套比较合理的预算方法。在制定和实施薪酬制度的过程中，及时的沟通、必要的宣传或者培训是保证薪酬制度顺利实施的成功因素之一。

重要概念

人力资源管理　人力资源规划　工作分析　绩效管理　薪酬管理

本章小结

人力资源管理是一个组织对其所拥有的人力资源进行开发、利用的管理过程。人力资源管理的功能主要体现在4个方面：吸纳、维持、开发和激励。吸纳是基础，激励是核心，开发是手段；人力资源管理的职能包括人力资源规划、岗位分析、员工招聘与利用、员工培训开发、绩效管理、薪酬管理。合理开发和运用好人力资源是组织管理和有效运行的保证。

综合练习

一、选择题（包括单项和多项）

1. 人力资源管理的功能包括：(　　)、(　　)、激励和(　　)。

A. 吸纳　　B. 开发　　C. 维持　　D. 整合

2. 人力资源管理的功能中，(　　)是基础，维持是(　　)，(　　)是核心，(　　)是手段。

A. 吸纳　　B. 激励　　C. 保障　　D. 开发

3. (　　)就是指企业为了使成员更好地适应正在从事的工作，也为企业未来发展所需要的一些岗位准备后备人才的计划。

A. 职业生涯计划　B. 劳动关系计划　C. 训练开发计划　D. 配备计划

4. (　　)是指一人担负的由一项或多项任务组成的活动。

A. 职责　　B. 工作　　C. 任务　　D. 工作要素

5. 工作规范主要说明的是从事某项工作的人员必须具备的一般要求、(　　)及心理要求。

A. 生理要求　　B. 事业心　　C. 团队合作性　　D. 沟通能力

6. 员工招聘可以有多种形式，其主要形式有两种：(　　)和(　　)。

A. 内部招聘　　B. 网络招聘　　C. 外部招聘　　D. 员工推荐

7. 绩效管理是一个(　　)管理过程。

A. 密闭的　　B. 开放的　　C. 循环的　　D. 闭环的

8. (　　)对从事服务业、销售业的人员特别重要。

A. 客户考核　　B. 上级考核　　C. 下级考核　　D. 同事考核

9. 薪酬的外部公平性是指企业的岗位薪酬水平与劳动力市场中的薪酬水平相比较，支付(　　)劳动力市场一般薪酬水平的薪酬。

A. 相当于　　B. 低于　　C. 等于　　D. 高于

二、判断题

1. 现代人力资源管理是在传统人事管理基础上发展起来的。(　　)

2. 工作分析的结果主要体现为工作说明书。(　　)

3. 很多培训只是为了提高素质，并不涉及录用、提拔或安排工作问题，因此对受训人员择优奖励成为调动其积极性的有利杠杆。(　　)

4. 薪酬就是指发给员工的工资。(　　)

5. 企业的薪酬制度反映了该企业的价值观，企业价值观对企业的薪酬管理有着重大的影响作用。(　　)

三、简答题

1. 人力资源管理与传统人事管理的区别是什么?
2. 企业人力资源供大于求时，应采取哪些措施?
3. 应当如何选择和组合不同类型的员工培训?
4. 当前全球竞争的背景下，企业如何通过人力资源管理获取竞争优势?

四、案例分析

美国加利福尼亚大学的学者做了这样一个实验：把6只猴子分别关在3间空房子里，每间两只，房子里分别放着一定数量的食物，但放的位置高度不一样。第一间房子的食物就放在地上，第二间房子的食物分别从易到难悬挂在不同高度的适当位置上，第三间房子的食物悬挂在房顶。数日后，他们发现第一间房子的猴子一死一伤，伤的缺了耳朵断了腿，奄奄一息。第三间房子的猴子也死了。只有第二间房子的猴子活得好好的。

究其原因，第一间房子的两只猴子一进房间就看到了地上的食物，于是，为了争夺唾手可得的食物而大动干戈，结果伤的伤，死的死。第三间房子的猴子虽做了努力，但因食物太高，难度过大，够不着，被活活饿死了。只有第二间房子的两只猴子先是各自凭着自己的本能蹦跳取食，最后，随着悬挂食物高度的增加，难度增大，两只猴子只有协作才能取得食物。于是，一只猴子托起另一只猴子跳起取食。这样，每天都能取得够吃的食物，很好地活了下来。

做的虽是猴子取食的实验，但在一定程度上也说明了人才与岗位的关系。岗位难度过低，人人能干，体现不出能力与水平，选拔不出人才，反倒成了内耗式的位子争斗甚至残杀，其结果无异于第一间房子里的两只猴子。岗位的难度太大，虽努力而不能及，甚至埋没、抹杀了人才，有如第三间房子里的两只猴子的命运。岗位的难度要适当，循序渐进，如同第二间房子的食物。这样，才能真正体现出能力与水平，发挥人的能动性和智慧。同时，相互间的依存关系使人才间相互协作，共渡难关。

请根据上述案例分析：

1. 从案例中你获得哪些启示?
2. 从案例看，工作分析应注意什么?

五、实训项目

企业人力资源现状调查

实训目的

1. 通过调查，了解中小企业人力资源管理的现状。
2. 加强团队合作，锻炼文案的写作能力。

实训内容

1. 利用课余时间调查学校周边一个中小企业中的某个岗位。
2. 运用不同的工作分析方法收集信息，经小组讨论，最后试编写一份岗位说明书。

实训要求

1. 以小组为单位，每组6人共同完成目标企业人力资源管理状况调查。
2. 共同完成一个岗位说明书的编写。
3. 制作成PPT，在全班汇报。

实训考核

1. 调查结束，小组讨论并撰写调查心得体会。
2. 小组互评，教师点评，给出成绩。

第十一章 管理创新

知识目标

- 熟悉中国企业在管理创新方面面临的困难和克服的方法；
- 了解管理创新的原则和过程；
- 理解管理创新的概念、特点及作用；
- 掌握管理创新的基本理论。

能力目标

- 培养学生组织团队学习、提高创新的能力；
- 掌握管理创新的方法。

益强公司的管理创新

进入益强公司的生产区，眼前赫然出现八个醒目的大字："实干、创新、高效、服从"。追求管理创新，并以人为中心，通过这八个字得到了完整的体现。

以管理创新为核心，以人本管理为模式，以时间管理为主线的"益强人本时效管理"，是通过对员工行为的有效激励和时间资源的最佳配置，实现单位时间效益最大化和企业整体管理最优化。

管理以人为中心，不断提高人的素质，最终让全员进入自主管理；依法管理企业，强化规章制度，使管理由过去的"人治"向"法治"转变；营造企业内部公平竞争的环境；最大限度地挖掘每一个员工的潜能，充分发挥他们的智慧才干；依靠精英治理企业，树立典型，带动多数。益强人的这些管理理念，作为整个管理过程中的先导，释放着巨大的影响力。

益强人具有强烈的创新思维。在管理上不断吸纳新知识、新观念，新人才，追求新思维，浇灌出一片适合名牌生长的热土，这是益强在短时间内取得很大成就的秘诀。

放眼未来，追求卓越，超时空运作求发展

益强公司下属10个部室和中心及35个办事处的地理布局是：益强发展公司、服装设计中心主体在北京；益强销售总公司、信息中心、质监中心、生产部、证券部、职业服装总公司均设在南京；14个不同类服装加工基地分布在7个省市；总经理胡高的办公室和财务部设在上海；还有35个办事处分布在全国28个省市。这种跨空间的运作，远不是用一个"靠前指挥"所能涵盖的。

对于环境因素对人的思想观念的触动、行为习惯的影响、新知识的接受所产生的作用，益强人有自己真切的感受。从当年为实现第一步宣传战略，攻入北京市场，手头拮据的胡高不得不冒险拿着应退给职工的200万元集资款，上北京刮益强旋风时的遭人责骂，到如今耗巨资到欧美一些大都市去寻师求计，甚至筹划在米兰、巴黎、纽约等世界时装名城开办益强专卖店和设计中心，得到全体员工的一致拥护，足见超时空运作观对益强人的影响力。一切惊人之举都离不开超时空运作。“益强托起中国服装设计最高奖”：1998年春，益强出资500万元，由中国服装协会设立“益强中国（国际）服装设计基金”，每年颁发一次益强服装设计最高奖重奖国内外优秀设计师。益强花巨资设计“风险模型”：事业正一帆风顺的益强邀请了一批专门人才，预测未来发展中可能出现的风险，研究了对每个可能出现的风险应用何种方案规避，进而制作了一套完整的风险模型。这是跨时空运作的又一举措。

建立益强科技园。这是将来铸造麻纺织业“航空母舰”的“动力设备”。在知识经济时代，一个现代企业不可能没有一个能与时代同步的科技园。益强人的认识是：没有科技园，就没有明天的益强。

引导新的需求，激发人的潜能，重人才铸造，靠精英兴业

益强老总胡高组织中层以上管理人员展开了以“学习《亚洲的瑞士——新加坡启示录》一书，谈如何振兴益强”为主题的研讨活动。益强的管理者对如何完善人才激励机制，营造人才公平竞争环境，最终如何依靠精英管理企业，振兴益强事业有了更近一步的认识。

每年，益强的中层以上的管理者进行的现代企业管理经验的集中学习和研讨不下20次。在胡高看来，一个企业的法人，首先应该是一名校长。只有将企业员工和所有管理者引导培养成为一名现代人，才可能建设和管理好现代企业。胡高还被湖南财经学院聘为兼职教授和研究生导师。胡高还将30名中层骨干送到高等院校脱产培训，用一年半时间主要学习信息学、计算机理论、营销学、经济法、公共关系学等10多门课程。益强在运作品牌的同时，也在进行人才的运作。抓住少数人，带动多数人。这种带动的关键机制是建立起三塔，即知识塔、人才塔、分配塔。三塔梯级对等，激励每名员工向塔顶攀登——拥有相应梯级的知识，达到相应梯级的人才档次，才有相应等级的利益分配。员工、班长、车间主任、部门经理、总公司负责人之间知识与才干应有明显的梯级距离，收入分配也应有明显的梯级距离。

不断吸纳新知识，是在益强人中间尤其是在管理者中表现出的一种需求趋势，在知识、才干、分配三塔中，要使自己保住现有位置并争取向上攀越，首要的决定因素是知识。

近几年，益强有20%的中层骨干被一些向塔顶攀越的员工所代替，每个人的危机感与紧迫感如何，可想而知。产品的竞争、企业的竞争、市场的竞争，最终是人的竞争。只有每个员工的知识、才干、品格等整体素质不断提高，才有企业产品质量与管理水平的不断提高，树品牌树人并重，是益强人的兴业观。

在确定实施名牌战略的同时，益强在企业内部就推行了“三名战略”，即创名牌产品、争名牌企业、做岗位名人。

益强的办事处由1个迅速发展为35个，能够很快涌现出一批既能独当一面，又能开拓一方的办事处负责人，就在于益强在构筑知识、人才、分配三塔激励机制的同时，确立了一个良好的用人理念：德在首，开拓在先。

企业永远缺乏的是人才，事业的发展对人才的需求永远不可能完全被满足，靠人才兴业，靠精英管理企业，已成为益强人的共识。

精心培育本体，营造完美的益强，然后实现“克隆”式扩张，铸造麻纺织业“航空母舰”

益强的发展目标是：以南京为基地，以麻纺织业为根本，实现大品牌、大市场、大麻纺、大集团、大资本格局，铸造称雄世界的麻纺织业“航空母舰”。

大市场如何建立？大集团如何形成？航空母舰如何铸造？其途径是：不断克隆新的益强。这就要求首先得有一个完美的益强本体。益强人目前所做的，就是营造好一个本体。

完美的益强是什么样?益强人建立了这样一个理念系统。市场发展格局——哑铃型，内外同时发展；企业品格——名人、名品、名厂；管理理念——坚持管理创新意识，创新高于一切；管理模式——移植日本OEC模式，用新加坡治国理念管理企业，营造公平竞争环境；名牌理念——名牌兴业、实业报国；用人理念——德在首，开拓在先；科技运作——市场型创新；资本运作——保证对方赚钱；多渠道融资；扩张方式——规避风险，克隆“益强”；分配理念——部分人先富，事业高于金钱。

只有当益强按照这个理念系统全面而正常地运转时，益强人才会考虑向外的兼并与扩张。完美的益强是由一批完美的益强人构筑的。因此，“克隆”好益强人是克隆益强的基础。

完美的益强人应该怎样？《益强人行为准则》有100多项规定。为使每位员工达到这个标准，几年来，公司通过上百次的企业文化活动和几十项具体制度来督促和激励员工向这个标准迈进。目前，公司在全面实行OEC管理后，每个员工通过“日清日高”的自我总结与评价，一天迈向一个目标。

“以一带十”是克隆益强人的成功尝试。近几年，益强为使每位员工学有榜样，行有楷模，开展了优秀党员和“劳模”以一带十的活动，每人负责带好和帮助十名员工，使其赶上或超过自己。在公司几百名党员、劳模的传、帮、带下，一大批员工具备了良好的品格与敬业精神。

思考：

1. 克隆益强公司本身也是管理创新吗?
2. 提高公司员工的学习能力对管理创新有什么作用?
3. 你认为益强公司的管理创新还有什么可以改进的方面?

管理创新是企业永恒的主题。管理理论的创新是企业管理创新的核心。21世纪是知识经济时代，随着经济全球化进程的加快、信息技术革命的推动和市场竞争的日益深化，企业要从战略高度认识创新，在推进技术创新的同时，也要从管理理念、管理组织、管理方法与手段等多个层面实施创新，努力探索适合自己的管理现代化之路。只有这样才能使企业立于不败之地，实现企业又好又快地发展。本章主要从管理创新概述、管理创新的内容与方法、创新管理行为以及中国企业的管理创新五个方面进行论述。

第一节　管理创新概述

一、管理创新的含义

（一）管理创新的概念

管理创新是指创造一种新的更有效的资源整合范式。这种范式既可以是新的有效整合资源以达到企业目标和责任的全过程管理，也可以是新的具体资源整合及目标制定等方面的细节管理。理解这一概念需要注意以下五个内容。

（1）提出一种新发展思路并加以有效的实施。新发展思路如果是可行的，这便是管理方面的一种创新。

（2）创设一个新的组织机构并使之有效运转。组织机构是组织内管理活动及其他活动有序化的支撑体系。创设一个新的组织是一种创新，但如果不能有效运转则成为空想，不是实实在在的创新。

（3）提出一种新的管理方式方法。一个新的管理方式方法能提高生产效率，或协调人际关系，或能更好地激励组织成员等，这些都将有助于有效地整合组织资源以实现组织既定的目标和责任。

（4）设计一种新的管理模式。所谓管理模式是指组织综合性的管理范式，是指组织对总体资源实施有效配置的范式，这么一个范式如果对所有组织的综合管理而言是新的，则自然是一种创新。

（5）进行一项制度的创新。管理制度是对组织资源整合行为的规范，它既是对组织行为的规范，也是对员工行为的规范。制度的变革会给组织行为带来变化，进而有助于资源的有效整合，使组织更上一层楼。

（二）管理创新的特征

1. 风险性与不确定性

管理创新涉及的环节和因素众多，并且比较复杂，从而使管理创新的过程和结果均呈现不确定性，这意味着管理创新存在较大的风险性。这种风险性主要表现在：① 管理创新内容的复杂性；② 管理创新的投入回报具有不确定性；③ 管理创新效果的难以度量性；④ 管理创新的不可实验性。

2. 建设性与破坏性

具有积极效应的管理创新，能够通过对生产要素的新的组合实现产出的质的提高和量的增长，具有建设性功能。但是，有时一些管理创新也会产生消极的破坏效应，即企业生产要素的新的组合不仅没有带来质的提高和量的增长，反而导致了质与量的下降，导致企业现有能力和资源的毁坏。这种破坏性的管理创新可能会给企业带来巨大的威胁，有时甚至会使企业在破坏中遭到毁灭。

3. 整体性与系统性

管理创新是一个系统工程，它涵盖了企业生产经营活动的整个过程，是一个完整的链条，而不是其中的某一项活动或某一环节。这其中的任何一个环节出现失误，都会对创新的整体结果产生负面影响。所以，在创新过程中，不仅要注意局部的管理方式、方法的创新，更要重视各种社会资源的整合应用。只有通过管理创新实现系统的整体优化，才能发挥管理创新应有的成效。企业的系统性为管理创新寻找着力点提供了可能，同时也为管理创新成果的评价提供了标准。

4. 动态性与可持续性

现代企业是一个不断与外界进行物质、能量、信息交换的动态开放系统。在这种动态系统中所进行的管理创新活动也必然具有动态性。它表明管理创新活动的逻辑和轨迹不是一种简单的重复，而是根植于内外环境变化的一种能动性的动态创造过程。正如美国管理学家彼得·德鲁克所指出的，企业管理不是一种官僚性的行政工作，它必须是创新性的，而不是适应性的工作。管理创新活动本身就是一个不断维持和创新的动态过程，它不像技术创新那样具有明确的终点，管理创新具有动态性和持续性。

（三）管理创新的原则

管理创新的原则是指产生管理创新创意的行为准则。由于它是产生管理创新创意的行为准则，而管理创新创意是管理创新的出发点，因此我们又可以把管理创新的原则看作是管理创新的基准和出发点。

1. 扬弃原则

坚持扬弃原则就是在现有的特色管理或在别人先进的管理思想、方式、方法上进行发扬或抛弃（抛弃是指在别人的基础上逆其发展趋势而行），有新意地进一步提高，在别人的基础上大胆探索出新的管理思路、方式、方法和理论。

扬弃原则是在原有的基础上展开的，只需对原有的基础问题加以分析研究，把握深层原因，在研究中要注意自己的特点和长处，并进行深层次的思考，从中发掘出新的创意，实现管理创新。

2. 突破常规思维束缚的原则

已经形成的思维方式对人的思维路线会产生固化和引导作用，使人的思维活动"走老路"，"按常规思考"，这种常规思维会在人的大脑中形成"思维定式"，使人无法跳出原来模式的束缚。管理创新要求突破传统思维束缚，从新的视角审视、思考问题，找到解决问题的突破口。例如，对于怎样抓住老虎这个问题，人们有很多方法，但一位研究拓扑学的专家离奇的意见却给了我们深刻的启示，他说："抓老虎就意味着把老虎关在笼子里，让人站在外面欣赏。如果对笼子做拓扑变化，即笼子的外面变为里面，里面变为外面，就是说把人关在笼子里，把老虎放到野生环境中。这样，只要人看到了笼子外面的老虎，也就等于人在笼子外面看笼子里面的老虎，于是老虎就等于被捉住了。"离奇不等于荒谬，人们从中得到启示，建立了野生动物园。游人坐在装有保护装置的汽车里，尽情观赏大自然中的各种动物，同时还保持了自然生态环境的原有状态。突破传统思维束缚的思维方式还有方向思维、侧向思维等。

3. 交叉综合原则

交叉综合原则是指创新活动的展开或创新意向的获得，可以通过各学科知识的交叉综合得到。目前，科学发展的趋势是综合和边缘交叉，许多科学家都把目光放在这两个方面，以求创新。管理作为一门科学，它的创新发展过程也呈现了这一态势。

心理学在企业管理人际关系方面的引入，导致了行为科学、管理心理学、组织行为学等理论和方法的诞生，这就是著名的行为科学革命。现代数学、运筹学和统计分析等不断发展与成熟，并在第二次世界大战后引入了管理学，在企业中获得应用，结果产生了许多现在所谓的现代管理方法、技术。人文学科中的社会学、伦理学、文化学等最新研究成果被结合到企业管理中，导致了经营理论、企业文化等一系列综合管理模式的变革。最成功的应该是日本企业的管理创新，其杰出代表是丰田、松下等公司。

二、管理创新的过程

管理创新是指创造一种全新的组织资源配置范式，并能有效地加以实施。要进行有效的管理创新就必须研究和揭示管理创新规律。创新是对旧事物的否定，所以管理创新要突破原先的制度，打破原先的秩序。创新同时又是对新事物的探索，创新者只有在不断的尝试中才能寻找新的突破。管理创新过程可分为以下几个阶段。

（一）寻找机会

创新是对原有秩序的破坏。原有秩序之所以要被打破，是因为企业存在着或出现了某种不协调的现象。这些不协调对企业的发展已经造成了威胁，所以才提供了创新的机会。创新活动就是从发现和利用旧秩序内部的这些不协调的现象开始,不协调为管理创新提供了契机。

管理中的不协调既可存在于企业的内部，又可产生于对企业有影响的外部。就企业的外部而言，有可能成为管理创新的契机的有技术的变化、人口的变化、宏观经济环境的变化、文化与价值观的转变等。就企业内部而言，引发管理创新的不协调现象主要有两个方面。一是生产经营中的瓶颈，影响了劳动生产率的提高或劳动积极性的发挥，阻碍了企业的有效管理。这既可能是某种材料的质地不够理想，且找不到替代品，也可能是某种工艺加工方法的不完善，或是某种分配政策的不合理。二是企业意外的成功和失败，如派生产品的销售额、利润等出人意料地超过了企业的主要产品；老产品经过精心整顿和改进后，结构更合理、性能更完善、质量更优异，却未获得预期数量的订单等。这些出乎预料的成功和失败，可以使企业从原先的思维模式中解脱出来，使企业可以将此作为管理创新的起点。企业的管理创新就是这样从密切地注视、系统地分析企业运行过程中出现的不协调现象开始的。

（二）提出构想

敏锐地观察到不协调的现象后，就要透过现象研究其原因，据此分析和预测不协调的未来变化趋势，估计它们可能给管理带来积极或消极的后果。在此基础上，努力利用机会并将威胁转化为新发展的出发点、消除不协调，使管理在更高层次实现平衡的创新构想。

（三）迅速行动

管理创新成功的关键在于迅速行动，最初提出的创新构想可能还不够完善，甚至可能存在着重要缺陷。尽管如此，也不必一味追求完美，而应立即付诸实施才有意义。“没有行动的思想会自生自灭”，这句话对于管理创新思想的实现尤为重要。过分的犹豫和徘徊可能会失去最好的机会，企业只有迅速行动才有可能更好地把握管理创新的机会，否则会把创新的机会白白送给竞争对手。例如，20 世纪 70 年代，施乐公司为了把产品做得完美，在罗彻斯特建造了一座全部由工商管理硕士（MBA）使用的 29 层大厦。这些 MBA 在大楼里对第一件可能开发的产品设计了拥有数百个变量的模型，编写了一份又一份市场调查报告，而当这些人继续不着边际地进行分析，使产品的研制工作变得越来越复杂的时候，竞争对手已经悄然将施乐公司 50%的市场据为己有。所以创新的构想只有在不断尝试中才能逐步完善，企业只有迅速行动才有可能更好地把握管理创新的机会。

（四）坚持不懈

管理创新的构想经过尝试才能成熟，而尝试是存在风险的，不可能一蹴而就，尝试的不确定性决定了失败的可能。创新的过程是不断尝试、不断失败、再不断尝试、不断提高的过程。创新者开始行动以后，必须坚定不移地继续下去，绝对不能半途而废，否则会前功尽弃。要在创新中坚持下去，创新者不但要对未来充满信心，对自身充满信心，而且要有坚强的毅力和韧性，要能经受住失败的打击，学会在失败中探索正确道路，学会需求减少失误的方法以及纠正错误的措施，学会对已经做过的事情进行总结、提炼、概括等。

（五）不断完善

创新在开始行动以后，必须坚定不移地继续下去。不断地探索、不断总结行动中的经验教训，对当初的构想不断地修正和完善，否则便会前功尽弃。

（六）形成模式

经过在实践中地不断完善，组织将形成一整套适应新环境的新观念、新方法和新体制。

创新往往最初是从组织的某个局部开始的，所以组织还需要把它由点到面地推广开来，以使组织最大限度地适应新环境。

小案例

日立公司内的“婚姻介绍所”

在把公司看作大家庭的日本，老板很重视员工的婚姻大事。例如，日立公司内就设立了一个专门为员工架设“鹊桥”的“婚姻介绍所”。一个新员工进入公司，可以把自己的学历、爱好、家庭背景、身高、体重等资料输入“鹊桥”计算机网络。当某名员工递上求偶申请书，他（或她）便有权调阅计算机档案，申请者往往利用休息日坐在沙发上慢慢地、仔细地翻阅这些档案，直到找到满意的对象为止。一旦他被选中，联系人会将挑选方的一切资料寄给被选方，被选方如果同意见面，公司就安排双方约会。约会后双方都必须向联系人报告对对方的看法。日立公司人力资源部门的管理人员说：“由于日本人工作紧张，职员很少有时间寻找合适的生活伴侣。我们很乐意为他们帮这个忙。另一方面，这样做还能起到稳定员工、增强企业凝聚力的作用。”

三、管理创新对企业发展的作用

（一）提高企业经济效益

管理创新能对各种生产资源进行重新配置组合，在对各种生产要素的重新整合过程中，使不变的生产要素发挥更大的作用、带来更大的经济效益。管理创新的目标是提高企业有限资源的配置效率。这一效率虽然可以在众多指标上得到反映，如资金周转速度加快、资源消耗系数减小、劳动生产率提高等，但最终还是在经济效率指标上有所体现，即提高企业的经济效益。提高企业经济效益分为两个方面：一是提高目前的效益；二是提高未来的效益，即企业的长远发展。管理诸多方面的创新，有的是提高前者，如生产组织优化创新；有的是提高后者，如战略创新与安排。无论提高当前的效益还是未来的效益，都是在增强企业的实力和竞争力，从而有利于企业下一轮的发展。

事实证明，管理创新活动是企业生机与活力的重要源泉，一个在管理上不断追求创新的企业在生存与发展的竞争中具有更多的取胜机会。当前，很多国有企业没有活力、经济效益差，要走出这种困境，一个重要途径就是加强企业管理，进行管理创新。

小案例

“海底捞”的管理智慧

在过去几年里，海底捞餐厅已经成为餐饮界的一个热点现象，吸引了众多媒体的关注。1994年，还是四川拖拉机厂电焊工的张勇在家乡简阳支起了4张桌子，利用业余时间卖起了麻辣烫。14年过去，海底捞在全国6个省市开了30多家店，张勇成了6 000多名员工的董事长。张勇认为，人是海底捞的生意基石。客人的需求五花八门，单是用流程和制度培训出来的服务员最多能达到及格的水平。制度与流程对保证产品和服务质量的作用毋庸置疑，但同时也压抑了人性，因为它们忽视了员工最有价值的部位——大脑。让雇员严格遵守制度和流程，等于只雇用了他的双手。

大脑在什么情况下才有创造力？心理学家的研究证明，当人用心的时候，大脑的创造力最强。于是，服务员都能像自己一样用心就变成张勇的基本经管理念。怎么才能让员工把海底捞当成家？

答案很简单：把员工当成家里人。海底捞的员工住的都是正规住宅，有空调和暖气，可以免费上网，步行20分钟到工作地点。不仅如此，海底捞还雇人给员工宿舍打扫卫生，换洗被单。海底捞在四川简阳建了海底捞寄宿学校，为员工解决子女的教育问题。海底捞还想到了员工的父母，优秀员工的一部分奖金，每月由公司直接寄给在家乡的父母。

要让员工的大脑起作用，除了让他们把心放在工作上，还必须给他们权力。200万元以下的财务权都交给了各级经理，而海底捞的服务员都有免单权。不论什么原因，只要员工认为有必要，都可以给客人免费送一些菜，甚至免掉一餐的费用。聪明的管理者能让员工的大脑为他工作，当员工不仅仅是机械地执行上级的命令，他就是一个管理者了。按照这个定义，海底捞是一个由6 000名管理者组成的公司。

人是群居动物，天生追求公平。海底捞知道，要让员工感到幸福，不仅要提供好的物质待遇，还要让人感觉公平。海底捞不仅让这些处在社会底层的员工得到了尊严，还给了他们希望。海底捞几乎所有的高管都是服务员出身，这些大孩子般的年轻人，独立管理着几百名员工，每年创造几千万营业额。没有管理才能的员工，通过任劳任怨的苦干也可以得到认可，普通员工如果做到功勋员工，工资收入只比店长差一点。

海底捞把培养合格员工的工作称为“造人”。张勇将造人视为海底捞发展战略的基石。海底捞对每个店长的考核，只有两个指标，一是客人的满意度，二是员工的工作积极性，同时要求每个店按照实际需要的110%配备员工，为扩张提供人员保障。海底捞这种以人为本、稳扎稳打的发展战略值得不少中国企业借鉴。

（二）深化企业改革

目前我国的许多企业正处在巨大的变革时期，即从计划经济体制向市场经济体制转轨的时期。随着我国经济体制改革向纵深发展，企业运行的外部环境发生了极大变化，企业也逐步向自主经营、自负盈亏、自我约束和自我发展的独立商品生产者和经营者转变。与此相适应，对企业管理内涵的要求、战略目标、工作方式和行为方式等也发生了深刻变化，原有的企业管理模式已不能适应市场经济新的运作特点，企业如果要在市场经济中生存与发展，就必须摒弃传统的经营理念、生产经营方式、管理方式方法，只有树立新的经营管理理念，通过管理创新、建立起新的机制，才能提高市场竞争的优势。

（三）稳定企业，推动企业发展

企业管理的有序化是企业稳定与发展的重要力量。常有人说管理与技术是企业发展的两个轮子。倘若管理是如此，管理创新自然也是如此，因为管理创新的结果是为企业提供更有效的管理方式、方法和手段。管理创新对稳定企业、推动企业发展的作用可以从诸多方面来看，钱德勒从一个侧面做出了证明，他认为，管理层级制一旦形成并有效地实现了它的协调功能后，层级制本身也就变成了持久性权力和持续成长的源泉。因为用来管理新型多单位企业的层级制具有持久性，它超越了工作于其间的个人或集团的限制。当一名经理去世、退休、升职或离职时，另一个人已做好准备，他已受过接管该职位的培训。因而人员虽有进出，其机构和职能却保持不变。实际上管理层级制的这一创新，不仅使层级制本身稳定下来，也使企业发展稳定下来，而这将有助于企业的长远发展。

（四）拓展市场，增强企业竞争力

管理创新若在市场营销方面进行，则将帮助企业有力地拓展市场、展开竞争。企业在进行市场竞争和市场拓展时，将遇到众多竞争对手，即厂商和顾客。谁能首先进行管理创新，寻找出最佳的新的市场策略和运行方式，便能战胜竞争对手。许多跨国公司在瞄准中国市场后所采取的一系列市场行为均为其战略意图，这一意图本身就是一种创新。

（五）有助于企业家阶层的形成

现代企业管理创新的直接成果之一，按照钱德勒的看法是形成了一支新的职业经理，即企业家阶层。这一阶层的产生，一方面使企业的管理处于专家的手中，从而提高了企业资源的配置效率；另一方面使企业的所有权与经营管理权发生分离，推动了企业更健康的发展。有关调查表明我国企业经营管理者对企业家精神的理解列为前3位的是追求最大利润、勇于创新和乐于奉献。而且大多数企业家已经意识到开拓创新能力的不足。他们会更进一步关心创新、关心管理创新，因为他们知道管理创新的功效对于企业而言是永恒的。

第二节　管理创新的内容与方法

一、管理创新的内容

（一）经营理念创新

经营理念大转变最直接最有效的途径就是通过创新企业文化来推进企业管理创新。企业文化是企业在长期经营中形成的共同理想、共同价值观、共同信念和共同行为准则的总和，它对企业发展的影响越来越显著。在知识经济时代，企业文化的创新主要包括以下几个方面的内容。

1. 观念创新

观念创新是企业文化创新的前提，是指形成能够比以前更好地适应组织内外部环境变化，并更有效地利用资源的新概念、新看法或新构想的活动。面临新经济和网络时代，企业管理人员必须树立“国际网络、快速反应”的新观念。

2. 战略创新

战略谋划是企业的灵魂，战略管理关乎企业的发展方向。随着经济全球化的推行，企业文化的战略定位和起步必须是全球化的经营战略。

3. 机制创新

企业文化构成要素之间的沟通和协同需要通过企业内部的运行机制来实现，而市场机制本身也要求企业加强自身与外部世界的信息传递、反馈和沟通。

4. 服务创新

随着经济发展、社会进步和全球市场竞争的日益激烈，企业的社会责任受到普遍关注。在生产产品、获取利润的同时，必须主动承担对环境、社会和利益相关者的责任。企业推进协调发展，积极承担社会责任，改变生产方式；整合资源，减少对土地等资源的占用和浪费；加强环境保护，发展循环经济；协调企业内外部利益相关者的关系；讲诚信、树立企业公信力，使之成为核心竞争力的重要组成部分等，进一步拓宽了管理创新的领域。

（二）制度创新

制度是组织运行的主要原则规定。制度创新需要从社会经济角度来分析企业系统中各成员间的正式关系的调整和变革。企业制度主要包括产权制度、经营制度、管理制度三方面的内容。

1. 产权制度

产权制度是决定企业其他制度的根本性制度，它规定着企业最重要的生产要素的所有者对企业的权力、利益和责任。产权制度主要是指企业生产资料的所有制。企业产权制度的创新应该朝着寻求生产资料的社会成员“个人所有”与“共同所有”的最适度组合的方向发展。

2. 经营制度

经营制度是有关经营权的归属及其行使条件、范围、限制等方面的原则规定。它表明企业的经营方式，确定谁是经营者，确定谁来组织企业生产资料的占有权、使用权和处置权，谁来确定企业的生产方向、生产内容、生产形式，谁来保证企业生产资料的完整性及增值性，由谁来向企业生产资料的所有者负责以及负什么责任。经营制度的创新方向应该是不断地寻求企业生产资料的最有效利用的方式。

3. 管理制度

管理制度是行使经营权、组织企业日常经营的各种具体规则的总称，包括对材料、设备、人员及资金等各种要素的取得和使用的规定。

制度创新就是组织根据内外部环境需求的变化和自身发展壮大的需要，对组织自身运行方式原则规定的调整和变革。制度创新的方向是不断调整和优化企业所有者、经营者和劳动者之间的关系，使各个方面的权力和利益得到充分体现，使组织中各成员的作用得到充分发挥。

（三）组织创新

管理组织的创新，主要是指管理组织机构和结构特征的变化。所谓机构，是指组织在构建时根据一定的标准，将那些类似的或为实现同一目标有密切联系的职务或岗位归并在一起形成不同的职能部门，它主要涉及管理劳动的横向分工问题。所谓结构，则是指不同职能部门之间相互关系的界定，它主要涉及组织的纵向分工问题，即把对企业生产经营业务的管理活动分成不同部门的任务。而现代企业已不再将组织看作是一个刚性组织，而认为是一个柔性的有学习能力的有机体。因为僵硬的组织已不能适应知识经济时代的发展状态。近几年来出现的“虚拟组织”就是一种典型的柔性组织结构。从“直线型”到“扁平型”的企业组织形式，从“职能制”到“事业部制”的机构形式，都是企业管理制度创新的重要成果。组织机构方面的创新主要有以下几个方面。

（1）组织机构的基本形式创新。

（2）部门机构的职责权限设置。

（3）采取分权的新方法。

（4）信息网络的重构及其人际关系安排等。组织结构设置和机构安排创新要以更有利于提高组织的运行效率、降低组织的运行成本为基本原则。

（四）技术创新

技术创新是管理创新的主要内容，企业中出现的大量创新活动是有关技术方面的，因此，技术创新甚至被视为企业管理创新的同义词。现代企业的一个主要特点是在生产过程中广泛运用先进的科学技术，技术水平是反映企业经营实力的一个重要标志，企业要在激烈的市场竞争中处于主动地位，就必须不断进行技术创新。由于一定的技术都是通过一定的物质载体和利用这些载体的方法来体现的，因此，技术创新主要表现在要素创新、要素组合方法的创新及产品创新三个方面。

（五）管理模式创新

管理模式创新是结合企业的特点或职能部门的特点，创造出全新的管理模式，以达到提高工作效率的目的，主要包括以下四个方面。

1. 财务系统全面推行“三统一”管理创新模式

三统一即为机构统一、人员统一、资金统一。机构统一就是要理顺财务关系；人员统一就是要强化职能作用；资金统一就是要提高运营效率。通过“三统一”管理模式的实施，能使企业建立一整套制度统一、步调一致、协调有力的财务管理体系。

2. 存货管理实行 JIT（Just in Time）管理模式

这种方法主要是以销售为起点倒推至原材料采购，即整个采购生产过程是在销售需求的

“拖动”下完成的。这种存货管理模式与传统的由原料购进再逐级输送到各道工序生产，最后生产产品实现销售的方向正好相反。这就完全避免了因存货盲目购进及产品生产过剩所造成的存货在各个生产环节的积压，有利于盘活流动资金，减少流动资金占用。

3. 全面推行 OEC（Overall Every Contro1）管理模式

OEC 管理法的主要目的是“日事日毕、日清日高；人人都管事，事事有人管”。每天的事要每天完成，每一天要比前一天提高 1%。OEC 管理法由三大体系构成，即目标体系、日清体系、激励机制。首先确立目标，再完成目标要求的基础工作，完成的结果必须与正负激励挂钩才有效。OEC 管理法能更有效地实现全员、全过程、全方位成本管理，使企业的成本管理工作更上新台阶。

4. 在工序生产过程中全面推行看板管理模式

看板的功能主要包括传达生产与搬运作业的指令；防止过量生产和搬运；揭露生产中的矛盾，防止出现废品；进行“目视管理”的工具。实行看板管理时，后道工序按照看板到前道工序领货，前道工序根据看板只生产后道工序领取的种类和数量，没有看板时不生产不搬运。同时看板必须挂在实物上，不把不合格品送到后道工序。看板管理是暴露问题、改进库存的有效工具，也是企业向“零库存”目标迈进的有效通道。

（六）环境创新

环境是企业经营的土壤，同时也制约着企业的经营。环境创新不是指企业为适应外界变化而调整内部结构或活动，而是指通过企业积极的创新活动去改造环境，去引导环境向有利于企业经营的方向变化。例如，通过企业的公关活动，影响社区、政府政策的制定；通过企业的技术创新，影响社会技术进步的方向等。

（七）文化创新

现代管理发展到文化管理阶段，可以说已经到达顶峰。企业文化通过员工价值观与企业价值观的高度统一，通过企业独特的管理制度体系和行为规范的建立，使得管理效率有了较大提高。创新不仅是现代企业文化的一个重要支柱，而且还是社会文化中的一个重要部分。如果文化创新已成为企业文化的根本特征，那么创新价值观就能得到企业全体员工的认同，行为规范就会得以建立和完善，企业的创新动力机制就会高效运转。

二、管理创新的方法

经过世界各国创造工程学家和管理学家的共同努力，现在已有上百种创新技术应用于世界上许多国家。下面介绍几种有代表性的创新方法。

（一）头脑风暴法

头脑风暴法也叫智力创新法，是由美国创造工程学家艾利克斯 • 奥斯本（AlexF Osbom）于 1939 年发明的一种创新方法。这种创新方法是通过一种别开生面的小组畅谈会，在较短的时间内充分发挥群体的创造力，从而获得较多的创新设想。当一个新的设想提出时，会激发小组内其他成员的联想，各种联想就会像燃放鞭炮一样，点燃一个、引爆一串。这种方法的规则有以下几个方面。

（1）参加会议的人数不超过 10 人，最好有不同的背景，可以从不同的角度分析观察问题，但最好是同一层次的人。时间限制在 20 分钟至 1 小时。

（2）鼓励每个人独立思考、广开思路，提出的改进设想越多越好，越新越好。允许相互之间的矛盾。

（3）集中注意力，针对目标，不私下交谈，不干扰别人的思维活动。

（4）以补充和发表相同的意见，使某种意见更具说服力。

（5）不允许对别人的意见进行批评或反驳，任何人不做判断性结论。

（6）参加会议者不分上下级、平等相待，不允许以集体意见来阻碍个人的创造性设想。

这种方法的目的在于创造一种自由奔放的思考环境，诱发创造性思维的共振和连锁反应，从而产生更多的创造性思维。提案的数量很重要，通过较多的数量以求得质量。因此，问题提示的设计要考虑能引出较多的答案。该方法适用于问题较单纯、目标较明确的决策。

这种方法的主要作用是给予鼓励，允许畅所欲言，给成员中富于创作力的人提供新的、适当的或间接的联想。因此，会议主持人必须执行阻止批评这一规定，必须反对为某设想进行主观评价。主持人要能调节现场气氛，当会议出现冷场时，他应提出自己的想法或把问题引向一个新的方向来活跃气氛。当大家感到疲惫时，则应结束会议。

头脑风暴法在运用中又发展出“反头脑风暴法”，又称“挑刺法”。其做法与“头脑风暴法”相反，对一种方案不提肯定意见，而是专门挑毛病、找茬。这两种方法一正一反可以互相补充。

（二）综摄法

综摄法也叫类比法，是由美国麻省理工学院教授戈登在 1952 年发明的一种开发潜在创造力的方法。它是以已知的东西为媒介，把毫不相关、互不相同的知识要素结合起来创新出新的设想，也就是吸取各种产品和知识精华，综合在一起创造出新产品或知识，叫作综摄法。这样可以帮助人们发挥潜在的创造力，打开未知世界的窗口。综摄法有两个基本原则。

（1）异质同化，即“变陌生为熟悉”。这实际上是综摄法的准备阶段，是指对待不熟悉的事物要用熟悉的事物、方法、原理和已有的知识去分析对待它，从而提出新设想。可具体化为以下几步：① 给定问题；② 分析；③ 问题的重新表述；④ 简单分析和排列。

（2）同质异化，即“变熟悉为陌生”。这是综摄法的核心，是对熟悉的事物、方法、原理和知识去观察分析，从而启发出新的创造性设想。主要目的是让解决问题者能超脱问题本身，以发现更具创造性的解决办法。可具体化为如下几步：① 远离问题；② 强行结合；③ 方案的认可。

（三）形态方格法

形态方格法又称形态学分析法，是美国加州理工大学瑞士籍美国人茨维基（Zwiicky）博士于 1948 年首创的一种方法。他把一种数学处理技术以定性的方式，对一些复杂的问题或系统进行研究。此技术现已被应用于很多方面，如产品设计、技术创新、市场研究和社会问题分析。

形态方格的核心思想为许多发明创造的成果并非什么全新的内容，只不过是旧事物的新组合。因此，它研究如何把问题所涉及的所有方面、因素、特性等尽可能详尽地罗列出来，或者把不同因素联系起来，通过建立一个系统结构来求得问题的创新解决。形态方格法分析的具体步骤如下。

（1）弄清所要解决的问题。

（2）确定与问题相关的重要独立要素或方面，列出各要素方面的所有可能形态及其属性。

（3）将各独立要素及可能形态排列成矩阵形式。

（4）从各要素及属性中选取可能状态作为任意组合，从而产生出解决问题的可能构想。

（5）对各构想做比较、评价，从中选出最佳构想。

这一创新技术是产生大量构思的理想工具，对于一些探索性或寻求机会性质的问题最为适用。在应用该方法时应注意两个问题。

① 因为形态方格法要求对问题进行系统的分析，并借此确定出影响创新的重要独立要素及其可能形态，这就要求有较高程度的相关问题的专门知识，如果不是内行就难以做到。因此，无论是选择个人还是小组来编制形态方格，只能挑选那些对问题堪称行家的人。

② 通过形态方格的编制，能否得出重要的创造性的构想，或者说能否保证重要创造性构想不致被遗漏，完全取决于要素确定得如何，因此，确定要素是应用此方法的关键性步骤。

（四）逆向思维法

逆向思维是顺向思维的对立面。逆向思维是一种反常规、反传统的思维。顺向思维的常规性、传统性，往往导致人们形成思维定式，是一种从众心理的反映，因而往往使人形成一种思维“框框”，阻碍着人们创造力的发挥。这时如果转换一下思路，用逆向法来考虑，就可能突破这些“框框”，取得出乎意料的成功。逆向思维法由于是反常规、反传统的，因而它具有与一般思维不同的特点。

1. 突破性

这种方法的成果往往冲破传统观念和常规，常带有质变或部分质变的性质，因而往往能取得突破性的成就。

2. 新奇性

由于思维的逆向性，改革的幅度较大，因而必然是新奇、新颖的。

3. 普遍性

逆向思维法适用的范围很广，几乎适用于一切领域。

（五）信息交合法

信息交合法通过若干类信息在一定方向上的扩展和交合，来激发创造性思维，提出创新性设想。信息是思维的原材料，大脑是信息的加工厂。通过不同信息的撞击、重组、叠加、综合、扩散、转换，可以诱发创新性设想。要正确运用信息交合法，必须注意抓好以下三个环节。

1. 搜集信息

不少企业已设立专门机构来搜集信息。网络化已成为当今企业搜集信息的发展趋势。如日本三菱公司，在全世界设置了 115 个海外办事处，约 900 名日本人和 2 000 多名当地职员从事信息搜集工作。搜集信息的重点应放在搜集新的信息，只有新的信息才能反映科技、经济活动中的最新动态、最新成果，这些往往对企业有着直接的利害关系。

2. 拣选信息

拣选信息包括核对信息、整理信息、积累信息等内容。

3. 运用信息

搜集、整理信息的目的都是为了运用信息。运用信息，一要快，快才能抓住时机；二要交汇，即这个信息与那个信息进行交汇，这个领域的信息与那个领域的信息进行交汇，把信息和所要实现目标联系起来进行思考，以创造性地实现目标。信息交汇可以通过本体交汇、功能拓展、杂交、立体动态四个方式进行。

总之，信息交汇法就像一个“魔方”，通过各种信息的引入和各个层次的交换会引出许多系列的新信息、组合，为创新对象提供了千万种的可能性。

（六）类比创新法

类比就是在两个事物之间进行比较，这两个事物可以是同类的，也可以是不同类的，甚至差别很大。通过比较，找出两个事物的类似之处，然后再据此推出它们在其他方面的类似之处。因此，类比创新法是一种富有创造性的发明方法，它有利于发挥人的想象力，从异中求同，从同中求异，产生新的知识，得到创新性成果。其方法主要有以下几种。

1. 个人类比法

个人类比是把自己想象为自己的工作对象，并融入个人的情感和感觉，以求得对问题的洞察。

2. 直接类比法

直接类比是把某一领域的事实、信息、知识和技术用于另一领域。在运用这一手段时，人们的经验和知识越丰富越好，以找出与手中问题相类似关系的现象。模仿生物界是直接类比的材料宝库。

3. 象征类比法

象征类比就是以事物的抽象的象征物来表达事物的本质。例如，绿色会使人联想到生命。当然并非人人都有类似的感觉，且绿色和生命之间并没有必然的逻辑关系，但关键是它能触发由此而引起的联想。

4. 幻想类比法

幻想类比是用幻想表达个人所希望的、最理想的解决问题的方法。这是基于弗洛伊德的观点，即人的创造性思维与希望完成创造的意愿有强烈的相关性。

5. 因果类比法

因果类比是根据已经掌握的事物的因果关系与正在接受研究改进事物的因果关系之间的相同或类似之处，去寻求创新思路的一种类比方法。

另外还有对称类比法、模拟类比法、综合类比法等。

第三节 管理创新行为

管理创新并不是凭空想象的东西，而是实践的结果。管理创新主体是以其创新的能力和既定的心智模式从事管理创新活动，这种创新活动就是管理创新行为。由于管理创新主体或是个体或是群体，且各自具有独特的个性特征，因而使得具体的创新行为带上了管理创新主体的个性特征，造成最终创新成果出现差异。但这些无数的具体的管理创新行为依然有其共性，研究这种共性，发现其背后的深层规律，则能进一步指导管理创新行为的有效进行，进而推动管理创新成果的大量涌现。

一、管理创新行为与管理创新目标

管理创新的目标是指创新所要达到的最终结果，这个最终结果既可能是管理创新主体希望达成的，也可能是企业状态变革的一系列选择的结果。管理创新目标是管理创新行动的导引，没有目标的行动则是盲目的行动。

（一）管理创新行为的一般构成

管理创新行为是管理创新主体在创新刺激、创新价值观、创新动因、创新素质等因素作用下采取的为实现创新目标的一系列活动。管理创新行为是复杂的行为过程，但又是一个重复的过程，它具有一定的规则。管理创新行为的一般构成可用图 11-1 表示。

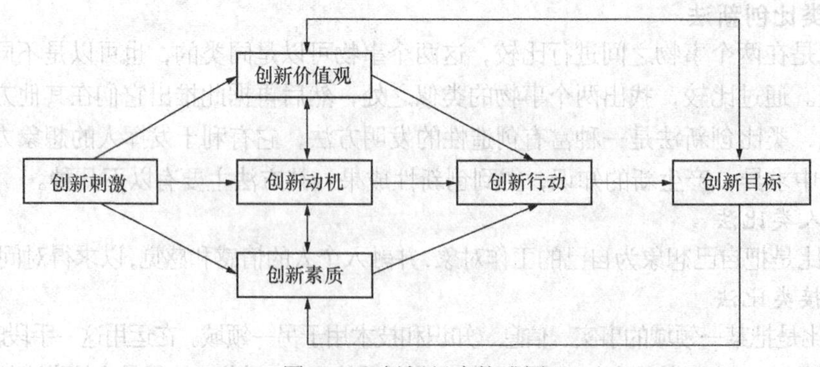

图 11-1 创新行为构成图

从图 11-1 中可看出，管理创新行为是由管理创新刺激、管理创新价值观、管理创新动机、管理创新素质、管理创新行动及管理创新目标等因素构成。创新目标与管理创新价值观形成相互支持的关系，而创新目标的高低反过来形成一定强度的创新刺激，进而影响其他因素，促发创新行动，以达成管理创新目标。管理创新行为是这样一个反复运作的回路，其运行机制根源于这些因素及其相互的联系方式和作用程度。

1. 管理创新刺激

管理创新刺激是指一种由外界各种因素引发的使管理创新主体产生管理创新意念和欲望的过程。这种刺激可以来源于很多方面，如市场竞争、环境变化、生产状态、经济性奖励、职务提升的可能，读一本书，与他人进行一席长谈等，使管理创新主体由此突发创意，引发创新欲念。管理创新刺激包含于管理创新主体所处的环境及其具体活动过程之中，然而并非每个人对这些刺激都会有反应，即便是管理创新主体也是如此，因为能否对某一刺激有所反应并产生管理创新意念或欲望实在与当时的状态和管理创新主体的心智模式、知识结构、能力结构等有很大的关系。于是对同样一个问题，有的人可能会有独特的见解，有的人则觉得习以为常。当然有时尽管某些人对管理创新刺激反应不够灵敏，但如果增强管理创新刺激的强度，则可能促使更多管理创新意念的产生，这也就是管理创新的文化环境变革能够对管理创新行为产生重要影响的地方。

2. 管理创新价值观

管理创新价值观是管理创新主体价值观体系中的一部分，是管理创新主体对管理创新及其效果、阶段、行为方式等的认识。管理创新价值观在管理创新行为构成中起到一种判定和筛选管理创新意念、欲望、创意的作用，是构筑管理创新目标的基础。在管理创新刺激下产生的管理创新欲望、意念并不一定都具有价值或实际意义，管理创新主体的创新价值观此时就可以对此进行一定的判别与筛选，使那些切实可行的欲望和意念发展为创意，形成管理创新的目标，引导今后的行动更有效地实现管理创新。

管理创新价值观是管理创新主体心智模式的一部分，是管理创新主体行动的指导。这一价值观本身也是不断变化的，即管理创新主体会在创新实践过程中深化、修正和提升其管理创新价值观。当然这一过程有时是缓慢的，因为价值观一旦形成就较为稳定，成为心智模式稳定性的支持。价值观的这种稳定性具有两面性，也就是既有促进创新的一面也有阻碍创新进程的一面。一般而言，人们在其价值观的引导下，会形成不同的管理创新动因。

3. 管理创新动机

管理创新动机是指创新主体内在的激发管理创新的因素，这种因素不同于管理创新刺激的因素，前者是管理创新主体的内在因素而后者则是外在因素。这两方面的因素一旦发生碰撞就极有可能产生创意，并由这种动机来维持管理创新主体进行创新工作的热情，成为行动的动力源。管理创新动机就是管理创新主体进行创新的动力源，这种动力源除了与该管理创新主体的价值观有关，也与企业管理创新的氛围有关。的确有这么一些案例表明，管理创新主体的创新动机完全是因为大家都在动脑筋进行管理创新活动所激发的。管理创新动机是管理行为中非常重要的因素，我们已经看到技术创新成果的保护对技术创新有很大的作用，其中原因应该是技术创新成果所得到的保护，减少了外部不经济性，强化了创新主体的经济性动机。因此，强化管理创新主体的创新动机在一定条件下是管理创新行为大量发生的必要条件。

4. 管理创新素质

管理创新素质是管理创新主体能够从事管理创新行动的潜质。这种潜质反映为管理创新主体的知识结构、能力结构、创新的心智模式、创造性潜能等的综合。管理创新主体的这种素质将在很大程度上决定创意的质量、创新目标的形成和定位高低以及管理创新行动的合适性，从而使管理创新在一开始就处于一个较高的起点上。

管理创新主体的素质有高低之分，这就导致了管理创新主体中有些人可以做出重大的创新，有些人则只能进行微小的改革。一个想在管理上有重大创新的人，应不断提升自己管理创新的素质，进行各方面的修炼。欧内斯特·戴尔曾对斯隆大加赞赏，认为"艾尔弗雷德·斯隆是一个伟大的经验主义者。他面对着许多挑战而提出了模式（管理）、体系、方法论，在受到通用汽车公司影响的各个集团之间恰当地分配股权，取得了成功。"

管理创新的主体

管理创新主体的管理创新能力是其内在心智模式和社会、企业等因素相互影响而产生的一种效应。管理心理学认为，一个人的创新能力与其个人的气质、动机、情绪、习惯、态度、观念、才能等各方面（即心智模式）有着密切的关系。富有创新能力的管理主体，通常有下列一些主要特征。

（1）兴趣广泛，对任何事务都有一种好奇心理，往往能从平凡中发现奇特，从习以为常的现象中找到"异常"之处，从细微中见到方向。没有任何兴趣的人通常不会有创意，因为他看不见可能创新的方面。

（2）对环境有敏锐的洞察力，能及时找出实际情况与理想模式之间的差距，能察觉到别人未予注意的情况和细节，能不断发现人们的潜在需要和能力的潜力，并巧妙地加以运用。

（3）具有系统思维和辩证思维的特点，善于多角度地看问题，善于举一反三，触类旁通，能想出较好的点子和办法，提出非同凡响的主张。

（4）富有独立意识，对现成的事物和看法不盲从，不人云亦云，勇于脱出一般观念的案白，坚持自己的主张，坚定地走自己的路。

（5）具有自信心，深知自己所做事情的价值，即使遭到阻挠和非难，也不改变初衷，总是一往直前，直到成功。

（6）敢于面对常人无法忍受的困境，鼓足勇气，大胆探索，不屈不挠，不怕失败，直至取得突出的成功。

资料来源：芮明杰《管理创新》，上海译文出版社，第 122 页。

5. 创新行动与创新目标

创新行动与目标是管理创新行为的重要组成部分。管理创新行动是管理创新主体在上述因素作用下实施管理创新的动作，而管理创新目标则是管理创新主体欲达到的创新结果。创新目标引导创新行动，创新行动的进展逐步逼近管理创新目标。管理创新目标虽然一开始就能设置，但人们开始时也许并非明确地认识到，随着管理创新行动的展开，使目标逐步清晰和深化，直至使最终创新的成果与原来的管理创新目标有所不同。

（二）管理创新的目标

从管理创新行为的一般构成我们可以得知，管理创新目标的重要性以及它在行为构成中的地位。管理创新目标简单地说是指管理创新主体创新时想要达成的最终结果。这种目标在创新开始之时便已存在于管理创新主体的意识中或者其创新计划内。但管理创新目标并不是一个独立的目标，它与企业目标体系有着密切的关联。管理学告诉我们：企业组织往往有许多目标，有的可能是关于经济方面的；有些则可能涉及社会、环境或政治诸方面。著名管理学家彼德·德鲁克认为，凡是经营管理成功的企业都在市场、生产力、发明创造、物质和金融资源、人力资源、利润、管理人员的行为表现及培养发展，工人的表现及社会责任等方面有一定自己的目标。具体情况如表 11-1 所示。

表 11-1　　德鲁克提出的进行成功管理的企业应包括的各种目标

1. 市场方面的目标：应表明本公司希望达到的市场占有率或在竞争中占据的地位。
2. 技术改进与发展方面的目标：对改进和发展新产品，提供新型服务内容的认识及其措施。
3. 提高生产力方面的目标：有效地衡量原材料的利用，最大限度地提高产品的数量和质量。
4. 物质和金融方面的目标：获得物资和金融资源的渠道及其有效的利用。
5. 利润方面的目标：用一个或几个经济指数表明希望达到的利润率。
6. 人力资源方面的目标：人力资源的获得，培训和发展。管理人员的培养及其个人才能的发挥。
7. 职工积极性发挥方面：发挥工人在工作中的积极作用，激励和报酬等措施。
8. 社会责任方面：注意本公司对社会产生的影响。

从德鲁克所说的进行成功管理的企业应包括的各种目标表中可看到：第一，企业组织的目标体系是一个多目标体系；第二，企业目标的性质是多方面的，既有经济方面也有社会责任方面的，因为企业不仅是经济组织，而且是社会的一分子；第三，德鲁克总结的目标中只有技术改造创新方面的目标，而没有管理创新的目标，这就表明两位著名管理学家对管理创新的忽视。笔者认为这种忽视是十分不妥的，管理创新目标应该是企业成功实施管理的重要目标，也是企业众多目标中很突出的目标。事实上，现代企业想要实现的诸如市场方面的目标，提高生产力方面的目标，人力资源方面的目标以及利润方面的目标等均离不开管理创新，自然也离不开管理创新目标。因为若要实现市场方面的目标，没有市场营销方面的创新思路与方法恐怕很难，否则就不会有“出奇制胜”“领先一步”等所谓的营销策略。

那么管理创新目标在企业整个目标体系中究竟处于什么地位呢？管理创新目标是整个目标体系中的核心目标之一。一个成功企业的目标体系构成可以用图 11-2 表示。

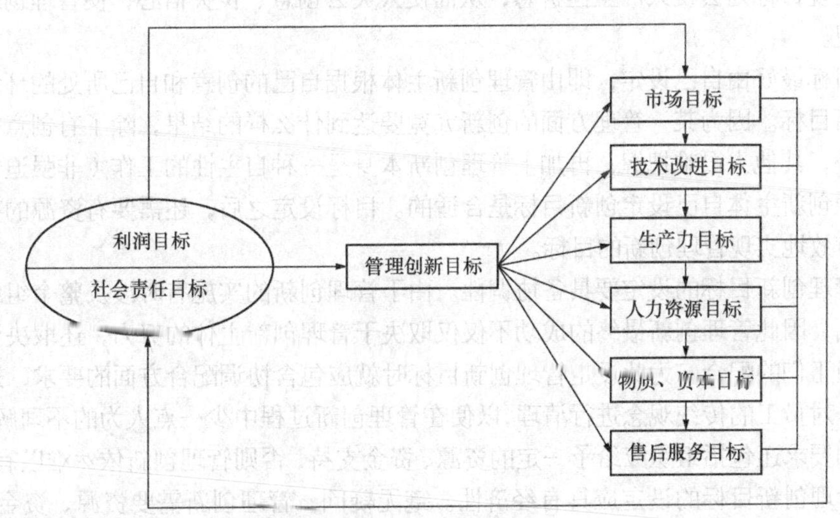

图 11-2　成功企业的目标体系

从图 11-2 中我们可以看到，管理创新目标是核心目标之一，这一核心作用表现在它是在利润目标、社会责任目标的激发与约束下设立与定位的，并以此促发企业其他六个目标的实现，而这六个目标的实现反过来帮助企业根本的利润目标和社会责任目标的最终实现，从而构成一个目标体系。如果一个企业没有管理创新目标，固然不影响企业的实际运行，就好像

图 11-2 中没有管理创新目标这一块那样，但该企业只能以落入俗套的管理来维持，虽然不一定被淘汰，但企业想要超越一流水平则是不可能的。

管理创新目标尽管从总体而言是核心目标之一，但它本身仍有不同的层次性。这种不同的层次性首先可从管理创新主体所处企业的不同层次来考察。从对管理创新主体的分析中，我们实际上已经看到：三个不同层次的管理者或员工均有可能成为管理创新主体，因此管理创新目标也就有了三个层次，即高层管理创新目标、中层管理创新目标和低层管理创新目标。这一层次性并不表明中层管理创新目标是高层管理创新目标的具体化或是它的分目标。不同层次管理创新目标的不同在于其涉及面的大小和涉及内容的不同。例如，高层管理创新目标可能是企业综合管理模式的创新，或整个组织体系改革的目标等，而中层管理创新目标则可能是市场营销、人力资源方面的管理创新目标，这些目标未必就是组织体系改革目标的分目标。

管理创新目标可以有时间跨度，但这一时间跨度或这一目标实现的时间表有时并无多大的意义，因为创新与按程序生产并不一样。按程序生产有一个准确的时间表，按照该时间表准确运行才能有良好产出。创新则不然，创新的成功很难用时间表来要求，因为在管理创新刺激不强，或者管理人员们对该刺激无反应时，就没有创意产生，没有创意也就没有创新，因而时间表就成了一句空话。斯隆创造事业部制度并使其在通用汽车公司有效运作，花费了近 5 年的时间，而一开始谁都未曾预料到需要这么多时间。管理创新目标既有层次性也有一定的时间要求（并不严格的要求），这就导致管理创新目标的设置具有一定要求。这种要求可概括为以下几条。

（1）目标设定具有恰当性，即要求管理创新目标的设定与管理创新主体的能力相符合，与企业管理发展的阶段性要求相符合，从而使管理创新主体经过努力能实现此目标。由于管理创新目标实现的不确定性，恰当地设定目标就显得非常重要。实现了目标会让人有成就感，老是无法实现目标则会使人产生挫折感，从而使人失去创意、丧失信心，使管理创新最终没有可能实现。

（2）目标最好由自己设定，即由管理创新主体根据自己的创意和自己所处的环境来决定自己的创新目标。因为某一管理方面的创新究竟要达到什么样的结果，除了有创意的管理创新主体之外，其他人很难把握，再加上管理创新本身是一种自主性的工作（非强迫性工作），因此让管理创新主体自己设定创新目标是合适的。目标设定之后，还需要有资源的有效配合才能帮助有效地实现管理创新的目标。

（3）管理创新目标的设定要具备协调性。由于管理创新的实施有时涉及整个组织或组织的某些方面，因此管理创新最终的成功不仅仅取决于管理创新主体的努力，还取决于组织有关方面和员工们的配合。为此设定管理创新目标时就应包含协调配合方面的要求，这种要求有时甚至是对员工的传统观念进行清理，以便在管理创新过程中少一点人为的不理解和阻挠。协调配合的要求还包括组织应给予一定的资源、资金支持，否则管理创新依然难以有效展开。

（4）管理创新目标的设定应具有经济性。毫无疑问，管理创新需要资源、资金的支持，需要先投入才可能有产出。管理创新一旦成功，虽然会给组织带来很大的经济效益，但由于其收益绝大部分很难反映在账面上，而成本却一定在账面上支出，因而有些人会觉得似乎成本太大，从而提出反对意见。为此，设定管理创新目标时也可以进行投入产出分析，以保持尽量少的资源和资金投入，获取尽量大的产出收益。事实上，可以证明管理创新的成功通常会给组织带来巨大利益，而成本支出不一定很大，甚至不如技术创新、产品创新投入的成本大。

管理创新目标一旦设定就成了管理创新行动的导向，每当一项创新行动向创新目标逼近一步时，就会给管理创新主体带来成就感，进而刺激其采取下一步行动。创新行动的每一步都在向目标逼近，同时这也是对管理创新目标的深化认识，它反过来会给管理创新主体更大的成就感，从而维持管理创新行为。

二、管理创新的动机及行动

管理创新主体为什么会采取那些创新行动？这是一个颇有意义的问题，因为假定我们知道答案，或许我们可以据此来激发管理创新，使管理水平有更大的提高，进而提高企业资源配置和整个社会资源配置的效率。事实上，管理创新主体之所以会采取创新行动，除了价值观、素质等因素外，动机及其运行机理也是重要的内在因素。

（一）管理创新的动机

在管理创新行为中，创新动机是管理创新主体的内在动力，是创新行为发生和持续的主要原因。创新主体的创新动机并不是单一的，而是多元的，这既与创新主体的价值取向有关，也与组织的文化背景有关。一般而言，管理创新动机有以下一些。

1. 创新心理需求

创新心理需求是指管理创新主体对某种创新目标的渴求或欲望。根据马斯洛的需求层次理论，人的需求可分为 5 个层次：第 1 层为基本需求即生理需求；第 2 层为安全需求；第 3 层为社交需求；第 4 层为尊重的需求；第 5 层也就是最高层则为自我实现需求。按照他的理论，自我实现需求是指人们希望完成与自己的能力相称的工作，使自己的潜在能力得到充分的发挥，成为所期望的人物。管理创新的心理需求作为管理创新主体对某种创新目标实现的欲望，实际上是管理创新主体希望自己的创新能力能够在创新过程中得以发挥，因此管理创新心理需求可以认为是人需求的最高层次之一。

管理创新主体的创新心理需求是由自己对个人成就、自我价值、社会责任等的某种追求而产生的，具体来说则是在各种管理创新刺激的作用下产生的。管理创新刺激可以分为两大类：一为外部刺激即外部环境中各种因素的变动对管理创新主体的影响；二为内部刺激即来源于创新主体内在因素变动的影响。内部刺激通常受一定的年龄、生理等特点的制约，外部刺激则受到环境的制约。当内外刺激和谐时会产生共振，使管理创新的心理需求程度加大，推动创新主体积极进行创新。管理创新的心理需求可反复产生，按照心理学所揭示的规律，动机支配着人们的行动，而动机本身则产生需要。当人们的某种创新需求不能满足时，在心理上会发生一种不安和紧张状态，成为一种内在的驱动力，心理学上称之为动机。有了动机就要选择或寻找目标（目标导向行动），当找到目标后，就进行满足需求的活动（行动），最后需求得到满足，紧张感消除；然后产生新的创新需求，形成新的创新行为。

2. 成就感

成就感是成功者获得成功时产生的一种心理满足。许多管理创新主体进行创新的直接动机就是追求成就和成就感，因为他们把自己的成就看得比金钱更重要。对某些人来说，创新工作上取得成功或者解决了难题，从中所得到的乐趣和心理满足超过了物质上的激励。正因为如此，具有成就感的管理创新主体更容易在艰苦的创新过程中保持顽强的进取心，推动自己不达目标誓不罢休。欧内斯特·戴尔在其著作《伟大的组织者》中对美国国民钢铁公司的创立者特纳·韦尔有很高的评价，认为他是一个极具成就感的组织创新者，“他从一开始就对他的公司做出了完整的规划，而公司正是按照他的规划发展的。当他的有形厂房只是一个不像样的马口铁工厂时，他已构想出一个完整的钢铁公司——连矿石资源也能自给的公司，并建立了一个组织核心。这个组织核心能随着公司的成长而发展，而无需做出重大的改组”。

通常只有成功的管理创新主体才会具备成就感，因为如果创新总是不成功，管理创新主体的成就感就不会存在，原有的一点成就感也会慢慢地消失。但管理创新主体追求成就仍然是维持创新行动的动机。尽管这种成功可能未必给他带来许多经济利益，但却能为其带来尊重，这就足够了。在日本那种自尊感很强的社会中，组织员工们的创新行动除了因为把企业看作是自己的家之外，还希望创新成功能使其他人对自己刮目相看，受到他人的尊重。哈佛大学教授麦克利兰认为，一个组织拥有这种人越多，它的发展越快，得利越多。

3. 经济性动机

在现实的经济社会中，劳动依然是谋生的手段，管理创新主体也要食人间烟火，因此不能排除管理创新主体因对收入报酬的追求和需要而产生创新的行动。管理创新主体在管理创新时的经济性动机，可分为两大类：第一类是为了组织经济效益的提高；第二类是为了自己个人利益的增加。虽然第一类动机表面上只与组织效益有关，但良好的组织效益最终还是会与各种方式回报给为此做出贡献的管理创新主体。因此管理创新主体的经济性动机是明确的，这就是通过管理创新的成功，在提高企业管理效率、提高资源配置效率的同时也能增加自己的收入。

然而由于管理创新成功而导致的管理水平的提高，最终会反映在诸如资金周转速度加快、产品质量提高、产品销售速度加快、利润有所提高等方面，通常无法直接准确计算管理创新成功所带来的效益。为此，许多组织把管理看作是软性的东西，而科技或产品的创新却是硬性的东西；他们可以给组织中有贡献的科技人员实施重奖以激发他们的创新行为，却不肯花点钱去激励各级管理人员和员工进行管理上的创新。这一传统观念扼杀了许多管理创新的萌芽，也造成组织许多早先设计的管理方法如生产流程等一直延续至今。管理创新主体既然有经济性动机，管理创新也确实能增进资源配置效率从而增加企业的效率，那么就有必要对此给予充分的重视以促进管理创新案例更多地发生。事实上流程的再改造、再设计或者创新往往会给企业带来很大的经济效益。例如，福特汽车公司在取得日本马自达公司25%的股权之后，开始对财务会计的传统流程进行改造创新，结果实行新流程后原来500多人的工作只需125人便够了，为公司节约将近400人的薪金。这种改造创新带来了直接的经济效益，应该给予创新人员以经济性激励，才符合激励原理。

4. 责任心

责任心是管理创新主体的另一重要创新动机，因为管理创新主体在其工作范围内是一个责任人，要对其所做工作负责。只有具备高度责任心的人才会去寻找当前工作中的毛病和缺陷，希望从中找到提高的方向，并进行创新，从而使自己的工作做得更好。责任心有两种：一是对社会的责任心，这是宏观的；一是对企业的责任心，这是微观的。这两种责任心会使管理创新主体产生一种使命意识，促使管理创新主体坚持不懈地努力，最终获得创新成功。责任心既可以由管理者所处的工作岗位产生，也可以由竞争压力造成，例如，如果你在这个岗位上工作得不好，可能会有人来接替你，而一旦被接替则可能导致收入降低，或去职或遭到别人耻笑。当然责任心也可能产生于这个人的性格和心智模式。不管责任心来源于何处，作为管理创新行为的动机之一，它的功效除了激发管理创新行为外，还在于能维持整个管理创新过程正常运转直至获得成功，因为这也是管理创新主体责任心的一部分。

（二）管理创新的行动

所谓管理创新行动是指管理创新主体采取的实现管理创新目标的一系列活动。这些活动由动机所维持，由管理创新目标所导引，并得到创新价值观的矫正。活动既可以有先后的次序，也可以是平行展开，以便有效地达成管理创新目标，获得管理创新的成功。管理创新行动可以分成以下几大类。

1. 除旧布新行动

创新在某种意义上就是除旧布新，创新行动中的一大类行动就是除旧布新行动。这类行动的特征是对旧有问题的管理方面动手术，进行清理并布置新的管理模式、方式方法等，就好像将旧机器中某些零部件、某些功能拆除，换上新的创新部件形成新的功能，使机器旧貌换新颜，发挥更大的功效。

杜邦公司在创新公司总部机构和会计制度时采取的一些创新行动就可称为除旧布新行动。例如，杜邦公司为了提高公司的资金使用效率，对当时的会计制度进行了大幅度的修正与创新。他们首先建立了一整套正规的资产会计制度，对资本投入与设备更新统一进行更准确的核算，并在此基础上定义了新的资金回报率，作为比较不同项目的投资效率的依据。这些会计核算方法的创新成了20世纪大型工业企业的标准实践。确定新的方法之后，杜邦公司以此作为对传统会计制度改造革新的蓝本，进行大规模的动作，最终在一年多的时间里使公司抛弃了原来的会计制度，采用了新的会计制度，并获得运转的成功。

2. 组织协调行动

管理创新并非只是某一个管理创新主体便可独自完成的。管理创新的过程实为资源投入的过程，也是所投入资源的有效配置过程，因此管理创新过程也是一种创新管理的过程。所以，管理创新行动中除了有探索创新的行动之外，必然还有其他的行动，组织协调行动即为其中的一种。管理创新行动中的组织协调行动是指管理创新主体为实现创新目标，组织资源和协调有关方面力量而采取的一系列活动。组织协调行动在管理创新成功方面有着极为重要的作用。例如，没有强有力的组织协调，美国的原子弹就不可能在这么短的时期里研制成功，如果是那样的话，第二次世界大战的历史便会重写；没有强有力的组织协调，1984年的美国洛杉矶奥运会便不会获得这么大的成功，主办者也不可能结束需要补贴才能办奥运会的历史。

组织协调行动是管理创新主体在管理创新过程必要采取的行动，那么这种行动的有效性反映在何处呢？管理学原理告诉我们，进行有效的组织协调的方法有：建立管理层次，制定规章制度和工作程序，加强联络，组织协作任务及进行进展控制等。虽然一般的管理创新活动不涉及较大的层面，但为保证管理创新目标有效实现需要有一定分工，使各方人士各负其责；需要有一个工作计划以便更好地谋划未来，让工作更为有序；需要设立一些专门的委员会或会议进行沟通与协作，保持一致性；还需要激励创新的人员以便令他们始终保持旺盛的创新热情。

3. 增进实效的行动

所谓增进实效的行动是管理创新主体为了使管理创新最终取得显著成效而采取的一系列对原创新方案的修正、弥补、改进等活动。由于管理创新是一种新的和实施方案，这种创设未必会一下子与管理的现实相匹配或协调，再加上环境本身不断变化，这就导致在管理创新实施过程中，需要有一类增进创新最终成效的行动，通过这些行动使管理创新成果更为完美，使组织的资源配置效率更高。增进实效的行动对于管理创新主体而言是必不可少的，但这一行动主要涵盖哪些内容呢？从管理创新的实际过程来看，增进实效的行动主要包括：对创新实施效果的分析评价行动，通过这一行动使创新效果究竟如何有一明确表示；对现实的创新实施过程和方法进行研究，寻找不够完善或存在缺陷的方面，并设计针对性的解决方案；针对现实创新中的问题，用已设计的解决方案解决问题，从而最终达到完美的结果，使管理创新效果为企业带来巨大的利益。管理创新的增效有时并不是行动一次便告结束的，它需要有几次反复，只有在几次反复之后，才能真正使这一创新臻于完美。

管理创新行动中的这三类行动只是所有行动中的主要部分，还会存在其他一些行动，如创意的“工艺”设计行动、后勤支持行动等。在这三大类行动中，除旧布新行动是创新的一种探索性行动，组织协调行动是创新过程的组织保证性行动，增进实效行动则是管理创新的最终修补提高性行动。这三大类行动形成一个循环，因为当修补不足以成功时则需要进一步的创新，而这就是新一轮除旧布新行动的开始。

第四节 中国企业的管理创新

一、中国企业面临的挑战

中国企业目前处在一个巨大的创新时期。在这一时期，中国企业既要使自己能够与国家的经济体系合拍，又要使本来管理水平就不高的企业状况能够得以改变并有所创新，以跟上世界现代企业管理发展的步伐。这种双重任务使中国企业在其发展过程中面临着管理创新的挑战。

管理基础的积累是信息技术等先进技术能够得以发挥作用的重要条件。西方国家能够快速进入知识经济时代就是因为其具有的长期的管理经验的积累。而我国企业进入市场经济的时间还很短，与工业发达国家上百年的历史相比还相当不成熟，这就决定了我国企业管理水平上的多层次性和复杂性，目前中国企业面临的问题是中国企业向国际化迈进过程中必然面临的问题。

（一）知识经济和经济全球化的挑战

知识经济的全面兴起为世界经济全球化奠定了基础。在此背景下，新一轮兼并浪潮席卷全球。企业经历了生产型管理后必须快速转向创新型管理。而我国加入 WTO 以后，面对的不再是相对封闭的国内市场，而是一个在世界贸易组织规则之下的、开放而畅通的国际大市场。这种开放把中国经济发展提升到一个新的水平，中国企业的经营和管理与国际接轨势在必行。但是我国大多数企业还未从根本上解决这个转型问题——计划经济时代所产生的“等、靠、要”的思想还在很大程度上束缚着企业。具体表现为企业经济效益总体不高、亏损的企业比比皆是，新产品开发速度慢，与市场要求差距很大，企业内部人、财、物的利润率很低，国际市场的分析和跨国经营的经验缺乏等。

（二）现代生产运作管理方式的挑战

在过去，生产运作管理系统的研究和实践主要考虑的是制造业的问题，甚至许多时候只涉及生产系统内部。绝大部分的生产管理理论和方法也是针对制造业的，但在今天人们已经开始把服务业也作为生产系统管理的一个重要方而来加以研究，提出了许多更加适用于服务业的新的生产系统管理理论和方法，并应用于实际中，使得生产运作管理的范围大大增加。随着科技的进步和人们生活条件的不断改善，消费者的价值观念变化得很快。消费需求的多样化、个性化，导致产品生命周期缩短，从而使得生产运作模式发生相应的变化。同时，随着信息技术现代化生产运作管理技术的飞速发展，国外许多企业以智能化、数字化、虚拟化、网络化、敏捷制造等来提升企业竞争力，而我国许多企业才刚将计算机等现代管理手段和技术运用到生产运作领域。因此我国企业必须迅速实现管理手段的现代化，否则在全球化的竞争中将无法与国外先进企业抗衡，从而面临被淘汰的危险。

（三）技术创新能力薄弱的挑战

当今世界的竞争，归根结底是科技实力和技术创新能力的竞争。我国与发达国家的高技术产业经济相比，差距还很大。从投入上看，世界500强研发经费占销售收入的比例逐年加大，目前一都在10%以上，微软等高新技术企业更是高达20%，而我国大型企业平均不足3%。在企业研发人员比例上，我国大型企业不到 10%，而美国和日本平均超过 30%。我国的教育水平和科技水平还比较落后，市场机制正在建立，科技转化为现实生产力的能力还比较薄弱，科技对经济的贡献率还不是很高。许多企业缺少自主知识产权的技术和产品，生产工艺落后，缺乏国际竞争力。

二、中国企业管理创新的阻力及克服方法

（一）中国企业管理创新的阻力

我国企业在经济全球化的竞争中要遵循新的游戏规则。创新是唯一的出路，在进行管理创新时，不可避免地会遇到阻力。根据我国企业的实际情况，企业在管理过程中通常会遇到以下几个方面的阻力。

1．观念转变的阻力

在中国，企业创新的阻力主要来自文化的影响，所以不把中国文化中的保守因素考虑进去的创新往往会以失败而告终。创新的最大阻力不是来自技术的改进，也不是来自先进体系的缺乏，而是来自观念的陈旧。我国很多企业长期以来习惯了计划经济下的经营管理，对市场经济快速多变的情况感到不适应，因此，企业进行创新时首先要克服来自观念方面的阻力。

2．目标过高的阻力

由于我国企业整体水平不高，在制定创新目标时，不应好高骛远或照搬国外成功企业的创新经验。把企业创新目标定得过高，这实际上会阻碍企业的创新。例如，我国有些企业照搬美国摩托罗拉公司的成功经验，在企业内推行六西格玛管理模式，结果刚开始轰轰烈烈，到最后却不了了之，浪费了大量的精力和财力。之所以产生这样的现象，原因在于这些企业在创新活动过程中，往往没有仔细分析管理理论和方法的适用性，在不了解这些理论和方法的来龙去脉的情况下进行套用，结果适得其反。

3．目光短浅的阻力

有很多企业由于目光短浅，仅考虑眼前的利益或墨守成规，不能适时进行创新，其结果是组织不能产生创新的火花，以致在竞争中处于劣势，甚至被淘汰。还有的情况是有很多人认为管理创新不符合企业的目标和最佳利益，为一时的得失而斤斤计较，缺乏长远眼光，看不到创新对企业发展产生的深远影响，从而错失良机。

4．内部的阻力

在一定程度上，创新意味着组织结构的创新或者业务流程的重组，因此创新受到的阻力往往也来自企业的内部人员。企业之所以创新，当然是因为现有的组织结构或业务流程存在着重重弊端。但是在创新的推行中，难免涉及许多人的切身利益，因此创新受到了来自有关升迁、权力、金钱等利益层面和心态不正、惰性、安全感以及对未来的恐惧等意识层面的挑战。许多创新由于受到内部既得利益者的反对而宣布终止。我国许多企业员工受传统的“大锅饭”“铁饭碗”的影响，企业的创新不可避免地会遇到阻力。另外，在很多企业中长期积累

的弊病而形成的一些惯性，也会对创新起到一定的反作用。

5. 过度分析论证的阻力

管理本身具有不可复制性，创新更意味着前无古人，总是包含着一定的风险因素，过分挑剔的眼光和过度的分析论证都可能将创新扼杀在摇篮中。实际上任何一种行动方案，在实施的过程中都会随着实际情况的变化而调整并逐渐完善。没有天生完美的方案，这是实践中屡试不爽的真理。我国很多企业在实施时为了求稳、求好，常常总想一步到位，往往因为这个原因而导致创新失败。

小案例

海尔的创新与发展

海尔对企业做了一个形象的比喻：企业犹如斜坡上的小球，要每天改变和提高。美国企业平均寿命40年，日本企业平均寿命13年，中国企业平均寿命不到5年。企业既要高速发展，又要长寿，是非常困难的。所以在斜坡球体论的基础上，海尔人创造了日清日高管理法。

日清工作法简单地说就是日事日毕，日清日高。海尔人打了个比方说，将1元钱存到银行，采用复利计算，70天之后便翻了一番。但难就难在天天都在提高，哪怕是一点点。

美国企业界有一句话说，什么是好企业？就是企业内部没有激动人心的事发生。如果你事先没有将事情筹划好，那么肯定打败仗。

海尔在实践中感觉到，基础工作到位非常难。有一个外商准备在中国投资，在全国考察了好多企业，最后初步定了三家，其中包括海尔。他们到海尔看了以后就走了。我们以为外商不愿与我们合作，但是一天之后，对方发来传真表示愿意与我们合作。原来他们趁我们不注意，摸了一下我们的备用模具，结果没有摸出灰来，就冲这一点，他们就愿意与我们合作。还有一次，外商准备与我们签约，突然说："等一下，我去一趟洗手间。"其实外商是去看卫生间干不干净，看吊灯干不干净，如果这两样干净了，这个企业就没问题。所以海尔要求所有员工必须将每一件事认真做好，虽然很难，但是必须做到。

（二）管理创新阻力的克服

管理者要成功实施管理创新，必须克服上面所述的来自各个方面的阻力，争取员工的支持和合作。管理者应对管理创新中的抵触情绪、克服创新阻力可以从以下几个方面着手。

（1）观念创新。观念创新是企业创新的先导，决定企业的生死存亡。企业观念创新就是指形成能够比以前更好地适应环境变化并更有效地利用资源的新概念或新构想的活动。观念创新必须与外部环节的变化同步。它是一个自我否定的过程，要超越固有的思维模式、破旧的利益分配格局。我国企业之所以对遇到的许多问题束手无策，就是因为观念受到了束缚，我们已经习惯于在自己熟悉的范围内寻找对策，而事实上现在的环境与过去相比已经发生了根本性的变化。在这种情况下，即使我们使用浑身解数，也无济于事。只有跳出原有的思维，才能柳暗花明，而要跳出原有的思维，就必须进行观念更新。企业管理者和员工应该不断学习，吸收先进企业的管理创新思想和经验，首先从思想上树立创新的意识。企业的经营管理者应该主动进行观念创新，以便适应现在变化迅速的企业外部环境。

（2）领导风格的创新。任何一种工作的实施，都需要有一支强有力的创新领导队伍。没有好的领导，创新工作就很难取得成功。创新的决策和运行需要控制，这就要求各级管理人员不仅要善于领导，还应该具有创造、沟通的能力。这也意味着企业管理者对自身的领导能力要有非常清醒的认识，应该重新审视自己的领导风格，打破传统的等级观念，改变依靠命令进行创新的思想，通过建立适合企业长远发展的创新目标和措施以及与企业内外部环境的沟通与协调推行创新。

（3）实事求是地分析企业的实际情况。企业在创新时，目标过高或目光短浅都可能导致创新的失败。这就要求企业能够客观地评价历史和现状。只有对历史和现状有一个正确的评价，才可能让员工切实体会到创新的重要性，从而制定出合理的目标和正确的措施。在分析企业情况时，要防止出现前面提到的过度论证分析的情况，导致创新裹足不前。

（4）创新计划的交流。在创新之前，企业有关管理部门，应提前对员工进行教育，使员工做好创新的准备，需要向员工传达创新的动因、性质、内容、目的、逻辑以及可能的结果等。有时就算管理部门的改革建议能使每个人受益，人们也可能因为没有领会它的目的而反对它。此时，管理层和员工之间的良好沟通可以预防或消除抵制。管理应该在沟通的基础上再引导员工参与到创新计划的制订和实施中来。除了公司内部的成员外，企业还必须顾及其他利益集团相关的外部人员，如政府机关、供应商、传媒界等。因为有时外部力量对创新也起着很重要的作用。为了创新的成功实施，企业不应忽视这些外部环境因素。

重要概念

管理创新　知识创新　组织创新　创新思维　创新方法

本章小结

1. 管理创新是指创造一种新的更有效的资源整合模式，并能有效地加以实施。

2. 创新的特征包括创新的风险性与不确定性、建设性与破坏性、整体性与系统性、动态性与可持续性。

3. 管理创新的原则是指产生管理创新创意的行为准则。

4. 管理创新对企业发展的作用：提高企业经济效益、深化企业改革、稳定企业，推动企业发展、拓展市场，增强企业竞争力、有助于企业家阶层的形成。

5. 管理创新的方法包括头脑风暴法、综摄法、形态方格法、逆向思维法、信息交合法、类比创新法等。

6. 管理创新的内容包括经营理念创新、制度创新、组织创新、技术创新、管理模式创新和环境创新和文化创新等。

7. 管理创新的过程包括寻找创新的机会、提出构想、迅速行动、坚持不懈、不断完善、形成模式这六个过程。

8. 管理创新行动可以分为以下几大类：除旧布新行动、组织协调行动、增进实效的行动等。

综合练习

一、简答题

1. 什么是管理创新?它有何特征?
2. 管理创新包括哪些内容?
3. 如何理解管理创新的原则?

4. 管理创新有哪些方法？

5、如何对管理创新行为进行激励？

6. 我国企业管理创新面临哪些问题和挑战？

二、辨析题

美国宣传奇才哈利十五六岁时，在一家马戏团做童工，负责在马戏场内叫卖小食品。但每次看的人不多，买东西吃的人更少，尤其是饮料，很少有人问津。有一天，哈利的脑瓜里诞生了一个想法：向每一个买票的人赠送一包花生，借以吸引观众。但老板不同意这个“荒唐的想法”。哈利用自己微薄的工资作为担保，恳求老板让他试一试，并承诺说，如果赔钱就从工资里扣，如果盈利自己只拿一半。于是，以后的马戏团演出场地外就多了一个义务宣传员的声音：“来看马戏，买一张票送一包好吃的花生！”在哈利不停地叫喊声中，观众比往常多了几倍。观众们进场后，小哈利就开始叫卖起柠檬冰等饮料。而绝大多数观众在吃完花生后觉得口干时都会买上一杯，一场马戏下来，营业额比以往增加了十几倍。

这个故事体现了管理创新中的什么创新，他突出了管理创新的那些过程？

三、案例分析

南粤陶瓷集团在创新中腾飞

南粤陶瓷集团是一家下辖几十个企业、数万名员工、以建筑洁具陶瓷、陶瓷设备制造、陶瓷加工材料等为主要产品的企业，属于国内规模较大的建筑卫生陶瓷企业。在过去的 20 多年时间里，南粤陶瓷集团走过了一条发展中国家的企业通常走的技术创新路线，它的成长史给人们留下了许多启示。

1. 创新从引进开始

当时，通过各种信息渠道，集团总经理康某了解到意大利、西班牙、日本等国家生产彩釉砖的设备先进，彩釉砖的产量、质量、品种和出口量均在国际上处于领先地位，于是康总提出了向国外先进技术学习的设想。他提出了两项建议：一是利用外资全线引进一条彩釉砖自动生产线；二是以引进线为主体，建立厂中之厂——A 装饰砖厂，行政上归耐酸陶瓷厂领导，但经济上独立核算。1984 年 10月，我国首条从国外引进的彩釉砖生产线在 A 装饰砖厂一次点火试产成功。从原料上线、成型、施釉、印花、干燥、烧成到检验、包装出厂，一气呵成，井井有条。至此，康总领导的 16 000 名陶瓷工人，开创了 A 厂陶瓷生产自动化的先河。

2. 创新在消化吸收中发展

就在 A 装饰厂引进设备安装调试的时候，康总亲自领导，组成了安装小组和消化吸收小组。安装小组的任务是边安装、边学习，千方百计弄通整个生产流程技术，以便在外方专家撤离后可以自己管理；消化吸收小组则利用安装空隙，研究关键项目，使整个研制过程几乎和设备安装同步进行。在消化、吸收过程中，他们没有照搬外国设备的设计，而是根据我国的国情，取其精华，为我所用。

3. 创新在扩散中带动地区经济腾飞

创新扩散，是创新的推广、辐射与接纳相统一的过程。在南粤陶瓷集团的带动下，企业驻地周边一些乡镇相继办起了陶瓷厂。然而，由于缺技术、少经验，这批新厂经济效益并不理想。这时就出现了两种情况：一是一些企业悄悄地从南粤陶瓷集团挖人才，“偷”技术；二是不少人上门来请求南粤陶瓷集团帮助他们发展陶瓷生产。原来由南粤陶瓷集团一统天下的局面受到了冲击。面对这些情况，南粤陶瓷集团的领导经过认真的分析研究认为，随着经济的发展和人民生活水平的提高，对建筑陶瓷的需求量会越来越大，单靠南粤陶瓷集团几十个陶瓷厂是不能满足社会需求的。况且，支持附近地区发展陶瓷业，可使陶瓷生产成为南粤地区的一大行业。因此，康总坚定地认为，既要发展自己，也要支持地方发展，这样虽然培养了竞争对手，但对南粤的经济发展有利，同时也将促使集团本身向更高水平发展。思想上认识的提高使南粤陶瓷人终于伸出了援手。

请根据上述案例分析：

1. 通过分析南粤陶瓷集团的创新过程，你从中得到什么启示？

2. 你对创新扩散这一观点有何认识？

四、实践训练

商店管理模拟训练

实训目的

1. 培养学生分析、归纳与写作能力。

2. 培养学生作为管理者的管理能力与创新能力。

实训内容与要求

1. 全班6人为一组，组成团队。

2. 选择校内或周边的小商店、小饭馆、小门诊、收费亭等，对学校商店进行管理模式改造，完成运营模式创新并拿出新方案。

3. 写好创新方案，在规定时间内讲清楚方案的特色和运营方式。

4. 每组推荐一名代表上台演讲，其他组成员扮演专家委员会成员进行提问，由主讲人进行答辩。

实训考核

1. 演讲和答辩结束后，请全班同学分别给各小组打分。

2. 最后由指导教师进行点评和总结。

记 分 表

得分 项目	优 （90～100分）	良 （80～89分）	中 （70～79分）	及格 （60～69分）	不及格 （60分以下）
创新点子					
创新模式					
创新实施					
创新效果					

参 考 文 献

[1] 曾国华．管理学：理论、应用和中国案例．北京：经济管理出版社，2015.
[2] 闫飞龙．管理学．北京：中国人民大学出版社，2015.
[3] 黄国庆．管理学概论．2 版．上海：同济大学出版社，2015
[4] 马浩．战略管理学精要．2 版．北京：北京大学出版社，2015.
[5] 马建会．管理学．北京：高等教育出版社，2015.
[6] 张雁，焦叔斌．管理学．4 版．北京：中国人民大学出版社，2015.
[7] 王景河．庄培章.管理学．北京：中国人民大学出版社，2015.
[8] Daellenbach．管理科学：基于系统思考的决策．上海：同济大学出版社，2015.
[9] 牛艳丽．管理学基础．重庆：重庆大学出版社，2015.
[10] 何尔锦、沈雯敏、钟杭州．管理学：知识与技能．北京：高等教育出版社，2014.
[11] 王关义、高海涛、张铭．管理学．北京：清华大学出版社，2015.
[12] 姚丽娜.管理学基础与实务．北京：中国人民大学出版社，2014.
[13] 罗哲．管理学．2 版．北京：电子工业出版社，2014.
[14] 方振邦，鲍春雷．管理学原理．北京：中国人民大学出版社，2014.
[15] 陈洪安．管理学原理．2 版．武汉：华东理工大学出版社，2013.
[16] 潘连柏，伍娜．管理学原理．北京：人民邮电出版社，2013.
[17] 马仁杰 王荣科 左雪梅．管理学原理．北京：人民邮电出版社，2013.
[18] 徐碧琳．管理学原理．北京：机械工业出版社，2012.
[19] 孔茨．管理学．北京：经济科学出版社，2012.
[20] 刘涛，赵蕾．管理学原理．北京：清华大学出版社，2011.
[21] 周三多．管理学——原理与方法．5 版．上海：复旦大学出版社，2011.
[22] 罗昌宏，彭彬．管理学．上海：上海财经大学出版社，2011.
[23] 王冰，张静等．管理学理论与实践．北京：电子工业出版社，2011.
[24] 王立岩．管理学基础．北京：中国海洋出版社，2011.
[25] 龚立春．管理学原理．北京：冶金工业出版社，2008.
[26] 李建生，潘娅媚．管理学基础．长沙：湖南师范大学出版社，2011.
[27] 罗昌宏，彭彬．管理学．上海：上海财经大学出版社，2011.
[28] 王永泉，朱秀峰．组织行为学．北京：北京师范大学出版社，2011.
[29] 张彩利．管理学概论．北京：北京师范大学出版社，2010.
[30] 郭志文．组织行为学．上海：上海财经大学出版社，2010.
[31] 叶萍．管理学基础．北京：电子工业出版社，2010.